JN252030

裏 直記◉著

# 農山漁村の生業環境と祭祀習俗・他界観

## 紀州日高地方の民俗世界

岩田書院

# 目　次

## 第二篇　氏神信仰と祭祀習俗

# 序論　生業環境と祭祀習俗研究の視角

日本列島における民俗社会の構造は、大きく分けて三種に分類が可能である。まず、稲作を中心とする農村社会、そして山間部に位置し、農耕・山林労務に従事する山村社会、ついで沿岸部に位置し、漁撈活動を中心とした漁村社会である。これら三種の社会構造をもって日本の民俗世界の構築がなされている。生業の分類としてこれらが大きな地位を占め、日本文化構築に大きく携わったのはいうまでもない事実であろう。日本における従来の民俗学的見解の中には、主に農村が主体視され、それらを基準に日本民俗の主軸として認識されてきている。いわゆる日本文化の構築は稲作を中心とした農村の文化という認識である。しかしながら、先にも挙げたように日本の民俗社会の中には農村以外にも山村・漁村といった生業を異にした生活環境の中で育まれた民俗文化が存在するのである。

そういった生業文化としてそれぞれに育まれてきた豊富な民俗慣行をもって日本文化は複雑に形成されている。生業の違いはそれぞれが持つ環境の違いによって左右され、生活環境→生業決定→民俗慣行へと発展の移行が示される。しかしながらそれぞれの立地条件・気象条件などによっては、同じ環境下であっても同じ物は生まれない。それは、些細な条件の変化によって変動を示す繊細なものであるからであろう。農村においても東日本と西日本では大きな違いがあり、同族型村落と村組型村落といった村落共同体の構造から見ても明らかである。それらがさらに山村・漁村といった諸集落で起こり得る事実である。それぞれの村落構造を見る上で、そこで暮らす人々は何によって生活の糧を得ているのかというところに着目し、その村落組織及び構造、信仰形態を把握しようと試みるのが本論の大きな課題である。

本論の舞台は紀伊半島南部、和歌山県南紀地方を中心に展開しており、ここでいう南紀とは、和歌山県日高郡以南を指す名称として捉えている。

一方、南紀地方における民俗研究は決して盛んではなかった。南紀における民俗学的研究は、北の高野山麓、南の熊野地方に限定された空白地帯であり、本論は、その空白地帯を埋める形を取っている。

ことに日高郡と呼ばれる西牟婁・東牟婁両郡の北部に位置している広大な郡域は、西は太平洋に面し、東は紀伊山地に連なる紀伊半島中心部にまで及んでいる。農山漁村をすべて包括している当地方は、調査研究材料の場としては申し分のない地域である。

農山漁村における生業文化及び村落構成、共同体としての結束と信仰形態を把握することは、不変的内容を持つ生業文化と、流動性の激しい村落構成、そして歴史的変遷がある信仰形態を把握するという民俗体系を多角的構築をもって見つめる必要があり、そこに日本民俗の農山漁村における総合的観点を見出すことが可能になると考える。それぞれ不統一な村落形態を示しつつも、そこに暮らす人々の精神的内面は、生業活動や村落構成、信仰対象に大きく左右されることは明確なる事実であり、日本民俗の全体像を把握するには、それらを知る必要性が問われるものであろう。

本論の構成は、第一篇「農山漁村の民俗文化」、第二篇「氏神信仰と祭祀習俗」と、第三篇「葬送儀礼と他界観」の三篇からなる。

第一篇で、農村・山村・漁村における村落及び家の構造と生業技術、そしてそれに密接に繋がりのある信仰儀礼、年間を通して行われる歳時習俗を伝承及び史的資料を用いて概観した。

第一章では農村を取上げた。農村構造と生業技術、そしてそれに付属する信仰形態は農村生業の主体である稲作を舞台とし、農民の基盤として農地に依存し、拘束される実態を複雑な土地制度に求めた。また農村を支える農民の精神世界は、年間を通して行われる年中行事に集約され、ついでは農耕儀礼もその大きな一環を担っていると考えられる。稲作の豊穣と発展を祈り、それらを支える田の神信仰は顕著にその農民の意識の底流にある原始信仰である。それを探り得るためにはまず、基盤となるムラの史的概要を知る必要があり、そこで行われる農耕儀礼を相関的に眺める必要性を説くものである。

農村史としては、歴史学的見地から安藤精一氏(1)の研究がある。安藤氏は、太閤検地以後の日本の村落構造を農村という母体を中心に述べられ、太閤検地論から慶長検地論に至る経過を指摘し、特に紀州検地帳を基に近世初期の農村構造、村落構成員について言及されている。安藤氏は農村史の解明の中で三つの問題点を指摘しており、第一に近世封建社会を純粋封建社会とするのかという指摘で、これはマルクスの指摘した近世社会を純粋封建社会とし、土地所有における純封建的組織と発達した小農民経営によって行われていたことを指摘する考えであり、社会経済学の中で大きな影響を与えたとされるものである。第二は、領主財政の悪化による搾取によって農民は困窮するという一連の指摘が、実は農民の中には富を蓄積し、力を蓄えていった者も少なくなく、これにより農民の階層化が著しくなり、領主搾取よりも激しく変化する経済動向に対処する能力が求められていたという指摘である。第三は、太閤検地評価の問題点であり、検地における小農民自立政策が革命的であり、革新的土地政策であるとする評価で、そのような政策であったとしても、作合否定の法令や検地帳の分附記載のみで小農民が自立できる訳でもなく、近世初期の段階では自立はほぼ不可能であったとする指摘である。

こういった指摘は速水融氏も、[2]安藤氏と同じ観点で太閤検地論争を整理され、戦後、論争の主体となっていた三つの主張を挙げている。その第一は「太閤検地革命説」、第二は「相対的革新説」、第三は「事実追認説」であった。第一の論議は、太閤検地は農村における家父長的奴隷制度を封建的農奴制へ進展させたという指摘である。第二は、現存する検地帳の検討に基点を置き、検地時期には地域差があり、またその内容及び等級は、検地役人やその地域の状況によって異なることを挙げ、小農民自立策の他に在地の有力者に考慮もしくは妥協したという指摘である。要は検地における実績に、地域差が大きく生じている点を指摘しているのである。第三は、太閤検地以前の戦国大名が自国の検地を独自に行っていたという指摘に伴い、後の検地はそれを追認したという考えである。これらの諸説を総括し、戦後に論議を交わした太閤検地論争を整理し、自身は、熊野尾鷲地方に多く現存した慶長検地帳の詳しい分析をし、その論点を南紀地方と比較して行っている。速水氏は、近世の社会構造の基礎を「石高制」に求め、村落構成員である「百姓」身分を精細な史料分析によって明確にしている。

両氏の指摘により、南紀地方における農村史を慶長検地帳を基に考察を行い、百姓身分の固定とその家格制を論じた。

赤田光男氏[3]は、『日本村落信仰論』の中で、日本村落の構成を村組と同族の二系統から豊富な史料を基に論じ、ムラの成立及び村落構造を東日本と西日本の比較によって明確にされた。また村落共同体であるムラの構成員にも言及され、村落内部の本家・分家、イエ意識の問題点を踏まえ、「地域差成立の要因は、中世の東の在地領主制と西の均等名主制という相異が一因」であると指摘し、日本村落の構造を具体的な資史料を挙げて論究されている。また同著は村落論の解明と共に氏神信仰と祖霊信仰にも視点を置き、村落信仰という内面的世界を取上げ、村と信仰という相互交渉の実態に迫ったものである。

稲作技術に関しては、野本寛一氏[4]の研究があり、その技術論と信仰形態の相関性を綿密なる民俗事例を基に論じられ、普遍的に行われてきた稲作農耕民としての日本人の基層文化を考察している。同氏[5]は「稲作技術と稲作をめぐる社会環境の激変の時代―それは伝統的な稲作技術と稲作民俗の終焉の時代である」と、激変した日本の現状を懸念しており、すでに失われつつある稲作技術論を特に稲作儀礼としての予祝儀礼や稲霊、年中行事を中心に論じている。

ことに稲作信仰における田の神については藤原修氏[6]の論究があり、正月行事に顕著に現れる「年神」を取上げ、「アエノコト」にも論究し、田の神としての「稲の神」、亥の子行事に祀られる「亥の神」にも言及し、一連の流れをもって展開される田の神の去来性を年神、亥の神にも見出し、稲作に関わる信仰形態を詳しく分析されている。

以上の内容から南紀地方における農村としての村落論を提示し、そしてそこで展開された稲作技術と慣行、稲作に関わる信仰に至る経過を示した。村落論として共同体構成員の出自を検地帳を基に考察し、そしてその身分固定を石高に応じて、細密に振り分けた内容を指摘し、彼らの身分がそのまま村落組織としての家格制に踏襲されていったことを指摘するものである。また稲作に顕著に見られた田の神祭祀の「田祭り」、そして去来する「亥の神」を分析し、穀霊となる指摘も行った。

そういった農村生活の分析は、主に幕末期に記された日記によって分析し、幕末期における農民生活の現状を明確にし、検証を行った。

第二章では山村を主体として取上げた。山村は、その立地的特徴である農地の狭小さ、水利確保や気象変化などによる稲作経営の難行ゆえ、畑作、特に豊富に存在する山林活用に重きを置いて、生活を送るという特徴が見出せる。また稀少なる平地に農地を開墾し、それが山地の斜面にまで及んだ開墾の歴史も垣間見られる。山林活用として木挽きや杣の存在や、樫などの雑木を利用した製炭業の発展は紀伊半島に顕著に確認でき、「備長炭」などは全国的にも有名なものである。山村共同体は農村部との差異はあまりないように思われるが、稀少な農地のため、本家・分家の付き合いは厳しく、また山林労務者、製炭業、狩猟仲間といった諸職集団の団結が強く、そして厳しい環境の中で生活を送る上で地縁的結束も強く、厳しい制約を伴うものが多かった。山村僻地の土地有効活用や生産力の向上に意識を向け続けた結果、生活の知恵を多く生み、決して後進的であるという認識は見受けられない。

山村民俗を総覧的に論じているのは、宮本常一氏⑺の業績が大きく、『吉野西奥民俗採訪録』の成果がある。氏は昭和一一年から一四年にかけての間に吉野地方に入り、民俗慣行を総覧的に調査し、山村生活習俗全般を記録している。昭和初期の日本原風景が残る時代に採録された貴重な伝承史料である。

また山村という大きなテーマで総合的な研究成果を挙げているのは、同志社大学人文科学研究所⑻編『林業村落の史的研究』であろう。京都府北桑田郡山国地方を主体とし、自然地理、歴史学、経済学的見地から総合的な山村研究の成果を挙げている。山国地方の歴史的視点として「山国荘」を取上げ、仲村研氏によって荘園成立問題から名体制、荘官の動向などが詳しく述べられている。さらに名体制を踏襲した「宮座」を竹田聴洲氏が詳しく分析しており、惣荘宮座の成立について論じている。しかしながら同書は、史的研究の視野から山村の中の比較的開けた地域を調査地としているため、山村という民俗的視点は非常に少ないことが挙げられる。

一方、竹田聴洲氏⑼は、「同族」という血縁的組織を題材に『村落同族祭祀の研究』を発表しており、近畿地方における同族集団を綿密なる調査によって明確にされた。特に近畿地方北部に濃密に分布していることを指摘している。また同族結合が濃密に分布している地域は山村に集中しており、竹田氏の研究は山村同族共同体の結合と、信仰形態について綿密に分析を行っているのである。

ついで、山村生業の特徴ともいえる狩猟活動に関しては、千葉徳爾氏⑽の研究があり、「狩猟伝承」という一貫したテーマで進めている。日本山間部における狩猟伝承について、東北マタギから四国九州の狩猟集団に至る総合的調査を行っている。狩猟民の出自から、狩猟方法、狩猟集団の構造、そして山中での儀礼や信仰に至るまでの内容である。狩猟民がしばしば持参した「狩の巻物」は、自らの正当性を示すものとして全国各地に現存し、多くは山岳修験との関与が伺える内容である。狩猟法には本来鉄砲を用いたものではなく、ヤリやワナ、イヌを用いた原始的な内容がほとんどであったことを指摘している。紀伊半島における狩猟関係の報告は数が少ないが、シシヤマという犬を多用したシシ猟の存在があり、千葉氏はイヌを用いた「イヌヤマ」という古代から存在したもっとも古い狩猟法を指摘しており、その類似性が注目される。また山の神の信仰形態は、農村・山村・漁村の中で変化し、また山村の中でも生業形態によって山の神の性格が変化するという非常に複雑な形態を示している。

また山林労務の主体である林業形態には、三橋時雄氏[11]の報告があり、「吉野・熊野の林業」としてまとめられている。吉野林業、熊野林業は近畿地方における二大材木産地として栄え、共に林業経営における歴史的変遷が見られる地域である。ことに近世以降、吉野では村外資本提供者が現地資本の独占に乗り出し、吉野林業の外部組織介入が目立つようになった。熊野林業は新宮藩による御留山が多く設けられ、森林伐採の乱伐を抑止し、御仕入方制度による専売方法をもって市場流用を統制するなど官営の傾向が強い地域といえる。また同じく新宮藩御仕入方の専売をもって全国的に流通したのが「熊野炭」もしくは「備長炭」の名で知られた良質な白炭である[12]。備長炭の流通は、新宮藩政策による御留山制度によって山地利用が容易に行えなくなったことに一因している。御留山制度による山地利用の制限により山村集落は困窮し、それを支援する藩政として御仕入方制度を導入し、藩による炭薪の専売によって困窮した山村集落を支援したのであった。

山村で行われた農耕の中でもっとも顕著に見られたのは焼畑であろう。焼畑民俗はしばしば、稲作以前に求められる原始農耕に繋げられ、特別視されてきた。しかしながら焼畑は日本山地の近代以前における普遍的農耕作業の一つであり、野本寛一氏⑬の厳密なる研究がある。焼畑とは一種の学術用語であり、地域により「カリュウ」(北近畿)、「カリノ」「キリハタ」(南近畿)などの名称を持つが、野本氏も「焼畑が確実に終焉を迎えた今日、焼畑の本格的な調査研究は不可能であり、その意味では焼畑民俗文化研究の機は失われてしまったとも言える」と、指摘している通り、焼畑民俗はすでに過去の文化となりつつある。焼畑とは山村僻地における農地利用の一環で、自然林を一定区画焼き払い、その場にアワやヒエ・ソバ・大根などの穀物類を育て、数年のサイクルをもって自然に帰すという、時間的流れの制限をもって行われてきた農耕である。紀伊半島における焼畑は山地利用の一環として、普遍的に行われた農耕であり、「キリハタ」という名称で、古文書にも度々登場する。野本氏の指摘もあるように日本民俗の基層的文化として稲作に比して少数派であったが、日本列島における農耕文化の根源ともいえる内容を育んできたのである。

以上の内容から、山村における村落論は、広域に指定された荘園制に基づくものが如実に示され、惣荘から郷村へと移行し、また垣内集落が顕著に見られる小共同体の結束が強いことを検証した。また屋敷地を重要視する観点があり、その屋敷開墾の由来が豊富に残されている。それは落人伝説や貴人伝説に因むものが多く、自らの出自を正当性をもって説明する吉野地方とも類似する山村特有の事例であろう。山村生業の一役を担ってきた林業経営は材木問屋との関係が深く、その組織は材木問屋の統制で成立していたことも指摘した。問屋などの存在は製炭業とも深く関わり、製炭事業は木炭問屋との密接なる繋がりをもって行われてきたことも挙げられる。

第三章では漁村を主体に取上げた。漁撈活動という厳しい環境下における生活基準は農山村では体験し得ない過酷さがあり、「板子一枚下地獄」と詠われた彼らの精神力は計りしれないものがある。漁獲物を追い求め、遥か遠洋まで漕ぎ出した歴史は古く、その航海術、技術力は他に比べることができないであろう。またその其盤となる村落における立地環境によっては多種に及ぶ漁法が編み出され、その活動範囲は日本全国にまで及ぶものである。その結果、漁民文化は先進的に飛躍し、生活向上と発展のために貪欲に知識を吸収する柔軟さを兼ね揃えているといえよう。漁民文化ともいうべき特徴ある伝承は命をかけて生活の糧を得る漁撈活動にあり、それを育む大海を舞台としたものである。そして漁民の特徴として挙げられる漁撈集団と村落組織の序列は極めて厳しいものであり、網元と網子、船頭と乗り子といった経済的主従関係や本家・分家による家格的主従関係も挙げられる。一方、村落共同体としてのヨコの組織は、船の新造や緊急時には助け合うなどの柔軟性が示され、一概に漁村の主従的・閉鎖的関係だけでは捉えられない特徴がある。

高桑守史氏⑭は、漁村民俗論というテーマで漁村の村落構造を究明しており、「個々の漁撈民俗の研究ははなはだ盛んながら、これらを維持している漁村社会との関連で論じたものが一部を除いては殆どないのが現状である」とし、長きにわたって漁撈活動や技術に焦点が置かれ、それを支えている村落社会としての伝承母体に視点を向ける必要性を説いている。また同氏は「一定の農業経営を前提とした農民漁業がわが国の場合、圧倒的に多く、しかもこれらの多くは、近世に入り、農民が地先海域の漁場に進出することによって成立したもの」としているが、こういった場合、農村としての機能が先行するか否かという判断より、漁民としての性格を村落構造及び構成員によって検討する必要があることを指摘したい。氏は、近世に入り農民が漁撈に携わるという半農半漁スタイルとなる、と指摘するが、この場合、地先の漁場権や藩政による租税徴収などに注意をして分析することが必要となる。実際、本来は漁撈に従事しながら、歴史的政策によって農耕作業に転化していった地域も多分に存在することも指摘したい。

また漁村という村落共同体の地域史的分析を用い、総合して漁民信仰にまで言及しているのは亀山慶一氏⑮である。氏は民俗の原初性という観点から農耕生産に根源を発する生活表象を日本民俗の原初性とすることに懸念を示しており、「より古い民俗のタイプは、農耕民の中に求められる以上に、それ以前の生業の形態、すなわち狩猟・漁撈の習俗の中に容認しうる」としている。日本民俗の構築において稲作農耕以前の狩猟採集を糧とした時代に原初性を求める論理である。たしかに漁村習俗には農村習俗より古俗を示す形態はあるが、現代において、漁村と農村の交流が進み、それを見出すことが容易ではなくなってきている点には触れていない。

漁民信仰の中で漁撈神的存在を「エビス」とする事例は多く、桜田勝徳氏[16]は、エビス神をサメ・クジラや死人、海中の石など外来から訪れるモノをエビスとみなすことを指摘している。

また亀山氏[17]は流れ仏としてのエビス信仰から、流れ仏という亡霊への恐怖心、すなわち流れ仏は、その拾った者を供として連れて行く伝承や、同じく水難事故で死ぬという事例を示しつつも、「このような背反の諸習俗にも拘らず流れ仏をエビス神とし、福神にまで昇華せしめた漁民の信仰的態度の背後には日本人の外来者に対するホスピタリティ、すなわち外者歓待とでも名づくべき心意の存在を見逃すことはできない」としている。エビスというその名の由来も外来者を指すものであり、また異世界から流れ着くものを神界から訪れたカミとみなす漁民心意があったことを示す優れた見解である。

一方、漁民にとって必要不可欠である漁船の「フナダマ信仰」については、牧田茂氏[18]が詳しい。牧田氏の指摘は「たまに関する信仰が比較的豊かに残されている」というものと、「船霊が船に常在したものでなく、正月とか漁期のはじめに当ってあらたに迎えてきたのではないか」というものである。第一の指摘は、フナダマという「タマ」信仰は古来から日本民俗の中で神意あるものを象徴するタマシイに由来するもので、フナダマという名称に古俗を見出すことが可能であるという指摘であり、いわゆる船はタマを祀り込める器であるとしている。事実、フナダマは船に祀り込まれたフナガミという観点以外に自由に行動ができ、船頭とともに陸に上がるという伝承から、本来は、フナダマという具体的な神体は存在せず、その祭祀者（船頭）に憑くカミ、すなわち女性祭祀者の神威を受け継ぐものであったという指摘である。これは第三の指摘というべきもので、祭祀者として女性の関与が顕著に伺え、女性の髪や女性が作った神体をフナダマとする伝承は多く、それを祀り込める修験者の関与、また船大工の祈禱などは、その祭祀者の変遷を辿った形跡を示すものであるという考えである。事実、船下ろしに初潮前の童女を乗せるとか、船大工の夫人がフナダマの神体を作るなどの事例は、当初祭祀者としての性格を帯びていたことを示唆するものである。

また徳丸亞木氏[19]は以上の事実を踏まえて、フナダマ信仰の神体を全国的統計をもって論及し、サイコロに代表される呪具を船大工側からの陰陽道的思想が含まれたフナダマ安定のモノとし、漁民側からは勝負事に勝つというツキを呼ぶ呪具として受容されたとしている。また女性の毛髪などは、生ける女性の霊性を船へと繋げる媒介とし、女性を神聖視する傾向があったことを指摘しているが、多くの地域差を生むフナダマの神体を考証する上で、神体のそれぞれの需要傾向を統合的資料を用いて検証された優れた論考である。

一方、「漁撈伝承」という総合的漁撈信仰を体系立てたのは川島秀一氏[20]である。川島氏は、日本各地に伝承された信仰母体を体系立てて総覧し、詳しい分析をしており、漁民信仰の対象となる漁撈神とそれを取り巻く漁撈集団、組織構造にまで着目している。ことに遠洋漁業であるカツオ漁に関する記述が豊富であり、漁撈集団を組織し、遠洋に出た漁民の信仰形態を示すものである。

以上の内容を踏まえ、漁村社会としての村落構造及び構成員を検地帳を基に分析し、漁村における農耕生産力を把握した上で、漁民としての農民的性格を荘園制に基づく在家役・名田作職に求め、検証を行った。漁村としての成立は、その立地環境によって大きく異なることを指摘し、その形態を史的資料によって検証したのであるが、漁民としての存在はその専業であるかという観点より、いかにその村落を形成し、どのような変遷を辿ったのかというところに着目した。漁村構造における重要点は、社会組織である漁撈集団の形成であり、それには本家・分家のイエ意識が豊富に織り込まれ、複雑な形式に及ぶことも判明した。

また漁撈活動については、紀州漁民としての活躍が目覚ましく、その先駆的発展は近世初期より目立ち、多くの漁法を日本各地に伝えたとされる。そういった漁法を生み出す一方で、漁民信仰も多く伝承し、特に漁運快気に繋がる信仰伝承を述べた。


第二篇では、農山漁村で展開される氏神信仰と祭祀組織に論及した。それぞれ生業を異にする村落形態でどのような氏神が受容され、どのような信仰形態をもって氏神祭祀が展開されたのかという点に着目した内容である。

第一章では、多く残された氏神成立伝承を考証し、論考した。氏神の成立に論及した柳田國男氏は、「神祇の崇拝に価値のあるは寧ろ其場所である」と説いている。現代の氏神たるものは、壮麗に荘厳された社殿を有し、その神威を誇っているが、本来社殿などは無意味で、神を祀るその場所に意味があるという見解である。そういった指摘に着目し、氏神成立伝承を検証し、地域社会に受け入れられた氏神の成立を論じた。またその中で、氏神の移動が顕著に見られた奥日高の熊野神を祭神とする一系統の氏神三社を基に特権的祭祀組織に着目し、論証を展開した。このような組織は「宮座」と称され、近畿地方各地でその類型を確認でき、多くの先行研究が存在する。(22)

赤田光男氏(23)は、宮座の結集原理を「先祖志向性」「神霊崇拝性」「頭屋祭祀性」「家格身分性」「年齢階梯性」「呪術秘儀性」「神仏習合性」「神人共食性」「芸能共悦性」「共有財産性」の一〇系統に分類を行い、宮座の求心的結集原理として位置づけている。また遠心的結集原理を「罪と罰」「穢と祓」の原理に求められるとしている。氏の指摘の通り、近畿中央政権に近い村落社会における宮座の類型は、均等名主制による地縁社会が中世に成立し、物村結合によって荘園制の解体、彼らの自治組織の踏襲などによって株座的結集が見られたことなど、明確な宮座論を指摘されている。

奥日高で継承された氏神祭祀特権の特徴は、その継承権にある。それは「役屋敷」と称される屋敷地であり、その継承権は役屋敷所有者に限定されるという内容である。近畿各地で見られた宮座組織の構成員は、その血統に重きを置き、新規参入を拒む株座的傾向が強く見られるパターンと、村落共同体として、ある一定の年齢に達すれば加入が認められる年齢階梯制に分けられるが、奥日高における祭祀継承権は、ある特定の屋敷地とそれに付属した固定資産を保有する者に限定するという内容である。こういった傾向からある一定の固定財産を有することを結集の原理に求め、指摘を行っているのは藤井昭氏(24)である。藤井氏は、中国地方に色濃く残された特権的祭祀組織を中世「名」体制に求め、「宮座の構成単位である名は、耕地を基盤としていたこと」と指摘を行っている通り、宮座構成員である座衆は一定の耕地として名を基盤とした名主筋に限定されていたことを明らかにしている。

また、その奥日高の役屋敷より輩出されるトウニン的存在としての「オダイトウ」という役人は、その役に就いた一年間は髪髭を剃らず、毎月海で精進潔斎を行って、神事に臨んでいたことで異風を放っていた。堀田吉雄氏(25)の報告では、伊勢志摩の二木島・立神・神明でも同じ風貌でトウニンが神事にあたることが指摘されている。

以上の内容から奥日高で継承された役屋敷制度を中世の荘園制に求め、在地領主的存在が強かった当地の歴史的背景を踏まえて、慶長検地帳の分析によって役屋敷の存在を近世初期まで遡れることを明確にした。役屋敷の究明として中世荘園制における「在家役」に着目し、在地領主の政祭掌握の実態を史資料を基に示し、奥日高の祭祀組織を明確にした。

第二章では、沿岸部おける氏神祭祀特権を由良町衣奈八幡神社の祭祀組織「御座衆」と日高町阿尾白髭神社の「上座衆」に着目して論じた。衣奈八幡神社は、中世衣奈園に比定される荘園鎮守社であり、そこに関与する御座衆二四名は、中世荘官である下司上山家を筆頭に組織されており、その起源を中世荘園制に求めることが可能である。それを史的資料を用いて検証し、在家役及び名田作職所有者であるという仮説に行き着いた。仲村研氏(26)は、名主の定義として、在家役に耐えうる百姓が実質的な名主であると指摘している通り、衣奈園における在家役は、一般荘園とは違い、重要な役割を担っていたことを示唆する。

一方、阿尾白髭神社の上座衆は、村落共同体としての特権的階層である漁民上層部で組織されており、その存在は、氏神勧請に関わった人々であるという伝説を伴っているが、その古式に従った祭祀内容に着目して論じた。

第三章では、「神事」から近世的発展を見せて「祭礼化」に至る経緯を、日高町志賀を中心に述べた。中世的祭祀展開の名残りである神事芸能「鬼獅子」を継承しつつも、近世の村切りで氏子村として独立した村落が、村意識をもって氏神祭祀に関与し、祭礼的展開を若者中の統率で行っていく内容を示した。神事芸能「鬼獅子」については、橋本裕之氏(27)の『王の舞の民俗学的研究』によれば、中央政権から荘園を媒介に地方に伝播した中世芸能の一派と考えられる。一方、荘園制を基に中世芸能が日高地方に伝播した形跡が伺えるが、その伝承地域の不統一さなどから、ある時期に一種の流行によって日高地方に広まった形跡を指摘した。

第三篇では、葬送儀礼と他界観というテーマで分析を進め、日高地方で展開された火葬墓制と土葬墓制の成立に言及した。日高地方は、かつて真言宗地帯として中世末期まで盛況をふるってきたが、豊臣秀吉の紀州征伐によって高野山系真言宗寺院は悉く灰燼に帰し、すべてが浄土系寺院として改宗を余儀なくされた。そういった経緯によって葬送墓制に大きな影響を与えたと考えられる。葬送儀礼については、井之口章次氏(28)・赤田光男氏(29)などの優れた論考が存在するが、日高地方における火葬墓制には、遺棄葬・無墓制といった形跡が伺える特殊な慣行が存在した。そういった火葬文化がどういった経過を辿って日高地方で展開されたかという検証を寺院史・宗教史を基に行った。中世以降、日高地方で爆発的成長を見せた浄土真宗一派の動向や、浄土系寺院の建立によって民間に仏教儀礼が浸透していく過程を示し、現行で行われた火葬儀礼や土葬儀礼の展開の差を論じた。

しかしながら民間に大きく関与してきた宗教施設は、仏堂など村落共同体管理の仏教施設であったことは、赤田光男氏(30)が指摘を行っている通りである。氏は、近江地方を中心に『近江輿地志略』を用いて仏堂を詳細に分析している。その中で仏堂の類型として祖霊祭祀堂型と死霊祭祀堂型という二つに大別し、祖霊祭祀堂型には祈禱堂型→持仏堂型→村堂型→巡礼札所堂型→別当堂型というプロセスを指摘している。また死霊祭祀堂型においては墓堂型があり、祖霊祭祀堂型と死霊祭祀堂型の仏堂は、本質的には別個のものであり、「霊の二元性の次元と霊魂祭祀の場所とのかかわりには深く留意すべき」という指摘をしている。以上のことを踏まえて、日高地方における祖霊祭祀の分析を火葬墓制地と土葬墓制地、沿岸部、内陸部との地域別分析を行った。

本論の構成は以上三篇からなり、それぞれにおける農山漁村別の体系をもって展開している。

## 註

（1）安藤精一『近世農村史の研究』清文堂出版　一九八四年
（2）速水　融『近世初期の検地と農民』知泉書館　二〇〇九年
（3）赤田光男『日本村落信仰論』雄山閣出版　一九九五年

(4) 野本寛一『稲作民俗文化論』雄山閣出版　一九九三年、『熊野山海民俗考』人文書院　一九九〇年
(5) 野本寛一『稲作民俗文化論』雄山閣出版　一九九三年
(6) 藤原　修『田の神・稲の神・年神』(御影史学会民俗学叢書8) 岩田書院　一九九六年
(7) 宮本常一『吉野西奥民俗探訪録』(宮本常一著作集34) 未来社　一九八九年
(8) 同志社大学人文科学研究所編『林業村落の史的研究』ミネルヴァ書房　一九六七年
(9) 竹田聴洲『村落同族祭祀の研究』吉川弘文館　一九七七年
(10) 千葉徳爾『狩猟伝承研究』風間書房　一九六九年、『続狩猟伝承研究』風間書房　一九七二年、『狩猟伝承』(ものと人間の文化史14) 法政大学出版局　一九七五年
(11) 三橋時雄「吉野・熊野の林業」『日本産業史大系六・近畿地方篇』地方史研究協議会編　東京大学出版会　一九七一年
(12) 樋口清之『木炭』(ものと人間の文化史71) 法政大学出版局　一九九三年
(13) 野本寛一『焼畑民俗文化論』雄山閣出版　一九八四年
(14) 高桑守史『漁村民俗論の課題』未来社　一九八三年
(15) 亀山慶一『漁民文化の民俗研究』弘文堂　一九八六年
(16) 桜田勝徳『漁撈の伝統』(民俗民芸双書25) 光明社　一九六八年
(17) 前掲註(15)
(18) 牧田　茂『海の民俗学』未来社　一九六六年
(19) 徳丸亞木「漁民信仰論序説―フナダマ信仰を中心として―」『歴史人類』第一二一号　一九九三年

(20) 川島秀一『漁撈伝承』(ものと人間の文化史109) 法政大学出版局　二〇〇三年、『カツオ漁』(ものと人間の文化史127) 法政大学出版局　二〇〇五年
(21) 柳田國男『定本柳田國男集　第十二巻(新装版)』筑摩書房　一九六九年
(22) 肥後和男『宮座の研究』、安藤精一『近世宮座の史的研究』、萩原龍夫『中世祭祀組織の研究』、竹田聴洲『村落同族祭祀の研究』など
(23) 前掲註(3)
(24) 藤井　昭『宮座と名の研究』雄山閣出版　一九八七年
(25) 堀田吉雄『頭屋祭祀の研究』光書房　一九八七年
(26) 仲村　研『荘園支配構造の研究』吉川弘文館　一九七八年
(27) 橋本裕之『王の舞の民俗学的研究』ひつじ書房　一九九七年
(28) 井之口章次『生死の民俗』岩田書院　二〇〇〇年
(29) 赤田光男『祭儀習俗の研究』弘文堂　一九八〇年
(30) 前掲註(29)

# 第一篇　農山漁村の民俗文化

# 第一章　農村社会の構造と生活環境

# 第一節　村落社会と家の構造

## 一　ムラ組織とイエ意識

日本社会の内部構造が、ほぼムラの形成によって成り立っているのは、周知の通りであろう。一方、「ムラ」とは家並みが形成する集合体を指す語であり、「村」とは行政的に組織された区画を指す用語として民俗学ではしばしば区別されてきた。ムラの形成には様々な要因が存在し、そこに住む人々は村落共同体として運命を共にする繋がりが保たれてきた。村落組織の内部構造は、地域によって多岐にわたるが、それらには個々のイエの存在が挙げられる。イエとはムラを形成するにあたっての個別的な存在としてあり、複数のイエの集合体がムラを形成し、イエの組織が血族集団を生み出した。

和歌山県日高地方の沿岸地域では親族を含む血族集団をイッケ(一家)と称し、複数のイエの繋がりから派生した近親的血族集団を指す用語として用いられている。それとは対照的にイットウ(一統)と呼ばれる同族集団も存在し、それはある一つの血族から派生した存在で、時代区分も定かではない遠祖的血族集団を指すものである。このような存在を包括し、形成されたのがムラである。

ムラの存在は、古代から脈々と受け継がれ、今日に至るものであるが、その自立的存在が確立されたのは近世に至ってからであるとされる[1]。それは中世後期の荘園制の解体に伴い、ムラの自治組織によって村落運営が外部からの介入なく行われ、惣村結合によるムラの団結力が増してからとされる。もちろん人々の生活は、それぞれの時代の中でも営まれ、様々な文化を育んできたことは事実であるが、人々の精神的な自立と独立は、ムラの団結とイエの確立によるものである。それには太閤検地によるものが大きく、実質的には中世末の惣村結合期にもムラの自立が見出せるが、不安定な要素が多かったといえる。

村落構造を検討する前に、村落共同体として様々な性格があったことの指摘が必要であろう。それは共通の財産を有し、共通の信仰を持つということである。ムラの団結は自村優越の意識を起こし、他村とは区別する意識を働かせる。我が村のことをジ・ジゲと称し、ジゲ山・ソウ山などの入会山を有し、寺堂や社祠などの信仰対象も同じく共同の存在であった。農業経営で必要不可欠な水利もまた共通の財産であり、管理運営はその用水を必要とする田の所有者に任されていた。

本稿では、中世末から近世にかけてのムラの自立と村落構造、イエの確立に及ぶ範囲を史資料を基に明らかにしてみたい。

## 1　近世初期のムラ

和歌山県日高郡日高町志賀は、中世の史資料は乏しいものの、中世から近世初頭において「志賀村」という広大な村域を有する村であったことは知られている。それは中世の土豪湯河氏及び玉置氏の領地として存在したことや、慶長検地帳記載の村名が「志賀村」であったことから実証できよう[2]。

志賀村は、日高郡北東部沿岸域に位置する谷合いに広がった村落であり、谷の中央部に志賀川が流れ、その志賀川流域に形成された中世村落である。行政上は志賀村としての性格を示すが、従来のムラの組織は、上・中・下に分割され、さらにそれらから独立した久志・柏集落を包括した五ヵ村に及ぶ惣村であった。現在、柏・上志賀・久志・中志賀・下志賀・谷口の諸集落に分かれているが、中世志賀一村の名残りとして、水利・惣氏神・五ヵ村入会山などの伝統が今日でも確認できる。

しかしながら中志賀・下志賀集落は他集落とは性格を異にし、慶長検地実施時には村としての自立を果たしていたようである。それは両村とも独立した検地帳を作成し、それを有していた事実から頷ける。これらは広域な中世村落が中世末期に分村独立し、ムラとしての自治組織を形成し得た事実を物語るものである。

「中志賀村検地帳」は慶長六年（一六〇一）九月に検地役人早川伝兵衛、原勘兵衛両人によって実施されたものであるが、現存していたものは元禄一〇年（一六九七）丑三月に写されたものである。[3] 中志賀村の帳尻の集計は以下のようになっている。

田畑合　三二町七反三畝　五歩
高　　三九九石九斗二升八合五勺
田地　二七町三反一畝一二歩
畑地　四町七反一畝一八歩
屋敷　　　七反　　五歩
茶　　一九斤八〇匁
桑　　四束半

慶長検地帳には田畑高以外にも栽培されている作物の記載があることが特徴であるが、田畑の等級として上々・

上・中・下・下々の五段階に分けて記載されていることに注目できる。『紀州田畑之書』(4)には、これら石盛の目安が記されている。田地一反に付き、上々田は一石九斗とし、以下一斗ずつ少ない等級になる。しかしながら日高郡以南に限り、上々田一石八斗五升と他郡より劣る傾向にあった。これは当郡の生産力が他郡より低いことを意味し、南紀に下がるほど、山深く農地の稀少さによるものに他ならない事実であった。また、慶長検地を「古検」とし、元禄一〇年以後に行われた検地（地詰）は「新検」と称して、明確なる区分がなされていたが、詳しい内容は後述する。

**表1　慶長6年検地帳による中志賀村耕地・名請人・屋敷集積表**（日高町誌）

| 農地集積数 | 屋敷持ち | 屋敷なし | 屋敷のみ | 総人数 | 屋敷数 |
|---|---|---|---|---|---|
| 4町～5町 | 1 | | | 1 | 2 |
| 3町～4町 | | | | | |
| 2町～3町 | 1 | | | 1 | 2 |
| 1町～2町 | 5 | | | 5 | 8 |
| 5反～1町 | 13 | 2 | | 15 | 20 |
| 1反～5町 | 11 | 25 | | 36 | 11 |
| 1反未満 | 6 | 27 | 3 | 36 | 9 |
| 合計 | 37 | 54 | 3 | 94 | 52 |

一方、先述の「中志賀村検地帳」の中で屋敷地の記載もあり、その総数は五二筆に及び、当時の中志賀村の戸数は五二戸前後と考えられる。しかしながら検地帳に名を連ねた名請人の総数は九四人と屋敷地との数値に差が生じている。その内、屋敷所有の名請人は四〇人であり、過半数の五四人の名請人は屋敷を持たないということになる。また屋敷持ちの名請人四〇人の内、一人で二筆以上の屋敷地を有する者が一〇人存在することから、屋敷を持たない五四人の名請人が、それらの屋敷内に包括されていることは間違いないかと思われる（表1）。

近世初頭において行われた検地時期は、農民の独立過程であり、中世的従属関係である名主と名子の関係が断ち切れておらず、このような結果になったものと考えられる。検地帳は耕作者の名前が公式に記されたものであるが、名請人全員が本百姓として独立した生計を立てていたかという疑問も生じ、屋敷なしの名請人は、ほぼ名主層に従属した関係と考えられる。
しかしながら、イエの独立が遅れていた状況においても農業経営が独立して行われるようになって、次第にイエ意識の確立が生じていくわけであり、「中志賀村検地帳」にはその過渡期の状況が記されているのである
日高郡日高町比井の村上家は、近世より廻船問屋で財をなした豪商の家系にあり、当家に伝来したのが「古今年代記」(5)と題された記録である。これは筆者不明であり、詳しい年代の測定は不可能であるが、内容と年号から寛政五年(一七九三)以前に作成されたものであろうといわれている。同書の注目される内容は比井地区の歴史や動向だけに留まらず、藩政や近隣諸村の詳しい動向に触れているところであり、若干の考察と指摘を踏まえながら近世初頭の日高地方の動向を見ていこう。
近世初期に行われた検地について同書は以下のように記している。

民図帳、ミズ長事
一、御検地帳ハ慶長六年辛丑ノ九月四日也
浅野紀伊守殿幸長、秀吉公ノ命ヲ請、三百坪ニ棹入被成候、比井ノ庄や八孫左衛門
法名藤玄也、元高八七十一石三斗五升之処、四十八石一斗三升打出シ、今高百十七石四斗八升ニ成、(後略)

以上、同書の抜粋であるが、ここで「古今年代記」の間違いの指摘が必要となる。ミズ帳(御図帳)とは、検地帳を指す名称であるが、秀吉の命を請けて浅野氏が行った検地事業は他国であり、紀州における検地実施は、天正一三年(一五八五)から文禄四年(一五九五)にかけて羽柴秀長によって作成されたものである。実質、検地事業を遂行したのは検地奉行小堀新助であり(6)、浅野幸長の紀伊国入封は慶長五年(一六〇〇)で、それ以後に自国の検地を実施し、慶長検地を完成させた。また、秀吉没年は慶長三年であることから、作者は明らかに慶長検地と太閤検地を混同している

ことがわかる。

現在、日高郡内で太閤検地帳の現存しているものは天正一五年（一五八七）の「江川村検地帳」（同郡日高川町江川）であり、日高一円ではこの時期に秀吉指導の検地が実施されたと考えられる。同検地帳の内容は極めて乱雑なもので、石盛を示す単位が、一反・半・三畝などの大まかな土地測量に留まっており、その内容に和佐手取城主玉置氏の領地も記載されていることから、中世土豪の存在がありながらも検地を遂行した形跡が伺える(7)。

「古今年代記」の筆者が浅野幸長の遂行した慶長検地を太閤検地と混同していた事実から、当時太閤検地帳の存在が確認できたと考えられよう。もっとも元高七一石は、太閤検地の実績であり、正確な慶長検地によって大幅に石高が増加し、その内容にはかなりの誤差が生じていたことも指摘できる。慶長検地で算出された比井の石高は、先に行われた太閤検地より四八石余りの増加となっており、慶長検地の正確さがわかる。その後、この慶長検地帳を基本台帳とし、土地の集積や名請人の把握に用いられたのであるが、実際のところ、後世には新たに「地詰帳」や「名寄帳」といった種類の帳面が作成され、それらを重点的に使用してきたものと考えられる。地詰は、新田や田畑を再度測量し、誤差のあったものを加筆修正したもので、名寄帳は、検地帳の記載内容が地番に沿ったもので田畑の所有者が混在し、その把握が不自由なため、新たに所有者別に記載されたものである。「古今年代記」にはその内容を以下のように記している。

御検地長は番附ヲ以田地順ニ打廻リ申候ニ付、持主ノ名ハ混雑致、銘々持高〆寄セ無之ニ付、御年貢勘定ノ節庄や許ニテ六ヶ敷候故、銘々株分ケ致、（中略）田地其時々之持主の株ヲ立申候者、元禄十丁丑年三月也、初而御国中ニ始ル、是を名寄帳と云、

検地帳の名請人の混在から庄屋の年貢徴収に手間が生じるため、それぞれの土地集積が一目で分かるように記した

のが、名寄帳の始まりとしている。しかしながら当書にあるように名寄帳の始まりは元禄一〇年（一六九七）であるという記述は間違いである。そもそも名寄帳は慶長検地以後もすぐに作成され、年貢徴収の利便上、早期に作成されたものも少なくない。同郡日高町津久野では、慶長検地帳の他に同時期に作成された名寄帳及び、明暦四年（一六五八）の名寄帳が現存していることから、その都度必要に応じて作成されたものである。(8)もっとも名寄帳は中世荘園時代において検注帳などと共に作成され、その坪単位での租税把握を名請人別に記したものも存在する。「古今年代記」の作者は元禄一〇年前後に一斉に日高地方で行われた地詰に伴う慶長検地帳の移し替えを名寄帳の作成と勘違いをしたのであろう。元禄一〇年「地詰申付候所々郡奉行中へ時々申渡(9)」には、本田畑に残らず竿を入れ、測量し直す旨が記され、これらをもって「古検」に対して「新検」と称する新体制での測量を行い、大幅に石盛の見直しがなされたようである。

中世封建体制から近世封建体制へと移行し、その結果、租税徴収、土地集積の把握のために行われた検地は、農民の支配体制の解体と自立を促し、個人の権利の確立とムラの自我の芽生えに繋がったといって過言ではなかろう。中世村落の解体と村切りにおいて従来の自治組織を踏襲し、新たな租税対象を設定、農民の財産として田畑屋敷地を確定されたことによって名主層からの自立を果たした結果、それらを相続し、子孫に託すという思想が芽生えたことはイエの確立へと繋がる連鎖であった。

延宝六年（一六七八）編の『日高鑑(10)』（日高郡差上帳）は、和歌山藩領日高七組の大差出帳をまとめたもので、天田組大庄屋中村重吉が編集した大規模な村方明細帳である。和歌山藩は各郡内の諸村を把握するために数十ヵ村を一組とし、その範囲内に大庄屋を置き、統率を図った。当初日高七組は代表となる地名を付されて呼ばれていたが、いつしか大庄屋名をもって組名としていた。志賀地区は志賀組としていたが、後に大庄屋である川瀬勘右衛門の名をとって勘右衛門組と呼称されるようになった。「古今年代記」では以下のような説明がなされている。

一、日高郡七組也、組々ノ内田地高多村ヲ大庄や村と定、又村々も其村ノ内高多持候者を庄や勤候事、御入国以前ゟ之古実也、大庄やハ大脇指御免□（虫損）□庄やハ小脇指御免之処、延宝年中ノ比ゟ無故障代々勤候大庄やハ刀御免被成、又地士ニも被仰付候、

日高郡七組の成立についての言及である。慶長期以後、浅野氏支配の時代は、組支配ではなく、荘の範囲を設定し、それはおよそ中世の荘園範囲をほぼ踏襲した形であり、志賀荘においては志賀五ヵ村の範囲であった[11]。その後、先の記述にある御入国を指す人物は、徳川頼宣であり、頼宣入国後、元和五年（一六一九）に荘を廃止、組を置くこととなった。「古今年代記」の作者のいう大庄屋の設定は、組が置かれる以前の荘の時代を指し、大庄屋村は石高が高く、またそれを勤める者も石高が高い人物に宛てがわれる旨が記されている。実質、組以前の荘を統治する役人の組織はわかっていないが、一村単位に庄屋を置き、それを束ねる大庄屋も存在し、「古今年代記」の作者はそれを指摘していると考えるのが妥当であろう。頼宣入国以前からの古実であるとしているのはそういった理由と考えられる。大庄屋、庄屋は、それぞれ指物の免除がなされていることから地侍的身分であったことがわかるが、延宝年中（一六七三～八一）以後は、代々大庄屋を世襲し、地士という士分が与えられていたこともわかる。

大庄屋や村役の詳細は先述の『日高鑑』に詳しく、また当書は、村別の戸数・人口・村役・諸職・牛馬・御蔵・社寺・祠堂・河川・湖沼・池・山・旧跡などの記述があり、近世初頭における村落状況を知る上で貴重なものである。当書における注目される点はこれら以外にもあり、それは、村内の身分体制の記述である。慶長検地の実施から七八年後の延宝六年にどのような変化が見られるのか。再度中志賀村を基に見ていきたい。

当書によれば、中志賀村の総高は四〇八石余り、田畑三三町一反程、家数九〇軒となっており、石高、農地総数の

変化は若干の増加を示しているが、驚くべきことに戸数が二倍近く増加している。これは先の慶長検地時の名請人九四人がその後に自立を果たした結果であろう。屋敷を持たなかった農民が屋敷を構えるに至った経過がこの当時に確立したのである。この戸数が近代を迎えてもあまり変動なく現在に至っていたのであった。

また中志賀村の隣村にあたる下志賀村においては宝永四年(一七〇七)亥九月に「日高郡下志賀村新田畑地詰検地帳⑫」が作成されており、宝永四年の段階で慶長検地以後に新田開発された田畑、屋敷地の測量を行っている。下志賀村の宝永四年の実施によって近世村落の農民の成り立ちが大まかではあるが解明できよう。

下志賀村もまた慶長検地帳の原本の所在が不明なため、詳細を欠くが『日高鑑』によれば、石高五八九石余り、田畑五〇町五反余りとあり、宝永四年の地詰によって新たに田畑一町五反八畝の追加が確認できる。またその後において所有者の変更があったのか、付箋にて新たな名前が書き加えられている。この現状から追加修正された土地は原文タイトルにあるように新田開発に伴うものであるから、その後の土地の譲渡によって変動したと考えるのが妥当であろう。またそれらの記載の内で屋敷数は一一筆に及び、新たに分家もしくは入村したものが多かったことがわかる。詳細としては、当時荒山であったことや、畑作・田作であった記述が付箋で付されていることが注目できる。また屋敷地も拾弐歩や拾八歩といった二〇坪に満たない存在から、農村特有な田の字型民家に満たない住居であったことが伺える。

農村部の土地の変動や管理体制について見てきたのであるが、内部構造としてはどうであったのか。再度中志賀村の事例によって見ていきたい。

中志賀村の概要は先に挙げた『日高鑑』によれば、家数九〇軒とあったが、内訳として本役二二戸、半役四二戸、無役一八戸(隠居後家など)、新田百姓二戸、大工、桶大工、ありき各一戸、庄屋年寄三戸となっている。本役などの記述は、検地によって農民の農業経営体制を把握したことにより、農地や屋敷地などに掛る一定の租税の徴収を目的としたものであり、また幕府や藩の緊急時における賦役の負担を課せられたことを表す単位である。いわゆる本役とは、「本百姓」を指すものであり、以下半役は、その負担が半分の半人前の扱いを受け、無役は課税対象ではない存在を指すものである。いうなれば自らの土地を持たない従属した存在で、小作農による小農民や、慶長検地帳に記載があった「うば」や「後家」、「おうし」などの非賦役者のことである。この役柄がそのまま村落組織に踏襲されていることはいうまでもなく、村役人は本役の家筋から選出され、入会地の利用も半役以下は制限が課せられていたと考えられる。戸数九〇戸の内、本役二二戸の存在は、おそらく中世からの名主層であることは間違いなかろう。中志賀村の慶長検地帳にある三町から五反前後の耕地を有した二一人の名請人の末裔と考えられる。半役四二戸及び無役一八戸もまた五反から一反未満の耕地を有した七二人の家筋に属すると考えられる。近世初期における検地によって農民の身分は格付けされ、その後もその状態が継続されたのであるが、身分体制は苦労と努力による土地集積によって本百姓へと昇格する者も後世には現れ出す。

一方、この分類にも多少の疑問を指摘する必要がある。渡辺広氏[13]の指摘にあるように、慶長検地では農地集積に伴って賦役に応じられる役家の把握を目的として、役家とそれ以外とは明確に分類がなされていたが、延宝六年（一六七九）に突如本役・半役・無役の三段階の分類がなされていたことである。これらの格付けの分類は、南紀田辺藩領南部組においては、御役家・無役家となっているが、およそ同じ内容であったと考えられる[14]。慶長検地当時は、役家を基準として、それ以外の無役の後家・うば・下人などの記述が見られたが、それらの改正に伴う渡辺氏の指摘は以下のようである。

承応二年（一六五三）に賦役に応じる際に、村々から直接人夫を徴収していたのを米納の郷役米に切り替えられたことから、一定の賦役を米や銭で安定して支払える農民の把握が必要になったのである。さらに万治三年（一六六〇）に紀州藩一斉の「総改」が実施され、八歳以上の男女人数を把握し、大幅に諸役に関する規定が改正された。このことから本来の役家は、賦役に応じられるものであったのを、一定の石高を有し、それを生産し得る農民の把握へと移行したと考えてよい。実際の賦役の徴収において、村内での徴収方法は定かではないが、それなりの平等性をもって行われたと考えると本役の意味する基準が明確ではないことがわかる。また南紀地方はことのほか無役の数が多く、役分類の判断基準が地域によって異なる事実が挙げられよう。渡辺氏の指摘では、本役の一応の目安として五石の石高を所有する者であったとしている。以上のことを踏まえて、中志賀村検地帳記載の五反以上所持の名請人の人数が本役の家数と酷似していることから、類似性が認められる。農民支配体制の基準が、一定の生産力を持つ独立した農民であることが、この時点で確立したのである。

## 2　近世初期の農民闘争

「中志賀村検地帳」における中世名主筋と思われる「中村三郎兵衛」という人物は、農地四町五反八畝九歩（四三石余り）、屋敷六畝二四歩を有し、二番手の「畠山掃部太夫政氏」は二町一反九畝一歩（二五石余り）、屋敷一畝一八歩とその他より抜きん出た豪農であるが、この二名を舞台とした農民闘争の歴史が存在した。両名とも中世より飛躍的な成長を見せた名主であり、その土地集積を見ても明らかなことである。

中村三郎兵衛は近隣農村随一の豪農であり、中世志賀村の庄屋を務めた家柄である。一方、掃部太夫は志賀村頭百姓を務め、志賀五ヵ村惣社といわれた氏神志賀王子神社の神主及び当村筆頭の有力農民であった。中世封建社会より近世封建社会に移行したことにより、彼らのような有力農民層の権力は、近世幕藩体制により崩壊し、それらに対する不満感を募らせていた。検地によって農地の耕作者を名請人とする体制に、土豪及び名主層の農民は反抗する姿勢を取り、すでに慶長一九年（一六一四）一二月に南紀熊野地方において、大阪冬の陣に呼応した大規模な一揆が行われていた。[15]さらに翌年元和元年（一六一五）に大阪夏の陣に対応しての大規模な一揆の計画が持ち上がった。それが「日高一揆」と呼ばれるものであり、「古今年代記」には以下のようにある。

一、元和元年五月五日、高家村百姓千原孫四郎、小池村ノ百姓寺井九右衛門、中しが村中村三郎兵衛しが五ヵ村ノ庄や也、高六十石持、財村兵衛地代官等一身同心ニて一起ヲ企、大阪へ御見方申候ニ付、村々百姓を味方ニ招候処、中志賀村掃部太夫此時名ハ作蔵と云、此時高五十石持居候頭百姓をも味方ニ招候所、同心不致候ニ付、則夜打ニ仕其首を持是ヲ志賀一起ト云一身同心のもの大阪へ上リ申迚、那賀の郡山口村迄参候処、最早大阪落城致候ニ付、右首を捨何国へか落行申候、（後略）

日高郡高家村千原孫四郎、小池村寺井九右衛門、中志賀村中村三郎兵衛、財村（現御坊市財部）兵衛ら日高上郷（日高郡北部）の土豪の一味同心によるものであり、新支配体制に不満を持っての決起である。中志賀村の中村三郎兵衛はまず、同村頭百姓の掃部太夫に決起の申し合わせをしたが断られたため、ついに四月二九日に挙兵、掃部太夫宅を夜襲にかけ殺害、その首を槍先に貫き、村々を練り歩いて同朋を募った。これを「志賀一揆」と称しているが、中志賀浄恩寺過去帳には「元和元年四月廿九日　加茂太夫」という記述があり、この日の殺害と断定できた。

この後には大阪に向かって北上、名草郡山口村に到着の折、大阪城落城の知らせと領主浅野氏の反撃によって財部兵衛と寺井九右衛門、中村三郎兵衛は逃亡し、西村孫四郎は日高郡原谷村に隠れていることを高家村の土豪玉置氏によって召し捕えられた。[16]「古今年代記」では、西村孫四郎のことを「元ゟ大力ニテ皆恐れ候、右孫四郎、奴ニ遣候太良と云者だまし寄セ、からめ取候由」とあり、孫四郎の怪力に皆恐れをなしていたが、従者を騙しておびき出し、その隙に召し捕えた経過が伺える。一方、同書にはこの一揆に賛同した人々も記され「此時比井ゟ一起同心可致迚、折柄五月五日しやうぶを鉢巻ニ仕、しが迄参候ハ拾七軒也、棒を持参候由、十七人の棒長とて有之」と、一種の義民伝としての伝承が残されていたことが判明するが、若干の脚色があると考えるのが妥当であろう。

この日高一揆の鎮圧後の対応は、「紀伊国一揆成敗村数覚」[17]の六月一〇日付には、高家村・小中村・小池村・志賀村・財部村の五ヵ村における一揆賛同による成敗人数は二五二人に及び、牟婁郡三六三人、有田郡四八人、名草郡一一四人、那賀及び伊都郡二九人と紀伊国での一揆で成敗された人数は八〇六人に及んでいる。この騒動の処罰は厳しく、家族縁者は皆処罰の対象になったという[18]。大規模な一揆の要因は慶長検地による新体制への強行なる遂行と、在地領主や土豪的存在の一掃に対する旧勢力の反抗によるものであった。

以下に示した史料は、慶長検地時の領主である浅野幸長(左京太夫)自身名義で各郡の百姓中へ宛てた「定」五ヵ条[19]で、検地後すぐに下達されたものであり、農民支配体制の改新が記されている。

一、当年年貢納判枡の外とりやり一切停止之事、
一、年貢之儀は百姓としてはかり渡たすべし、付、口米は相定ごとく一石に付二升宛たるべし然時はむしろつきの米一切不可出事、
一、当年荒をひらき候所於有之は当春申出すごとく当年はつくりとりたるべき事、
一、百姓申分於有之は此方へ申べし理りもなく小百姓一人もはしらせ候はゞ其所のおとな百姓曲事たるべき事、
一、年貢俵子その郡の船着まで可相届付、代官給人非分於有之は左衛門佐方まで可申来事、
右条々相違有之歟かくし置にをいては百姓可為曲事者也仍如件、
慶長六年十一月朔日　左京(印)

日高郡百姓中

年貢などの課税対象は決められた枡によって計り、農民の要求は直接領主に申し付けることなどが記され、下層農民の逃走は在地の上層農民の罪であるとしている。これらは、農民支配体制の強化と在地土豪を単なる一農民としての年貢徴収を目的とした扱いであり、この一揆の背景は、慶長検地の実施によって、中世在地領主的存在であった土豪の権威を一掃し、賦役や課税の対象となる「百姓」身分に固定することに対する反抗であることは先にも述べたが、名主層の反抗と挫折、新体制の確立が進み、近世幕藩体制の幕開けによってムラとイエの確立がさらに進化した。

ところで、この一揆に賛同しなかった土豪は領主より格別なる恩恵を賜ることとなり、先に触れた高家村玉置氏は、一味同心して一揆に参加した同村の百姓の土地を賜ることとなり、その規模は村内の三分の一に及んだことから「サブイチ」という屋号まで生まれて現在に及んでいる。[20] また中志賀村の中村三郎兵衛に殺害された掃部太夫家は領主浅野氏の恩恵を賜り、それは「古今年代記」に以下のように記されている。

則かも太夫子へ右三郎兵衛欠所地高六〇石被下候由、刀脇指も被下候、其時紀伊守殿ゟ氏は無之哉と御尋候時畠山ノ末葉ニて候由申伝候と申上候処、夫ハ捨、今ゟ志賀と名乗申様こと御免有之候、

掃部太夫家には中村三郎兵衛の欠所石高六〇石が下され、指物も下された。また苗字として志賀姓を名乗ることとなり、現在中志賀にある志賀姓数戸の総本家として志賀イットウの草分け的存在となった。また中志賀に建立されている浄恩寺過去帳には以下の記述が見られる。

帰命院釈浄門　加茂太夫

（元和元卯年）四月廿九日　平松

志賀左膳先祖　若山　山□□□

とあり、掃部太夫の記帳が残されていることから、先祖崇拝の対象として篤く供養が行われていた状況が読み取れる。また平松とは中志賀北東部久志との村境に位置した志賀川左岸部の山裾の小字名であり、当時掃部太夫家の屋敷はそこにあったことがわかる。ところで掃部太夫家は百姓以外に代々志賀五ヵ村の氏神である志賀王子神社の神主を務め、カモ太夫という名もカモリ(神守)からきている世襲名であった。[21]

また同じく一揆に賛同しなかった土豪として上志賀村の川瀬家も、一揆鎮圧に功をなし、中村三郎兵衛の弟源四郎持高三四石二斗を賜った。[22]

その後、元和五年(一六一九)浅野氏が安芸に転封となり、徳川頼宣が紀州藩主となった折、反抗心を未だ抱える土豪に配慮して、地士制度を設けた。これが各郡内の有力農民層に与えられ、武士の身分と家禄を約束することによって、幕府に対する反抗心を和らげる効果を狙った措置であった。先に挙げた高家村玉置氏、上志賀村川瀬氏なども地士に召し抱えられ、川瀬氏は、幕末期まで志賀組二一ヵ村の大庄屋として勤めるに至った。

中世動乱期より近世幕藩体制の幕開けによって、村々の体制が整えられ、安定した生活環境下でイエの意識が高まったことは先にも触れたが、上層家格の農民の動向は、先に記した通りである。一方、下層農民のイエ意識の高まりは、この近世初期の段階で確立され出す。それはイエの財産としての農地や屋敷の獲得によって、その相続を意識し、かつそれらを生み出した先祖を崇拝する意識の高まりに現れる。

### 3　ムラの宗教施設

中志賀村の宗教施設として先に挙げた『日高鑑』には、寺院として浄土宗寺院、宮として六社の明記がなされている。浄土宗寺院は先の浄恩寺であると考えられ、天正一三年(一五八五)の寺院焼き討ちで下志賀村から中志賀村に移転し、真言宗から浄土宗へと改宗をもって再興した寺院である。寺院の歴史は別項で述べるとして、当寺の墓は、浄恩寺背後の薬師山に段丘状に形成されており、祖先祭祀の拠点として檀家一切の墓地となっている。当地に寺院建立以前、近世以前の祖先祭祀の実態は量り知る余地はないが、当寺建立以前には字里神薬師堂、字平松大日堂といった宗教施設の存在が明らかとなっている。これら仏堂の存在は、寺院建立以前の祖先祭祀の対象となったことは当然考えられ、安置された仏像もおよそ室町以前の作といわれていることから、中世の村人の精神的拠り所となっていた可能性は高い。また下志賀村の観音堂は宝永四年（一七〇七）の「日高郡下志賀村新田畑地詰検地帳」に記載されており、下志賀村惣右衛門が字オフセの屋敷地「拾弐歩」、田「一畝拾二歩」の寄進を行っており、宝永以前に観音堂の整備がなされたことが明らかとなる。オフセの観音は「御伏せ観音」として古くから信仰が篤く、当地の田に多くいた蛭を弘法大師が鎌で彫った御伏せ観音で鎮圧したという伝承が残されているが、恐らくは近隣住人の祖先祭祀の対象として存在したと考えられる。しかしながら小堂などの仏教施設は、明治初期の廃仏毀釈の折に悉く廃寺となり、現在はそれぞれの仏像が浄恩寺に保管されている。

　ムラとイエの確立について触れてきたが、中世村落の解体から近世村落が形成され、検地と農民支配の明確なる把握によって、革命的発展を遂げ、それらには多くの反発と抵抗があったことは、農民の大きな精神的自立を促した。中世村落でのムラの構造は領主↓名主↓従属民といった展開を示していたが、領主↓農民へと大きな括りでの村の支配に移り、結果的にムラの自立とイエの確立へと導かれた過程を示した。農民の抵抗は一揆という形で表され、その抗争によって藩からの配慮の姿勢と確固とした租税徴収のための役家の設定は、村落構造に踏襲され、村落組織の形成に至ったのである。

## 二　屋敷地と民家構造の特質

農村部における村落構造の特質として、主にその内部構成である組織や構造に着目してきたが、イエなどの内部構造と共に、人々が暮らした屋敷地や民家の特質にも言及したい。イエの発展と共に民家などの建築物も変遷したのは、当然の事実であり、近世初期の農村における民家建築の構造は依然として簡素な造りであったと考えられる。前項でも示したように「中志賀村検地帳」には、屋敷面積の総数は、五二筆中、七反五歩となっており、中でも筆頭名主の中村三郎兵衛は二筆に跨がる屋敷地で六畝二四歩に及ぶ屋敷地を有していた。また頭百姓である掃部太夫は、同じく二筆に跨がる屋敷地で一畝一八歩という面積である。当然ながら、特権的階層にある両者の屋敷地は、その他の農民とはかけ離れた屋敷地を有しており、むろん従属関係であった名子や小作人が同じ屋敷内に暮らしていた可能性も高い。両者以外では四畝代一人、三畝代三人、二畝代七人、一畝代一六人、一畝未満が一二人となっており、三〇～四〇坪の屋敷地が平均的な面積であることがわかる。

この後の宝永四年(一七〇七)亥九月に「日高郡下志賀村新田畑地詰検地帳」が作成されたのは先にも記したが、この当時に分家もしくは独立して新居を構えた様子が記されている。宝永年間までに新田開発として新たに開拓された土地の内、屋敷地は六畝拾弐歩に及び、一〇戸の戸数が増えている。その中で才兵衛の屋敷地は二筆に及び、それぞれ一五歩と一畝である。一般的な民家建築においてかなりの狭小な敷地であるが、これが建坪を表すのか、屋敷地全体を表すのか不明であるが、近世初期における農民の民家はおよそこれくらいの規模が一般的であったと考えられる。

農村における民家建築の特徴を探るにはまず、その敷地利用と建築様式、使用方法を探る必要がある。日高郡日高

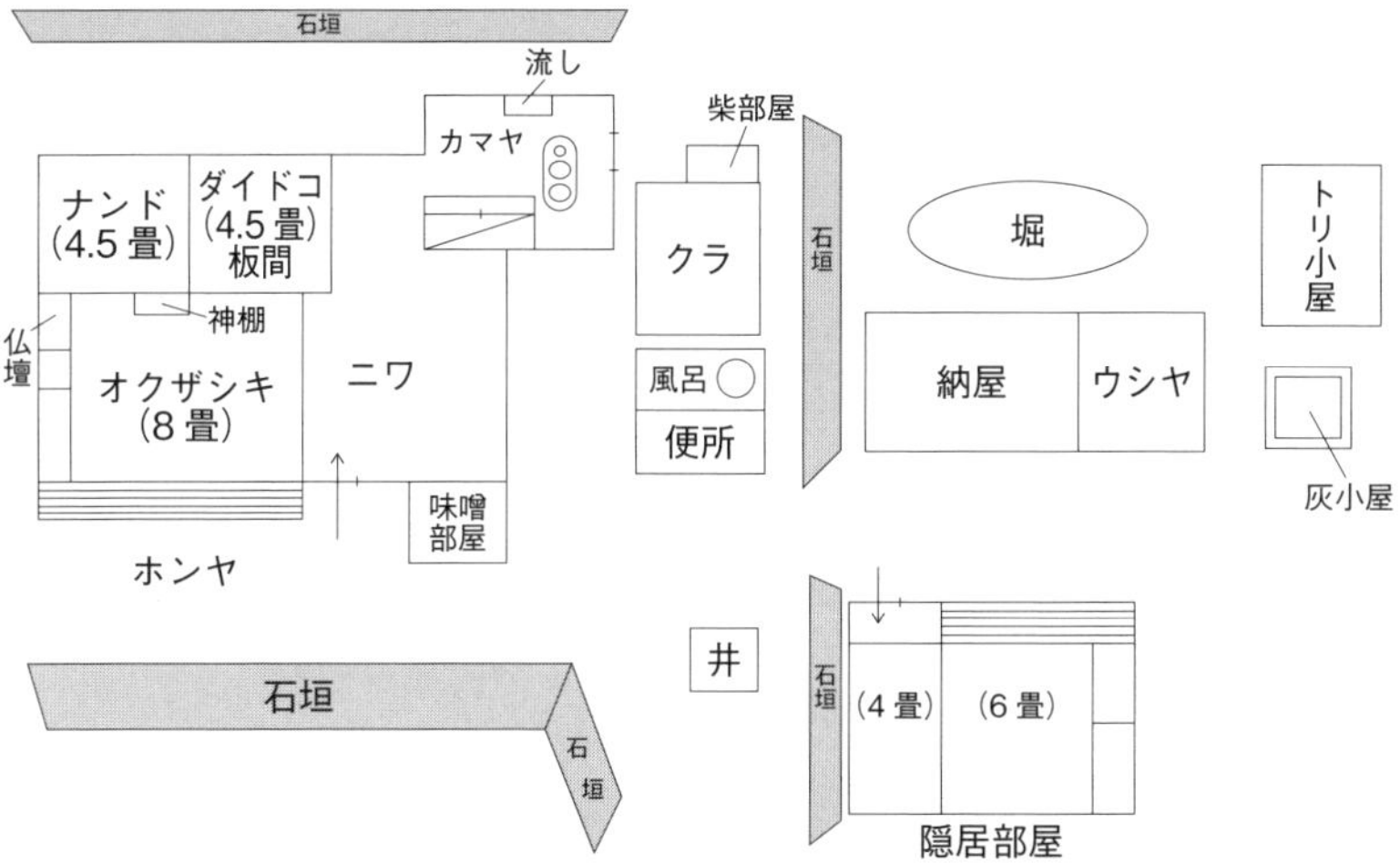


図１　志賀旧久保家間取図

町志賀においては、屋敷地は山裾に広がり、中央部に流れる志賀川沿いに耕地が広がる景観であるが、それぞれにおいてカイト的組が存在し、講組的小集落の点在が確認できる。屋敷地の選定には自然災害の影響が少ない土地が選ばれるのは当然と言える。

中志賀集落には中世土豪の砦として築かれた館状の出城が存在し、現在では城ノ壇という地名が残されており、段丘状の城跡が確認できるが、それらに因んだ字名が多く残されている。字城ノ越は緩やかな丘陵地であり、そこには近世久保姓を名乗った旧家が存在し、組名はクボデ（久保勢）と称して中世的有力者の存在が確認できる。その屋敷地は段丘状に形成され、上段部は農地である屋敷畑、屋敷田と同じ位置に立地しており、納屋や隠居部屋を有していた。下段部は二メートルほど掘り下げた形で主屋であるホンヤが建ち、蔵や風呂便所などの付属建築物が建てられている。このような段丘状な建築の背景には、廓的要素を含むとも考えられるが、明らかに当初の土地水平地より掘り下げられていることから、当地の気象条件とも深く関わると推測される。南向きに開けた谷は、夏場などの台風による暴風をまともに受け、谷の奥部ではさらに強風になることがしばしばある。そういった条件の下、屋敷の形状を風などの被害か

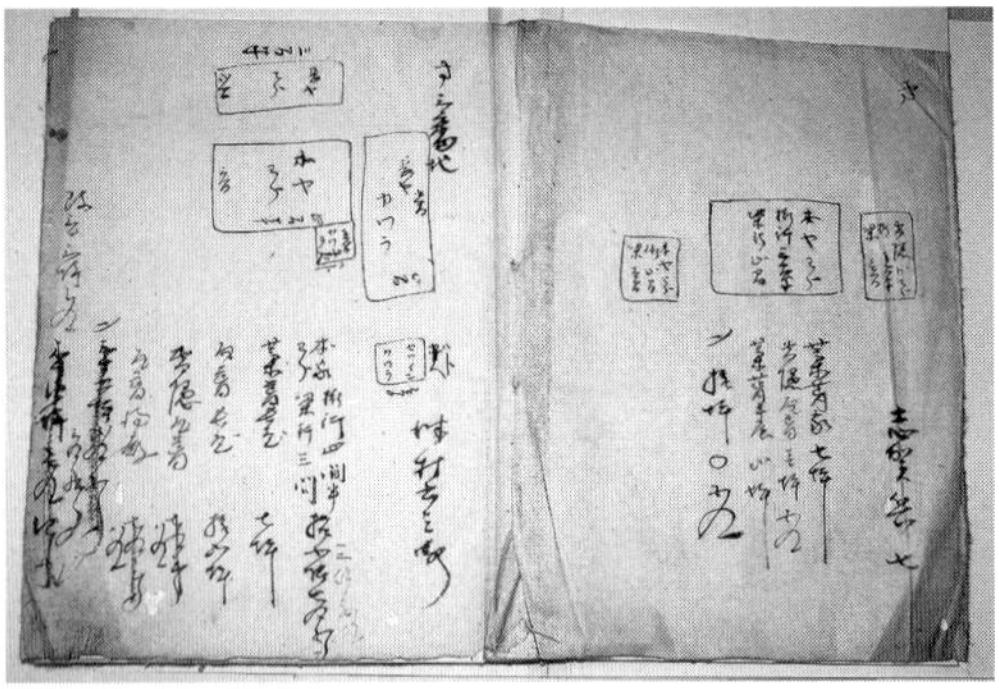

写真１　毎戸建物取調帳

ら守るために、掘り下げて建築した可能性も高い〔図1〕。

中世の根小屋村落的性格が伺える当地の屋敷地は概して広いとは言い難い。平野部であるならその広大な土地条件の下、広い屋敷地を設置できるが、山裾に点在して形成された当地の集落では、斜面の立地を余儀なくされ、谷底流部の敷地ではしばしば洪水の被害に悩まされてきたことから、このような形式になったと考えられる。

屋敷の建築は、およそ図に示したような民家建築が近世社会では普遍的であったと考えられる。主に屋敷の規模を表す言葉として「十振り」「片十」「七半」「サブロク」などの呼称があり、「十振り」は一番大きな規模を表し、ザシキ四間の片側二間を合わせると一〇畳になるのを指し、四間合わせて二〇畳の規模であった。そして「片十」は片側だけが一〇畳になり、もう片側は一〇畳に満たないくい違いの間取りを指す。「七半」は間取りの組合わせが七畳半になるものを指し、四畳半、三畳などの組み合わせが多かった。そして最後の「サブロク」は家の規模を指すもので、梁行三間桁行六間の大きさである。

まず屋敷の規模を和歌山県日高郡日高町下志賀を例に検討してみたい。同地区には明治一一年（一八七九）に記された「毎戸建物取調帳」[23]が残されており、下志賀村全戸の屋敷調査が行われている。おそらく同時期に地租改正がなされており、それによる固定資産に関する取調べによるものと考えられる。

同書には七二戸に及ぶ戸数の記載があり、天保一〇年（一八三九）成立の『紀伊続風土記』の下志賀村の項には戸数七五戸とあることから、戸数の変化は見受けられず、全戸にわたっての調査であったことが確認できる。当書はさらに屋敷の配置図と共に、各建物の桁行き、梁行き、坪数、屋根の形態、建物名まで列記し、明治初期における農村民家の概要が一目で判断できる史料であるが、詳細を欠いている部分もあるため、その集計には判別できるものを利用した〔写真1〕。

まず当地では主屋をホンヤと言い、その屋根材を瓦とワラに分類している〔表2〕。明治一二年当時、瓦の普及率は七三戸中、三七戸とほぼ半数に及び、瓦屋根の普及率が高かったことを物語る。当地では瓦葺きにはキョウモンとヒラの二種類があり、ほぼ本瓦葺きのキョウモン葺きが多い。これは本瓦で瓦を押さえる形式でないと強風で瓦が吹き飛ばされるからであるとされる。またホンヤの建坪数でもっとも多いのは一五～二〇坪である〔表3〕。もっとも平均的な間取りは一〇振りから片十の規模を有していたことが明らかとなった。一方、建坪一〇以下のものも一六戸確認でき、五坪となると十畳分の広さしか確保できず、隠居などの可能性も考えられる。

**表2　明治初期における屋根材**（毎戸建物取調帳）

| | 瓦葺き | ワラ葺き |
|---|---|---|
| ホンヤ | 37戸 | 30戸 |
| 長屋 | 22棟 | 10棟 |
| 納屋 | 17棟 | 13棟 |
| 雪隠 | 23棟 | 12棟 |
| ユドノ | 4棟 | |
| 隠居（平屋） | 10棟 | 2棟 |
| 蔵 | 21棟 | |
| イドノ | 3棟 | |
| 牛屋 | 3棟 | 2棟 |

**表3　ホンヤと屋敷の坪数**（毎戸建物取調帳）　単位：戸

| | ホンヤ数 | 屋敷坪数 |
|---|---|---|
| 50坪以上 | | 3 |
| 40坪～ | | 10 |
| 35坪～ | | 2 |
| 30坪～ | 2 | 6 |
| 25坪～ | 4 | 1 |
| 20坪～ | 11 | 8 |
| 15坪～ | 12 | 12 |
| 10坪～ | 8 | 2 |
| 5坪～ | 11 | 5 |
| 5坪未満 | 5 | |

また付属建物として長屋・納屋・雪隠・ユドノ・隠居(平屋)・蔵・イドノ・牛屋などが確認でき、それぞれ瓦葺きのものが過半数である。明治初年での農村民家建築における中では瓦需要の高さを物語る。

さらに各戸のホンヤの図を見ると棟違いの付属建物が隣接して建てられているのが二六戸あり、雪隠や漬物小屋などの可能性も高いが、二戸のみ「カマヤ」と記されているのが確認できる。これは炊事などの煮炊きを行う調理屋を指し、紀伊半島南部では普遍的に見られた「カマヤ造り」の民家である。西南諸島・九州・高知・静岡・伊豆諸島などの太平洋沿岸部で多く見られた民家建築であり、火を使う調理場を別棟で建てている様式を指すものである。当地におけるカマヤは、別棟であるが隣接もしくは、ホンヤに混入過程のものであり、ホンヤの平面図からすれば、いびつな形となる。南島文化の分布は、太平洋側に集中していることから、黒潮文化圏ともいえる大きな広がりを見せている一例ともいえるものである。

ここまでは、民家の特質に触れてきたのであるが、内部の構造に主体を移していきたい。間取りの多くが三間から四間であることは先に言及したが、各部屋の構造としては、手前の部屋がデ、その奥がザシキ及びオクであり、隣にダイドコ・ナンドと続く。ザシキには仏壇があり、神棚の設置がなされ、また来客用の部屋であることはわかる。畳敷きが基本的であるが、デが設置されている場合のデの割り方は三畳ほどの大きさであり、軽い接客の時に用いた。ダイドコは食事を行う常の場であり、板間が一般的である。カマヤにはクドが据えられ、焚き口三つを基本とし、多くて五つほどであった。その内の一つは大釜であり、常時、飼い葉などの煮炊きに使用し、冠婚葬祭の時にはそれの煮炊きに使用するものである。近代に入り、クドの改良が進んだことで炎の逆流を防ぐ「志賀式カマド」が誕生し、和歌山県下に広く普及したという。そのカマドの考案者が、中志賀の志賀家であったことに因む命名である。クドには火の神としてのコウジンさんを祀り、小さな木箱状の神棚が備え付けられていた。

ホンヤの中央部には大黒柱があり、天井を張られていたのはザシキとニワと称する土間の部分だけであり、その上は「リキテンジョウ」といって簡単な中二階になっており、荷物や老夫婦の寝室として用いられることも多かったが、養蚕の盛んな頃はそれにあてられていたという。

また家屋の新築などには大きな石で礎石を据える場所を搗き固め、それから建設に取りかかった。最初の仕事初めを「チョウナ祝い」といい、棟上げで盛大なる餅投げを行った。この餅投げは家の厄難を餅に込めて、近隣の方に分け与える行為であり、東西南北を固めるスマ餅、天地を固める天餅、地餅を投げ、また大判型のテヌグイ餅などがあり、撒く餅の量でイエの力量が測られた。

一方、転居や分家によるシンタクの場合は、古い空き家を請けて、住む場合もあった。当地では空き家をウキヤといい、それは安永四年（一七七五）の「下志賀村新田畑地詰検地帳」にも、「四畑壱畝歩　高四升　徳兵衛浮家」とあり、後継ぎがなく、絶家となった場合、その屋敷跡地を畑として利用した記述が見られる。さらに絶家となることを「トォ閉め」といい、雨戸が閉ざされたままの状態を指すものとして用いられたが、現在社会では多くなった現象である。

**註**

（1）赤田光男『日本村落信仰論』雄山閣出版　一九九五年
（2）和歌山県史編さん委員会編刊『和歌山県史　近世史料Ⅰ』一九七七年
（3）日高町誌編集委員会編刊『日高町誌　上巻』一九七七年
（4）日高郡役所編『日高郡誌　上巻』名著出版　一九七四年

(5)　和歌山県史編さん委員会編刊『和歌山県史　近世史料五』一九八四年
(6)　森　彦太郎編『紀州文献日高近世史料』臨川書店　一九七四年
(7)　安藤精一『近世農村史の研究』清文堂出版　一九八四年
(8)　塩崎　昇編『塩崎家文書　一巻　改訂版』一九九七年
(9)　前掲註(4)
(10)　前掲註(6)
(11)　仁井田好古『紀伊続風土記』天保一〇年(一八三九)
(12)　宝永四年(一七〇七)「日高郡下志賀村新田畑地詰検地帳」(下志賀区有文書)
(13)　渡辺　広「伊都郡東家組の一史料について―近世初期の村落構造と隷属民を中心に―」『紀州史研究叢書』第一五号　一九七二年一二月
(14)　前掲註(6)
(15)　速水　融『近世初期の検地と農民』知泉書館　二〇〇九年
(16)　前掲註(4)
(17)　前掲註(4)
(18)　前掲註(4)
(19)　前掲註(4)
(20)　日高町誌編集委員会編刊『日高町誌　下巻』一九七七年
(21)　前掲註(20)

（22）前掲註（4）
（23）明治一二年（一八七九）「毎戸建物取調帳」（下志賀区有文書）

【話者一覧】二〇一一年八月二一日調査
・玉置近次郎氏　・津村富雄氏

# 第二節　稲作技術と農耕儀礼

## はじめに

稲作の伝統は、日本列島で稲作が行われ出した縄文後期より脈々と受け継がれ、古代大和朝廷のような国家建設に繋がったのは、稲作という安定した食糧の確保と貯蔵が行われ、支配者の富の蓄積がやがては社会組織の成立へと繋がったという流れを示す。稲作の初期段階においてのその技術と伝承は定かではないが、稲作に必要な水の確保、そして豊かな土壌が必要であったであろう。苦労と試行錯誤の結果、稲作技術は安定し、米の生産に繋がったのである。日本人が稲作農耕民といわれる由縁は、米という主食を得るために奮闘し、長い年月をかけてそれを確立したからである。稲作という生産活動は、個人単位で行い得ず、集団を組織し、ムラの形成に至ったのが、ムラの原型である。稲作に関する伝統を探ることは日本人の源郷を知り得る行為であり、必要不可欠な作業といえる。

和歌山県南紀地方は、三方は海に囲まれ、背後には紀伊山地を抱く樹木鬱蒼とした地域である。多くは山地であり、数少ない平野部は大・中型河川である日高川・印南川・南部川・富田川・日置川・古座川・熊野川等の下流部に広がる小規模な堆積平野である。しかし稲作は古くから行われており、山間部においても見事な棚田を形成し、水利を整備して豊かな実りを得ようと努力をしてきたと思われる。

かつて稲作は、現在ほどの収穫は望めず、天候に左右され、すべては神頼みであった。稲の成長と豊かな実りを得るために人々はカミに対する信仰を持ち、田の神という素朴な日本人の根源的信仰もまた、そういった状況の中で生まれたといえよう。

田の神は、その祈願対象もはっきりしたカミであるが、未だに不明瞭な部分が多く、謎に包まれたカミである。田の神の大きな特徴は、春に山から来て、田の神として稲を守り、秋の収穫後に山に帰って山の神となるという伝承が挙げられる。その例としては、奥能登で行われるアエノコトであり、稲作終了後の一二月五日に田の神を我家に迎え入れ、田の神の祭壇である米俵を座敷に据え、接待し、二月九日に田に送る一連の行事である。これは伝承される家によって多少行事内容は異なるが、本質は一年間の感謝を込めて田の神を接待し、再び田に送り、翌年の豊穣も祈願するという内容である(1)。その後、田の神は山に帰り、山の神として山を守護するという。なぜ山と田を去来するのかという問題は、日本人の古来からの他界観が関係し、祖霊は山に棲むという信仰と関係しているという定説がある。

しかしながら、柳田國男以来提唱されてきた田の神の普遍的定説である去来性の伝承は南紀では残されていない。もっとも、田の神という観念は存在し、節目には田の神を祭祀し、豊穣を祈願してきた。南紀地方では、田植え前と田植え後に田の神を祀ることが多く、それは「田祭り」と通称されてきた。他に「丑祭り」「田毎祝い」「地祭り」などの名称を持つ。分布としては、日高郡を北限に西牟婁・東牟婁郡へと広がり、熊野地方に及ぶものである。また、平野部のみならず、山間部の奥地まで伝承が広がり、その祀り方も多様になる。

日程もまた、六月初丑の日と固定であったり、植付け後の適当の日という具合に統一的ではないが、本来は丑の日という固定日であった可能性は高い。「田祭り」といっても、村落共同体で行うのではなく、各戸で植付けを祝う程度のものであり、栗の枝を用意し、その葉にシトギ餅を包みこみ、栗の枝にシトギ餅の粽がたわわに実る姿を模したものを作り、田毎の畦に一本ずつ立てていく。田を多く所有する人は必然的にその数も増すわけであるが、苗代にだけ立てるところもあり、また栗ではなく樫やその他の雑木を使用するところもある。さらに粽もシトギではなく麦粉であったり、または茅やアセの葉、オサスリという植物の葉にシトギ餅を包んだ物だけを、田毎に挿す場合もあった。

一方、付属品としてススキの葉を一緒に挿しまわる地方も多く、これらの行事には子供が多数参加したという。昭和中期までは、田畑に立てられた「田祭り」の粽は貴重なオヤツであり、田に挿すのを待って抜いてまわったという。田の所有者もまた、子供たちに抜いてもらわなければ良くないと伝承しており、子供たちがカミの象徴として捉えられていることは明白である。

また、熊野地方ではこの丑の日に合わせて虫送りも行っており、「田祭り」の粽は虫除けの意味があると認識されているが、田の神を祀り、豊穣を祈願するという内容の中の、害虫除けの意味が強まったことが示唆できる。

以上、内容が多様であるが、和歌山県南部の南紀地方で普遍的に行われていた稲作技術と田の神祭祀、田の神観の概要を紹介する。

## 一　水の確保と管理

和歌山県日高地方は、山稜が海岸部に連なる地形にあり、平野部は希少なる存在であった。河川沿岸部の堆積平野では大規模な田園風景が見られたが、谷間や山間における集落では複雑な地形ゆえ、稲作における水の確保には苦労が強いられた歴史が存在する。

日高町志賀は大きな谷合いに位置した集落であり、中世の志賀村一村から近世には上志賀・久志・中志賀・下志賀・谷口の諸集落が成立し、現在に至る農村である。もちろんそれら諸集落は、中世よりムラとしての自治組織をそれぞれ組織していたであろうが、稲作における水利は共同の財産であった。当地では志賀川を主とする水利を確保し、それら周辺にある田地を潤してきたが、志賀五ヵ村を賄いきるほどの水量もなく、池の水利に頼る他なかったのが現状である。谷々には池を構築し、池下数町の田畑を潤したが、中でも志賀谷最奥部の上志賀に構築されたオイケ（大池）の存在は、重要であった。オイケは上志賀北東端に構築されたその名の通り大池である。構築年代は不明であるが、延宝六年（一六七八）編の『日高鑑』[2]の上志賀村の項に記載されていることから、近世初頭には存在したと考えられる。オイケの水は志賀川源流域に落とす形で流され、下流域の田地にまわされた。またそれとは別の井溝経路をとって水のまわらない田地を賄う措置もとられている。それはおよそ図に示した通りの形となる〔図1〕。

　オイケの水を用いる地帯をオイケガカリ（大池掛り）と称し、上志賀一〇町、久志二〇町、中志賀一四町、下志賀一四町に及ぶ広域な水ガカリである[3]。オイケの管理運営はオイケ委員という水利組合を組織し、各地区から一人選出し、さらにミズヒキと称する係が入札で三人選ばれ、実質の水の管理はこのミズヒキが行うのである。そして水利委員として池守を上志賀から一人選び、池の管理を担当し、その礼は米一斗、立会人は五合であった[4]。またユモリは水田に入る水の管理を担当した。オイケガカリでは水の使用料としてオイケ委員に一反に付き、二五〇〇円の費用を支払うこととなっている。

　オイケでは水を抜く樋が四つあり、それぞれ用途が決まっていた〔図2〕。一番目は上樋であり、二番目は田植え用のウテ樋、三番目は下樋、四番目は最終の底樋（泥水樋）であり、池の底の水を使用するため、七月土用以降の水不足時に使用する樋であった。しかしながら、上流部での水の確保によって、下流域になるとしばしば水不足に悩まされることがあり、旱魃などで水が必要となった場合は、下志賀にあるハス池をオイケの増し池と称して、ハス池の樋《ユ》を

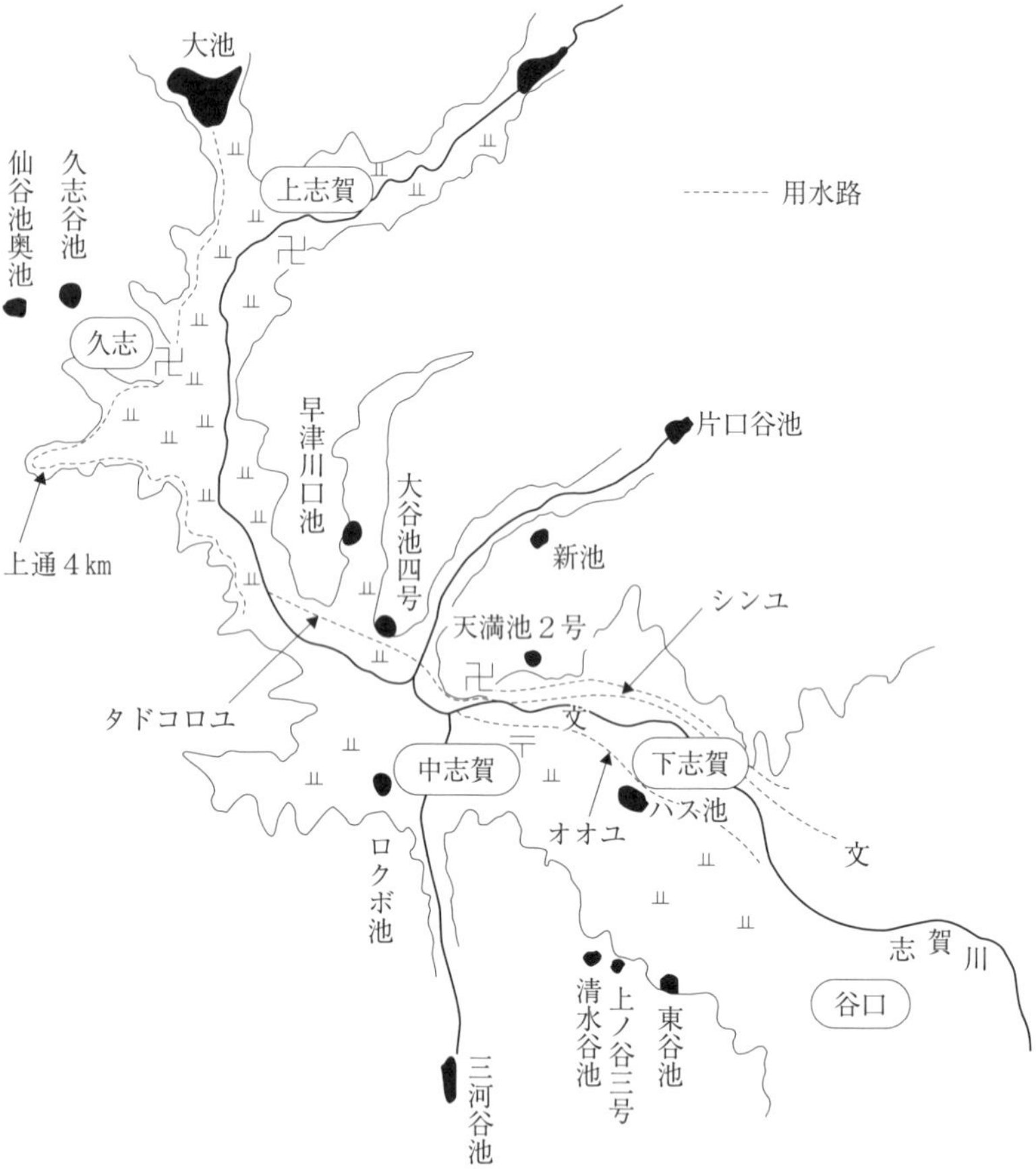


**図1　オイケガカリ・その他水利図**(日高町誌)

抜いて下志賀の田を補った。このハス池もまた『日高鑑』に記載されていることから、近世初頭、オイケと同じ時期に構築されたものと考えられる。

オイケからミゾコに落とされた水は志賀川に入り、さらに樋によって水を隅々まで行き渡らせた。それは久志にあるタドコロユ(田所湯)、中志賀のオオユ(大湯)・シンユ(新湯)であり、志賀川に堰をし、用水をミゾコという水路に流して、広域まで水を行き渡らせたのである。主に中志賀・下志賀の用水として重んじられ、それぞれミズヒキなどの水利組合を組織していた。タドコロユガカリは、中志賀の東上側を流れ、オオユガカリは、中志賀の西側を中心に下志賀まで行き、シンユは中志賀東側を賄うもので、これも同じく下志賀までの水利であった。

一方、谷々のオイケガカリに入らない耕地の所有者はさらに違う池の水に頼る他なく、別の水利組合を組織することとなる。中志賀三河谷《ミゴダン》、久保勢《クボデ》、芝ノ段集落は丘陵地にあるため、志賀川流域より高い位置に立地していることから、オイケガカリに入れず、したがって三河谷川上流部に三河谷池を構築し、独自に水利確保を行ってきた。中志賀ではオイケガカリは総田地四二町九反の内、一四町と半分にも満たず、残りはそれぞれの谷に構築された三河谷池七町六反、ロクボ池八町五反、片口谷池四町三反で、その他、タドコロユ・オオユ・シンユガカリによって賄われてきた⑤。三河谷池でも水利組合を組織し、水利管理を行っている。池守・ミズヒキは先に挙げたオイケ委員と同じであるが、池守の仕事は池の管理をし、ミズヒキはミゾコから田それぞれに水が行き渡るまですべての責任者として管理していた。

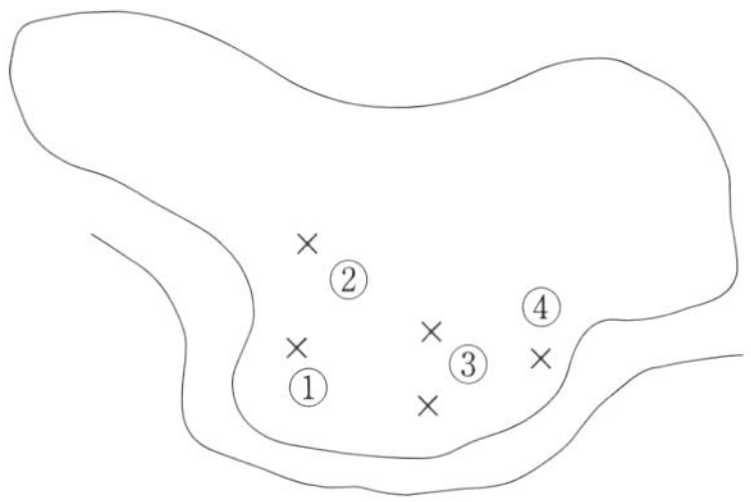


×樋…①上樋（最初に使用）
②下樋
③底樋（泥水樋）…７月末～８月土用に入って使用
④うて樋…田植え専用補助用

**図２　オイケ樋配置図**（日高町誌）

まず、五月のはじめ、田ゴシラエという荒オコシが終わってから、ミゴダニガカリの所有者全員でミゾテサライという水路掃除を行う。この作業は水利関係者全員参加であり、ミズヒキが指示して行われた。その後、田植え間近になると池守が池の樋を抜くのであるが、この作業が重労働であり、危険を伴う熟練の作業である。池の樋は堤の最下部にあるため、池の最深部に設置されていた。そこにはハンドボール大の穴があり、そこに杉丸太が栓として挿されている。それを池に潜って抜く作業であるが、水圧の影響で栓が抜けにくく、カスガイを打って抜いたという。さらに一気に栓を抜くと水が出過ぎるため、木の杭を栓に挟んで、出る水の量を調整した。よくこの作業で栓をすべて抜いてしまい、水の抜ける力によって足を吸いこまれる危険性があるので、注意が必要であった。

それだけの苦労で田に水を供給したのであるが、当地は地質的に水持ちが悪く、常に水不足に見舞われた。その結果、当地では字氏神として字城ノ越に弁財天社を祀るに至り、明治四三年（一九一〇）の神社合祀令によって志賀王子神社に合祀されるまでは、三河谷・久保勢・芝ノ段・颪《オロス》の字氏神として奉仕してきた。[6] 当時境内七畝あり、祠は六尺六寸四方の茅葺の社であった。祠の周囲を椿の古木で囲まれ、祠の後ろに犬槇の大木があったという。沿革については不明であるが市杵島姫命を祀り、祭日は旧六月二三日であったという。水がもっとも必要となる時期の祭日は水の神としての信仰が篤く、特に水不足な三河谷・久保勢集落が氏子であることがその証拠といえよう。

このようにかつて稲作に必要であった水の確保は、中世村落共同体の名残りとして現在も受け継がれてきている。

また同郡印南町山口は、東西山口村に分かれ、印南原村、さらに印南川下流域に近世中村（地方・浜方）と宇杉村などの隣村に囲まれた農村集落であったが、当地でも近世以来深刻な水不足に悩まされており、毎年のように隣村と水争いを行ってきた。それの解決策として五ヵ村共有の灌漑用水池の整備を計画し、現在尻掛川（郷）池という三九町の田地を潤す大型用水池の構築に至った地域である。[7]『日高鑑』には「尻懸川池堤下三拾三間、水籠り奥へ三丁、此池下高五百七拾弐石三斗壱升余」とあり、かなりの規模を有していたことがわかる。

宝暦九年（一七五九）に記された「印南中村覚書」[8] にその詳細が記されているため、それを基に見ていくと、万治年中（一六五八～六一）の頃、印南中村・宇杉村・東西山口村において日照りになると、水不足によって田地が焼ける被害が多かった。時の郡奉行福富市兵衛に願い上げ、印南原村に池を構築する計画となった。池の構築により「右五ヶ村へ水掛り、夫故立毛生立チ、日損少ク御座候」と、水の心配は少なくなったが、「右池床三五郎田地ニ而御座候ニ付」三五郎の田地が新造された池の床となってしまったため、「水下より米まよひ于今五ヶ村より三五郎方へ遣し申事ニ候」と、その代償として、五ヵ村より三五郎筋に代々償い米を渡すことになっており、現在はその米を東山口の仙光寺に寄進するようになっているが[9]、古い伝統であることがわかる。

また池ガカリ以外に井ガカリというのもあり、山口集落には印南川に井堰を設け、それらを多く活用していた。それにかかる諸経費は、水ガカリの反数によって規定があり、まず池ガカリの例として寺谷池下、高一石に付き弐升六合七勺一寸ずつ支払うことになっており、その規定は正月の初寄合によって決められた[10]。大井ガカリという井堰によるものは、一反に付き、一斗三升五合の割合であるが、この井堰は都合一五町の田地にかかるため、池ガカリより負担額が低いのが特徴である[11]。

## 二　水論と雨乞い

水不足は、水道が整備されていない時代にとっては農作物の収穫、人々の生活用水の減少などに直接響く問題であった。稲作において水は必要不可欠な存在であり、水の確保が稲作の必須条件であった。稲作農耕民の歴史は水との戦い、水を確保する奮闘の歴史といっても過言ではない。

水が不足すると、必然的に我が田に水を入れようと考え、しばしば水争いが勃発した。相手は近隣の住人であったり、村を超えた広域な争いとなることも多い。日高町中志賀では水ゲンカといい、水が少なく田が焼ける時に勃発したという。そういった事態に対処すべくミズヒキという責任者を置き、公平に水の分配を行う配慮をしたが、水の確保がままならない場合は、神仏に頼る他なかった。雨乞いはそういった事態に行われた祈願であり、その作法は様々である。

かつて日高郡日高町中志賀では字三河谷・久保勢の水不足が深刻であり、弁財天社を祀り、水の確保を願っていたのであるが、雨乞いの場合は違う方法をとった。三河谷の奥、大谷の山頂一五〇メートルにあった秋葉社は、一メートル四方の小祠で高さ三〇センチくらいの石段を築き、その上に祀っていたようである。また伝承によれば山頂にあるため、管理が行き届かず神霊盗難に遭い、新たに神霊を勧請したという。中志賀では旱魃の時は、当社の前で火を焚き雨乞いをした。この火は高野山から火縄に受けてきた聖火であるとされ、途中で立ち止まるとその場で雨が降るといわれていた。

また日高郡美浜町三尾の龍王崎に鎮座する氏神龍王神社は、水の神・海の神として知られる豊玉彦命を祀り、その神威は畏れ多く、航海する船舶は船上より龍王崎に向けて神酒を献じ、帆船は三段まで帆を降ろして敬意を示したといわれている[12]。当社もまた古くから雨乞い祈願の社として有名であり、祈願の帰路には必ず雨が降るとされている。

さらに同郡日高町原谷の雨司神社は、小高い山稜に鎮座し、豊玉彦命を祀る小社であるが、その霊験は確かで、雨乞いの社として雨乞い踊りを伝承している。その姿は菅笠に白布を巻き付けて目隠しとし、白装束で神歌に合せて輪踊りを行ったという。近年行われたのは大正期であるとされるが、必ず雨をもたらしたといわれている[13]。

また呪術的雨乞いとして、南方熊楠の指摘がある。それは大正二年(一九一三)八月一三日の条に「昨日北富田庄川の牛鬼の滝へ首を投ぜし牝牛(五歳という)安値でよき肉也、一五銭、予も昨日も今日も不知に食ひし、右は雨乞の為也」と、和歌山県西牟婁郡白浜町庄川《シャガワ》にある牛鬼の滝に、牛の首を投ずる雨乞いがあったことを記している[14]。さらに熊楠は『田辺聞書断章[15]』に、「日置川辺に淵あり、大なる蝦蟇《ガマ》その主たり、牛の首を斬りて投ずれば不浄を洗んとて大雨ふると」とあり、また別項では「富田の庄川の牛尾谷の牛滝也、七八十日も旱続くときは富田十四五ヶ村の民協議し、えた一人やとひ、牛頭を断り、滝壺に入るゝ、その頭を洗ひ出すべき為に忽ち大雨至ると」とあり、牛滝の滝壺に牛の首を投じて、聖なる滝を汚し、それによって大雨に至らすという内容である。

古代にも同じような事例が存在し、『日本書紀』[16]皇極天皇元年（六四二）の条にも牛馬を殺し、雨の祈願をする記述が見られる。白浜町庄川で行われていたこの雨乞いは、古代よりの伝統を残した貴重な存在であったが、記録で見られる最後の実施は、この大正二年が最後である。本来、畏れ多い禁忌を犯すのは御法度であったが、逆に神の神威に触れる行為によって雨をもたらすという逆転の思考によって行われた事例として、効力は強かったといわれている。

日高郡印南町山口の依岡家には幕末から明治初期にかけて記された「依岡宇兵衛日記」[17]（諸事控日記）という日記が残されている。依岡家は万治二年（一六五九）に土佐より紀州印南の西山口村に移住し、初代南光坊政春より代々庄屋、肝煎を歴任してきた家系で、宝暦三年（一七五三）に東山口に移住していることが、同書の安政五年（一八五八）、明治五年（一八七二）の記事に記されている。宇兵衛は世襲名であり、三代目宇兵衛によって記された当書は、全七巻に及び、初巻一冊が所在不明となっているが、現存するものは嘉永二年（一八四九）から明治一七年までの三五年にわたる記録である。三代目宇兵衛本人は、享和三年（一八〇三）生まれで、近隣諸村の動向だけではなく、幕末動乱期による物価の変動や、社会情勢にも言及し、農民の視野から大きく開けた価値観を持っていた人物であることが垣間見られる。

当書には農村における日々の記録が細かく記され、当然ながら稲作における記述は豊富である。ここからは、当書における雨乞い、水論の記述を追っていく。

嘉永二年（一八四九）七月四日の条には、日照りによる雨乞いと苦悩の様子が記されている。

段々日照ニ而七月四日雨八幡宮江千度参りいたし候、
尻掛池も四日抜、最早水も無少迷惑ニ相成候、四日夜より能潤ひ一同大悦、

とあり、日照りが続き、尻掛池も水が少なく、迷惑していたところ、ようやく雨が降り、お礼の千度参りを氏神である八幡宮にした様子が記されている。

また嘉永五年(一八五二)四月九日の条には、「毛附も池ぬき五月中つゆ日和いたし不申」と、梅雨の気配はなく、雨が降らないことを記し、「五月末ニハ最早田地も焼かかり」となり、六月六日には新田へ井戸を掘り、昼夜問わず四人掛りで水取りを行った。六月末には川の淵水もすっかりかすり取ってしまったが、「七月十日ニ少々雨ふり候処、岡崎ニ関抜いたし候事存不申」と井関の管理が行き届かず、水が下流域へ流れ、「此下寺坂より落水と心得」下流域の田に水を送ってしまった。この結果、「右ニ付村方やか間敷、十六日ニ寺ニ而寄合之処、其場ニ而色々申立」と大騒動になった。各村の庄屋衆に一任しての協議とすることにも聞き入れず、「十八日夜村役人より井守林兵衛殿呼寄」、東山口村五人組頭衆、肝煎衆と色々評議の結果、当村地下中の話に、五人組頭だけの評議がそもそも気に入らず、寺に村人が残らず詰め寄り、協議し、「十九日晩方ニ次右衛門殿、林兵衛殿、両人挨拶ニ而、金弐両弐分ニ而相済申し候」となり、井守の責任として、賠償金請求で事が収まった。当村肝煎であった著者宇兵衛はほんの些細なことなのに大騒動となり、恐ろしいことであるとし、「右も水沢山之時節なれハヶ様之事発り不申」と締めくくっていることから、水の少ない時の人々の判断と行動の恐ろしさを記している。

嘉永六年(一八五三)七月一六日の条には、一六日昼飯時より少し雨が降り、二百十日、二八日に少し雨が降ったが、それでも「下地かわき候ニ付」と水不足が嘆かれていたが、「漸々しめり、奥すじハ余程潤ひ候よし」と徐々に水が増してきた。翌一七日には雨休みをし、一八日には各田に水を入れる作業を行っている。しかしながら「壱反弐畝も

のの坪よれ心配此事ニ御座候」と水不足による立ち枯れの様子が懸念されている。そして二四日「当村中大明神、愛宕山、弁財天、庚申地蔵ニ而雨乞祈禱」が行われ、村中の神仏に祈願したことがわかる。この折に酒弐斗五升ほど入用し、神楽獅子の奉納が行われた。盛大に村を挙げての雨乞い祈禱によって「廿六日之晩方夕立いたし候」と祈願が聞き入られたことが記されている。

安政三年（一八五六）七月五日の条には、「毛付後一向雨なし、六月廿三日両八幡宮江雨乞千度参」とあり、田植え後に一向に雨がなく、西山口村、宇杉村に鎮座する八幡宮に雨乞千度参りを行ったことが記されている。しかしながらそれでも天候は良好で、「七月五日庚申様江千度参」が行われて、当地で百姓の神として慕われる庚申像に千度参りをし、祈雨したことがわかる。ところが「七月十日夜西山口お宮ニ而雨乞いたし候処、宵ニハ上天気之処、夜四つ頃よりふり出し」と、七月十日まで雨がなく、西山口の八幡宮で再度、雨乞祈禱を行った後、夜四つ頃に雨が降り出し、「井水上リ大悦ニ奉存候」と喜びの表現で締めくくっている。

以上、東山口村での水論と雨乞いの概要を四例の事例を基に見てきたのであるが、ここからは雨乞いの内容を見て行きたい〔表1〕。

**表1　「依岡宇兵衛日記」に見る東山口村の雨乞いと水論**

| | 行事内容 | | | | | 祈願対象 | 備考 |
|---|---|---|---|---|---|---|---|
| | 千度参り | 祈禱・祈願 | 雨乞い祭礼 | 高野山の火 | 日ノ出拝 | | |
| 嘉永　二年（一八四九） | 7月4日 | | | | | 八幡宮 | |
| 嘉永　六年（一八五三） | | 7月24日 | 同日（神楽獅子） | | | 大歳大明神、愛宕山、弁財天、庚申 | |

| | | | | | | | |
|---|---|---|---|---|---|---|---|
| 嘉永　七年（一八五四） | | 6月3日 | | | | | |
| 安政　三年（一八五六） | 6月23日 | 7月10日 | | | | 山口八幡、印南八幡 | |
| | 7月5日 | | | | | 庚申 | |
| 文久　二年（一八六二） | 5月17日 | | | | | 山口八幡、印南八幡 | |
| | 6月23日 | | | | | | |
| 文久　三年（一八六三） | 4月28日 | | | | | 山口八幡、印南八幡 | |
| | 4月29日 | | | | | | |
| 文久　四年（一八六四） | 6月23日 | | | | | 山口八幡、印南八幡 | |
| | | 7月7～9日 | 7月7日（浄瑠璃） | | | 山口八幡 | 御上の指示 |
| | 7月9日 | | | | | 不明 | |
| | | | | 7月17日、西山口と合同（百万遍） | | 御神輿休山 | 水論 |
| | | | 7月25日、中村、西山口（獅子舞） | | | 山口八幡 | |
| 慶応　二年（一八六六） | 4月29日 | 同日 | | | | 不明 | |
| | | 6月23日 | | | | 山口八幡、印南八幡 | 大庄屋衆参詣 |
| | 7月8、9、10日 | | 同日、中村、西山口、宇杉（獅子舞） | | | | |
| 慶応　三年（一八六七） | | | | 7月18日高野へ行く | | | 六ヵ村協議 |
| | | | 7月21日、西山口、寺にて雨乞踊 | 7月21日火到着西山口と合同（百万遍） | | | 水論 |
| | | 7月24～27日 | | | | 大歳社前 | |

| | | | | | | | |
|---|---|---|---|---|---|---|---|
| | | 7月28日 | | | | 山口八幡 | |
| | 7月29日 | | | | | 不明 | |
| | | | 八朔 | | | | 餅投げ |
| 明治　三年（一八七〇） | 5月11、12日 | | | | | 山口八幡、印南八幡 | |
| 明治　五年（一八七二） | 5月2日 | | | | | | 御神酒五升・水論 |
| 明治　六年（一八七三） | 6月13日 | | | | | 大歳明神、弁財天 | |
| | | 6月13日 | | | | 大井関に献酒 | 各戸三匁出し |
| | | | | | 6月朔日 | 庵ノ峰 | 夜籠、神酒献上 |
| 明治　八年（一八七五） | | | | | 新8月8日 | 庵ノ峰 | 神酒一斗三升入用　水論 |
| | | 新8月8日 | | | | 明神堂（大歳社） | |
| | | 新8月18日 | | | | 寺観音、愛宕山 | |
| | | | | | 新8月18日 | 庵ノ峰 | |
| | | | 8月18日、西山口（獅子舞） | | | 山口八幡 | |
| 明治一六年（一八八三） | | 6月23日 | | | | 山口八幡、印南八幡 | 水論 |
| | | | | 6月末頃高野へ行く | | | |
| | | 7月6日 | | | 同夕庵ノ峰夜明し | 庚申、明神（大歳） | |

表1に示した通り、嘉永二年（一八四九）から明治一六年（一八八三）の間に一四例に及ぶ雨乞いの事例が記されている。それぞれ年代別にその内容を記したのであるが、まず祈願方法が千度参り、雨乞い祈禱・祈願、雨乞い祭礼、高

野山の火、日ノ出拝など多岐にわたる。また初期段階における雨乞い行為は、千度参りから始まり、段階を経て後者に移っていくことも表で確認できよう。ことに旱魃の厳しい状況においては数ヵ村合同で行い、時には文久四年（一八六四）、慶応二年（一八六六）などは御上の指示で一斉に各村で雨乞い祈禱を行い、その深刻さが伝わる事態であったことがわかる。特に当地では、池ガカリによる水利によって印南川の水量を調整し、用水としていたことから水不足に悩む地域であったのは、先の水利の項で示した通りであるが、積年の水争いは絶えず続いてきたものと思われる。

ここで、慶応三年（一八六七）の記述と明治一六年（一八八三）の記述を特記し、考察を加えてみたい。

慶応三年（一八六七）七月一八日の条には以下のようにある。

七月十八日高野山江御火戴ニ六ヶ村より印南上ヶより行、尻掛河池も最早仕舞、新田も此節水沢山ニ入之有、水取之拵も先日より用意いたし申候、

七月一八日において印南六ヵ村は旱魃によって高野山の火をもって雨乞いを協議し、印南中村地方《アゲ》地区が代表で高野山へ向かった。この時点で印南六ヵ村共有の尻掛河池の水もなくなっているという深刻な状況であった。宇兵衛宅の新田には水は沢山入れているが、今後の水取りの用意もしているという内容である。

これより三日後の七月二一日の朝には、高野山の火が届き、西山口村と東山口村合同で百万遍念仏をし、火を西山口と地方の村境にある御神輿休山まで送った。そして「今夕西山口寺ニ而雨乞おどり有之、但高野山御火其儘西山口歩行、宇右衛門持参、荷がらみ其儘もめん縄ニ而七ツ頃迄ニ仕舞」とあり、西山口は寺で雨乞踊りを踊り、一方、高野山の火は荷作り用の木綿縄に種火としたまま、村中を練り歩いた記述がある。西山口においては、百万遍念仏と雨乞い踊り、高野山の火という三重にも仏教的雨乞いを行ったことになる。

そして七月二四日の条には、「今日より於当社神前雨乞御祈禱ニ夜三日之間執行可仕候、井水も一切上り不申」と

あり、東山口においては、村氏神である大歳神社神前にて二四日から三日間の立願をきって雨乞い祈禱が行われた。この時点で井水も上がらず深刻な事態であった。七月二九日には、「西山口村廿八日夕廿九日夕雨乞御祈禱之よし、廿九日千度参り、八朔餅投いたし」と、西山口村においても山口八幡宮で二夜にわたって雨乞い祈禱を実施し、二九日には千度参りも行っている。おそらく印南近郷が深刻な水不足であったことは、この状況から見て取れよう。仏教的雨乞いのご利益がなかったことによる神道的儀礼へ祈願を移したものである。八月二日には「諸井貝口水取拵いたし、三日朝より大津、森本すじ取始、二日夕より中井久保之脇すじ、下筋者取仕廻イ中井昨日より始」と、池・川の水利が旱魃によって干上がった結果、井水の掻き出し作業を各田において行い始めたようである。

そしてついに八月二日の条には、

八月二日渇水ニ付宇杉村之大川ふき石堀起シ背掘りいたし、当村より彼是申立林衛門平右衛門、下拙三人出、宇杉村より十人余来ル、宇杉庄屋元江見分いたし候様悦平殿を以遣し、全宇杉井かすり候上ニ而水無之節者背掘いたし而も宜敷歟、何様水論、

となっており、深刻化した水不足によって宇杉村との水論に発展したようである。下流域の深刻なる水不足によって大川井堰の葺き石を掘り起こし、下流域に水を流そうとした結果である。これには東山口村役人の三名が立会い、宇杉村庄屋へ申立を行った。

翌八月三日に宇兵衛家では、それぞれの田へ水を入れるが、水量は少なく、「下地白ク成候ニ付ほんのしめり」程であったが、同日夕方七つ時に少し雨が降り、その後三日続けての夕立があった。これらのことから山口・宇杉両八幡宮へお礼参りに行った旨が八月五日の条に記されている。

明治一六年（一八八三）も日高近郷においては旱魃に見舞われ、深刻なる状況となっていた。六月二三日の条には、

「雨乞御祈禱両八幡」とあり、すでに八幡宮での雨乞い祈禱が行われていた状況である。そして「六月末之頃印南当村高野之火戴ニ行」とあり、数ヵ村合同で高野山の火を戴きに行ったことが記されている。そして七月六日には「庚申様明神様村中参り」とあり、その夜には「同夕庵之峯ニ而夜明シ七日朝日之出ニ而引取」とあり、おそらく高野の聖火が六日に到着し、それを持って庵之峯に登り、日之出拝を行ったと考えられる。その後も雨は少なく、諸井では水をかする状況となった。

七月二五日の条には、以下のようにある。

二十五日午後二時頃宇杉村より大勢来り、此下関道之切明ニ参り大変と相成、万一怪我人出来候も難計と存巡査呼ニ遣ス、其儘ニ而引取候事

この状況下では、農民の神頼みの念も通じず、結果これほどの騒ぎを引き起こしたのである。宇杉村から井関を切ろうと騒ぎ出し、巡査も出る事態であった。そして翌二六日には以下のような事態が引き起こされた。

旧七月廿六日夕飯頃水論ニ付、印南宇杉村不残外ニ入作雇入人数不残諸掛此下関切明ニ来り候処、当村之義者用心構へ鐘たたき出し候所、両山口人数不残集構へ候ニ付、手出し得致不申候共、騒動と成巡査入込、印南戸長森本ヤ役場江立会いたし余程合戦におよひ、関切を切事不能候、当村多人数ニ付、中々厳重ニ構へ其外印南よりも見物人も有之、

前日の騒動では、その行為に及ばず撤退した宇杉村は翌二六日に再度、村民皆参集して井関切りに乗り込んできたのであった。東山口村でも当然それを予測しており、非常時に備え、見張りを立て、警鐘を鳴らして東西山口村参集での騒動へと発展した。双方の人数が多く、手出しができないまま巡査の介入、印南戸長と役場の取り合いの結果、大変なる合戦に及んだが、関（井堰）を切られることはなかったようである。結局当年は七〇日にわたって雨が降らず、

その深刻さが手に取るようにわかる事例である。

そして八月二八日の条には、水争いの状況が記されている。

七月廿八日午前九時頃ニ宇杉村不残入込川ニ而一合戦いたし、御坊分署印南同所入込双方引訳引取候事ニ候、廿六日廿八日両合戦山口村勝、関切場所江両村構へ候ニ付、宇杉村乎出シ一切得不致、

二六・二八両日に渡って、井堰切りに及んだ水争いの結果である。下流域にある宇杉村では、上流域にある東西山口村が水の独占を行っていると判断した結果、強硬手段に出たわけであるが、両度とも東西山口村の守備が強く、警察の介入もあってあえなく失敗に終わった。このような水争いは度々行われたであろう。近世初期に尻掛郷池の築造によって水の確保は以前より充実したと考えられるが、天気任せの稲作経営においては雨が降らなければ死活問題となり、その状況によって村対抗の村落意識が吐露された事例である。その後、警察、各村役人の協議の結果、二九日より二日替えで水の分配を行うこととなり、その場には世話人、警察の立会があったようである。

そして、結局八月一九日まで八〇日にわたって雨がなく、印南中村では生活用水にも被害が及び、「一念寺の井戸計り残し置、印南中呑水ニいたし候よし」と、中村地方の一念寺の井戸のみとなり、村中飲み水として使用した旨が記される。そして田畑は「悉皆真白ニ相成」と締めくくられ、ほぼ八〇日以上に及んだ大旱魃による記録の全体像を示した。

稲作経営における天気と水の確保は、日本で稲作が営まれ始めた古代からの苦渋の戦いであり、人々はそれをカミに頼るという術を見出した。その結果、田の神信仰が生まれ、水の確保のために水神信仰も同時に生まれたのである。天水による水待ちから、次第に大規模なる農業経営によって水利の完備をはかり、安定した収穫を得ようと神仏に祈願し、水利の改良や稲作技術の進展に大きく人々は貢献してきたのである。

## 三　稲作技術と伝承

稲作における農耕技術の伝承は、その地方ごとに特色がある。以下、稲作に伴う技術とその伝承を日高郡日高町志賀を中心に見ていきたいと思う。

同郡日高町志賀では、苗代をノシロと称し、ノシロの準備をするのは、四月二七日に行われる日高郡の古刹道成寺会式の頃であるとされる。ノシロは水温の高い、水廻りの良い田が最良とされ、二畝くらいの大きさであったが、なかにはイッケ筋共同でノシロを設置する場合もあったという。種籾はネズミイラズと呼ばれたホンヤ内の穀物庫にカマスに入れて保存したが、特別にドラシという納屋にある種籾保存場所で保存する場合もあった。

ノシロの準備として田植えを行う田全般に荒オコシを行う必要があり、まず牛を用いてカラスキで畝を作り、そして荒コカシと称して、畝を平らにならし、土を砕いていった。その作業が済まないと田に水を引くことができず、また水の配分は上流部から下に落ちてくるので、村内共通して作業を進める必要があった。水を入れてからカイガ（マンガ）で土を練っていき、田植えの準備を整えていく。また田の堆肥として、レンゲを撒いてそれを一緒に荒オコシし、耕すことが長年行われた。レンゲは土中のリンなどを増す作用があり、重宝されたという。田植え後には、稲株の間に干しニシンを差し込むなどもしていたが、戦前までの話である。

種籾は、社日に水に漬けるのを目安としており、大体道成寺の会式もその頃である。種籾は、桶に漬ける場合と、川や池で漬ける場合とがあったが、水の温度の加減でカビが生じ、腐らす場合もあるので、川や池のような水の動きがある場所が望ましかったようである。ノシロでは、それまでに床の準備を行い、平らにキレイにならす必要があった。

籾撒きは、八十八夜の頃であり、籾漬けから一週間前後で芽が出だすので、それを目安とした。日高郡印南町山口では、この日にノシロの畦にウバメガシの枝を立て、その枝葉にワラットに入れた小豆飯を懸けて田の神に供えたという。

苗取りは、籾撒きから三三日目頃としており、家族総出でするのが基本的であったが、同郡南部町西岩代では、女性の仕事とされ、田植えも女性総出でする古い習わしが残されていた。苗取りは、下手な人が取ると根に泥がたくさん付いていたという。取られた苗は苗カゴに入れて田に運ばれたが、田植えを始めるのは、ヤマダといわれたノマ（沼田）からであり、そこから順に下流域の田植えを行った。昭和中期までは、小学校も田植え休みと称して休校となり、家族総出の作業であったことがわかる。最初に行う田植えの作業をワサ植えと称して、同郡日高町久志では、フキの葉に赤飯などを包んで畦に供えたという。田植えは、畦から畦にヒモを引き渡し、それに付けてある印に沿って田植えを行った。それとは別に三角に組んだ木枠を転がし、それに付いた印に沿って田植えをする場合もあったが、それは家によって様々である。

田植えは半夏至までに行うのが通例であり、手伝いとしてイッケ筋で手間替えをすることもある。田植え後は毛付け休みとして、総休みとなり、小学校なども休校の措置がとられていた。同郡印南町山口では、アルキさんが毛付け休みの旨を触れてまわったという。田植え後の山では栗の花が咲きだし、栗の花がよく咲く年は豊作になるといわれた。逆に椎の花がよく咲く年は不作になるといわれていたという。田植え後は、サナブリといって家でサンキラ（イバラ）の葉に包んだカシワ餅を作り、神仏に供え、家庭ではマゼ飯を作って祝ったという。同郡印南町山口では、田植え後に御日待ちと称して、赤飯を炊いて祝ったという。

そして六月丑の日には牛休みとして、牛を労い、川や海辺で牛をキレイに洗ってやり、麦を炊いて飼い葉と混ぜた御馳走を食べさせた。この日はまた田祭りの日でもあり、栗の枝葉にシトギモチや麦粉ダンゴを粽状に巻き付け、田毎の畦に挿しまわったが、詳しくは後述する。稲が順調に成長すると、順季休みやアメヨロコビと称する臨時休みがあったという。

田植えが一段落すると、後は鍬を担いで水廻りの見回りぐらいとなるが、それも束の間の休息であり、田の草取りが田植え後二〇日前後で始まりだす。最初の一番草は、クルマオシといってカギ爪のたくさん付いた均し板状のもので、それで株間を押して除草作業を行った。二番草以降は、素手の作業となり、真夏の炎天下の作業は過酷を極めた。背中にはテシマというゴザを羽負り、直射日光を避ける措置が取られた。一人で稲株五筋分を混ぜ返し、浮いた草を泥に埋めてまわる作業である。これらを軽減するために、田植え後にコイコ（稚鯉）を放し、水中の草を食べるようにという考えで除草作業の一端を担ったのである。このコイコは田植え後に、桶に入れて売りにまわってきたという。似たようなものでは、カモを放すこともしばしば行われたという。コイコ・カモは稲刈り後に食用として稲刈りを祝う御馳走になったという。

そして最後は納め草と称して、盆前に行うのが通例であった。その頃には、稲の成長もすこぶる良く、背丈が高くなっているため、手拭いで頬かむりをして顔が稲の葉で荒れないように工夫した。

盆前には土用干しを行い、稲刈りに備えて土を乾かし、また台風などで稲が倒れないように根が深く張るように地面を乾かすことが行われた。

地域によって様々であるが、虫送りの行事も夏の風物詩であった。同郡日高町中志賀では、盆前に鉦を叩きながら田中をまわる行事があったというが、戦後には行われなくなったという。同郡印南町印南では、六月末くらいに印定寺で数珠繰りを行って虫送りをしたという。同じく印南町山口でも盆前に仙光寺でヒャクマンベー（百万遍）と称して、数珠繰りをし、虫供養を行ったが、現在は、八月一四日の施餓鬼に塔婆をきって供養を行っている。実際の虫被害の対策としては、油マキが一般的であり、鯨油を田に撒き、手足で稲株を払いながら虫を油上に落として駆除を行っていたという。除虫剤を散布するようになったのは戦後からであり、それらを行うようになってコイコやカモの飼育も行われなくなった。

写真１　昭和初期の八朔相撲

　八月一日は八朔であり、同郡日高町中志賀や印南町宮ノ前では、当日には白餅を搗いて神仏に供えた。この日から昼休みとしての昼寝ができなくなるので当日に搗く餅を「八朔の苦餅」と称したという。同郡日高町志賀では、志賀五ヵ村の氏神である志賀王子神社で八朔相撲が開催され、近郷より多くの力士を募って盛大に行われた。諸厄排除・豊穣を祈願するものであるといわれたが、昭和中期を最後に行われていない（写真１）。

　大体この頃には、二百十日という台風が来る厄日があり、無事この日をやり過ごせたら野分休みとして農事を休む日であったという。

　稲刈りは、ワセであれば一〇月後半、ナカテ・オクテであれば一一月初旬の刈り入れとなっていた。稲刈りは、家族総出の作業であり、ノコギリガマで数株刈り、一束にして刈り入れていった。刈り取られた稲束はナル懸けといって一段のナル木に懸けて干す場合と直接地面に数束を互いに立てかけて干す場合と、ススキという稲束の穂先を内にして積み重ね、円形のヤグラ状にして干す場合もあった。このススキは、紀伊半島南部で普遍的に行われた稲干し風景であり、ススキ中央に添え木として立てられる木をスズ木といって、穀霊の宿る招代としての機能が考えられる。ススキの類型は全国各地に存在しており、穀霊を籠らせる行為として従来行われていたのであったが、稲干技術の向上と共にナル懸けなども開発され、混合した形態となり、さらに乾燥技術も機械化に伴い、その光景を見る機会も少なくなった。

稲干しは一週間ほどで終了し、その後、田に足踏み脱穀機（輪転機）を持参して脱穀となった。脱穀されたモミは自家に持ち帰り、カド（前庭）や屋敷近くの田で、ミシロ（ムシロ）の上に広げて、三日干した。夜間になると露が降りるのでワラをかけて露をしのいだという。

しっかり乾燥されたモミは田ウスという一抱え以上の土で作った挽き臼で、ウスヒキし、これをモミスリといった。この作業は重労働であり、三人の共同作業で行われた。籾が取れた時点で唐箕にかけて、ゴミと米に分類し、さらに万石トオシで小米と選り分け、ニワ（土間）に設えられた足踏みのカラウスで精米した。この作業は子供の作業であり、兄弟がいる場合は交替で行ったという。

一連の稲作作業が終わると亥の子の行事をし、豊作の感謝をしたが、それの詳しい内容は別項で述べる。

以上、モミ撒きから稲刈り終了までの一連の稲作技術に関する作業行程を日高郡日高町志賀を中心に日高郡全体の事例を基に見てきた。稲作における技術伝承は、長い歴史の流れの中で少しずつ変化を伴ってきた。しかしながら近代に入ってからの変容は甚だしい。手作業による農耕作業は、戦後の機械化によって大幅に簡略化され、イッケ筋によるモヤイの光景は見られなくなった。今回示した事例は主に昭和初期の農耕風景の再現であるが、先人による多くの知恵が蓄積された内容である。

# 四　農耕儀礼と田祭り

稲作の豊穣を祈るのは、田植えを行う以前から始められることが多く、それは年間を通して稲の成長を祈り、収穫を祝う一連の行事であった。ここでは田植え後に顕著に行われた「田祭り」という予祝行事を見ていきたい。

南紀地方では、田植え後に「田祭り」「丑祭り」「田毎祝い」「地祭り」等と称して、田植えを祝い、成長を祈願する行事が普遍的に行われてきた。名称の違いこそあれ、内容はほぼ同じであり、田植え後の丑の日、もしくは適当な日に、田の畦に栗の枝や雑木の枝を立て、その葉には、シトギ餅や麦粉ダンゴ等を巻き付け、粽状にして田の神に供えた。その場所も水口であったり、最後に田植えをする苗代田、大きな適当な田、所有する全ての田に立てるという分類が見られる。それらを記したのが表2である。ここからは、表2に従って具体的な事例を基に述べていく。

**表2　田植え前後の田の神祭祀**

| | 名称 | 場所 | 祭祀日 | 内容 | 備考 | 参考文献・話者一覧 |
|---|---|---|---|---|---|---|
| ① | なし | 日高郡由良町字畑 | 田植え後の丑の日 | 栗の枝に餅を付け、田毎の畦に立てた | サナブリに苗代に二本のススキとワカメで御飯を包んだものを立てた | 『由良町誌　下巻』 |
| ② | 田毎祝い | 日高郡日高町字中志賀 | 田植え後 | 栗の枝の葉にシトギ餅を包み、苗代や大きな田の畦に立てた | 昭和33年に廃絶 | 志賀清子氏 上田　主氏 |
| ③ | なし | 日高郡美浜町字和田 | 田植え後 | 女子竹の葉に小麦粉ダンゴを付けて、田毎に立てた | | 『美浜町史　下巻』 |

| | | | | | | |
|---|---|---|---|---|---|---|
| ④ | 毛付け休み | 御坊市湯川町字丸山 | 田植え後 | 小豆飯をフキの葉やミョウガの葉に包んで、栗の枝に付けて田毎に立てた | | 『御坊市史 通史編 下巻』 |
| ⑤ | なし | 御坊市湯川町字富安 | 田植え後 | ヤマモモか栗の枝葉に小豆飯を包んで田毎に立てた | 籾まきした苗代に小豆飯をススキかタブの葉、ミョウガの葉に包んで供えた | |
| ⑥ | 丑休み | 御坊市名田町字楠井 | 田植え後の丑の日 | ホソの枝葉に麦粉ダンゴを包み、ワラで括って田毎に立てた | | |
| ⑦ | 田祭り | 御坊市字岩内 | 田植え後 | フキの葉で小豆飯を包み、ススキに括って田に挿した | | |
| ⑧ | ミト祭り | 日高郡日高川町旧中津村全域 | 田植え後の申の日 | 苗代をはじめ、田毎の水口に栗の木にワラットに入れた小麦ダンゴを掛け、立てた | ワサウエと言って田植え前の畦に麦粉を振りかけた御飯をアカメガシワの葉で包み、棒の先に付けて立てた | 『美山村史 第二巻 通史編 下』 |
| ⑨ | サナブリ | 日高郡日高川町字船津 | 田植え後 | 御飯に麦粉をかけ、ネギと一緒に田へ供えた | | |
| ⑩ | なし | 日高郡日高川町字西原 | 田植え後 | 泥の付いた三把苗を門口の上部の壁に塗りつけ、コモリバに御飯を包み、白ネギとススキと共に田の畦に立てた | | |
| ⑪ | なし | 日高郡日高川町字田尻、広瀬、三佐、船津 | 田植え後 | 栗の枝葉に麦粉ダンゴを包み、田の畦に立てた | 栗の花のようによく花が咲くように | |
| ⑫ | 地祭り | 日高郡日高川町字熊野川 | 旧暦六月丑の日 | 栗の枝葉に小麦粉ダンゴを包み、田毎の入り口に立てた | | |

| | | | | | | |
|---|---|---|---|---|---|---|
| ⑬ | 丑休み | 日高郡日高川町字初湯川 | 六月丑の日 | 栗の枝葉に小麦粉ダンゴとシロ餅を包み、田毎の水口に立てた | | |
| ⑭ | 丑休み | 日高郡日高川町字笠松 | 六月丑の日 | 栗の枝葉にシロ餅を包み、田に祭った | | |
| ⑮ | 丑休み | 日高郡日高川町字寒川上西野川 | 六月丑の日 | 小麦粉ダンゴをススキに括り付け、田毎の水口に立てた | | |
| ⑯ | 田毎祝い | 日高郡日高川町字江川、千津川等 | 旧暦六月丑の日 | 栗の枝葉に小麦粉ダンゴを包み、田毎の畦に立てた | | 『川辺町史 第二巻 通史編 下巻』 |
| ⑰ | 田毎祝い | 日高郡日高川町字小熊 | 旧暦六月丑の日 | カシの枝葉に小麦粉ダンゴを包み、田毎に立てた | | |
| ⑱ | なし | 日高郡印南町字山口 | 田植え前 | 苗代に種籾をまいた日にウマメガシの枝を田に立て、ワラツトに包んだ小豆飯のオニギリを掛けて祝った | | 岡本　啓氏 |
| ⑲ | 田飯 | 日高郡南部町字西岩代 | 田植え後 | 御飯に麦粉をかけ、グミの葉に盛り、カヤの箸を添えて田に供えた | | 『南部町史 通史編 第3巻』 |
| ⑳ | 田祭り | 日高郡南部町字岩代全域 | 田植え後 | 栗の枝葉にシトギ餅を包み、田の畦に立てた | 田に立てた栗の枝は子供たちが挙って抜いて廻り、抜いて貰わなければ良くないと言った | 村上かるえ氏 |
| ㉑ | タズネ | 日高郡みなべ町字晩稲 | 田植え後の丑の日 | 栗の枝葉にシトギ餅を包み、ワラで縛って三本枝の物を神仏に供え、その他は田毎の畦に立てた | 子供たちが挙って抜いて廻った | 崎山　瀁氏 |

| | | | | | | |
|---|---|---|---|---|---|---|
| ㉒ | 田祭り | 西牟婁郡白浜町全域 | 六月子の日 | シトギ餅をアシの葉に包んだり、枝垂れ柳に突き刺したりして田の水口に立てた | | 『白浜町誌 本編下巻1』 |
| ㉓ | 田祭り | 西牟婁郡白浜町字栄 | 六月子の日 | シロ餅を柳の葉、ミョウガの葉に載せて田の水口に供えた | | |
| ㉔ | 子の日祭り | 田辺市中辺路町字鮎川 | 六月子の日 | 栗の枝葉に麦粉ダンゴをワラットに入れて掛け、田毎の水口に立てた | | 『大塔村誌』 |
| ㉕ | 地祭り | 田辺市中辺路町字冨里 | 六月丑の日 | 麦粉ダンゴをアセの葉に包み、栗の枝に掛けて田畑に立てた | 青田祭りと称して田植後に氏神で豊作祈願をし、神社で受けてきた砂と札を田へ祀った | |
| ㉖ | 地祭り | 田辺市中辺路町字高原 | 六月丑の日 | 麦粉ダンゴを栗の枝葉に包んで田畑に立てた | 青田祈禱と称して氏神で豊作祈願をした | 『中辺路町誌下巻』 |
| ㉗ | 地祭り | 田辺市中辺路町字来栖川、小皆、沢 | 六月丑の日 | 竹や棒の先に麦粉ダンゴを付けて家の門口に立てた | | |
| ㉘ | 田祭り | 田辺市稲成町全域 | 六月丑の日 | 栗の枝葉にシトギ餅を包み、田毎に立てた | 子供たちが挙って抜いて廻った | 崎山順子氏 |

**①「田毎祝い」**（**日高郡日高町字中志賀**）

当地では、田植え後の適当な日に「田毎祝い」と称した田祭りを行った。栗の枝葉にシトギ餅を巻き付け、それを苗代や大きな田に立てたという。しかしながら、昭和三〇年代までこの行事を続けてきた志賀家を最後に、「田毎祝い」は廃絶し、現在はそれを知る人すら少ない。

⑥**「丑休み」**（**御坊市名田町字楠井**[18]）

当地は、沿岸部に位置するが半農半漁を生業とし、稲作を営む家が多かった。田植え後の丑の日にホソ（ナラ）の枝葉に麦粉ダンゴを包み、田毎に立てた。

⑮**「丑休み」**（**日高郡日高川町字寒川上西野川**[19]）

寒川は日高郡で最も奥地に存在する山村であり、山間に散在する小集落から形成されている。六月丑の日にススキに小麦粉ダンゴを括り付け、田毎の水口に立てたという。

⑱**「名称なし」**（**日高郡印南町字山口**）

当地では田植え前に苗代で田祭りを行ったという伝承があり、種籾をまいた日に山からウバメガシの枝を切ってきて、それを苗代田に立て、ワラットに包んだ小豆飯のオニギリを掛けて祝ったという。

⑳**「田祭り」**（**日高郡南部町字岩代**）

当地では田植え後の適当な日に、田毎の畦に栗の枝を立て、それにシトギ餅を粽状に付けた。この栗の枝は子供たちによって抜いてまわられ、抜き残されると良くないという。

㉔**「子の日祭り」**（**田辺市中辺路町字鮎川**[20]）

当地では、六月子の日に田祭りを行ったとされ、栗の枝葉に麦粉ダンゴをワラットに入れて掛け、田毎の水口に立てたという。

㉕**「地祭り」**（**田辺市中辺路町字富里**[21]）

中辺路町字富里では、六月丑の日に地祭りと称して、麦粉ダンゴをアセの葉に包み、それを栗の枝葉に掛け、田畑に祀ったという。この日は氏神である春日神社など各集落の氏神で青田祈禱を行い、豊作祈願と虫除けの祈願をした。

そして氏神から請けてきた砂と御札を田へ祀ったという。

以上、七ヵ所の事例を挙げたのであるが、西牟婁郡の一部を除く他は、田植え後や六月丑の日に行うことがわかる。また田祭りの主となる栗の枝も、ホソやカシ・ヤマモモ・ススキが代用されることも表1から伺える。これらは実の成る木の代表であり、特に栗の木は山の幸の代表格ともいえる存在である。古来より稲の豊穣を占うために、栗の花の咲き具合を見て判断してきた事実から、栗と稲は密接なる関わりを持っていた。さらに栗の枝は、神を祀るものとして、広く用いられており、東北地方をはじめ(22)、三重や淡路、若狭地方でも農耕儀礼に栗の枝葉を用いるという(23)。

栗の木とは、先に触れたように山の木の実を付ける代表樹として扱われ、栗を稲の豊穣に重ね合わせたことを示唆するものである。また栗の枝葉を立て、そこに供物であるシトギ餅や麦粉ダンゴを葉に巻き付ける行為は、たんに栗の木に供物を付け、その姿を稲の穂に見立てただけではなく、栗の木自体をカミとして見ているということも考えられる。山より切り出された栗の木を山の神＝田の神として迎え、田の守護と豊穣を祈願したという内容ではなかろうか。

また祭日が丑の日にあてられるのも特徴であろう。この日は通常、農耕で活躍した牛を労う日であるが、丑の日に儀礼が展開することは全国的に見ても多い。代表的なものは、九州北部でウシドンなどと呼ばれる農耕儀礼である。二月の丑の日と霜月の丑の日に田の神を祀る儀礼である(24)。後に述べるが、春秋二回にわたって田の神を祭祀する点は南紀の亥の子行事と共通する話である。

さらに供物の中には、麦粉ダンゴをシトギ餅の代用として用いている地域も見られるが、シトギ餅の方が、形態的に古く、シトギ餅から麦粉ダンゴへ簡略化されたことを意味する。また付属としてススキを用いることもあるが、これは、ススキの穂を稲穂に見立ててのことである。

これらの供物を子供たちが抜いてまわるという伝承は事例⑳㉑㉘の地域で確認できるが、かつては普遍的に行われていた可能性がある。子供を田の神に見立て、田の神である子供が抜いて廻らないと、稲の豊穣が約束されないのである。子供たちにとってこの日は、オヤツにありつける日でもあり、挙《こぞ》って抜いてまわったという。またこの事例は、南方熊楠も報告しており、『南方熊楠全集3』の中で、田辺近在で土用丑の日に「田祭り」と称して、田の傍らに餅を供えることを挙げ、それを子供たちが抜いてまわることを指摘している。そこで田の所有者も、その行為に対しては咎めもせず、かえって良いということも述べている。このことから、この餅の木を抜いていかれることが吉事であることは明白であろう。そしてそれを行う子供たちこそ田の神としての認識があったと考えるべきである。

ここで、特殊な伝承を残す地域がある。それは中辺路一帯で伝承される「虫送り」の事例である。これはこの行事自体に虫除けの呪力があり、氏神での祭祀として「青田祈禱」という名称を持っている点である。これらは各戸で行う行事と並行して展開され、氏神から請けてきた御札と砂を水口等に供えることで呪力が増すという信仰である。さらに当地では、供物に用いられる餅をシャナ餅と言い、ここでは子供たちが抜いてまわる行為は認められるが、さらにこの餅をカラスが食べるとされている㉕。この餅を食べたカラスは親子の別れをするといい、カラスの巣立ちを意味するのであるが、特に当地は熊野が近いことから熊野神の使いであるカラスが、この餅を食べるという点に注目しなければならない。山の使者であるカラスが食べることによって山の神＝田の神が供物を請けたことになるのではないかと考えられる。当地で、カラスが食べる行為をカラスの巣立ちに意味づけているのは、ちょうどこの時期にカラスの若鳥が巣立ちをするからであろう。山の使者であるカラスに山の神及び田の神を見出しているのは注目すべき点であろう。

また、田植え後ではなく、田植え前に行う地域、丑の日ではなく前日である子の日に行うのは田祭りの変化型と考えられる。

さらに東牟婁郡串本町伊串では、村氏神である伊串神社(現八坂神社)の例祭は、六月丑の日に執行され、田の水口に栗の木を立て、稲の成長を祈る「青田祈禱」が行われる。中辺路周辺の「青田祈禱」と酷似するが、明らかに栗の木を田の水口に立てる行為を重視し、それが村の氏神の祭祀に起用され、村名・氏神名とも「伊串」というのは、この「栗の木」を立てる行為(忌串)から来ている。この伝統がいかに古いものであるかを物語るものである。また近隣の古座河内神社の祭礼は、六月丑の日に執行された県指定無形文化財の「河内祭り」であり、三艘の鯨船が豪華に装飾され、御神体である古座川にある河内島を巡る古式豊かなものであるが、これもまた六月丑の日に執行されることを考えると農耕儀礼の一環として田の神・水神を祀る祭祀から発展したと考えることも可能である。

またここでは紹介していないが、三重県南部、南紀地方の古座・勝浦・日置川地域にも同様な事例が存在することを野本寛一氏が報告している㉖。これらは、かつて紀伊半島全体で行われた事実を考慮する上で、かなりの広範囲にわたって行われた行事であることを示唆するものである。

## 五　農耕神信仰と亥の子行事

亥の子行事は、全国的に秋の収穫後に行われる収穫祭として認識されており、その起源は宮中で行われてきた「玄猪の祝い」として知られる。またこの日に亥の子餅を搗いて、それを子供たちが貰いにまわるという習俗は全国的に行われたものである。南紀地方においても亥の子行事は盛んであって、亥の子餅を作り、亥の神に供え、祀る習俗が広く残されている。ここで亥の神を顕著に信仰し、春と秋の亥の日に祀るというのは注目したい。南紀地方では、亥の神の去来伝承があり、亥の神が田畑に出て、作神になり、秋に再び家に帰ってくるという。それらをまとめたのが表3である。

ここではこの伝承を取上げ、亥の神について考えてみたい。

**表3　亥の子行事の特徴**

| | 所在地 | 日時 | 祭祀場所 | 供物・行事 | 去来伝承 | 備考 | 参考文献・話者一覧 |
|---|---|---|---|---|---|---|---|
| ① | 日高郡日高町字中志賀 | 旧10月亥の日 | 神棚 | 一升枡に小豆飯のオニギリを平年12個、閏年13個入れ、黄粉を塗して供える | なし | | 志賀清子氏<br>島田昭男氏<br>上田　主氏 |
| ② | 日高郡日高町字久志 | 旧10月亥の日 | 神棚、仏壇、米倉の俵の上 | 一升枡に亥の子餅といわれるアンコロ餅を入れ、神仏を始め、新米の米俵の上に供える | なし | | 藤田佐太郎氏 |
| ③ | 御坊市塩屋町字森岡 | 旧10月亥の日 | 神棚 | 亥の子餅を搗き、神仏に供える<br>子供たちが縄に石を結わえて地面を打ちながら、亥の子餅を貰いに来る | なし | | 『御坊市史　通史編　下巻』 |
| ④ | 御坊市湯川町字冨安 | 旧10月亥の日 | ネズミイラズ、米倉 | 新米の米俵にアンコロ餅を供えた | なし | | |
| ⑤ | 日高郡日高川町字猪谷 | 旧10月亥の日 | 斗桶 | 斗桶にアンコロ餅入りの升を入れ、斗掻を添えて祀った | なし | | |

| | | | | | | | |
|---|---|---|---|---|---|---|---|
| ⑥ | 日高郡日高川町字熊野川 | 旧10月亥の日 | 竪臼 | 竪臼の上に斗桶を置き、その中に一升枡と斗掻を添えて、アンコロ餅を平年12個、閏年13個を供えた | なし | | 『美山村史 第二巻 通史編下』 |
| ⑦ | 日高郡印南町字山口 | 旧10月亥の日 | 神棚、ネズミイラズ | 亥の子餅と呼ばれるシロ餅とアンコロ餅を神棚に供え、ネズミイラズにも祀った。 | なし | | 岡本　啓氏 |
| ⑧ | 日高郡印南町字宮ノ前 | 旧10月亥の日 | 神棚、戸棚 | 一の亥の日は、一升枡へ赤飯のオニギリを12個入れ、神棚やダイドコにある食器を入れる戸棚に祀った。二月の亥の日は、アンコロ餅を作り、一升枡に入れ、同所に祀った | なし | | 志賀清子氏 |
| ⑨ | 日高郡みなべ町字晩稲 | 旧10月亥の日 | 神棚、納戸 | 一升枡へアンコロ餅を12個入れ、その上へ大きなボタ餅を被せて、神棚や納戸に供えた | 2月の亥の日に亥の神は野良に出て、田を作り、10月亥の日に家に帰ってくる | 一方、秋の亥の日に山に帰るとも言われており、作り神の伝承がある | 『南部町史 通史三巻』 |
| ⑩ | 田辺市神子浜 | 旧2月亥の日 | 一升枡 | 早朝にアンコロ餅を12個作り、一升枡に入れて供えた | 2月の亥の日の早朝に亥の神は田に出て行き、亥の日の夜に家に帰ってくる | | 『田辺市史 第十巻 資料編Ⅶ』 |
| | | 旧10月亥の日 | 納戸、米倉 | 一升枡に赤飯のオニギリ12個を入れ、餡を塗したものを夜に納戸や米倉に供えた | | | |
| ⑪ | 田辺市旧大塔村字鮎川 | 旧2月亥の日 | 屋内 | 氏神で種籾の選別を占い、アンコロ餅を作って亥の神に供える | 亥の神が田へ出る日 | | 『大塔村誌』 |

| | | | | | | | |
|---|---|---|---|---|---|---|---|
| ⑫ | 田辺市旧大塔村富里字和田、上川上、下川上 | 旧2月亥の日 | 竪臼と板箕 | オニギリに小豆餡を塗し、平年12個、閏年13個を一升枡に入れ、財布とゾウリと共に板箕に載せ、竪臼の上に供えた | 2月の亥の日には亥の神が早朝に田へ出発するので、早朝に供えた | 亥の子の日には穀物を屋外に出すのを忌む | |
| | | 旧10月亥の日 | 米倉、俵の上 | アンコロ餅を平年12個、閏年13個一升枡に入れ、神酒、サンマ、五目飯、大根ナマスと共に米倉や俵の上に供えた | | | |
| ⑬ | 田辺市旧大塔村字三川 | 旧2月亥の日 | 土間 | 早朝に餅を搗いて、土間に供えた | 2月の亥の日の早朝から亥の神は田に行き、10月の亥の日の夜に家に帰ってくる | | |
| | | 旧10月亥の日 | 米倉、米 | 夜に亥の子餅を搗き、米倉や米に供えた | | | |
| ⑭ | 田辺市中辺路町全域 | 旧2月亥の日 | 屋内 | アンコロ餅12個と財布、ワラジを亥の神に供える | この日に亥の神は田へ出るので送り出す | | 『中辺路町誌 下巻』 |
| ⑮ | 田辺市旧龍神村 | 3月亥の日 | 一升枡 | 一升枡にカガミ餅を入れ、枡の後ろに板箕を立て掛けて亥の神を祀った | 「山の神様田へ降りてください」と唱えた | | 『龍神村誌 下巻』 |
| | | 10月亥の日 | 屋内 | アンコロ餅を作って亥の神に供えた | 「田の神様山へお帰りください」と唱えた | | |
| ⑯ | 西牟婁郡上富田町全域 | 旧10月亥の日 | 土間の箕の上、戸棚 | アンコロ餅を板箕に載せて土間で祀ったり、戸棚に入れて祀った | 春の亥の日に田に出て麦を作り、そのまま秋まで米を作って、秋の亥の日に家の戸棚に帰ってくる | | 『上富田町史 通史編』 |

| | | | | | | | |
|---|---|---|---|---|---|---|---|
| ⑰ | 西牟婁郡白浜町字富田 | 旧10月亥の日 | 板箕 | 塩味のアンコロ餅を板箕に載せて亥の神を祀る | 春の亥の日に田に出て麦を作り、そのまま秋まで米を作って、秋の亥の日に家に帰ってくる | 子供たちが亥の子餅を貰いにまわる。また亥の神は山の神ともされており、家に滞在するのはこの日だけとも言われている | 『白浜町誌 本編』 |
| ⑱ | 西牟婁郡那智勝浦町全域 | 旧10月亥の日 | 屋内 | 亥の子餅を搗き、神仏に供える<br>亥の子搗きといって子供たちが丸石を結わえた縄を持って地面を搗いて廻り、亥の子餅を貰っていく。 | なし | この日は米櫃から米を出すのが忌まれた | 『那智勝浦町史 下巻』 |

**①旧一〇月亥の日**（**日高郡日高町字中志賀**）

一升枡に小豆飯のオニギリを平年一二個、閏年一三個入れ、黄粉を塗して神棚に祀った。

**⑧旧一〇月亥の日**（**日高郡印南町字宮ノ前**）

一の亥の日は、一升枡に赤飯のオニギリを一二個入れ、神棚やダイドコにある食器を入れる戸棚に祀った。二の亥の日は、アンコロ餅を作り、一升枡に入れて同所に祀った。

**⑩旧二月亥の日、一〇月亥の日**（**田辺市神子浜**）(27)

旧暦二月亥の日の早朝に、アンコロ餅を一二個作り、一升枡に入れ供えた。一〇月の亥の日は一升枡へ赤飯のオニギリを一二個入れ、餡を塗したものを夜に、納戸や米倉に供えた。当地では、二月の亥の日の早朝に亥の神が、田へ出発すると言い、一〇月の亥の日の夜に家に帰ってくるという伝承を残している。

**⑫旧二月亥の日、一〇月亥の日**（**田辺市旧大塔村富里字和田、上川上、下川上**）[28]

旧暦の二月亥の日にオニギリに小豆餡を塗し、平年一二個、閏年一三個を一升枡に入れ、財布とゾウリとともに、板箕に載せ、それを竪臼の上に供えた。十月亥の日には、アンコロ餅を平年一二個、閏年一三個一升枡に入れ、神酒・サンマ・五目飯・大根ナマスとともに米倉や米俵の上に供えた。二月の亥の日の早朝に亥の神は、田に出発するので、早朝に供えるという伝承を残す。

**⑯旧一〇月亥の日**（**西牟婁郡上富田町**）[29]

旧暦一〇月の亥の日にアンコロ餅を板箕や戸棚に入れて祀った。当地では春の亥の日に亥の神が田に出て麦を作り、そのまま秋まで米を作って、秋の亥の日に家の戸棚に帰ってくるという伝承がある。

以上、五ヵ所の事例を挙げたのであるが、亥の子行事は普遍的に行われた行事であるため、注目したい事例を列挙した。まず、最初に挙げた事例①の日高郡日高町字中志賀の事例は、もっとも標準的な事例であろう。旧暦一〇月亥の日に一升枡に小豆飯のオニギリを平年一二個、閏年一三個入れ、黄粉を塗して神棚に祀るのは、枡というタマやカミの器に供物を月の数だけ入れ、祀り籠めるという思想が反映している。

事例⑧は、一〇月の一の亥の日、二の亥の日と祭日を分けている点が注目できる。一の亥の日は、商売人の祀る日とされ、二の亥の日は百姓が祀る日であるという伝承があるが、それらを踏まえて両日ともに祭祀を展開するのは、当地の特徴であろう。また祀る場所がもっとも注目する点であり、当地は食器や膳を納めておく戸棚に祀るのである。これは、穀霊神としての信仰に基づくと考えられる。亥の神を作神として捉え、カミなるものは、暗く籠れる場所に祀るという古俗的思想が関与しているのではなかろうか。それは、暗く閉ざされた空間に祀られることによって、カを増幅し、新たな新芽を出し、豊穣をもたらすという内容である。同様なことは、竪臼や斗桶・板箕等の器型の物にもいえることである。

事例⑩はさらに特徴的である。田辺市神子浜では、一〇月亥の日だけではなく、二月の亥の日にも亥の神を祀るのである。さらに二月の亥の日の早朝に亥の神が田に出て行き、一〇月亥の日に家に帰ってくるという伝承が残されている。同様なもので、事例⑫⑬⑭⑮⑯⑰が挙げられる。事例⑫では二月の亥の日に亥の神を送り出す供物の中に、ゾウリや財布が見られるのは、亥の神が田に出ていくということを象徴している。また亥の神は一〇月に家に帰ってきて、戸棚に籠るとか、一晩を家で明かし、翌朝山に帰っていくという伝承も残されている。当地では、亥の神は田の神でもあり、そして山の神へと変貌する去来ともいえる特徴が見られるのである。従来では、山の神が田に下り、田の神となって収穫後に再び山に帰って、山の神となる二面性であったが、南紀地方では三面性ともいえる変化が見られるのである。

同様な事例は、兵庫県一帯でも確認でき、春亥の子に亥の神が田畑に出て行き、作神となり、秋亥の子に帰ってくるという同様な内容である[30]。南紀同様に田の神の起点は、家にあり、祀られる場所も納戸や米蔵、臼や箕といった同一の特徴を示すのである。

また一方、事例⑫⑱には亥の日に関する注目的な伝承が見られる。それは亥の日に穀物を屋外及び米櫃から出すのを忌むといった内容である。これは亥の日が穀物にとって重要な日であることを意味する。同様な事例として、山陰地方の亥の日に畑に出てはいけない、特に大根畑に出て、大根の割れる音を聞くと死ぬといった内容も同様な禁忌であり、作神としての信仰の表れと考えられる。

これまで述べてきた亥の子行事は、ことに亥の神が田の神として捉えられ、作神として稲の豊穣を掌るが、秋亥の子には家に帰ってきて、穀物を守護するという特徴が見出せるのである。一連の流れをもって田の神としての亥の神が、その性格を変えていくのである。田の神の捉え方は、主として穀物にあり、それを中心にその場面によってカミの性格が変化し、人々の生活の安定を見守ってきたのであろう。南紀には、原始的な信仰が底流し、その上に新たな信仰が重層的に積み重なっているのではなかろうか。

## 六　予祝行事と地祭り

今までは、農耕時に直接関わる内容の事例を示してきたのであるが、今回は初春に行われる農耕儀礼を見ていきたい。年頭に際して行われる正月行事の中には、大正月を中心とした儀礼と、小正月を中心とした儀礼に分かれることは周知の通りであるが、後者はことに農耕予祝儀礼を中心に行われるのが特徴である。南紀においても例外ではなく、予祝を意味する行事が展開された。ここからは具体的な事例を挙げて考察してみたい〔表4〕。

**表4　初春の地の神祭祀の概要**

| | 名称 | 所在地 | 日時 | 祭祀場所 | 供物・行事 | 備考 | 参考文献・話者一覧 |
|---|---|---|---|---|---|---|---|
| ① | 田祭り | 日高郡日高川町字妹尾 | 大晦日 | 田畑 | ススキ二本を結び合わせ、その結び目には餅片を付け、幣串と共に田畑に立てた | | 『美山村史 第二巻 通史編下』 |
| ② | 田祭り | 日高郡日高川町字寒川 | 大晦日 | 垣内内の代表田一筆 | 垣内の代表田一筆に幣串を立てた | | |
| ③ | 田祭り | 日高郡日高川町字船原 | 1月1日 | 畑 | 割り箸か竹に半紙を挟んで畑に立てた | | |

| | | | | | | | |
|---|---|---|---|---|---|---|---|
| ④ | 地祭り | 日高郡日高川町寒川字上西野川 | 大晦日 | 田 | 松の串の根元を墨で黒く塗り、幣を挟んでウラジロ、榊、ユズリハをワラで括って田毎に立てた | この幣をコダイと呼ぶ | |
| ⑤ | 地祭り | 日高郡日高川町字笠松 | 大晦日 | 田畑 | 松の串に、幣を挟んでウラジロ、ユズリハと共に棕櫚で括って田畑に立てた | | |
| ⑥ | 地祭り | 田辺市中辺路町字高原 | 1月11日 | 田畑 | 米、大豆をワカメに載せて田に供えた | | 『大塔村誌』 |
| ⑦ | 地祭り | 田辺市旧大塔村富里字上川上、下川上、和田 | 1月11日 | 田 | カシの枝とススキを手頃な田に立て、米、餅、大豆を供えた | | |
| ⑧ | ツグミ正月 | 田辺市秋津川 | 1月11日 | 田畑 | 茅に幣を付けて田畑に立てた | | 『田辺市史 第十巻 資料編Ⅶ』 |
| ⑨ | ユマツリ | 田辺市芳養町字上芳養 | 1月11日 | 田の水口 | 田の水口に注連縄をした茅を立て、餅米を焼き米にして供えた | | |
| ⑩ | 地の神祭り | 西牟婁郡那智勝浦町字太田 | 大晦日 | 門田 | 門田にシイの木の杭を立て、それに松、榊、モッコク、ウラジロを飾りつけ、屋内の床には白米一升、カガミ餅、酒を供える | | 『那智勝浦町史 下巻』 |
| | 種籾祭り | | 大晦日 | 米倉内の種籾 | カガミ餅を種籾に供える | | |
| | 鍬初め | | 1月2日 | 門田 | 早朝に当主が床に供えられた供物を持ち、門田に赴き、平鍬で二打ちし、鍬初めとした | | |
| | 地祭り | | 1月11日 | 屋内 | 大晦日より米袋に一升の米と餅、芋それぞれ12個を入れ、封をして祀り置き、1月11日にそれを唐臼に入れ、三杵搗き、米は白飯にし、芋は雑煮にして地の神に供えた | | |

いう。

**①「田祭り」**(日高郡日高川町字妹尾[31])
大晦日にススキ二本を結い合わせ、その結び目に餅を付け、幣串と共に田畑に立てた。

**④「地祭り」**(日高郡日高川町寒川字上西野川・上板垣内[32])
大晦日に松の幣串を黒く塗り、それにウラジロ・ユズリハをワラで括って田毎に立てた。この幣はコダイ(小幣)という。

**⑦「地祭り」**(田辺市旧大塔村富里字上川上、下川上、和田[33])
一月一一日にカシの枝とススキを手頃な田に立て、米・餅・大豆を供えた。

**⑧「ツグミ正月」**(田辺市秋津川[34])
一月一一日に茅に幣を付けて田畑に立てた。

**⑩「地の神祭り」**(西牟婁郡那智勝浦町字太田[35])
大晦日に門田に赴き、シイの杭を立て、それに松・榊・モッコク・ウラジロを飾り付け、屋内の床には、白米一升・カガミ餅・酒を供える。

**⑩「種籾祭り」**(同所)
大晦日に米蔵内の種籾にカガミ餅を供えた。

**⑩「鍬初め」**(同所)
一月二日の早朝に当主が床に供えられた供物を持って、門田に赴き、平鍬で二打ちし、鍬初めとした。

**⑩「地祭り」**(同所)
大晦日より米袋に一升の米と餅、芋をそれぞれ一二個入れ、封をして祀り置いたものを、一月一一日にそれを唐臼

に入れ、三杵搗き、米は白飯にし、芋は雑煮にして地の神に供えた。

以上、五ヵ所の事例を挙げたのであるが、それぞれに特徴がある。まず最初に挙げた事例①の田祭りは、ススキを主体に供物を掛け、幣串と一緒に田畑に立てるというものである。事例④⑦⑧も同様な内容であるが、名称が「田祭り」「地祭り」とあり、六月の丑の日前後に行われる「田祭り」と同じ名称なのが注目できる。

また、祭日も大晦日と一月一一日に集中しているのも着目する点である。大晦日に行うのは、来る正月を仮定とした儀礼が目的であり、正月に田にカミを祀り、収穫を感謝し、その年の収穫をも祈願する背景が伺える。しかしながら一月一一日に行うのは、小正月に重きを置いていることを示唆している。従来、一月一一日は商家は蔵開き、農家においては、鍬初めを行うのが一般的である。当地においても同様な性格が認められるが、内容から鍬を用いているのは、事例⑩の那智勝浦地域だけである。

またこの日は、正月飾りを下ろす日であるともされており、大正月から小正月へと行事が移行する時期でもある。この日は、大正月に訪れたカミから小正月に祀るカミへと交錯する時期であり、特徴的な儀礼が展開される。南紀におけるこの時期のカミ祭りは、列記した事例からもわかるように田畑を中心に行われ、農耕予祝を目的としたことがわかる。ススキや茅・カシの枝を用いるのは、稲の豊作を模した形を表しているのであろう。カシの枝は、前述の田植え前後に展開される「田祭り」と同じ背景を持ち、実のなる木を用いる点が共通している。

ここで注目しておきたいのは、事例⑩に挙げられる大正月から小正月にかけて行われる一連の行事である。まず、大晦日には二つの行事が並行して展開されている。地の神祭りと称する行事は、正月飾りである門松のような飾り物を門田に設け、地の神を祀るのである。そして屋内では、種籾祭りといって米蔵に保管されている種籾に対して、カガミ餅を供え、種籾に宿る穀霊を祀るのである。ここに亥の子行事と共通する内容が伺える。そして正月二日に至って、地の神を祀った門田に当主が赴き、屋内に飾られていたカガミ餅などを持参し、鍬初めの儀礼を展開するのである。ここに地の神に対して豊作を予祝する内容が伺える。

そして一月一一日には、屋内で地祭りを行うのである。この日は、大晦日より祀り籠めた一升の米と、餅・芋などを唐臼で搗き、白米にしてその他の供物は雑煮にして地の神の供物として調進したという。これら一連の行事は、山間部に伝承された内容であり、古い正月行事が比較的残されている。地の神を大晦日に祀り、同時に種籾に宿る穀霊を祀り、農耕において重要な大地の神に感謝し、そして種籾に宿る穀霊を祀り、無事、芽を出し、成長することを祈ってのことであろう。ついで一月一一日には、特別に用意した供物を調理して、それを地の神に供えたのである。初春に行われるこれら一連の行事は、地の神に対する祭祀であることがわかる。

## おわりに

今回は、南紀を中心とした農耕儀礼に着目し、稲作に必要な水利や稲作技術伝承を見てきたが、水利には水と格闘してきた農民の歴史的文化としての雨乞儀礼が顕著に垣間見られ、南紀における雨乞の特徴を見出せたと考えられる。またその中には地域信仰の拠点である高野山信仰に基づく聖火の伝承が顕著であり、土俗的信仰として太陽信仰なども存在した。

稲作技術の面では、戦前まで普遍的に行われた手作業による農耕技術の伝統を分析した。これらは戦後の高度経済成長によって急速に失われている。自然の流れを読み、緩やかな時間の経過と共に行われていた稲作作業は現代では見ることがほぼ不可能となっている。春先の栗の花の咲き方で豊作を期待し、田植えはイッケ筋のモヤイで共同に行い、田の神に豊作を祈願するための供物を畦に手向けた。炎天下の草取りは過酷であったが、雨による臨時の休日は至福の腰休めであったという。稲刈りから精米までの作業も豊作による重労働であれば、それもまた喜色満面の作業である。この一連の稲作技術の中で顕著に見られたカミへの祈願は、注目できる内容である。その中でも田植え後に行われた通称田祭り、春秋に行われる亥の子行事、そして正月に行われる予祝儀礼を中心に述べた。

南紀地方における田の神とそれの祭祀形態は、田植え後に集約される形で伝承され、丑の日が圧倒的に多い傾向にある。これは全国的に見て、丑の日に農耕儀礼が展開されることが多く、若狭地方でも田植え後の丑の日に雑木に供物を付け、田の畦に立てる儀礼が残されているものも、その一つである。また田の畦に立てられる雑木は、栗の木が多く、栗の花の咲き方で豊穣を占う信仰と、実がなるという生態から、神の木という信仰が生み出されたのであろう。一方、それを取り巻く田の神の象徴は、子供たちやカラスといった範囲に及び、それぞれに特徴を示すのである。

さらに亥の子行事では亥の神の去来が確認でき、また穀霊神としての信仰も伺える。亥の神の祭場は、屋内が多く、ことに戸棚や納戸、米蔵といった密閉された空間が多い。それは穀霊を籠らせ、その力を増幅させることによって、新芽を出し、豊穣に結びつくと考えられたからであろう。種籾を納戸で祀ったり、密閉した空間で籠らせる事例は全国的に見られた。それに亥の神という新たな信仰が加わり、混ざり合ったのが、当地に残された事例である。亥の神の去来は、南紀だけではなく、兵庫県一帯でも確認できるとされ、その特徴も酷似するが、亥の子行事と穀霊信仰の繋がりは、単純ではなさそうである。亥の神の擬人化は、その供物に象徴されたゾウリ、財布といったものにあり、奥能登で伝承されたアエノコトと類似する特徴があり、家から田畑にカミを送り出し、そして迎え入れる行為は、亥の神を家を拠点として捉えている。従来、畏れ多いカミは、野外に祀った傾向から見て後世に祖霊神、納戸神などの信仰と混ざり合ったと捉えることも可能ではなかろうか。

最後に述べたのは、初春の予祝儀礼であるが、それは田植え後に行われた田祭りと共通し、一年の始まりに際して、田畑を祀る地の神に対する儀礼であった。

しかしながら、今回報告したほとんどの事例は、現在伝承されていない。それは高度経済成長期を境に農耕技術の発達と共に、古い習俗として消え去ったからである。各戸で行う小行事であったためか、それの伝承すらもはや消え去ろうとしている。田の神を信じ、亥の神に豊作を感謝し、地の神に豊作を祈ったのは、それだけ稲作というものが、自然に大きく左右されたからである。

註

（1）藤原　修『田の神・稲の神・年神』（御影史学会民俗学叢書8）岩田書院　一九九六年
（2）森　彦太郎編『紀州文献日高近世史料』臨川書店　一九七四年
（3）日高町誌編集委員会編刊『日高町誌　上巻』一九七七年
（4）前掲註（3）
（5）前掲註（3）
（6）日高町誌編集委員会編刊『日高町誌　下巻』一九七七年
（7）印南町史編さん委員会編『印南町史　通史編　下巻』一九九〇年
（8）印南町史編さん委員会編『印南町史　史料編』第一法規出版　一九八七年
（9）前掲註（7）
（10）前掲註（8）「依岡宇兵衛日記」より

（11）前掲註（8）
（12）野田三郎『日本の民俗・和歌山』（日本の民俗30）第一法規出版　一九七四年
（13）前掲註（6）
（14）南方熊楠『南方熊楠日記4』八坂書房　一九八九年
（15）前掲註（14）
（16）坂本太郎他編『日本書紀　下』（日本古典文学大系68）岩波書店　一九六五年
（17）前掲註（8）
（18）御坊市史編さん委員会編『御坊市史　通史編　下巻』一九八一年
（19）美山村史編さん委員会編『美山村史　第二巻　通史編下』一九九七年
（20）大塔村誌編さん委員会編『大塔村誌』一九八七年
（21）前掲註（20）
（22）前掲註（1）
（23）『若狭の民俗』『志摩の民俗』『淡路の民俗』（和歌森太郎編）などに詳しく、農耕儀礼・年中行事編に掲載されている。
（24）前掲註（1）
（25）西角井正慶編『年中行事辞典』（「青祈禱」の項目）一九五八年
（26）野本寛一『熊野山海民俗考』人文書院　一九九〇年
（27）田辺市史編さん委員会編『田辺市史　第十巻　資料編Ⅶ』
（28）前掲註（20）

(29)　上富田町史編纂委員会編『上富田町史　第四巻（史料編　下）』一九九二年
(30)　前掲註（1）
(31)　前掲註(19)
(32)　前掲註(19)
(33)　前掲註(20)
(34)　前掲註(27)
(35)　那智勝浦町誌編さん委員会編『那智勝浦町史　下巻』一九八〇年

【参考文献】

・由良町誌編集委員会編『由良町誌　下巻』一九九一年
・美浜町史編さん委員会編『美浜町史　下巻』一九九一年
・川辺町史編さん委員会編『川辺町史　第二巻　通史編　下巻』一九九一年
・南部町史編さん委員会編『南部町史　通史編　第3巻』一九九六年
・白浜町誌編さん委員会編『白浜町誌　本編　下巻1』一九八四年
・中辺路町誌編さん委員会編『中辺路町誌　下巻』一九九〇年

【話者一覧】　二〇〇六年一月一七日調査／二〇〇九年五月一八日・一九日・八月一七日・一八日調査／二〇一一年一二月一一日調査

・玉置近次郎氏
・村上かるえ氏
・藤田佐太郎氏
・志賀清子氏
・岡本　啓氏
・津村富雄氏
・津村サダ代
・裏　清保氏
・裏　淑子氏
・島田昭男氏
・上田　主氏
・崎山　瀁氏
・崎山順子氏

# 第三節　農村の歳時習俗

## 一「依岡宇兵衛日記」に見る幕末・明治期における農村生活

日高郡印南町山口の依岡家に残された「依岡宇兵衛日記」の概要は、先述した通りである。幕末期から明治初期にわたって記された膨大な記録は、現代に当時の人々の生きた形跡を伝える貴重な史料である。本項は、「依岡宇兵衛日記」に見る幕末期から明治期にかけての農村生活に着目し、その分析を試みるものである。

**村の概要**　同郡印南町山口は、沿岸部に位置する印南より山間に入った農村地帯であり、山口の地名もそういった立地環境によるものである。大きな谷合いには印南川が貫流し、川を挟んで東西山口村が存在した。その下流域に印南（中村・宇杉・本郷・光川）の諸村が隣接し、漁村と農村が隣り合う立地である。その概要は『紀伊続風土記』によると東山口村は戸数五七戸、人数二四九人、村氏神として大歳明神社、弁財天社を祭祀し、仙光寺（浄土宗西山派印南東光寺末）がある。また西山口村は、戸数四〇戸、人数一九八人、印南郷七ヵ村の氏神である山口八幡宮、牛頭天王社を祭祀し、最初寺（最勝寺・浄土宗鎮西派中村印定寺末）などの宗教施設が挙げられている。

**集積農地**　宇兵衛家は近世を通じ、村役人として上層農民の地位を保ってきたのであるが、農地耕作は自作と小作によって農業経営が行われてきたようである。村役人といえどもその生活環境は一般農民とさほど変化は見られないのが現状である。宇兵衛家の田地数は元治元年（一八六四）五月四日の条には、田植えの内容が記され、その中に所有田の名称と総数が記されている。大谷奥・寺谷・岡崎奥中・小田・片田・屋敷之下・岡崎・三角田・久保之脇・新田などの田に付いた小字名が記され、「田地壱町作」となっている。およそ宇兵衛家の農地集積は一町以上となるのであるが、ここに記されていない農地名として、文久三年（一八六三）四月二三日の条には、八返り・丁通り・中奥・大山田などの名称も見え、実際の農地集積数は一町から二町の間であったと考えられる。中流規模の農地を集積している上でそれらを実際に管理運営するのは、小作人であった。その一例として嘉永四年（一八五一）五月一三日の条には「十三日新田三反大山田三反大山田壱反弐畝、都合四反弐畝安兵衛殿江渡シ、賃拾弐匁と酒壱升と遣ス」とあり、小作として安兵衛に賃料を払って四反弐畝分を任せていた旨が記されている。また田植えなどの臨時でかかる手間などは、雇い入れで賄っていたようであり、安政三年（一八五六）五月八日の条には、「八日にたたら井、直吉、為助、谷善吉、おその雇」と、都合四人の臨時採用をしている。

**苗代**　実際の稲作形態を見ていくと、まず苗代（ノシロ）の準備を行っている。明治三年（一八七〇）三月一一日の条に「十日籾漬けいたし」とあり、同年三月一五日に「今日籾蒔之筈」とあり、籾漬けから苗代に蒔かれるまで、五日ほどであったことがわかる。また明治一一年三月一七日の条には、「崎山江苗代祝ひ持参いたし」とある。崎山とは、印南町切目に住む親戚筋であり、苗代の籾蒔きが完了すると苗代祝いとして贈答の風習があったことがわかるが、その内容についての言及はされていない。

**田の準備と禁忌**　苗代の準備が整うと、植付けを行う田の準備に掛るのであるが、慶応二年（一八六六）五月三日の条では、「田拵」（タゴシラエ）と称している。タゴシラエが終了した後に田植えとなるのであるが、明治一六年（一八八三）五月一〇日の条には、「尤裏岡者田かまゐニ而神主様火もろぎ出来不申、跡ニ成せつより九日目ニ相済」としている。西山口村の親戚筋の裏岡家の農地が「田かまい」となり、田植えが遅延した内容であるが、日高地方では喪中のことを「ヒガマイ」と称しており、「田かまい」とは、何らかの事情で田が穢れてしまったことを指すものと考えられる。また、「せつより九日目」というくだりはどういった意味合いがあるのか。

「せつ」という言葉はしばしば登場し、嘉永四年（一八五一）五月の条には、「五月せつ七日、夏至廿三日」と特記している。暦と関係があると考えられるが、同様のものとして「苗厄（役）」というのもある。明治六年旧六月一七日の条には「両村共毛附全いたし、せつより一二日目、入梅より四日目、去年者苗役より八日目ニ新田田植候事、当年者苗役より八日はやし、左候ハヽ十五日程違」と、せつと苗役の日取りを気にしての作業であったことがわかる。せつ、苗役ともに農作業を忌む日であることは明確である。熊野地方では、夏至から三回目の庚日を初セツ、四回目を中セツ、五回目を末セツとし、農作業を忌む日とし、苗厄は籾蒔きと同日の干支になる日を指し、農作業を忌むという。(1)しかしながら熊野地方でいわれる夏至よりの換算では、夏至よりせつが先に来るのはおかしい。むしろ苗厄より換算する方が無難であると考えられるが、現在では伝承も途絶え、推測の域を出ないが、かつての農作業には様々な忌日があったのは確かである。

**田植え**　田植えの作業は、稲作経営における重要な作業であり、その内容も重労働であった。最初に宇兵衛家の労働従事者として、田植え期に臨時で雇入れ、自作農分を賄っていたことを述べたが、彼らはそもそも宇兵衛家に奉公した下女・下男などである。彼らによって田植えの作業は進められ、文久二年（一八六二）五月一二日の場合は、寺谷から植え始め、苗九〇把余りを要したとしている。宇兵衛家の農地面積では、およそ二日の作業行程である。また苗の植え方として慶応三年（一八六七）七月二九日の条には、「下拙方別而薄植ニ付、厚植者雨年ニ宜敷」とあり、薄植えとは、土中にあまり深く挿し込まない植え方を指し、厚植えとは、土中に深く挿し込む植え方をいう。深く挿し込む植え方は、雨が多い年には良いとしており、細かい配慮が求められる作業であることがわかる。

**農耕牛**　農村において農耕の労働力を担っていたのは牛であった。牛の調達は、博労に任されており、「依岡宇兵衛日記」には牛替えの記述が度々登場する。例えば嘉永六年(一八五三)、文久四年(元治元年・一八六四)、明治二年(一八六九)、明治五年である。嘉永六年から文久四年までの九年間は牛替えを行っていないが、文久四年から明治五年までは、頻繁に牛替えを行っている。子牛の頃に博労より預かる形で牛を借り受け、数年後に成長した牛を博労が引き取りにくる制度が一般的であった。農民からしてみれば、農耕に役立つ頃に博労に引き取られてしまうので、悲しい限りであったという。嘉永六年の事例では、日高郡北隣にある有田郡の博労から、追牛三歳を二両三分二厘で買い請けている。また文久四年には、川上国分村の博労より追金六両を支払い、二歳牛を購入している旨が記されている。この牛は相当優秀であったようで、以後一〇年間牛替えを行わないとしている。印南山口谷筋で優秀といわれたのは、この牛と高野牛といわれた二匹のみであったらしい。追金を払う価値があったのであろう。ところが川上国分村の所在は不明であるため、牛の血統までは特定できない。高野牛は、高野山麓で育った牛を指すものであることは確かである。

一方、牛の管理は非常に繊細な気配りが必要であり、その内容を示すのもとして、牛の病気についての言及がなされている。慶応元年(一八六五)九月二〇日に、牛が流行病に罹り、熱さましの薬を二夜にわたって飲ませている。また明治六年(一八七三)には、大規模な牛の流行病が蔓延し、深刻な状況になっている。まず那賀郡、名草郡の紀北地方より流行り出し、日高郡でもその症状が出だした。それに備えて八月二〇日に両山口村・印南中村・宇杉・本郷・光川、都合五ヵ村申し合わせの上、熊野本宮大社に牛病退散の御祈禱に行くこととなり、二三日に下向し、祈禱料三円を五ヵ村共同で支払った旨が記されている。その後九月一〇日には、牛を飼う人々で結成された牛仲間の内で、数頭倒れ、その後印南一円で牛疫が猛威をふるった。東山口村が属した南谷組内で一九八頭もの牛が被害にあったのである。

**ワサ植え**　最初に行う田植えをワサ植えと称して、供物を田の畦に供える伝統であった。明治一一年（一八七八）旧五月一〇日の条に、「印南初崎山江わさ植膳上」と特別の膳を設えて、親戚筋を祝っていることがわかる。わさ植えは、田植え始めに行われるのに対し、田植え後は、サナブリが行われた。明治四年四月二七日には、「さなぶり被招申候」と、客を招いての祝いであったことがわかる。

**田の草取り**　田植え後は、総休みとしての毛附け休みがあり、田の草取りが開始される。文久元年（一八六一）の田植えは、五月四日に終了し、同年五月一三日には「田之草始」とあることから、およそ一〇日前後で一番草を取りにかかったことがわかる。宇兵衛家では一番草から納草まで都合四回の草取り作業を行っており、慶応四年（一八六八）五月には二番草は「半夏至迄ニ弐番草取仕舞」とあることから、二番草はそれまでに終え、三番草は土用前、納草は盆後に行うのが通例であった。

**虫被害**　自然の流れに任せて栽培されていた当時は、害虫の被害は甚大であった。「依岡宇兵衛日記」には、虫除けの対策として、油撒きによって害虫を駆除する記述が多く見え、「うんか」「さし虫」「まなご」などの名称が挙げられている。なかでも慶応四年（一八六八）の虫被害が甚だしかった。六月二三日には「八日頃より照込稲毛大ニ見直し美敷、雲蚊わき候様」と、多少のウンカの確認しており、翌日の二四日には岡崎奥・中八返り両田に「うんか油」を入れている。そして二六日には左右衛門を雇い、新田・久保之脇、二七日には大谷奥・丁通りの田に残らず油を入れたようである。そして七月七日に片田・岡崎奥に油を再度入れ、当年は都合三回目の油入れであり、ウンカの被害が多かったことを示している。宇兵衛は「当年近年珍敷雲蚊ニ而大体不残二度引、処ニより三度目」と、近年稀に見る大発生であったことがわかる。油代も六升五合ほど入用し、代金三三八匁を用した。その後、ウンカの猛威は収まらず、「稲穂井不申、坪くさりに成可申哉」と懸念している。そして七月末には四度目の油を入れ、都合八升の油が用いられた。

**稲の品種**　稲刈り時期の判断は、その品種によって違ったようである。明治三年（一八七〇）の三月の条には、品種別の稲刈り時期を示しており、当時宇兵衛家では、二種の稲を栽培していた。それは「金毘羅」「八次郎」と呼ばれるもので、金毘羅は通常のナカテ品種と考えられ、刈り時は「土用入より七日前、ひがんより廿五日目、二百十日より凡四十二三日目位」としており、八次郎は早稲品種であり、「土用入より十五日前」としている。またこれらの品種以外では、安政五年（一八五八）に「大和早稲」「若山早稲」、万延元年（一八六〇）に「赤早稲」、慶応三年（一八六七）に「野口坊」などの名称も見受けられる。稲作技術の向上と共に稲の品種改良も進み、豊富な品種が生み出されていることがわかる。幕末から明治初期までの間では宇兵衛家では、「金毘羅」「八次郎」を好んで栽培していたようである。

**御毛見**　このように栽培された稲の刈入れに先駆け、代官所からの巡検があったことはよく知られている。これを「御毛見」と称しており、「坪刈り」も併せて行う通例であった。安政三年（一八五六）九月二三日の条には「当村御毛見御代官木村五郎太夫殿、添毛見星野金助殿、御小休宿拙方、両山口坪所壱つヽ印南中村も当村ニ而籾づりいたし、当村者四合余有之候」と、代官自ら来村し、坪刈りによって今年の出来栄えを見て、年貢米の把握をしてまわったのである。

**稲刈り**　稲刈りも秋時期に実施され、慶応元年（一八六五）の例を見てみると、八月二四日に「寺谷ばち通り」から刈り始め、二五日に「三角田」「小田」「丁通り」、二八日には「久保之脇」、二九日に「新田」の稲刈りを行い、人夫として「印南庄右衛門」が雇われている。それぞれ刈り上げた場所でナル掛けし、「野ごき」を行い、籾干しも行われて、米へと加工されていくのである。

**箸祝い**　野ごきの工程まで終了すると「稲はし祝い」「箸祝い」と称して、刈り上げの祝いを行っており、「依岡宇兵衛日記」には、一三例の記述が見られる。この箸は、稲籾を扱き取るカネ箸を指す名称で、野ゴキの際に用いられた農具である。近世中期には、既に千歯扱きの発案によって、刈入れ作業に掛かる労力は大幅に軽減されたと考えられるが、手作業での作業工程には手間が掛かり、それが終わった祝いとして盛大に行われたようである。なかでも明治三年（一八七〇）一〇月一一日の条では、「広垣内箸祝ひニ付被招、かめ鰺鮓大物弐盃、平大根と小鰺里芋、なますかぼら菜、焼うつぼ三品都合四品、こんにゃく交めし」とあり、箸祝いに招かれ、ご馳走になったことが記されている。また明治四年九月二三日の条には「広垣内箸祝ひ、下拙方へ鰺鮓沢山、同魚と酒五合程被下之」とあり、宇兵衛家と何らかの関係があった「広垣内」内での共同による祝いであったことが伺える。またこの祝いには「鰺鮓」が用いられることも判明する。ちょうどこの秋口にはその年に生まれた新子の小鰺が成長し、脂が乗り出す時期であるため、稲刈り魚として重宝していたものであろう。南紀地方では、サイラと呼ばれたサンマがこの地位を占めている。

**石高と救恤**　一方、米の出来高についての言及もなされているのが、「依岡宇兵衛日記」の特徴であり、それらを示すと以下のようになる。

・嘉永二年（一八四九）―七反作（平均二石三、四斗）
・嘉永六年（一八五三）―新田三反（五俵・焼け多く）総平均（反五俵程）
・安政二年（一八五五）―さし虫の被害多く（反平均二石余り）
・万延元年（一八六〇）―八反五畝作（一七石八斗九升五合・反平均二石一斗）

・慶応元年（一八六五）―九反五畝作（二一石一斗九升・反平均二石二斗八升）
・慶応二年（一八六六）―九反作（籾二二俵半・米二〇石・反平均二石二斗二升）
・慶応三年（一八六七）―総籾五五俵（反七俵程）
・明治九年（一八七六）―八反七畝作（一八石四升・反平均二石一斗八升）
・明治一四年（一八八一）―総籾四四俵（一九石九斗五升・反二石四斗四升）

以上、九例の列記であるが、一反につき二石余りが平均的な石高であることがわかる。そしてその年々における作付けの反数の違いは、おそらく畑作によるものと考えられ、また小作に出しているものを明らかに入れていない数値であり、自作農による平均と考えられる。平均して安定した数値を出しているものの、さし虫や旱魃、暴風によっては大きな被害をもたらされたのも事実である。

そういった場合、先に述べた御毛見役の役人衆によって検分され、救恤措置が取られたのは、万延元年（一八六〇）であった。七月一一日に大時化に遭い、稲の傷みが懸念されていたところ、汐が上がった田は不作となり、またさし虫も少々現れだしたようであった。そして八月二四日には、「当年最初傷毛無之様ニ存候処右之通御座候、拾石位之事と存」としていたが、「汐上り多分腐り込申候、唯今見当昨年位之作者六ヶ敷いつれ共」と昨年並みの収穫は難しい考えを示している。そして同年一〇月朔日付けで、下記のような願上げをしている。

奉願上候御事

一　御米六拾石也

右者当秋作存外凶作ニ付小前飯料ニ指支、難儀迷惑仕候ニ付、当御納初伝法入御割触本行通御切手買継仕度奉存候間、右願上通御聞済被為成下候様奉願上候、

十月朔日　　　　　　村役人

西　保太郎殿

この願上げ書から見ると、凶作によって食糧に事欠く仔細が記され、年貢として納める和歌山伝法蔵入りする年貢米の不足分を米切手購入によって充てようとしたものである。東山口村では、不足年貢米として打ち出された数値は六〇石となっており、中層以下の農民は生活に支障をきたす事態であった。当時、年貢はそれぞれの庄屋、大庄屋が預かり置くことになっており、この訴えは、年貢徴収の南谷組責任者である大庄屋西保太郎に宛てたものである。西山口でも、三五石ほどの年貢不足米を申告しており、近郷でも凶作に見舞われた状況であった。すでに同年七月二五日に村内の難渋者に対して、麦四斗を宇兵衛を含む村内の有力農民八人から供出している。これらの状況から万延元年は、凶作の年であったことは事実であり、麦作、稲作ともに不作という実態により、ここまでの事態に発展したのであった。後日、この願上げは認められ、五〇石の切手米が遣わされることとなった。事実上、このような願上げが通ることは少なく、文久元年（一八六一）には、切手購入による年貢米納入の制度は禁止され、その年にも同じく願上げを行っているが、これは認められなかったようである。

**挽アゲ**　稲刈りが終わり、籾の状態の米をウス挽きによって玄米へと加工が進む。ここで使用されるのは田ウスと呼ばれる大型の土製ウスで、三人がかりの大作業であった。明治一四年（一八八一）一一月一一日に宇兵衛は、親戚筋の裏岡家の挽揚（挽アゲ）に招かれ、鯵鮓、亀鯵造り、いり付きねぎ、大根なます、交飯をご馳走になっている。また宇兵衛家の挽アゲは、「こんにゃく、烏賊交飯、丸鯵焼、同なます、さんま鮓廿弐本」のご馳走を用意し、挽アゲを祝った。ここでもまた鯵料理の豊富さが垣間見え、南紀地方に多いサンマ寿司も食していたことがわかる。文久二年（一八六二）閏八月三日には、田ウスの新調を行っており、「三日晩方臼屋杢兵衛殿来」と、直接職人を家に招き、仕事を行わせた傾向が伺える。田ウスに必要な材料は、現地で調達し、四日には「古井山土四斗五升網すさ壱斗弐三升、下臼底土かわき候土、彼是凡弐斗ほど入用」とその詳細が記されている。これらの材料で田ウスは制作され、料金は七匁三分であった。土でできているため、定期的に造り直しが行われたのである。

**畑作**　宇兵衛家では、稲作以外にも当然ながら畑作を行っており、典型的な二毛作の形態をとっていた。それらは小麦・荒麦・菜種・唐豆・えんと豆・いも・しろしろ芋・大根・綿・粟・キビなどであった。これら畑作は稲作の合間や稲作の裏作として行われ、特に宇兵衛家では、自家用と販売用の二種の栽培を行っていた。ことに麦栽培は盛んに行われていたようで、以下にそれを示す。

・嘉永四年（一八五一）―一二俵（五反作）
・嘉永七年（一八五四）―二〇俵（反平均一石六斗余り）
・安政三年（一八五六）―二二俵（岡崎前一二俵、新田、屋敷下八俵など・豊年）
・安政五年（一八五八）―一九俵（雨による不作）
・安政六年（一八五九）―二〇俵（四反作・豊年）
・万延元年（一八六〇）―一五俵弱（四反作・七分作）
・文久元年（一八六一）―一六俵三斗（四反作）
・元治二年（慶応元年・一八六五）―一一俵（不作）
・慶応二年（一八六六）―一六俵一斗（四反作・反平均一石六升）

以上、九例の麦作の出来高を列記した。麦作は宇兵衛自作農地の半分ほどの規模で行われており、およそ四反の決まった田で行っていた。平均して四反で二〇俵前後の麦が収穫できるようである。ここで栽培されているのは大麦と考えられ、小麦・荒麦などは別で表記されている。例えば、文久元年には「酉年麦凡拾六俵と三斗但四反、菜種壱石弐斗五升、小麦屋敷之下三畝四斗八升、荒麦壱石、唐豆弐斗四升」としており、様々なものを栽培していた模様である。

麦作は稲の収穫が終わるとすぐにワリ田、スキ田の耕作に入り、安政三年(一八五六)には一〇月一一日に麦撒きを行っている。麦にはネリ肥や鯡(ニシン)などの肥料を与え、翌年の四月には刈り入れとなった。畑作の後には、すぐに田植えの準備を始めなくてはならず、多忙な日々であったことがわかる。また麦は自家用としても用いたであろうが、販売も行っており、宇兵衛自身大阪市場の変動に敏感で、嘉永四年には「二月中大阪麦米高値ニ付、御奉行衆きび敷御趣意ニ付、大阪有米も無少候共」と、大阪市場での麦米の高値を懸念している。また「地米百五拾匁、新麦ハ相場不相分、金六拾弐匁分、銭丁百弐文替り、綿弐匁六分」と実際の相場を記録している。当時、宇兵衛など中層以上の農民は、年貢以外に余る農作物を販売し、現金収入を得ていたものと考えられる。常に金や銭の価格変動を把握し、その状況に応じた販売経路を見出していたのである。宇兵衛の開けた視野はこういった諸家業によるものが大きい。また宇兵衛家の家業の繁栄の裏には、流通経路として近郊にある印南港から出港する帆船(廻船)の利便性とそれの確保があったからに他ならない。

**諸家業**　宇兵衛家は、農民としての本業だけではなく、諸家業があったことを先に述べたが、それは農作物の販売、廻船の利用であった。幕末期には商業活動に多くの制限があったらしく、近代に入ってからは活発的な活動を行っている。まず宇兵衛は、大阪市場でもっとも利用価値が高い燃料資源に着目し、紀州備長炭の販売に着手した。明治六年(一八七三)旧一〇月二二日の条には、「芝中たの谷北側谷両側から中尾迫、三貫目ニ上木売、但し十年ばへ、山親信之助、伊助此上ヶ木直打有之よし」と、自家の所有山の上木(立ち木)の権利を売り、山仕事の親方を雇って炭木とする記述が見える。「十年ばへ」とは、一〇年前に伐採された木であることを指し、腕周りくらいの太さの木である。炭山の木は、基本的に樫・ウバメ樫といった硬質な樹木が適しており、紀伊半島沿岸部には非常に多く自生していたが、炭木としての価値も高く、近世以降高値で取引されていた。

明治一三年（一八八〇）九月二二日「脇之谷森屋子息今朝炭弐俵持参、仕込炭山手附金相渡候也、但三拾円」と、印南町切目川上流部の脇之谷集落に住む焼き子（炭職人）を抱えていたことが明らかで、炭を焼くために必要なヤマテ（炭木購入代）三〇円を支払い、そこに掛る諸経費を立て替えることによって、炭の出荷を独占して販売する問屋の形式になっていることがわかる。宇兵衛は、近代を迎えることによって炭問屋業に着手したのである。同年九月二五日には「炭五拾四俵印南出し、舟賃九厘ツツ」と、焼き子から集めた炭を印南に出し、そして海路をとって大阪に出荷していることがわかる。

明治一四年にはより詳しい内容が記されている。旧三月二二日「八わた丸嘉助ふね炭五百五俵積入春以来三上下目出帆」とあり、宇兵衛が雇っていた船は「八わた丸」であり、船主は嘉助であることが判明した。四月一七日には「今日も炭印南出し昼前ニ仕舞、引渡ニ行積荷、炭四百俵余り、八幡丸積荷いたし直ニ出帆いたし都合能し、八幡丸者能登り日和ニ而十八日無事大阪着」と、四〇〇俵に及ぶ炭俵を積み、大阪に出帆したが、天候風向き良く、翌一八日には大阪に到着したようである。また九月二〇日には、炭の値上がりにより、木炭の本場南部町の問屋、印南廻船問屋「角力長」らが炭を買いまわり、嘉助船・伊兵衛船らが競い合って大阪に炭を運んだ旨が記されており、伊兵衛船には「丸彦炭」という製炭者の名が付された炭を載せており、大阪では炭値の跳ね上がりによって大いに儲けたという。その後の炭問屋家業がどうなったのかは不明であるが、印南では、現代も炭問屋や燃料販売業で成功した末裔がいる。彼らがそういった家業に着手したのは、宇兵衛と同時期の幕末期から明治初期にかけてである。

また商売人としての側面だけではなく、教育者として私設の寺子屋を行っていたようである。慶応二年(一八六六)正月五日に「寺子」と称して、一五人の子供たちが宇兵衛宅に年始の挨拶に訪れている。大体この前年くらいに寺子屋を開設したようである。また在籍の子供は東山口村に留まらず、西山口村の子供も広く引き受けていたようである。それは同年正月一八日に「西山口安太郎、平太郎寺入、酒弐升両家より、安太郎より墨壱丁ツツ外上半紙半帖、墨弐丁お房江」とあるように、その年に寺子入りする両家より酒弐升を祝儀として頂戴し、墨と半紙の寄付も受けていた。決まった月謝を頂いていたのかは不明であるが、寺子入りにもそれなりの費用が掛っている。

**日待ち講**　幕末期から記され続けた「依岡宇兵衛日記」には、様々な諸行事の記録も豊富である。なかでも「講」行事は盛んに行われており、その記録は豊富に記されている。宇兵衛が加入していた講は、日待ち講・伊勢講・庚申講・山上講・観音(念仏)講・戎講・長栄講などであった。もっとも多い日待ち講は、三五年にわたる記録の中で四一例、ついで伊勢講は二一例、庚申講は一〇例、山上講は三例、観音講は二例、戎・長栄講は一例ずつとなっている。もっとも盛んに行われていたのは日待ち講であることがわかる。日待ち講の開催時期は、嘉永三年(一八五〇)から文久元年(一八六一)までは、五月中旬に行われているが、文久四年(元治元年・一八六四)より三月・五月・六月・八月・一一月の年五回の開催を見ることもある。明治二年(一八六九)も同様に年五回の開催を記録している。平均して年四回～五回の開催であったと考えられる。

そもそも日待ちとは、太陽崇拝からきた信仰で、太陽を伏し拝み、豊作を祈願する農耕儀礼の一環といわれている。開催時期を見ても三月の苗代準備期から刈り入れ終了後の一一月までの稲作に深く関わる期間に行われていることに注目したい。太陽を崇拝し、日ノ出を待ち、伏し拝む原始的信仰は農耕民である日本民族の根本的信仰である。宇兵衛も熱心に日待ち講に参加をしており、参加人数も二〇人前後と村の半分くらいの規模であることから村単位で行っていたことがわかる。また一回の講行事毎に宿を替えて行っており、食事など一切の負担は宿が賄っていた。日待ち講の性格としては、前日から講員代表が宿に泊まり込み、日ノ出を拝することから始まる。宿ではカドに二尺四方に丸木杭を打ち込み、そこに若木の樫を添え立て、シメ縄を巡らし、幣を垂らして祭場とした。供物は神酒・鮮魚・洗米・鏡餅などであった(2)。早朝から賑わい、宿では配膳の仕度に追われる。

昼食は慶応三年(一八六七)五月二三日の条には「昼とうふ汁、茶、きらすあへ」とあり、簡単な昼食であったことがわかる。昼食後は、講員揃って氏神に参拝し、その後再び宿に集まり、夕食をとる。その夕食も同年の条には「ばん平割昆布、牛房、竹之子、豆腐、いさき魚、御汁」と御馳走を頂き、解散の形をとっていた。年間を通して講での食事を記しているのは、明治四年である。当年はまず五月八日に第一回目の日待ち講を行っており、昼は「汁、豆腐、竹之子、ひじき、きらず」、夜は「ばん平焼豆腐、鯖、牛房、竹之子さんしょ、汁者豆腐竹之子」であり、参加人数は一七人であった。二回目は九月二九日に行っており、昼は「汁、とうふ、あぶり鰺、ねぶか、ひじき、八斗豆、梅干」、夜は「ばん者平あぶり鰺、ねふか、大根、里いも、焼豆腐、汁、とうふ」で、参加人数は二三人に及んでいる。そして当年最後の講は、一一月二三日に営まれ、「昼者鰺たたき汁、大根と芋、大根ニ大豆腐」を食し、夜は「ばん者平大根、牛蒡、焼豆腐、芋、鰺汁、まなニ鰺」と、季節ごとの豊富な食材を用いて、講員をもてなしているのであった。なかでも「きらずあへ」とはオカラのことで、切らずに和えられることから、そのような別名が生まれた。「ねぶか」もまたネギの別名である。時代が下るごとに豪華な内容に移行を示し、宿の負担も大きかったが、戦後の動乱期以降、日待ち講は行われていない。

**伊勢講**　ついで伊勢講であるが、日待ち講と同様に宿の持ち廻りで行っている。日待ち講は、村全体の講組織であったのに対し、伊勢講は三組存在したことが、慶応三年(一八六七)の一月五日の条に記されている。「伊勢講三組寄合いたし当年より定、御造酒錫ニ而神酒献戴之筈、其外酒無用、交飯ニ而扱候様、組中申合決而相背不申事」と、伊勢講組が寄合、神酒の醸造や、講での食事は交飯にするなどの質素倹約の取り決めが行われている。宇兵衛は、年三回の講行事に参加をしているが、日程は定まっていないようで、その年によって月が違っている。たとえば慶応三年には一・五・一〇月であったのが、明治三年（一八七〇）には、三・九・一一月の月に行っている。しかし日付は一六日と固定であった。前記の慶応三年には、講での飲食に伴う華美を削減するように取り決めを行っていたが、明治二年四月一六日の条には、「伊勢講宿中手右衛門殿方、いさき姿鮓弐切、こけら鮓同、大根魚なます、竹之子味噌あへ、同いさき魚焼、唐豆、いさきつくり、鯖同断、交めし」と、豪華な膳が設えられている。

当時農村の娯楽はこういった講行事が中心となって、信仰を目的とした同信集団が集まり、親睦を深めていったのである。数年に一回、伊勢への参拝にも行っており、安政三年（一八五六）三月四日には、都合男女一二人が「講参り」と称して出立している。行き先は記されていないが、「路銀壱両弐分」や「御師布施」などの記述が見えることから、伊勢参りであることは確かであろう。路銀以外の入用で「四百目余」を要し、残り銀を講員二七人で三八匁ずつに分割して返還していることから、掛け金があり、講参りに対する積立を平等に実施していたようである。

下向は四月二日であり、印南宇杉村にある氏神印南八幡神社で「坂迎え」をしている。坂迎えは代参や旅の帰路に行われる帰還を祝う儀礼であり、かつては盛んに行われていたが、交通機関の発達によってほとんど姿を消してしまった。ところでこの講参りには、多くの先達、御師的存在が引率し、「来田藍物太夫」「杉田治右衛門」「山本市蔵」などの名が挙げられ、それぞれ祝儀として金一封が充てられている。そして同じく「案内衆」にも祝儀がなされていることから、多くの宗教者が関与していることがわかる。東山口が氏子に属した印南八幡神社には、神宮遥拝所があり、そこには毎年伊勢の御師が修祓に訪れていたことから御師との関係が深い地域であることがわかる。

**庚申講**　南紀地方の農村では、普遍的に庚申信仰が流行し、当地では百姓の神としての信仰が篤い。宇兵衛自身も庚申講に参加しており、慶応元年（一八六五）には「講中十六人」と記されていることから、およそ伊勢講と同じ三組ほどの組織であったことがわかる。庚申講は、六〇日ごとに訪れる庚申日に行う行事であったが、その通りに行われていないのが現状である。明治三年（一八七〇）の事例を見ると年に三回行われていることから、最大三回の講行事であったことがわかる。その年によっては、一回のみの場合もあるので、その時の状況によって変動していた模様である。しかしながら一一月の終い庚申は、「庚申供養」が行われる最大の講行事であり、生木の塔婆を立て、盛大に行ったであろうが、その細部に関する記述が欠けている。

庚申信仰が南紀地方において農業神としての位置づけがなされている詳細も不明であるが、田畑の近くに庚申像を祀り、信仰するという形態から田畑の守り神へと信仰形態が移行し、本来の意味合いが変化したものと考えることも可能である。また庚申像が地域の境に建てられたことは、境を守る道祖神的意味合いが深かったとも考えられるが、謎が多い民俗神であることは確かであろう。

**山上講**　山上講とは、大和大峰山に参詣する山岳修験と関係が深い信仰で近畿地方の村々で普遍的に行われていた講行事である。特に当地では、元服した少年の通過儀礼としての要素が大きい。嘉永七年（安政元年・一八五四）八月一〇日には、東山口村の梅吉一六歳を中心に山上参りに出立、一七日に下向した旨が記されている。梅吉の同行として村内の八人が引率した。先達は二人であり、宿を設けていたことから、出立までに精進潔斎が行われていたことが推測できる。経路は定かではないが、帰路に「若山」を通過した旨が記されていることから、行きは若山経路ではなく、十津川周辺から大峰山に入ったと考えられる。元服を機にオトナの仲間入りを果たすべく、山上参りを行うことは成人儀礼の一環として、苦行を行うことでそれに対する体力と精神力を磨く大切な行事であった。現在でも大峰山は女人禁制を貫き、山上参りに出立する一陣の前に女性が寝そべり、跨いでもらう光景がかつて度々目撃されたが、これは女性自身が登山できないため、その願いを運んでもらう思想からであるといわれている。

**観音講**　仏教の民間信仰として多くの信仰を集めたのは観音信仰であろう。庶民救済や現世利益に富む教理に基づき、特に御詠歌や念仏唱和の発展と共に広まった。東山口村の檀那寺仙光寺（遍照山西山浄土宗）にある観音堂には、室町時代作の聖観音像が安置され、近隣から「山口観音」として信仰が篤く、山口観音を奉仕するのが観音講であった。宇兵衛も観音講に加入していたと考えられるが、その記述の少なさが疑問である。先に挙げた日待ち講、伊勢講、庚申講などの記述は豊富であるが、観音講の実施について触れているのは慶応三年（一八六七）三月一七日の「観音講相勤」の一文のみである。

実際の観音講も現在は行われておらず、その詳細が不明であるが、近隣での観音講の形態から女性主体であった可能性は高い。毎月一七日の観音縁日に実施し、西国三十三番御詠歌を唱和するのが一般的であろう。ことに年配女性の参加が多く、東山口でもその形態が伺える。もっとも観音講中の参詣と考えられる巡礼の記述が、安政三年（一八五六）二月一九日の条に見え、「当村西国巡拝ニ祓、廿日朝用助祓参り致候、同行清水富士松」とあり、西山口村と合同で都合一八人が西国巡礼に向かっている。こういった巡礼の際には男性も多く参加したと考えられるが、通常の場合は女性主体であり、宇兵衛自身はあまり参加していなかったと考えられ、これが記述の少ない理由の一つであろう。

**長栄講・戎講**　両行事ともに一回のみの記述である。長栄講は、明治四年（一八七一）九月二日に「長栄講ニ付平兵エ呼ニ参り下拙丈帰り申候」とある。長栄講とは一体何を信仰する集団であったのか。現在となっては、それを探る術はないが、推測として伊勢講などの別名に長栄講というのがあるが、すでに当地では伊勢講の名称が存在すること から、金毘羅信仰に関係する信仰集団であった可能性が高い。明治期に入ると、商業活動が身分に関係なく自由に行えるようになり、廻船を利用した海上運輸に関する商業集団が増加した。宇兵衛自身も幕末期より木炭問屋の流通販売に着手していたことから、新たに同業集団と金毘羅講を組織した可能性は高い。

戎講もそういった可能性を示唆するもので、沿岸部に位置する宇杉村・本郷村には、小祠として恵比寿社が存在したが、農村である東山口村には恵比寿社は存在していない。また家庭で祀る恵比寿信仰の可能性も考えられるが、今までの記録に登場していないことを考えると、新たに組織した可能性は高い。明治一六年（一八八三）正月一〇日に、「今日戎講相勤候よし」としていることから、東山口村以外の場所で行っている講行事と考えるのが、几帳面な宇兵衛の今までの記述例から見て妥当であろう。こういった、新出の講行事も現在は全く姿を消してしまっているのが残念である。

**年中行事**　「依岡宇兵衛日記」の最大の特徴は、ほぼ毎日記され続けた年間を通しての細かい記述である。使用人の家族に関するところまで言及し、状況と自らの真意を記している。年間を通して行われる様々な行事もまた、記述の対象となっており、以後月別の記述を見ていくが、旧暦から新暦への移行時期でもあるため、行事自体も暦上の都合に合うように新暦換算とした。

**一月**　年頭に際しての記述は、その年に雇入れた下男・下女の氏名と給銀から始まり、文久四年（元治元年・一八六四）には、給銀三五〇目で雇っていることがわかる。正月の年頭行事として、その年の吉兆を占うことがあったようで、明治一三年（一八八〇）には「元日つちのと之時者多死ス、雨ふり茶悪敷、大旱、京より東ニ大乱有、秋大吉、小豆吉」としている。その年の世情から天候、作物の出来柄を占い、それを目安としていたことがわかる。東山口村では、宗教行事として年頭に行われる粥占いなどの行事は、行われていないことから、伊勢系の暦による占いと考えられる。

そして正月二日にかけては、明治三年に印南宇杉村の東光寺に参詣している。東光寺は、近隣でも有数の古刹であり、鎌倉時代の宝篋印塔などを残す浄土宗寺院である。近隣有数の寺に参詣し、年頭の祈願を行った傾向である。そして明治一六年の同日には、「二日乗祝い」としている。これは、廻船を用いて商売をしていた宇兵衛家に因む行事で、一般的に農村においては行われない漁民文化である。正月二日に仕事始めとして船に乗り込み、それを祝う行事であるが、宇兵衛家は、廻船を雇って木炭販売をしていた都合上、船に関する行事も行うようになったのであろう。

正月五日は「節会」と称して、接客対応に追われている。慶応二年(一八六六)には、「節会客小共十五人寺子也、其他都合四拾七人米八升より壱斗位ニ御座候」と、正月年頭の挨拶に幾人も訪れ、それに対して宇兵衛も存分に振舞っている。本来の節会とは年頭に際して、天皇が諸臣に謁見する日であるが、庶民に際しては、ことに宇兵衛は村役人という立場上、近隣の諸役人の挨拶が多かったのであろう。また来訪している諸人の中に寺子屋の子供たちが見えていることから、子方分の挨拶が多かったことが伺える。

正月一一日は、来る小正月に向けての厄払いを行う地域が多い。当地でも、小正月を中正月として様々な儀礼が行われていたと考えられるが、明治四年には「印南角力之有」と、印南で角力(相撲)が行われていることがわかる。明らかにこの角力は、厄払いを意味しており、また当時の行事の中には角力の記述が非常に多く散見できる。明治五年正月一八日には、「今日お滝に角力有之候」と印南《イナンバラ》原村瀧法寺で角力があったことを記している。瀧法寺は近隣では数少ない真言宗寺院の古刹であり、「オタキ」の名称で親しまれている。

そして明治四年(一八七一)正月二八日には「西山口御宮ニ花相撲あり」としている。正月の中で相撲は、三回開催されており、それぞれに意味合いがあってのものである。「花相撲」は、年頭に際して、山口八幡神社で行われた奉納相撲であり、民間の力士は参加をしていないと考えられる。呪術的な要素もあるが、娯楽が少ない当時において、相撲観戦は非常に人気が高かったのである。

**二月**　二月には節分の行事が行われるが、明治一五年(一八八二)一二月二六日には、「廿六日せつぶん年越也、同夕餅搗」と節分は一二月に行っている。暦の都合上、立春は、正月よりも前に来ることが度々あった。この年は正月よりも前に立春を迎えたのである。節分の日を年越しと称しているのは、翌日より立春となる節目の日であり、新たな年を迎える歳時習俗の一環である。

明治四年(一八七一)二月朔日には「印南ニ取上角力」とあり、一月に行われて以来一ヵ月にも満たない間に相撲が行われている。これは行われた場所など定かではないが、取上げという名称から余興的要素が強いものであろう。

そして明治五年(一八七二)二月四日にも「花角力」の記述があり、この日は東山口村仙光寺で行われ、初午の相撲という記述である。これには地元力士も多く参加し、「山野染川」「上之崎」「印南谷戎」「本村菊目石」などの四股名が見える。行司は田辺から呼び、相当の賑わいを見せた。諸費用は「壱〆目位」であり、ヒイキ花からの差し引きで「弐百六七拾目位」の収入を得ているようであり、興業相撲であることは間違いない。

また明治四年(一八七一)二月一九日に印南原瀧法寺で、再度相撲の記述がある。当時瀧法寺では、盛んに相撲が行われていたようである。

**三月**　三月には、苗代などの準備から農事の始まる季節であるが、安政七年(万延元年・一八六〇)には「鳥追閏月十八日、喜太夫より始り、去年打留大前之よし、十六日頃より相始メ可申之処、去年打留之儀相分兼彼是申居、相分り候ニ付今日より相始メ申候」と、「鳥追」の開始時期について議論をしている。この行事の内容は記されていないが、何かを追いながら所定の場所まで行く形式であること、また追行く人の氏名が記されていることから、所定の場所から始まり、年々変わる形式であることもわかる。しかしながら内容の把握まで至らないのが残念である。現在は全く伝承も残されていないが、紀北地方では、この時期に「鳥追」と称して、レンゲ咲く田畑で番傘を立て、マゼ飯などの弁当を食べる風習があったという。内容は不明であるが、「鳥追」の呼称から害鳥の被害から稲を守る予祝儀礼と除災儀礼の一環であると考えられる。

明治一五年（一八八二）三月二六日には、「八専」という記述がある。それは「三月廿六日みつのへ子八専ニ入、みつのと亥十二日之間八せん、四月八日迄八専也」としている。この「八専」とは、暦上の二八宿の一つであり、壬子から癸亥・癸丑・丙辰・戊午・壬戌の四つを間日《マビ》として、それを除外した八日間を八専とし、農事を忌み、仏事も行わない厄日としている。農耕が忙しくなるこの時期にかけての厄日であるため、宇兵衛は特記しているのであろう。八専は年間六回あり、それぞれ農事を慎んだと考えられる。

明治一五年（一八八二）三月二八日には東山口村大井尻において相撲を執り行っており、大いに賑わったようである。山口奥筋・南部・切目・上角（上洞）から印南光川残らずの参加であった。大井尻とは大井堰の辺りと考えられ、井堰で相撲を行うということは、田に水を引くこの頃に井水の厄払いとして行った意味合いが深いと考えられる。四股を踏み、大地を祓い清める相撲によって稲作に欠かせない水の豊富を願ってのことと考えられる。

**四月**　明治一〇年（一八七七）旧四月三日は、「四ヶ三日」としており、南紀地方で行われる月遅れの節供である。シガサンニチには、山行きと浜降りの二種があり、それぞれ都合の良い場所に行き、弁当を食べ、日柄のんびり過ごす日であった。宇兵衛自身も磯で釣りをするなど余暇を楽しんでいる。

明治一五年（一八八二）四月一一日には「印南相撲」として三日間にわたっての相撲大会が開催されている。これは他の相撲とは違い、三日という長期にわたっての相撲であり、盛大さが垣間見られるものである。

**五月**　五月の節供は、男子の成長を祝う儀礼である。慶応四年（明治元年・一八六八）五月五日には宇兵衛の孫常太郎の初節供の内容が記されている。「五月節句雨、常太郎初節句祝ひ」として都合一〇人の来客数が記されている。またこの祝いに用したものとして、「米七升之内弐升貰、弐升九合残、入用酒四升三合程、鯖五本弐本貰、三本九分九厘、鰹三本貰内弐本遣ス、壱本悦平殿ニ遣し、米四升焼」と、初節句の祝いの贈答品が記されている。米・鯖・鰹などは頂いたお礼として、来客に振舞い、お土産として持ち帰ってもらっている。

一方、明治一〇年（一八七七）五月五日には再度初節供の記述があり、これは常太郎の弟のものと考えられる。「崎山徳右衛門殿より初節句かがみ餅、柏餅被下」としており、さらに「小豆飯、平附いさぎ魚弐尾、大椎茸、平昆布、干大根、柏餅、酒壱徳利、右被下之、六日鏡一重常太郎贈」と、数々の祝いの品が親戚筋の崎山親戚家から送られている。これに対しての礼として翌日に常太郎が、一重のカガミ餅を送っていることがわかる。幕末における上層農民である宇兵衛家では豪華な設えであることがわかる。

明治三年（一八七〇）五月九日は「九日つち五郎」としているが、この「つち五郎」の意味が不明である。農事を忌む厄日であることは間違いないと考えられるが、その内容に関しては不明である。

明治一六年（一八八三）五月三〇日には、柏餅・小麦餅・白餅の贈答の内容が記されている。「五月三十日柏餅いたし、お繁崎山江遣ス、裏岡より小麦餅被下、弓倉より白餅被下」と、親戚間での毛附け祝いの贈答であることがわかる。当時柏餅以外に小麦餅・白餅も田植え後の祝いとして食していたことがわかる。

**六月**　六月にはしばしば「土用三郎」という記述が登場する。万延元年（一八六〇）六月三日には「六月三日土用三郎上天気」としており、土用入りから三日目を指す忌日である。この日の天候で豊作を占う習俗があり、晴れなら豊作、雨なら凶作といわれていた。当日の農事は休み、八専と同じ扱いを受ける日である。当年は上天気としていることから、豊作を意味するものである。(3)

また東山口の六月の風物詩として毎年登場するのが、「百万遍虫送り」である。これは村での恒例行事であり、旦那寺である仙光寺で行われる。日時は一定ではなく毛附け後の適当な日に申し合わせて行っているようで、大体六月一一日から一七日の間に行われることが多かったようである。その内容は、「百万遍念仏」であることは確かであり、大数珠を繰り、念仏を唱和する供養的要素が強いものである。当地でこれを虫送りとしていることは、害虫としての虫を駆除した懺悔の意味を含むものである。伝承では仙光寺にある地蔵堂で行われ、かつては「地蔵講」と称して行っていたという。現在の虫供養は八月一五日の施餓鬼に塔婆を切って行っている。

六月六日は明神様の夏祭りであり、明治六年(一八七三)六月六日に「六月丑休、明神様夏祭」としている。東山口村には、村氏神大歳明神社と弁財天社の二社が存在したが、この夏祭りは前者である大歳明神を指すものと考えられる。内容は定かではないが夏祭りの執行についての記述である。また同日には御宮からの守札も配られたようである。明治五年には「六月六日御宮ニ而守札配り、当村分三百十弐人、壱人前弐匁九分、七百八拾目」としている。この御宮守札は当村分としていることから、印南宇杉村に鎮座した総氏神「印南八幡神社」を指すものと考えられ、氏子全員に守札が配られたことがわかる。またこの札は一枚、弐匁九分の費用が必要であったこともわかる。

六月晦日は、大祓の神事が執り行われ、一年間の節目として「夏越祓い」という名称で知られている。全般的には茅の輪をくぐり、身の穢れを払う行事であるが、当地における大祓の詳細は不明であり、明治六年(一八七三)六月晦日「旧六月五日者新暦六月晦日大祓之よし」とその名称のみを挙げている。

**七月・八月**　七月・八月の両月の記述は、旧暦から新暦に移行の都合上、混在しており、その記述に沿うため続けての記載とする。

七月の行事として「七夕」は有名であるが、習俗としての記述は少ない。宇兵衛宅は慶応元年(一八六五)より寺子屋を営んでいた都合上、寺子屋に通う子供のために行っている傾向がある。慶応四年（明治元年・一八六八）六月二七日の条には六月二〇日より七夕手習いが始められ、七月朔日に硯書をし、二日に七夕行事を行っていることが記されている。当時、子供たちの娯楽を兼ねて、宇兵衛が思考を凝らした内容が伺える。短冊に書く内容を練習し、それぞれの願いを記した短冊を二日に飾り付けをしたのであろう。現在の小学校教育と変わりない風景である。

一方、七月七日には、印南宇杉村にある東光寺に参拝する記述が目立つ。明治三年と翌明治四年七月七日には、両年とも「東光寺参り」としており、七日盆に古刹の浄土宗寺院東光寺に参拝する習俗があったことが伺える。七日盆は盆の口明けと言われており、先祖を迎える準備を行い始める時期である。

そして盆行事自体は七月一三日に行われ、明治一三年（一八八〇）には「十三日墓揃」としている。「墓揃」とは、墓の掃除をし、先祖を迎える準備をすることであり、この日から盆の開始となる。初盆の場合はこの翌日にあたる一三日に「水棚」と称する精霊棚をオナゴ竹で拵え、高床式の館を組み、壁側面と屋根はヒバで葺かれたものである。明治一四年の八月二〇日の条には、盆の水棚を流す記述が見られることから、この日まで盆の期間であったことがわかる。

七月一四日は、寺（仙光寺）で施餓鬼法要が営まれた。安政五年（一八五八）七月一四日の条には、「お里く施餓鬼拾六匁出し候而いたし申候」と、当年一月三日に一〇歳で亡くなった宇兵衛の孫と考えられる「お里く」の施餓鬼を拾六匁で行っていることがわかる。

明治一三年（一八八〇）七月一四日には、再度宇兵衛宅は初盆となり、「酒三升被下候事、下拙者当年者初仏ニ付、吉兵へ殿江参仏いたし、古屋十吉殿と一緒ニ酒頂戴いたし、吉兵へ殿者羽六当年亡母新仏故、今朝同所行留守」と、初仏参りに訪れた来客から酒をお供えとして頂いたことがわかる。また初仏参りは、古屋村や羽六村といった隣村各地をまわることも確認できる。そして一五日になると盆も佳境に入り、寺で盆踊りが行われ、盛大な賑わいとなる。この頃には宇兵衛宅の下男、下女も「盆礼」と称して、里帰りをしている。

そして八月一八日は近隣でも有名な観音花火大会が催された。明治五年(一八七二)七月一八日の条に「十八日観音様花火興業、流星七拾本、大体出来宜打上ヶ弐拾本程、其外立火、大花火道成寺大出来ニ御座候、大群衆ニ而みなべ辺湯浅よりも参り候よし」と、花火祭りの内容が記されている。この花火祭りの初見は、安政三年(一八五六)であり、「七月十八日ニ当村観音様ニ花火興行いたし候」とある。もっともこれ以前より行っていることは確かであり、仙光寺観音堂における観音縁日に際して行われた盆行事の一環であった。現在は途絶えて久しいが、夜空を彩る打上花火や火花を散らす流星の鮮やかさは、当時の人々を魅了して止まなかったのであろう。また思考を凝らした仕掛け花火も好評であった。北は有田郡湯浅町から南は日高郡みなべ町辺りまで集客効果があったということは、それを裏付けるものである。

**九月・一〇月**　九月に入り、季節は秋へと移り変わる。九月は彼岸の季節であり、三月の彼岸と九月の彼岸の両度にかけて、先祖が訪れる時期であった。稲作も刈り入れ前となり、比較的温暖な気候である。この時期に墓参りを行い、「彼岸餅」を作るのが当地の伝統であった。明治三年(一八七〇)の八月二六日には、「今日者ひ岸ニ而餅隣江配り」とあることから、親戚縁者にではなく近所の家々に「彼岸餅」を配ることになっていた。

この時期になるとまた相撲が多く執り行われるようになり、明治四年(一八七一)九月五日「上野崎角力有之見物ニ参り」、明治五年九月一三日「中村住吉様相撲有之」と、御坊市名田町上野での相撲観戦と印南町地方《あげ》の住吉神社での相撲を挙げている。それぞれ村行事としての相撲であり、奉納相撲の多さが目立つ。

一〇月には稲刈りが行われ、それに順じた行事も多い。殊のほか「亥の子」の記述は多く、当地における刈上げの祝いとして普遍的に行われてきた。秋の亥の子は亥の神が田畑から家に帰ってくる日であるとされ、夕方から餅を搗くという古い習わしがあった(4)。宇兵衛自身も亥の子餅は、夕方から晩にかけて搗いている。例えば、明治一〇年(一八七七)一一月二二日には、「今日弐番亥の子昨夕餅搗いたし、今朝配り候事」とある。また二番亥の子に併せて行うことになっており、一番亥の子は商人、二番亥の子は農民と分かれていた。「亥の子餅」はボタ餅であり、それを親戚・近所に配る風習であった。ちょうどこの頃に「亥猪風」というのがあり、冬を連想させる強風が吹くことがあった。明治四年一〇月六日には「亥猪風ニ候得共能天気」としている。季節の変わり目を予感させるものである。

**一一月**　明治一二年(一八七九)一一月八日の条に「ふいごう祭り」と記されている。「フイゴ」とは、鍛冶屋が使う風を送り込む道具であり、一一月八日は鍛冶屋の「フイゴ祭り」が行われていたのである。宇兵衛宅は鍛冶職を営んでいないが、これを特記している理由として、東山口を含む、山口地区は非常に鍛冶職が多く居住した村であった。東山口村庄屋筋であった岡本家所蔵の文化四年(一八〇七)から文化八年に記された「鍛冶共他所稼願帳扣(5)」には都合二一人が作間稼ぎとして紀北・摂津・和泉へと出稼ぎに行っており、鍛冶職を多く輩出した地域であった。「紀州鍛冶」とは、彼らを指す名称であり、多くの技術を各国に伝えたのである。そういった事情から「フイゴ祭り」は比較的多くの家で行われていたのであろう。内容は不明であるが、かつて「紀州鍛冶」を多く輩出した村としての伝統が培われていたのであった。

一一月二三日は「焼餅祭り」と称して焼餅を作り、氏神に供え、近所に配る行事が行われていた。明治四年一一月二四日には「焼餅三軒江献上いたし」と焼餅祭りの翌日に、その焼餅を三軒に送っていることがわかる。また、この日は印南光川の富王子神社では、村氏神の祭りとして盛大に行われていた。この日は新嘗祭にあたり、新穀の餅を焼いて献ずる素朴な祭りであったのであろう。豊穣を神に感謝し、それを共食する儀礼的行事である。

一一月二五日は、印南州崎で「留碇角力」が行われている。これは印南漁師の開催するものであり、名称でもわかるように碇を留める沖留めを意味するものであると考えられる。なんらかの祭祀に関与したものであると考えられるが、詳細に欠けており、定かではない。

一二月　一二月に差し掛かると正月の準備に追われだす。まず正月用の飾りを準備する必要があり、近隣では一三日がそれであった。明治一一年(一八七八)一二月一二日には「福柴苅」となっており、本来は一三日の行事であるが、この年は都合上前日に行ったようである。福柴とは当地でウバメガシを指すもので、松飾りではなくウバメガシを用いた。この時にウラジロ・ユズリハなども一緒に取って来ており、ウバメガシの柴二荷を採取し、それを門口に立てかけ、正月まで安置する。そしてそのウバメガシに赤飯を供え、正月当日には雑煮の煮炊き用の柴として用いたのであった。一般的に松迎えとして、一三日に正月の神を家に招く行事として知られているが⑥、当地ではウバメガシを迎え、祭祀する習俗であった。

その後、一八日前後に「すすはき」が行われた。来る正月に備えて家中を掃除し、清浄に保つ行事である。その折に来客を招く風があったようで慶応二年(一八六六)一二月一八日には「十八日す々払、伊右衛門殿江招し芋汁」と、伊右衛門宅のススハキ後に招かれ、芋汁をご馳走になったことがわかる。また明治三年(一八七〇)一二月一一日には、「伊右衛門殿方す々払ニ付、蕎麦振舞」とその年には蕎麦を振舞っている。ススハキをして後に客を招く行為は、来客を正月の神として扱う風習があったのではないかと考えられ、マレビトを彷彿させる注目できる行事である。

以上、幕末から明治期にかけての農村生活に言及したのであるが、宇兵衛自身が書き記した膨大な記録から、大まかではあるが、当時の農民の生活環境が把握できたのではないかと考えられる。宇兵衛自身、長年村役人として上層農民の地位であり続けた訳で、その生活は一般家庭より裕福であったはずである。しかしながら農民としての立場は他の村人と一緒であり、その環境と行動はなんら変わりないものである。農業の傍ら、幕末期より商業に力を入れたのは、家の発展と繁栄を願ってのものである。後年の記録に村政以外の記述が多く見受けられるのは、職務を退職し、より細かい行事に目が向けられるようになったからである。晩年の宇兵衛は余暇として、浄瑠璃や社寺参詣などを楽しんでいるが、一方様々な悩みを抱えていたようである。明治一三年（一八八〇）六月二六日には宇兵衛の心境が書き記されている。

十三年庚辰六月廿六日私祖父、八月十四日命終、其前年諸色扣帳ニふち為書有之、私義者左様ニも無之、親七十弐年十月廿九日お戻りニ命終、母七十八年之秋命終、私義以後三年之内と申度候得共、三年ハ扨置弐年無覚束当年中、併十月頃より春三月迄ニ命終いたし度存心ニ候とも、無常之風吹来候ハ中々以自由成候事思ひも不寄、宇兵衛当年七拾七歳此上長命いたし候而者恥之かき捨、逆様事ニ逢可申と奉存候、残り多処か花か共存候事、御察被成下候事、此上存命候ハバ、唯人之世話ニ成候而手数相かゝり候事、蔵、部屋普請いたし今年迄三拾七年目辰年親父病死、当年も西江出し掛同様之事有之間敷事心ニかゝり候事、たとへ命終いたし候共、跡之葬式之義ハ随分軽ク取計い、諸品高直之時節ニ付成丈ヶ始末ニ相減候事、依而申入候也、

以上、長文となったが、宇兵衛の家族に対する本心が記されている。宇兵衛家は長命の家系にあるようで、父母ともに七〇歳を超えての天寿を全うしたようである。宇兵衛自身も七七歳の喜寿を迎えたことによって自分の行く末を暗示し、このような書面を残したのであろう。長生きをしても家族に迷惑になるだけであり、葬式も軽く済まし、遺品などは高値の内に処分する旨が記されている。家族を大事に思う心境は、今の人々と変わりなく、世話好きであった宇兵衛自身それが気がかりであったのであろう。幕末から明治維新を経験し、村役人という立場上様々な心痛と経

験を経て、一農村の農民としてではなく、開けた視野を持ち、変わりゆく日本の行く末、我が村の行く末を見つめた宇兵衛は、明治一七年（一八八四）の日記を最後に天寿を全うした。享年八一で当時の人の中では大往生を果たした訳であるが、その人生の膨大な記録は大きな遺産といえよう。

## 二　農村における年中行事の特質

農村における年間を通じて行われた様々な儀礼展開は、年中行事として集約されている。毎年変わることなく行われるこの儀礼は、様々な神仏に祈願し、五穀豊穣・除災などの意味合いが深く込められている。既成宗教的内容を含むものも多く存在するが、年中行事の多くの儀礼は素朴な神々への祈りであることが多い。原始宗教的で、日本の基層文化ともいえる内容を集約しているのが、年中行事である。ここでは日高地方一帯で普遍的に行われた年中行事を日高郡印南町山口を中心に他地方と比較しながら見ていく。

**正月の準備**　およそ一二月一三日に「福柴刈り」「柴正月」と称して、ウバメガシを刈りに行った。この柴は四束作り、それ以外に太薪二本も一緒に刈り取る。正月飾りとしてダイダイ・ウラジロ・モッコク・ユズリハなども一緒に準備する。ウバメガシの柴は、自宅の門口に安置され、小豆飯を供え、正月当日の煮炊き用とした。また日高郡日高川町付近ではウバメガシの薪を「火起こし木」と称して火床の灰の中に入れ、大晦日から元旦までの間の世継ぎ火に利用したという(7)。

スス払いも同日の行事であり、笹竹を用いて家中のホコリを払ってまわったという。

**正月行事**　正月飾りはダイダイ・ウラジロ・モッコク・ユズリハでシメ縄と一緒に飾り付けるのが一般的であるが、

日高町中志賀では左綯いにしたという。飾る場所は、家中の建物全てであり、飾付けした場所にそれぞれ御供えをした。家内では神棚・仏壇・床・火床・風呂・便所・水周り・納屋・蔵などである。カガミ餅を供えるのは床や神棚であり、床がない場合は神棚の下に三方に半紙とウラジロを敷き、その上に二重のカガミ餅・串柿・ミカンの餅飾りを供えた。神棚には、「五社参り」と称して餅入り小豆茶粥を、小皿に五皿分取り分けて供えたが、五社の詳細は不明であった。印南町宮ノ前では、正月の供物はイバラの葉に雑煮を載せて供えるものとしており、日高町小坂では小豆茶粥に餅を入れ、津島さんに供えたという。

日高町中志賀では、良くしなる木に餅を付けて餅花を作って同所に供えたという。三ヵ日の間は、朝晩の燈明を絶やさずに神仏を祀った。日高町中志賀では燈明に用いるのは、古くは大根の輪切りを受け皿とし、菜種油に燈心で燈明をあげたが、次第にロウソクに移行し、現在では行われていないが、玄関口で「餓鬼の施し」と称して行っていたことは注目したい。かつて正月は先祖が帰ってくる日であるとされ、正月に訪れるカミは、先祖神であるという思想があった。中志賀での伝承にあるように正月三ヵ日の間、玄関口で大根の燈明をあげるという事例は、先祖が帰ってくるという思想が近年まで残されていた事実を物語るものである。正月当日には墓参りも行うという当地では、死者の来訪が、盆、彼岸以外に正月にもあるという古俗を残した地域であることがわかる。

正月七日は「ナノカ正月」といい、大根菜などの茶粥を食べたという。

正月一五日は「ナカ正月」と称し、正月飾りを降ろし、所定の場所で「ドンド焼」を行うのが恒例であった。この日に「成り木責め」を行うのもかつては盛んであった。日高町中志賀では、二人組で柿の木に向かい「なれなれ柿の木、ならなブチ切るぞ」と問いかけ、もう一人が「なります」と返答し、鉈で少し切り傷を付け、そこに餅入り小豆茶粥を塗りつけて、その年の柿の豊作を祈った予祝儀礼である。正月に餅入り小豆茶粥を食べる文化は南紀地方一帯に分布しており、白粥を食べない南紀地方では、正月などの祝い事に常食である茶粥に小豆と餅を入れるという食文化に繋がったのであろう。

**春から夏の行事**　二月三日は、節分であり、追儺の行事が行われる日である。節分当日は、イワシの頭をヒイラギや松の枝で串刺しにし、それらに唾を吐きかけ、「～焼く」などの呪文を唱えながら火で炙るものであったが(7)、現在は簡略され、「鬼の目つき」と称する先述の飾りを門口に飾るのみになっている。節分当日に浜から小石を拾ってきて、ホウラクで炒った豆と一緒に升に入れて神棚に燈明と共にあげておく。暗くなると、小石を「鬼は外」と言いながら屋外に向かって投げ、「福は内」と言いながら、屋内に豆を撒いた。この日にイワシを食べるのが習わしであった。これら以外には日高郡日高川町の奥部では、オナゴ竹の縦割りにした二メートル前後のものを三本、カド田にタケヤライ状にして立て、その傍らにイバラの葉に盛った小豆飯を供えているのを「鬼の目ハダキ」と称している(8)。家内以外の田畑における追儺の儀礼であろう。

三月の彼岸は、ボタ餅を作って墓参りをするのが通例であるが、この時期に社日があり、「社日参り」が行われた。日高町中志賀では、社日の日は、地の神を祀る日であるため、農事は休みとなり、皆連れ添って石の鳥居のある神社に参拝したという。日中一杯行われる行事であり、弁当を持ち寄って楽しい一日を過ごしたという。参拝の作法としては、鳥居をくぐるのは行く時だけであり、帰りは鳥居脇を通り、決してくぐってはいけないとされていた。社日参りの実情の内容は定かではなく、これに参ると無病息災になるといわれていたが、本来は農耕儀礼の一環として太陽を拝し、豊作を祈願する意味合いがあったと考えられる。

四月三日は「シガサンニチ」であり、旧暦の月遅れの節供であった。この日は天候が良く、皆連れだって、山登りや浜降りを行った。それぞれ巻き寿司などの弁当を持ち、日がな一日遊んで過ごす。山間部では山上がりをし、樹木が少ない見晴らしの良いハゲ山に登った。沿岸部では、当日潮がよく引くので、イソモンと呼ばれた巻貝を拾ったり、釣りをしたりして自由に過ごした。同様な事例は全国に分布しており、浜下りは禊の意味合いが強く、年間を通して度々行われる潔斎の一つと考えられる。(9) 山登りは、国見の思想と農耕儀礼の一種として、山の神を田畑に降ろす習俗の名残りと考えられる。同時期に二種の儀礼が展開されるのは注目できる。

四月八日は、「卯月八日」であり、釈迦の誕生会として旦那寺においてレンゲの御堂を設え、甘茶の接待が行われた。また家庭では、卯の花とツツジ(ネバリツツジ)を竹竿の先に付け、カド(ニワ)先に建てて、お天道様を祀ったという。当日は白飯を食し、ささやかなお祝いをしたという。

五月五日は節供であり、ショウブとヨモギの束を軒に挿したり、屋根に上げたりした。男の節供といわれており、コイノボリを立て、子供の成長を祈った。かつては絵幟を立てるものであったが、時代の流れでコイノボリに移行していったという。家庭では柏餅を作り、バラ寿司(マゼ飯)などの御馳走を食べて祝った。

印南町宮ノ前では、六月一日は、「牛休め」といって田植え作業労働を担った牛を労うものとして、川や海辺でキレイに洗ってやる。ワラのタワシを使って洗うものであり、その後は麦や穀物の入った飼葉をご馳走として食べさせてやるという。

**盆行事**　七月七日は、井戸替えをする日であり、汚れ物・仏具もこの日にキレイに洗えば汚れが落ちるといわれていた。この日は七夕でもあり、笹飾りを軒先に飾り、印南町印南、みなべ町岩代では、その日は海に行き、遊ぶものであるとされている。

八月七日は、「七日盆」といって大体墓掃除や、盆の準備を始める時期である。この日から墓参りを行うのは、印南町印南であり、印定寺境内にある墓に花を供え、供物もあげてくるという。

八月一二日から、ほぼ一斉に墓掃除が行われ、翌一三日には、初盆宅で「水棚」作りが行われる。親類・縁者が集まり、一人で作るものではないといわれた。形状としては、オナゴ竹の高床式であり、館部三面をヒバで覆い、天井部は竹先を結び合わせた寄棟状の物が多いが、現在は市販品を用いる地域が多くなった〔写真1〕。天井部を笠などで代用する地域は、印南町宮ノ前、日高川町付近に見られる。水棚には初仏の位牌を安置し、夏野菜などの供物を供える。これら以外に通常は餓鬼棚と称するズイキの葉に載せた夏野菜などの供物を、門口へ供えている〔写真2〕。

**写真１　みなべ町晩稲のカリヤ**

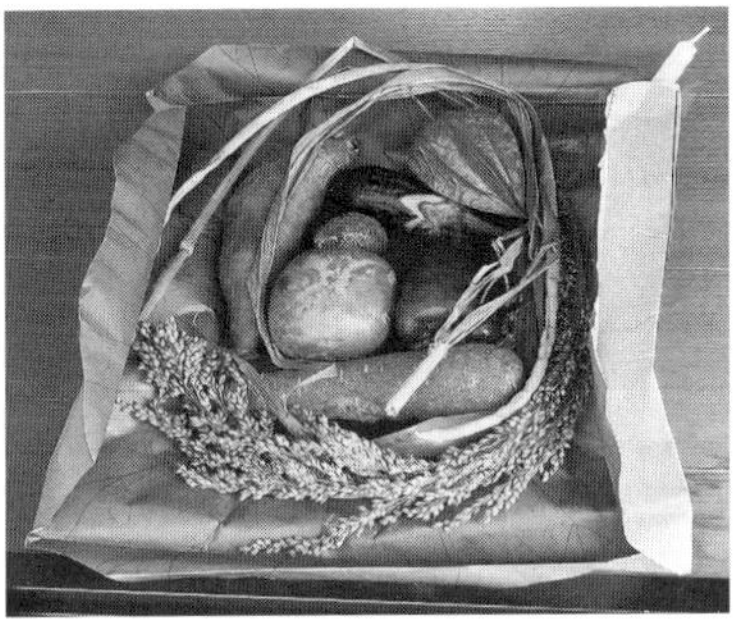

**写真２　みなべ町晩稲の餓鬼供養**

当日に仏迎えを行うのは、日高町中志賀、印南町印南、みなべ町岩代、日高川町などであり、日高町中志賀では、ホオヅキ提灯を灯して門先まで出向き、その提灯の火を自宅の提灯と仏壇に移して仏迎えとしている。また仏迎えに際して唄を歌うのは、印南町印南、みなべ町岩代、日高川町などであり、印南町印南では鉦を叩きつつ「ホオヅキ提灯トボして、暗けりゃおカゴで向いましょ」と歌いながら子供たちが夕暮れ時に浜に迎えに行く。唄の内容は日高郡内ほぼ一緒であり、沿岸部では浜へ行き、内陸部では西の方へ迎えに行くという事例が多い。みなべ町岩代では、それと同時に自宅の門先で赤松の松明を燃やして迎え火とする。

一三日の夕刻には、墓にビシャコ（ヒサカキ）・ホオズキ・ミゾハギなどを飾り、提灯

写真3　みなべ町晩稲の盆提灯

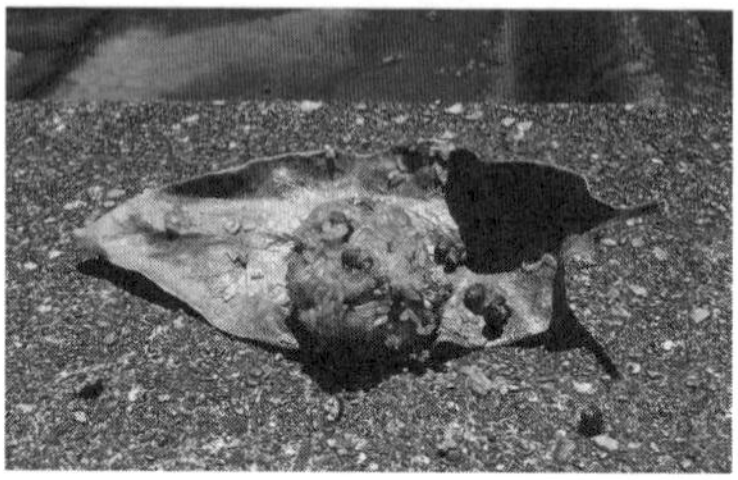

写真4　日高町志賀の送り弁当

の火が消えるまでお参りをする。日高町中志賀では、墓に供えるのはシキミ・ミゾハギであり、迎えダンゴとして白アモ（白餅）を供える習わしであった。自宅では、先祖をもてなすためにお茶・ナス・キュウリ・ウリ・ソウメンなどを仏壇に供え、水棚にも同様にした。

翌一四日の供物を、小豆餅入りのゼンザイとするのは意外と多く、日高町・日高川町などで確認できる。またそれ以外にオハギを作って供える地域もある。その後の三食は、思考を凝らしたお仏飯を小型の膳で出し、時には夜食としてソウメンを出すこともあった。一四・一五日の夕刻には欠かさず墓参りをし、シキミの交換を行った。盆の最中は、盆礼として仏参りに訪れる人が多く、日高川町・印南町・みなべ町共に初盆の場合は、提灯を貰い受ける風習であり、軒下に数十個に及ぶ提灯が並び、幻想的な情景を醸し出している〔写真3〕。

一五日の夜には盆踊りを行う所が多い。日高町中志賀では浄恩寺境内に櫓を組み、村中総出の輪踊りを行い、賑わったという。みなべ町晩稲《オシネ》でも、同日に輪踊りをし、かつては仮装踊りも行い、賑わったという。

仏送りの日は、一六日の早朝に行うのが普通であったが、現在は一五日の深夜に行う所も多くなっている。日高町中志賀では、一六日の夜明け前に、小豆のニンニコ（オニギリ）二つを柿の葉で包み、ズイキの葉の盛りもんと共に、先祖の弁当として、川に流す（写真4）。本来盆の最中の供物は全て柿の葉に盛ったという。この時に鉦を叩きながら心経を繰り、帰る時に後ろを振り向いてはいけないとされている。その帰路に墓に寄り、シキミからビシャコに替えるという。印南町全域では、仏送りの際に貰った提灯も持って行き、水棚と共に川原で焼いて流したという。

盆に自宅で飾ってある提灯は、二〇日まで灯し続け、二一日に片付けるとしているのは、日高町中志賀と印南町印南である。これは、あの世へ旅立つ先祖の帰路を照らす意味合いがあるといわれている。

二四日は、東山口の仙光寺地蔵堂で地蔵盆が行われる。この日は子供主体で行い、米や金銭・供物を貰ってまわり、お供えした後に子供たちにオニギリにしたりして配ったという。印南町印南では二三・二四日両日にわたって印定寺において地蔵盆を行った。当日は数珠繰りを行って、百万遍念仏をし、子供主体の行事であったという。当日の夜にも盆踊りを行ったのが、印南の特徴である。

**秋から冬の行事**　九月一日は、月遅れの八朔であり、二百十日も無事に過ぎ去り、野分休みとして農事を休むなどした。この日は、白餅を搗いて神仏に供える伝統であり、これを「八朔の苦餅」といった。毛附け後から昼休みとして昼寝が公認されていたが、八朔より昼寝をやめ、夜なべ仕事も増えるのでそれを揶揄する名称となったが、本来は、初穂を用いて餅を搗き、豊作を神に感謝する内容であった(10)。

九月一五日は月見であり、「芋名月」として月に初取りの里芋を米粉団子と萩の花と共に供え、芋の豊作を祝った。印南町印南では、このハギの花を便所に吊っておくと、下の病にかからないといったという。

印南町宮ノ前では、一〇月一〇日に檀那寺慶雲寺で盛大な法要を行ったという。寺には重箱に米一升を詰めて持参した。この日は先祖が待っているというので、皆参拝するものであるとされた。

印南町全域で一一月二三日は、「ヤキモチ祭り」といって、重箱にヤキモチを入れ、南天の葉を添えて神仏を祀った。それを近所に配る風習もあり、近年でも印南町光川では、村氏神の富王子社の祭礼として盛大に行っている。みなべ町岩代では、この日はお大師さんの縁日として、大師講が餅撒きなどを盛大に行ったという。

大体この頃に「終い庚申」が行われ、日高町中志賀では、庚申講中の宿で、餅米五合ずつ出しより、一斗餅を搗き、それを鏡餅にし、それ以外にも小餅を用意して、魚・野菜・あんころ餅・ゼンザイなどの供物を庚申像の前に供え、ハイの生木の卒塔婆に庚申供養文を書いて、心経を繰って回向した。その後は餅撒きとなり、鏡餅は講中で切り分けて食した。

以上、年間を通じて行われる年中行事を見てきたのであるが、農村部における年間の行事は、農耕と深く関わるものが非常に多い内容である。またそれらは既成宗教の介入以前より行われた原始宗教的な内容が多く、太陽崇拝・地の神・山の神・先祖神など豊富な神々に祈願し、年間を安息に過ごせるよう祈るものである。正月・春秋彼岸・盆などは、先祖が来訪する期間であり、日高町中志賀では、その名残りの一端が垣間見える事例が残されていた。またシガサンニチの事例も山登り・浜降りの二種にわたって違う意味合いの伝統が残されている。

盆行事は、先祖迎えに各地特徴があり、西方浄土を意識し、西方に迎えに行く事例と、家の門先の周辺まで出向く事例、墓に迎えに行く事例、全く迎えない事例も存在し、その個性さを見ることができる。また先祖のご馳走として小豆が多様されることも注目できよう。晩夏の盛りに、小豆餅入りゼンザイを供え、またオハギも供える。そして送りダンゴの代わりに小豆飯を供えるなどの展開を示す。これと同様に、ナカ正月にも小豆茶粥を食する風習も、年間の節目に訪れる先祖神を祀る神饌としての意味合いが深いものであるからであろう。

## 註

（1）野田三郎『日本の民俗・和歌山』（日本の民俗30）第一法規出版　一九七四年

（2）印南町史編さん委員会編『印南町史　通史編　下巻』一九九〇年

（3）前掲註（1）

（4）拙稿「南紀地方における農耕儀礼と田の神祭祀」『日本文化史研究』第四一号　二〇一〇年

（5）印南町史編さん委員会編『印南町史　史料編』第一法規出版　一九八七年

（6）藤原　修『田の神・稲の神・年神』（御影史学会民俗学叢書8）岩田書院　一九九六年

（7）川辺町史編さん委員会編『川辺町史　第二巻　通史編下』一九九一年

（8）前掲註（7）

（9）野本寛一「小さなクニ見―民俗の教育力2―」『季刊東北学』第二期・第一三号　二〇〇七年

（10）前掲註（1）

【話者一覧】　二〇〇六年一月一七日調査／二〇〇九年五月一八日・一九日・八月一七日・一八日調査／二〇一一年一二月一一日調査

・玉置近次郎氏　・村上かるえ氏　・藤田佐太郎氏　・志賀清子氏　・岡本　啓氏　・津村富雄氏

・津村サダ代　・裏　清保氏　・裏　淑子氏

# 第二章　山村社会の構造と生活環境

## 第一節　村落構造と民家構造

### 一　地縁的組織と血縁的組織

紀伊半島内陸部、日高川源流域に聳える護摩壇山は標高一三七二メートルに及び、紀州日高郡内でもっとも山深い地とされた。和歌山県の山間部は全体の八一パーセントに及び深山幽谷の呈を示す。山間部における生活は、平野部の農村とは異なり、生活環境に大きな差異が生じる。それは農地の確保が厳しく、山田といわれる稀少な農地を天水によって賄い、また農耕に関しては畑作に依存する傾向にある。また屋敷地の設定も容易ではなく、安易に新宅を出すのもままならない。さらに交通の都合によって、隔離された閉鎖的な面を示すのも立地環境による印象である。そういった立地条件の下、お互いを支えあいながら生活を送るという生活環境に育まれた山村文化を見ていきたい。

日高郡日高川町寒川は、日高川の支流寒川流域に点在する諸集落を包括した山村である。当地は、日高川流域より支流に入った盆地状の谷々に散在しており、村域も非常に広大である。以前より「南紀一の山村」といわれた当地は、古俗を残し、伝統を守りながら生活を行ってきた。主な生業は稲作であるが、もっぱら山地利用の林業、幕末から盛況を見せたシイタケ栽培・楮栽培、近代からは製茶などの諸職に依存する傾向が高かった。

日高川上流部、旧美山村から支流寒川を遡ること二キロ余り、忽然と開けた山間が寒川土居集落である。寒川からの支流朔日川沿いに広がる平野中央部に田畑を開き、家々は、その川沿いの山裾に点在する形で立地している。上流部に広がる谷々にも小集落が点在し、村落を形成している。蛇行する渓谷沿いに集落が形成され、道を誤ると辿りつけない集落もある。まさに谷に築かれた集落であり、山の迫りくる迫力を感じる。

寒川の戸数は、かつて三〇〇戸ほどを有したが、現在は一五〇戸ほどに減少している。ムラとしての諸集落は、下流域から上高野・下高野・土居・中村・朔日・滝ノ上・小川・西野川・上長志・下長志・上板垣内・下板垣内・上小藪川・下小藪川の一四集落に分かれている。また各集落にはカイトが存在し、共同体としての結束はさらに細分化された形となっている。一例として、土居には東カイト・浦木カイト・土居カイト・菅蔵カイト・林カイト・梅原カイトの六カイトが存在し、それぞれ一戸から六戸の家数を有しており、カイト毎に講を組織し、正月の総会、冠婚葬祭の相互扶助、懇親会などを催し、交流を保っている。さらにカイト内では屋号の存在が顕著であり、土居梅原カイトには、今西・タツミ・サワなどの屋号があり、また東カイトには、ミオヤ・サカエヤ・キクヤ・マルナカ・ダイコクヤ（先祖屋敷）などの商業的屋号も多く残されている。東カイトは、寒川の中心地にあるため、商店や旅館が立ち並んでおり、それぞれの店の屋号がかつてあった屋号に上書きされた状況である。ダイコクヤの本来の屋号を「先祖屋敷」と称するのは、かつて土居東カイト第一に開拓された屋敷であるからとされ、その子孫が六月朔日に「朔日」を開拓、移住したので、「朔日」という地名が生まれたとしている。(1)

また、ミオヤは商店屋号「三尾屋」から来ており、幕末の頃、初代当主は日高郡沿岸部美浜町三尾の出身であり、次男であったということから、魚や雑品の振売りの行商によって生計を立てていた。山間部の魚の需要が高いことを知り、寒川まで行商に訪れるようになったが、その行程が険しく鮮魚が運べないため、有田郡湯浅に移住、そこからの山越えの物資搬送を行い、そのまま寒川に移住、湯浅と寒川の流通経路を開拓したことにより、ミオヤ前身の屋敷

写真1　土居寒川家概観

地を購入し、現在に至るという伝承を持つ。ミオヤ当主は代々「粂助」を名乗る世襲制があり、先代没後改名して現在で七代目であるという。イエの成立過程が判明する貴重な事例である。

　さらに各カイトの家々には必ずといっていいほど、屋号が付されており、その屋号が苗字となっている場合も多い。また地域によるが、「～カイト」という名称で一戸の家を指す屋号である場合もあり、その範囲の狭さが本来の「垣内」的内容であることが伺える。

　一方、土居梅原カイトは、寒川最初の開墾の地であるといわれており、その歴史の深さを物語るものである。寒川のムラ成立の伝承として、「梅原の里」というのがあり、その昔、寒川梅原の里に三戸の集落があったが、その地に寒川氏率いる郎党七三人が落ち延び、この地を寒川と改め、七三人の一族郎党が原野を開墾し、屋敷を構えるに至ったというものであり、当時の寒川の地は、鬱蒼と繁がった栂の森であったという[2]。梅原の里に住み着き、当地を開墾発展させた寒川氏こそムラの開拓者であり、寒川随一の旧家といわれている（写真1）。寒川の字名「土居」は寒川氏屋敷周りに巡らされた「土居」を指すもので、中世土豪としての面影を偲ばせる旧跡である。寒川氏の屋敷名を「地頭屋敷」、屋号を「ドイ」と称するのは、その名残りであり、当時寒川家屋敷を「枡形城」と称して、元久元年（一二〇四）に鎌倉幕府より寒川荘の地頭職と所領一〇〇〇石を安堵され近世を迎えている[3]。

　同族としては、「イットウ」と呼ばれるものがあり、寒川イットウが古く、かつての主従関係及び、オモヤ・ヘヤといわれる本家・分家関係が続き、盆彼岸の先祖参りは欠かさず行い、その他相互扶助の関係も行われている。

寒川にはさらに旧家が存在し、上西野川西山家の屋敷は「献上屋敷」といわれ、平維盛の家臣矢萩氏が当地に移り住み、里人より屋敷地を献上されたものに由来するという(4)。

また当地には、慶長六年(一六〇一)に実施された「寒川村検地帳(5)」が残されており、それによれば、農地総数三六町八反四畝で、田地は一七町一反三畝二九歩と稲作を営む上での田地総数が非常に少ないことがわかる〔表1〕。農地所有名請人の総数は九四人あり、それぞれ屋敷地所有の名請人として記載されているが、その規模を見てみると非常に零細な農地所有や屋敷地となっていることがわかる。

**表1　慶長六年寒川村検地帳家別集計**『寒川村誌』及び『美山村史史料編』

| | 字名 | 屋敷名 | 名請人 | 屋敷面積 | 田面積 | 畑面積 | 備考 |
|---|---|---|---|---|---|---|---|
| 1 | 高野 | 下平 | 下太郎 | 9歩 | 2反2畝6歩 | 2反5畝18歩 | 茶4斤 |
| 2 | | おそ越 | 方次郎 | 1畝18歩 | 4反1畝20歩 | 2反8畝24歩 | 茶2斤 |
| 3 | | 高野 | 太郎三郎 | 4歩 | 2反7畝14歩 | 2反1畝 | 茶1斤 |
| 4 | | | 中家後家 | 2歩 | | | |
| 5 | | 平見 | 六郎次郎 | 4歩 | 1反6畝24歩 | 2反7畝18歩 | 茶4斤 |
| 6 | | 平野 | 四郎太夫 | 15歩 | 1反3畝6歩 | 1反6畝24歩 | 茶4斤 |
| 7 | 土居 | 蛇原 | 小次郎 | 6歩 | 1反8畝9歩 | 7畝 | |
| 8 | | 中屋 | 彦兵衛 | 1畝9歩 | 3反2畝15歩 | 3反9畝19歩 | 茶11斤 |
| 9 | | 前平 | 弥三郎 | 15歩 | 1反5畝27歩 | 4畝26歩 | |
| 10 | | 久保 | 孫六 | 24歩 | 6畝12歩 | 9畝24歩 | 茶3斤 |
| 11 | | 笹溝 | 次郎五郎(おや) | 12歩 | 1反7畝24歩 | 1反5畝14歩 | 茶5斤 |
| 12 | | | 小六(いんきょ) | 5歩 | | | |
| 13 | | | 二郎五郎(あるき) | 5歩 | | | |
| 14 | | 浦木 | 宗太郎 | 12歩 | 2畝24歩 | | |

| | | | | | | | |
|---|---|---|---|---|---|---|---|
| 15 | | 後浦木 | 十郎次郎 | 12歩 | 3反1畝3歩 | 8畝2歩 | 茶0・5斤 |
| 16 | | 硲口 | 方一（庄屋下人） | 4歩 | 6畝21歩 | 1反4畝3歩 | 茶1・5斤 |
| 17 | | 東 | 弥蔵 | 3畝6歩 | 2反7畝2歩 | 1町1反7畝18歩 | 茶1・5斤 |
| 18 | | 上西 | 徳右衛門 | 21歩 | 3反1畝18歩 | 1反7畝14歩 | 茶1斤 |
| 19 | | 今西 | 伝右衛門 | 15歩 | 3反8畝27歩 | 1反4畝21歩 | 茶1斤 |
| 20 | | 大庵 | 寺 | 3畝6歩 | 2反7畝12歩 | | 安楽寺 |
| 21 | | 林 | とら（庄屋下人） | 1畝6歩 | 5反7畝11歩 | 3反1畝11歩 | 茶3斤 |
| 22 | | 梅原 | 源六（下人） | 4畝2歩 | 1町4反6畝9歩 | 4反4畝2歩 | 茶6・5斤 |
| 23 | | 萱蔵 | 源左衛門 | 15歩 | 1反8畝24歩 | 1反3畝22歩 | |
| 24 | 中村 | 下長井 | 源八 | 10歩 | 6畝20歩 | 1反2畝26歩 | |
| 25 | | 上長井 | 源左衛門 | 12歩 | 2反2畝23歩 | 6畝13歩 | 茶4斤・楮0・5束 |
| 26 | | 夏刈 | 藤十郎後家 | 4歩 | 3畝3歩 | 2畝15歩 | 茶1斤 |
| 27 | | 宇治原 | 二郎右衛門（下朔日あるき） | 12歩 | 2反6畝6歩 | 8畝4歩 | 茶2斤 |
| 28 | | 後 | 次郎右衛門（いんきょ） | 13歩 | 7畝18歩 | 1反3畝26歩 | 楮0・5束 |
| 29 | | 応地 | 又右衛門 | 15歩 | 8畝3歩 | 1畝3歩 | 茶5斤 |
| 30 | | 浦上 | 半三郎 | 12歩 | 2反1畝12歩 | 4畝 | |
| 31 | 朔日 | 井之上 | 与七郎 | 15歩 | 1反7畝18歩 | 1反　3歩 | 茶3斤 |
| 32 | | 海谷 | 勘右衛門 | 8歩 | 4反3畝 | 2反8畝21歩 | 茶3斤 |
| 33 | | 日浦 | 太郎次郎（いんきょ） | 9歩 | | | |
| 34 | | 大江 | わうえい二郎 | 15歩 | 1反8畝15歩 | 1反1畝 | 茶1斤 |
| 35 | | 竹之垣内 | 源六 | 21歩 | 1反　18歩 | 6畝18歩 | 茶2斤 |
| 36 | | 中後 | 左衛門二郎 | 8歩 | 4畝 | 1反4畝29歩 | 茶3斤 |
| 37 | | 久保 | くぼ | 10歩 | 1反7畝21歩 | 1反3畝 | 茶2斤 |
| 38 | | 森 | 森（いんきょ） | 24歩 | 4反9畝6歩 | 3反9畝18歩 | 茶0・5斤・楮1束 |
| 39 | | 南 | 松千代 | 15歩 | 2畝3歩 | 7畝8歩 | |
| 40 | | 中垣内 | 二郎 | 12歩 | 2反6畝9歩 | 3畝15歩 | 茶4斤 |
| 41 | | 上垣内 | 与二郎（あるき） | 1畝18歩 | 3反7畝26歩 | 3反3畝2歩 | 茶10・5斤 |
| 42 | | うわ垣内 | 八郎二郎 | 18歩 | 8畝9歩 | 4畝28歩 | 茶1斤 |
| 43 | | 坂本 | 与二郎（いんきょ） | 24歩 | 1反8畝15歩 | 2反1畝27歩 | |
| 44 | 滝之上 | 滝 | 喜太夫 | 11歩 | 2畝15歩 | 1反2畝12歩 | 茶1斤 |
| 45 | | | 弥惣 | 11歩 | 2反1畝11歩 | 3反6畝3歩 | 茶4斤 |
| 46 | | 下長志 | 孫三郎 | 3歩 | 2反3畝16歩 | 1反3畝28歩 | 茶4斤 |

| | | | | | | | |
|---|---|---|---|---|---|---|---|
| 47 | 上長志 | 上長志 | 右衛門五郎 | 7歩 | 2反2畝29歩 | 1反2畝14歩 | 茶3斤 |
| 48 | | 小長志 | 孫太郎 | 1畝3歩 | 1反2畝20歩 | 9畝21歩 | |
| 49 | 下板 | 前平 | 喜三郎（あるき） | 18歩 | 3反8畝18歩 | 3反4畝27歩 | 茶3斤 |
| 50 | | 中平 | 弥平次 | 12歩 | 2反1畝6歩 | 2反4畝28歩 | 茶3斤 |
| 51 | | 杉平 | 加門 | 1畝15歩 | 3反3畝6歩 | 2反8畝6歩 | 茶9斤・楮2束 |
| 52 | | 谷口 | 又太郎 | 1畝3歩 | 3反1畝24歩 | 2反6畝18歩 | 茶1斤 |
| 53 | 上板 | 平野 | 平野後家 | 8歩 | 6畝21歩 | 2反6畝21歩 | 茶2斤 |
| 54 | | 古屋取 | 作右衛門 | 18歩 | 2反7畝18歩 | | |
| 55 | | はぜ | はぜ後家 | 15歩 | 1畝15歩 | 1反4畝9歩 | |
| 56 | | 応地前 | 三蔵 | 15歩 | 9畝23歩 | 1畝25歩 | 茶1斤 |
| 57 | | 応地後 | 吉助 | 18歩 | 8畝 | 2反7畝15歩 | 茶2斤 |
| 58 | | 上平 | 喜太夫 | 1畝3歩 | 8畝16歩 | 1反9畝15歩 | |
| 59 | | 日浦 | 三吉 | 12歩 | 1反2畝15歩 | 1反3畝3歩 | 茶3斤 |
| 60 | 下小藪川 | 栃之瀬 | 左近次郎 | 12歩 | 1反21歩 | 1反2畝24歩 | |
| 61 | 上小藪川 | 中野 | 宗兵衛 | 24歩 | 1反8畝21歩 | 1反11歩 | 茶1斤 |
| 62 | | なめら | やす後家 | 3歩 | 2反6畝20歩 | 5反16歩 | 茶5斤 |
| 63 | | 的場 | 次郎太郎 | 27歩 | 5畝10歩 | 6畝 | 茶4斤 |
| 64 | | はぎ | 又兵衛 | 12歩 | 1反3畝 | 5畝9歩 | |
| 65 | | 大江 | あき家 | 4歩 | 4畝6歩 | 4畝18歩 | |
| 66 | | 王竜寺 | 次郎太夫 | 12歩 | | | |
| 67 | | 曽和 | そわ | 21歩 | 7畝10歩 | 2反1畝18歩 | 茶2斤 |
| 68 | | 中西 | 才次郎 | 12歩 | 3畝9歩 | 1反27歩 | |
| 69 | | 小藪 | 彦太夫 | 1畝 | 3反5畝15歩 | 1反7畝24歩 | 茶2斤 |
| 70 | | 筒井 | 四郎太夫 | 4歩 | 2反6畝16歩 | 5反18歩 | 茶2斤 |
| 71 | | みこ岩 | 弥三 | 15歩 | | | |
| 72 | | いもろ谷 | 与八 | 1畝6歩 | 5畝3歩 | 3反1畝 | |
| 73 | | 新行 | 甚八（庄や下人） | | 1反 | 1町1反9畝18歩 | 茶1斤 |
| 74 | | | 三郎 | 21歩 | | 3反3畝17歩 | |
| 75 | | | 甚左 | 12歩 | | 1反4畝10歩 | |
| 76 | | | 次郎 | 12歩 | | 7畝13歩 | |
| 77 | 小川 | 森 | 七郎 | 3歩 | | 4反9畝1歩 | 茶1・5斤 |
| 78 | | 月平 | 甚六（あるき） | 18歩 | 1反4畝29歩 | 1反2畝17歩 | 茶5斤 |

| | | | | | | | | |
|---|---|---|---|---|---|---|---|---|
| 79 | 上西野川 | 的場 | 孫太郎 | 18歩 | 3反1畝6歩 | 1反2畝24歩 | 茶1・5斤 | |
| 80 | | 山口 | かめ | 8歩 | | 6畝26歩 | 茶1斤 | |
| 81 | | 献上 | とら | 11歩 | 1反8畝 | 2反2畝19歩 | 茶6・5斤 | |
| 82 | | こせを口 | 左近次郎 | 1畝18歩 | 1反8畝5歩 | 1反2畝24歩 | 茶4斤 | |
| 83 | | 応地 | 長右衛門 | 12歩 | 1畝15歩 | 1反6畝24歩 | 茶5斤 | |
| 84 | | 東 | 平次郎 | 2畝12歩 | 5反6畝1歩 | 3反7畝26歩 | 茶13斤 | |
| 85 | | 中野垣内 | 次郎兵衛(いんきょ) | 12歩 | 1反1畝21歩 | 1反4畝28歩 | 茶4斤 | |
| 86 | | 後 | 小太夫(いんきょ) | 21歩 | 1反6畝1歩 | 9畝13歩 | 茶4・5斤 | |
| 87 | | 串 | 太郎兵衛(いんきょ) | 8歩 | 1反7畝6歩 | 5反　3歩 | 茶2斤 | |
| 88 | | 沢 | 十次郎 | 12歩 | 1反2畝26歩 | 4畝15歩 | 茶3斤 | |
| 89 | 下西野川 | 久保 | くぼうば | 3歩 | 1反3畝 | 2反3畝24歩 | 茶6斤 | |
| 90 | | 後垣内 | 三郎太夫(あるき) | 18歩 | 3反9畝6歩 | 2反7畝20歩 | 茶9斤 | |
| 91 | | 向井 | 源三郎 | 15歩 | 3反5畝22歩 | 3反6畝18歩 | 茶4斤 | |
| 92 | | 栗林 | 才五郎 | 24歩 | 2反5畝21歩 | 4反1畝21歩 | 茶8斤 | |
| 93 | | 古畑 | 次郎太夫 | 24歩 | 27歩 | 2反8畝11歩 | 茶5斤 | |
| 94 | | 打越 | 五郎兵衛 | 9歩 | 1反9畝28歩 | 3反3畝9歩 | 茶5斤 | |

ところで、当時の名請人の中に寒川筆頭旧家である土居寒川家が記載されていないことが判明する。検地以前、戦国動乱期の寒川氏の動向を伺うと、天正一四年(一五八六)、伊藤三之丞率いる豊臣軍が、寒川土居の枡形城を攻めたが、寒川家二〇代当主直景の策略によって寒川軍の圧勝、その後豊臣氏との和議により、所領一〇〇〇石は安堵され、以後豊臣方となり、慶長三年(一五九八)関ヶ原の合戦では、西軍豊臣方で出陣するが敗戦し、所領と地頭職は没収、浪人身分となる。(6) そのことにより土居寒川家は、検地実施時には、事実上失脚した身の上であったため、名請人としての記載がなされなかったと考えられる。

以上、寒川の武家の出自に因む旧家の事例を見てきたのであるが、より具体的な山村農民の事例を見ていきたい。

寒川上板垣内は、通称「上板」と称され、本来は「猪多垣内」と記すように山間部の斜面に立地するため、作物の獣害は甚だしかったという。寒川内でも急傾斜地に立地しており、往来道の上下に屋敷、田畑を構えている。集落は、寒川支流の小藪川沿いに散在し、上板平野カイトには一三戸の家が集居して生活を営んでいる。その中でもひと際目立つのは、茅葺の大屋根を頂く寒川家である。土居寒川家と平野寒川家は、両者とも出自を異にするもので、血縁関係はない別のイットウとされる。当地でも筆頭の草分け的存在であり、平野カイトの屋号「ヒラノ」を持つ旧家である(写真2)。その他屋号にはキリノ・アリノキ・ニシヒラ・タニバタ・ヒウラ・カミダイラ・ヨコズキなどあり、それぞれ屋号であるとともに、小字名として土地台帳にも記されている。

**写真2　上板平野寒川家概観**

　当地も「寒川村検地帳」によると「平野・平野後家」の名が確認でき、「日浦・三吉」「上平・喜太夫」なども当時からの旧家であることが判明する。一方、寛永一六年(一六三九)の追加分[7]には「横付・か弥」の名が確認でき、その後の分家もしくは、独立の傾向が伺える。

　平野寒川家は家紋梅鉢を有し、分家として「キリノ」を輩出し、その「キリノ」からさらに孫分家も出しているが、それ以上の発展を見せていない。それは土地の稀少な立地条件から、分家の輩出が不可能であるからであり、平野イットウの規模は平野カイト内に留まっている。分家「キリノ」もおそらく「切野」であり、土地分割を指す名称であろう。オモヤである平野寒川家と、ヘヤであるキリノ寒川家の墓地は、上板集落上部の山畑の合間にあり、イットウ内の付き合いは盆彼岸の先祖参り、冠婚葬祭の相互扶助が現在も行われている。

寒川の宗教施設としては、氏神として寒川神社、檀那寺として安楽寺（臨済宗妙心寺派）があり、寒川神社は、土居寒川家屋敷隣に鎮座し、寒川氏氏神として、元久元年（一二〇四）に隣村上阿田木神社より分霊を勧請した史実が存在する。(8) 寒川家四代目当主朝玄が、嘉禄三年（一二二七）に奉納した大般若経六〇〇巻と、一一代目当主朝状が正平一一年（一三五六）に奉納した神像・本地仏像一七体が伝来している事実から、鎌倉期にはすでに氏神としての規模を有していたことが判明する。(9) 本来の産土神としては、河内神社が存在したが、寒川神社の勢力が増大したことにより、河内神社は寒川神社に取り込まれ、そのまま明治四一年（一九〇八）の神社合祀によって寒川神社に合祀されてしまった。権力者の崇拝する氏神が統治する地域の産土神をも巻き込み、地域住民の精神的統一を図った政略的傾向が伺える事例である。

安楽寺は土居に建立された時宗寺院であったが、中世中期に禅宗の盛況により、日高郡由良町興国寺の末寺となり、臨済宗に転宗したが、興国寺の衰退を契機に京都妙心寺の末寺となり、現在に至っている。(10) 詳しい年代などは不明であるが、寒川神社と同様鎌倉時代には、寒川家の檀那寺として建立されたものと考えられる。

当地のムラの概要とムラの成立過程を見てきたのであるが、ここからさらに詳細なムラの概要を見ていきたい。

寒川には先述したように、ムラとして一四集落に分かれており、それぞれカイトを基盤とした散村であることを述べたが、それら諸集落にはさらに氏神、氏堂的な神仏を祭祀している。その内訳を『寒川村誌』を基に記すと以下のようになる。

【社祠】

・高野—住吉社（字御幣地藪・明治期に寒川神社に合祀）
・土居—八幡社（字梅原・明治期に寒川神社に合祀）
・朔日—不詳（字海谷・明治期に寒川神社に合祀）
・滝之上—淡島社（元土居と下板の境木戸之串で祭祀・慶応四年に現地へ遷祀）
・小川—小川社（熊野、王子二社祭祀・平家臣小川家の氏神）
・上西野川—八幡社（字的場・明治期に寒川神社に合祀）
・上西野川—八幡社（字戸瀬尾・明治期に寒川神社に合祀）
・上西野川—杉谷明神（字東・明治期に寒川神社に合祀）
・上西野川—住吉社（字串の岡・明治期に寒川神社に合祀）
・上西野川—金毘羅宮（字津賀尾・合祀後に再祀）
・下西野川—八幡社（字鈴前・明治期に寒川神社に合祀）
・下西野川—弁財天社（字鈴崎・弘化三年に勧請）
・上長志—八幡社（字宮の岡・明治期に寒川神社に合祀）
・上長志—稲荷社（字庚申の岡・文化一三年に勧請）
・下長志—住吉社（字産土岩・明治期に寒川神社に合祀）
・上板垣内—不詳（字氏神の尾・明治期に寒川神社に合祀）
・上板垣内—竜王社（詳細不詳）

・下板垣内―大将軍社（字谷山・大正一〇年に勧請）
・下板垣内―天児屋根命（字岡の前・社名不詳・明治期に寒川神社に合祀）
・小藪川―八幡社（字東谷・明治期に寒川神社に合祀）
・小藪川―住吉社（字下新行・明治期に寒川神社に合祀）
・小藪川―住吉社（字川合宮の谷・明治期に寒川神社に合祀）
・上小藪川―金毘羅宮（字曽和垣内・合祀後再祀）

【仏堂】

・高野―地蔵堂（石造五体地蔵・子供の成長を祈る）※かつて骨堂あり
・土居―大師堂（木造弘法大師・寒川家ゆかりの堂）※かつて秋葉山にあり
・朔日―薬師堂（字南・木造薬師如来・胸の病に功あり）※五輪塔を祀る
・朔日―阿弥陀堂（字大垣内・木造阿弥陀如来・森家先祖建立）
・上西野川―地蔵堂（木造地蔵菩薩・寛永七年創立）※興谷山知法寺
・下板垣内―不動堂（木造不動尊、役行者・文久四年創立）
・上小藪川―阿弥陀堂（字曽和垣内・木造阿弥陀如来・創立年代不詳）
・上小藪川―観音堂（字東谷・木造観音菩薩・創立年代不詳）
・小川―地蔵堂（木造地蔵尊・創立年代不詳）

以上、社祠二三、仏堂九の存在が確認できるが、社祠に関しては、明治四一年（一九〇八）に遂行された神社合祀令によって、一四社に及ぶ社祠が合祀され、その当時を偲ぶことはできない状況となっている。およそ各地区に均等に祭祀されており、それぞれの字氏神、垣内氏神としての機能を担ってきた。祭祀される祭神を見ると八幡神六柱、住吉五柱などの神名が目立っているのがわかる。これらは、当地の成立伝承からも武家の出自を提唱している家柄が多く、それに因む形で八幡神を信仰していたからであろう。字小川の小川社のように屋敷神が神格を得て、字氏神へと移行を示す事例などはその典型的な事例である。住吉社の場合は、林業経営における材木搬出経路として河川利用が一般的であったことから、河川運行安全を祈願したためであろう。

仏堂に関しては、九つの存在が挙げられ、地蔵菩薩・阿弥陀如来を本尊とする形態が多かったのが確認できよう。これら仏堂の歴史的変遷を『寒川村誌』を参考に順に見ていきたいと思う。

高野地蔵堂は、現在は一間半四面の小堂となっているが、現在所在不明の縁起(11)には、弘仁一一年（八二〇）五間四面の堂を建立し、「高野山辻堂」と号していたという。当地の伝承では、弘法大師が真言霊場の適地を求めて寒川に来られたが、四十八谷に一谷足りないので、当地を霊場とするのをやめ、一宇の寺堂を建立し、それを高野山地蔵寺として、当地の菩提所としたという。タカノの地名もこの「高野山」に由来する。かつては骨堂も備え、大いに栄えたが、中世に本堂の破損を契機に次第に衰退し、一宇の堂を残して現在の形態へとなったという。当時を偲ぶものとして、骨堂の跡が昭和中期まで確認されており、人が入れる位の大きさの壺が土中半分まで埋められており、その上屋として骨堂があったという。当地で亡くなった死者の遺骨をこの骨堂に納めていた形式が伺えるが、この壺も県道拡張の際に掘り出され、破損破棄されて現状を留めていない。

土居大師堂は、創立年代不詳であるが、寒川家三二代当主寒川大海によって再建され、現在土居・中村の大師講によって管理運営されている。大師講は年に数回宿を決めて、二一日のお大師さんの縁日に大師の掛け軸を拝し、心経、大師真言を唱和した。宿では米を持ち寄り、宴会を張るなどの交流会も行われていた。

朔日薬師堂は、薬師如来を祀る方一間の小堂であるが、その由来には以下のような伝承が存在する。寒川氏系図によると、建治二年（一二七六）に日高川下流三佐の地頭玉置藤次郎なる人物が、南紀より勢力を伸ばしてきた湯川氏に攻められ、寒川氏に救援を求めた。寒川氏の庇護の下、朔日上垣内で生活を送っていたが、追手の矢によって胸を射抜かれ絶命した。その間際の遺言に藤次郎を信仰すれば、必ず胸の病を治すと言ったという。遺体を埋葬し、五輪塔を建てた上部にこの薬師堂が建立され、地域住人の信仰篤く、明治末期までは、弓矢を奉納して、胸の病の治癒を祈願したという。これらの伝説的仏堂成立説話は、史実の中に虚構も含まれ、玉置藤次郎なる人物の所在は不明であり、南紀の土豪玉置氏が日高川流域（川上荘）を統治したのは、一四世紀後半と考えられ、同じく南紀の土豪湯川氏との攻防も室町期に入ってからである(12)。伝承の史実は不確かなものであるが、堂の存在から、後に様々な霊験が付加され、地域社会に受け入れられていったのは事実である。

そして当地には、阿弥陀堂も存在する。この阿弥陀堂は朔日大垣内に建立された小堂であるが、その起源は定かではなく、寛政一二年（一八〇〇）の再建記録が残されているので、それ以前から存在したことは確かである。伝承では朔日森家の先祖保田惣三郎なる人物の建立といわれており、同境内には、保田惣三郎の墓と伝わる五輪塔が残されており、朔日の旧家森家の氏堂的存在であったことが伺える。その墓にイタズラをすれば祟りが起こると言われ、掃除するのも恐れられたという。

上西野川地蔵堂は、三間四面の堂で木造地蔵菩薩を安置している。その起源は、寛永七年（一六三〇）で当時興谷山知法寺と号していたという。宗派も不明であるが、高野地蔵堂が退転したことによって、その本尊を当地に移し、建立したという伝承を残している。当地でも垣内的地域社会の精神的拠点として信仰され、盆には百万遍念仏回向が行われている点からも地域社会の総供養的拠点であったことが伺える。

下板垣内不動堂は、下板垣内不動峠に建立された一間四面の小堂で、不動尊と役行者を祀っている。文政年間に一人の廻国行者が訪れ、一体の不動尊を譲って立ち去り、それを当地に祀ったのが文久四年（一八六四）正月二八日であるとされている。この不動尊は病に霊験あらたかであり、正月二八日の会式には相当の賑わいであったという。

上小藪川阿弥陀堂は、曽和垣内にある二間と二間半の堂で、阿弥陀如来を本尊としているという。創立年代は不詳であるが、盆には百万遍念仏回向を行い、祖先供養を行っている点は、上西野川阿弥陀堂と共通する点である。

上小藪川観音堂は、上小藪川東谷に立地し、一間四面の小堂であるが、創立年代は不詳。たび重なる水害によって流失したが、そのたびに信者有志が再建し、現在も篤い信仰を集めている。

小川地蔵堂は、寒川最奥部に位置し、小川の地名も平家の小川新右衛門藤原直吉が京都より落ち延びて、当地を開墾したことに由来しており、その屋敷跡を「小川屋敷」と称している。小川家は、その後当地で飛躍し、中世後期には、隣村龍神村に移住、近世には数代にわたって大庄屋を勤めた。地蔵堂はかつて小川に一三戸存在した住人によって管理されていた。

以上、簡略であるが、それぞれの仏堂の経歴を示した。本来は寺院であったという伝承を持つのが高野地蔵堂、上西野川地蔵堂である。これらは歴史的史実に基づいての伝承であるかは不明であるが、高野地蔵堂が退転したことによってその本尊を上西野川に移転し、地蔵堂を建立したのが寛永七年とはっきりした時代が判明していることから、史実に沿った内容である可能性は高い。もっとも注目する点は、高野地蔵堂に骨堂があり、地域住人の遺骨を納めたという事実である。高野の字名も高野山霊場と深く関わりを持ち、山岳他界観に基づいて死者の赴くあの世という観念から付いたものである。高野地蔵堂は、死者供養を目的とした寺院であり、高野山のお膝元である当地にはミニチュア版の高野山霊場が築かれていたのであった。

またこれほどの数の仏堂が存在する理由は、旦那寺が土居に存在し、それ以外の諸集落は、檀那寺である安楽寺より遠隔地にあるため、かつてより祖先崇拝の対象として存在した仏堂が、より身近な祖先祭祀の拠点として存続したからであろう。檀那寺の設定は、近世元禄期に入ってからであり、それ以前は、それぞれの在所にあった仏堂などの宗教施設が祖先祭祀の拠点であった⑬。それらを裏付けるものとして、盆に行われる百万遍念仏回向は、それぞれの仏堂で開催され、先祖の供養を行うという事例は、それを意味するものである。またその土地の開発先祖及び、旧家の先祖を祀った五輪塔などの存在からも、先祖供養を目的としたものであることは明白である。

一方、旧家筋の氏堂が地域社会へ浸透し、信仰を集めていく過程が、寺院成立の契機となったのは周知の通りであるが⑭、寒川では、山村という立地環境によって寺院へと成立し得ず、地域での祖先祭祀の拠点として別に檀那寺が成立しても存続し続けたのである。

以上、寒川の事例を見てきたのであるが、ここからは、少し南の日高郡印南町樫川《ホクソガワ》の事例を見ていきたい。樫川は、切目川の上流域、支流樫川流域に点在した諸集落を包括した山村である。比較的沿岸部よりほど近い山村であり、山々に囲まれた渓谷に立地した集落である。

樫川の概要は、『紀伊続風土記』⑮によれば上下村に分かれており、それらを合わせると家数一一二戸、人数四七六人となっており、山村での集落としては大きな村であったことがわかる。現在の戸数は八一戸となっており、減少の傾向が伺える。おもな生業は稲作であるが、作間の炭焼きや狩猟も行われた地域である。『日高鑑』⑯には、田畑二九町八反余りと山村特有の農地の稀少さが伺える。もっともホクソガワという地名も、火が燻ぶる状況を指すものであり、古来より炭を焼くなどの製炭、製鉄などの諸職が行われた地域であったと考えられる。

樫川は、諸集落として五集落に分かれており、それらは、樫川下流域から下出一四戸、中出一五戸、出合二〇戸、神里《ジンデ》一七戸、新田一五戸となっており、またさらに小集落としてカイトが存在する。下出には上平《アガヒラ》カイト・三ヵ井《サンガイ》カイト・ハタミネカイト、中出には陰地《オオジ》カイト・中出カイト、出合には日浦カイト・脇野カイト・平カイト、神里には籔カイト・沖野カイト・道満《ドウマ》カイト、新田は小屋平《コヤンタイ》カイト・ジンデカイトとなっており、一戸から五戸ほどの地縁的組織を形成している。さらに明治期までは、シラコという集落が新田奥部にあり、当時三戸の集落があったというが、明治後期に新田へ移住し、現在ではその跡地が残されている〔図1〕。

当地では、山地利用として、共有地「ジゲ山」というのがあり、六〇〇町歩に及ぶ広大な山地の八割はこの「ジゲ山」であった。また「ジゲ田」というのもあり、それは、在所の大きな田を指す名称であった。また当地には、平家落人伝説もあり、沖野カイト奥にあるカクレ谷には昔、馬に乗った武者が隠遁し、岩の上に立って辺りを見渡した時に付いた「コマのツメ」という馬蹄が残されている。またコジキダン（谷）には、かつて凶作でコジキとなって飢え死した多くの人を葬ったと伝えている。

旧家としては、イットウが古くからあり、また当地の伝承では、「椺川一の金持ちになったら家潰れる」といい、三代続かずといわれた。その他親戚筋は、「イッケ」といい、オモヤ・シンタク（ヘヤ）などの本家・分家関係も濃厚に残されている。シンタクする場合は、財産として多少の土地を分けてもらうが、そのような場合は少なく、次男以下は、街に奉公に出るか、婿養子入り、もしくは鍛冶屋として大和へ出る人々も多かった。当地では、山村特有の出稼ぎとして鍛冶職を多く輩出した土地でもある。

当地の地縁的組織として「カイト」の存在を先に示したが、それらはイットウが集まる同族集団としての色彩が強い。沖野カイトは沖野姓三戸でオモヤ・ヘヤ・ヘヤから構成されている。分家の時期は定かではないが、オモヤをたてる意識は強く、オモヤより大きな屋敷を構えるのは遠慮する傾向があった。また脇野カイトには脇野姓三戸あり、

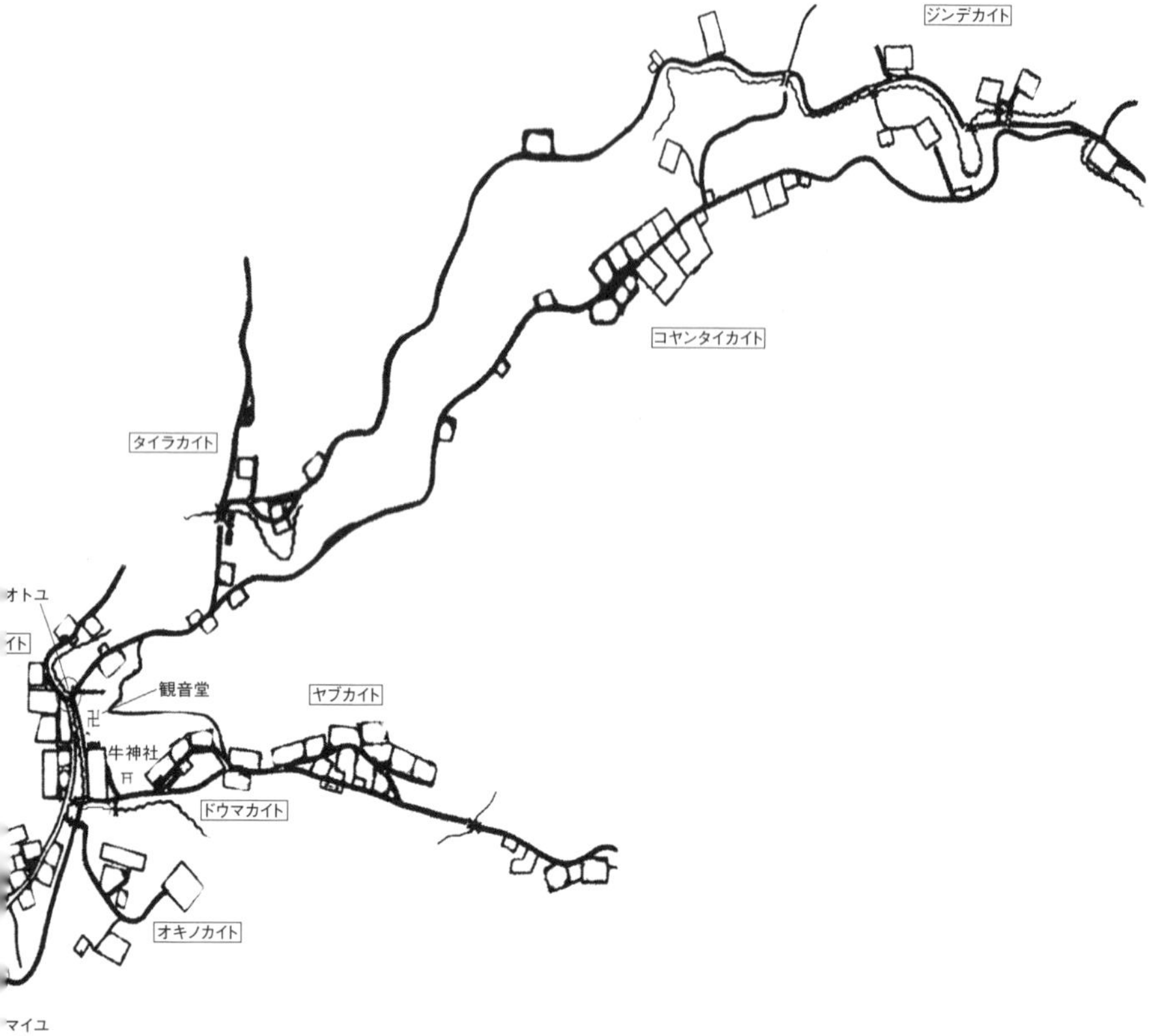
ジンデカイト
コヤンタイカイト
タイラカイト
オトユ
観音堂
ヤブカイト
牛神社
ドウマカイト
オキノカイト
マイユ

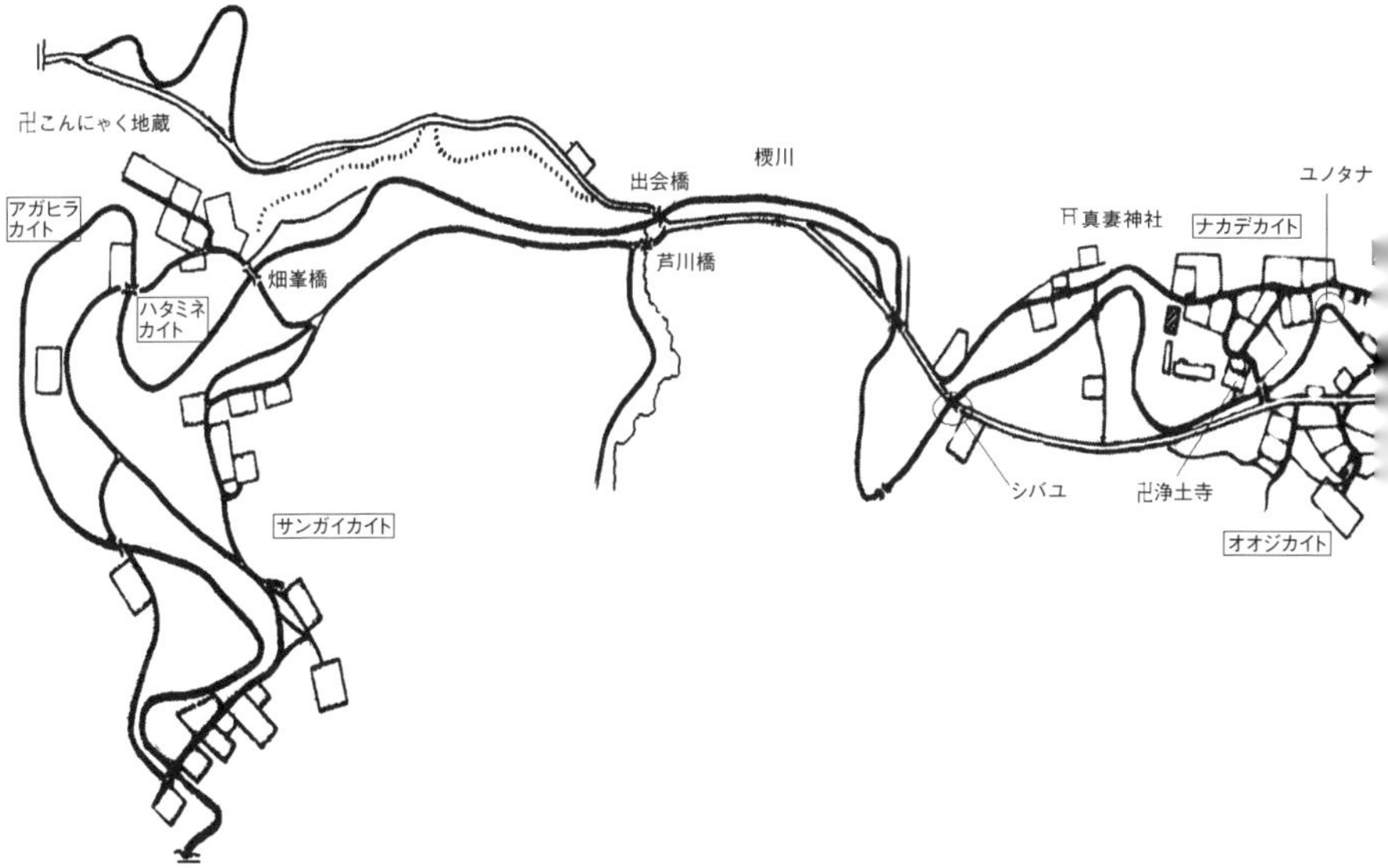
卍こんにゃく地蔵
アガヒラ
カイト
ハタミネ
カイト
畑峯橋
出会橋
椴川
芦川橋
サンガイカイト
円真妻神社
ナカデカイト
ユノタナ
シバユ
卍浄土寺
オオジカイト

図１　椴川村概要図

これらも同じく、オモヤ・ヘヤの関係であるという。藪カイトには大村イットウが存在し、六戸の大村姓が存在する。カイトには、それぞれのオモヤ率いるイットウが集約され、拡大・減少を繰り返しながら現在に至る。イッケ筋は、婚姻関係を含むものであるため、カイト内に限らず、広域にわたって分布しているのが特徴であり、イットウ筋は、限られた地域内での展開を示すのが特徴といえよう。

当地の宗教施設として、氏神真妻神社・秋葉神社・牛神社・地主社・金毘羅社などがあり、寺院としては旦那寺浄土寺(浄土宗西山派懸鼓山)・大師堂・観音堂・薬師堂・地蔵堂などが存在した。

氏神真妻神社の成立伝承は、長禄二年(一四五八)に切目川上流域にある真妻山山麓に祀られた真妻明神社からの勧請であるとされ、真妻明神社本社縁起では、伊勢の丹生より鳶に乗りて、真妻山に影向した丹生神であるとし、真妻山麓八ヵ村の氏神としたが、後世氏子争いで、それぞれ分霊を勧請し、現在に至るといわれている[17]。おそらく、当地に祀られ出した年代から見ても、中世中期には、当地に氏神として勧請され、祭祀されていたと考えられる。しかしながら明治四一年(一九〇八)に神社合祀令によって古屋八幡神社に合祀された。当時、氏神を隣村の古屋八幡神社に合祀をする際に神霊を神輿に納め、運んでいたところ神輿が転倒したり、腹痛を訴える舁者が多く出たという。昭和二五年(一九五〇)に椓川氏子の嘆願により、現在地へ分離独立を果たした。かつての旧社地は、新田にあったという。

秋葉神社は火伏せの神として信仰され、秋葉山上に祀られている。秋葉さんの会式には、月の障りがある女性は参拝を許されず、その禁忌は厳しかったという。

牛神社は、牛を飼う人々が信仰した神で、稲作に必要不可欠であった農耕牛の飼育と安全を祈って信仰していた。かつて境内には、大きなウバメガシの古木があり、それを神木として崇拝していたが、枯れてしまったという。

地主社は、かつて各在所(カイト)に祀られており、地神としての性格が強かった。地主社は、秋の亥の子の日に祀られ、亥の子餅を重箱に詰め、農家は皆参拝したという。現在は一ヵ所に合祀され、祀られている。これらのことより地主神は、稲作に係わる農耕神的要素が濃いものと考えられるが、それ以前は、地の神として、開拓された農地を守る神としての性格もあったと思われる。

寺院として旦那寺浄土寺は、かつて真言宗不老山万福寺として存在したとされるが、中世末に退転、近世初期には、浄土宗として復興を遂げたといわれている[18]。当寺境内にある薬師堂は、明治二一年(一八八八)に万福寺跡から移転したものである。

大師堂は、藪カイトの大村家が弘法大師を篤く信仰し、幕末期に持仏堂として建立したのが始まりといわれている。ハタミネカイトに祀られている地蔵堂には、石造地蔵菩薩六体が安置され、「コンニャク地蔵」の名で親しまれている。祈願にはコンニャクを供えるものとしており、その帰路に供えられているコンニャクを持ちかえり食すと願いが叶うといわれている。

観音堂は、貞享三年(一六八六)に再建された棟札を残していることから、近世初期の段階で観音堂は存在したと考えられる。もとは阿之谷に祀っていたが、明治期に現在地に移されたという[19]。

以上、寒川・�川の地縁的組織と血縁的組織、そして山村の村落組織の概要を見てきたのであるが、両者ともに非常に似通った共通点が見られる。それは、武家の隠遁に基づく村落形成の伝承が色濃く、特に寒川は、その歴史的背景まで史資料が伝来していることである。土居寒川家のように中世初期の段階から現当主まで三七代にわたる歴史には、寒川荘地頭職や寒川神社・上阿田木神社の別当職を勤め、また戦国期に見せる土豪としての活躍は、史実に残る明白な歴史である。寒川家が率いた一族郎党が深山幽谷なる寒川村を開き、開拓していった歴史は、虚構と史実の織り成す伝説であるが、寒川家の出自を高貴なる武士に決定づける大きな礎となり、苦労と努力の賜として、山間奥部で住み続けた結果、その伝統と歴史が守られてきたのである。また各カイトを構成している家並みもほぼ、近世初期の段階から変わらない姿を残していると考えられ、屋号と慶長検地帳の一致は、それを裏付ける大きな結果といえる。先祖が苦労して開発した土地を守り、それを継承していく努力があったからこそ、現在までその姿を留めているのである。

また�川などは、平家伝承を持ちつつも、具体的な史資料は残されず、どの家がその家系にあるのかという史実が不明瞭となっている。本来は、こういった不明瞭な伝承が多く、寒川における具体的な伝承は残されていない場合が多い。阿波祖谷山などにおける平家落人伝説などのように具体的な史実を持つケースは稀なものであろう。

## 二　屋敷地の特質と民家構造

山村における同族関係としての血縁的組織と地縁的組織の概要に触れ、その大まかなる全体像を見てきたのであるが、ここからはより細部にわたる事例に触れたい。イエのまとまりがカイトを組織し、構成しているのは先述の通りであるが、そのイエの規模と構成を見ていく。

先述した寒川上板垣内平野カイト寒川家は、上板垣内筆頭の旧家筋であり、その屋敷地・田畑などには、山村特有の形態を示している。土居から小藪川筋を遡り、長志を越えると下板カイトの集落があり、さらに上流に遡り山裾の鬱蒼とした杉山を越えると、開けた上板平野カイトに差し掛かる。その往来となる道路の上斜面は、山畑となっており、下段部に集落が築かれている。いわゆる傾斜地を段丘状に形成し、石垣を用いた基礎の上に築かれた屋敷地である。平野寒川家は、その集落でも下段部にあたる横長の屋敷地を有しており、その規模凡そ一反といわれている。屋敷地の構造は、六棟からなる建造物があり、屋敷入り口からカミソ小屋・ザシキ・クラ・ホンヤ・ドマ・ウシヤとなっている。

カミソ小屋は、楮を蒸し、加工する小屋であり、掘立て四面吹き抜けの構造となっている。

ザシキは、二階建て瓦葺きの畳敷きであり、その裏手に瓦葺きのクラが建っている。

ホンヤは茅葺きの入母屋造り、江戸中期の建造といわれ、昭和三五年（一九六〇）に茅葺き部分にトタンを被せて現在に至る。右勝手の玄関を入ると右手にヘソ風呂が設えられ、その部分はニワと称する土間である。その左手の部屋をツギノマと称し、その奥をオクという。ニワから格子戸を潜り、奥に入るとそこはカマヤであり、クドが据えられ、流しもある。構造状カマヤは、ホンヤ棟より半間ほど後ろに出っ張る造りになっており、別棟として板葺きのヒサシが出ているのが特徴である。カマヤの隣の部屋は板間のダイドコであり、イロリが切られていたのが一般的である。その奥がナンドである。平素はツギノマ・オクは、ムシロ敷きであり、来客時のみ畳を出す形を取っていた。典型的な田の字造りの民家であるが、広さは全て六畳ずつの合計二四畳の広さを持つのが特徴である。来客時には、「マクズシ」といって板戸などの仕切りを全て取り払い、大広間として利用した。山村の当地でこれほどの屋敷を構えるに至るのは、それだけの地位にあった家柄であるからである。カマヤの裏には、松の木で作った舟があり、そこに谷水を割竹で引いて生活用水としていた。それぞれの部屋を区切るのは襖ではなく、トという板戸であるのが、その古さを物語る（図2）。

ホンヤの隣にはドマと称する納屋兼作業場があり、中には米倉と便所があり、中央部は土間の設えとなっている。

ウシヤには、ウマヤとウシヤとトリ小屋の三部屋があり、農耕用の牛とバリキといわれる運搬用の馬、家畜としてのニワトリが飼われていた。

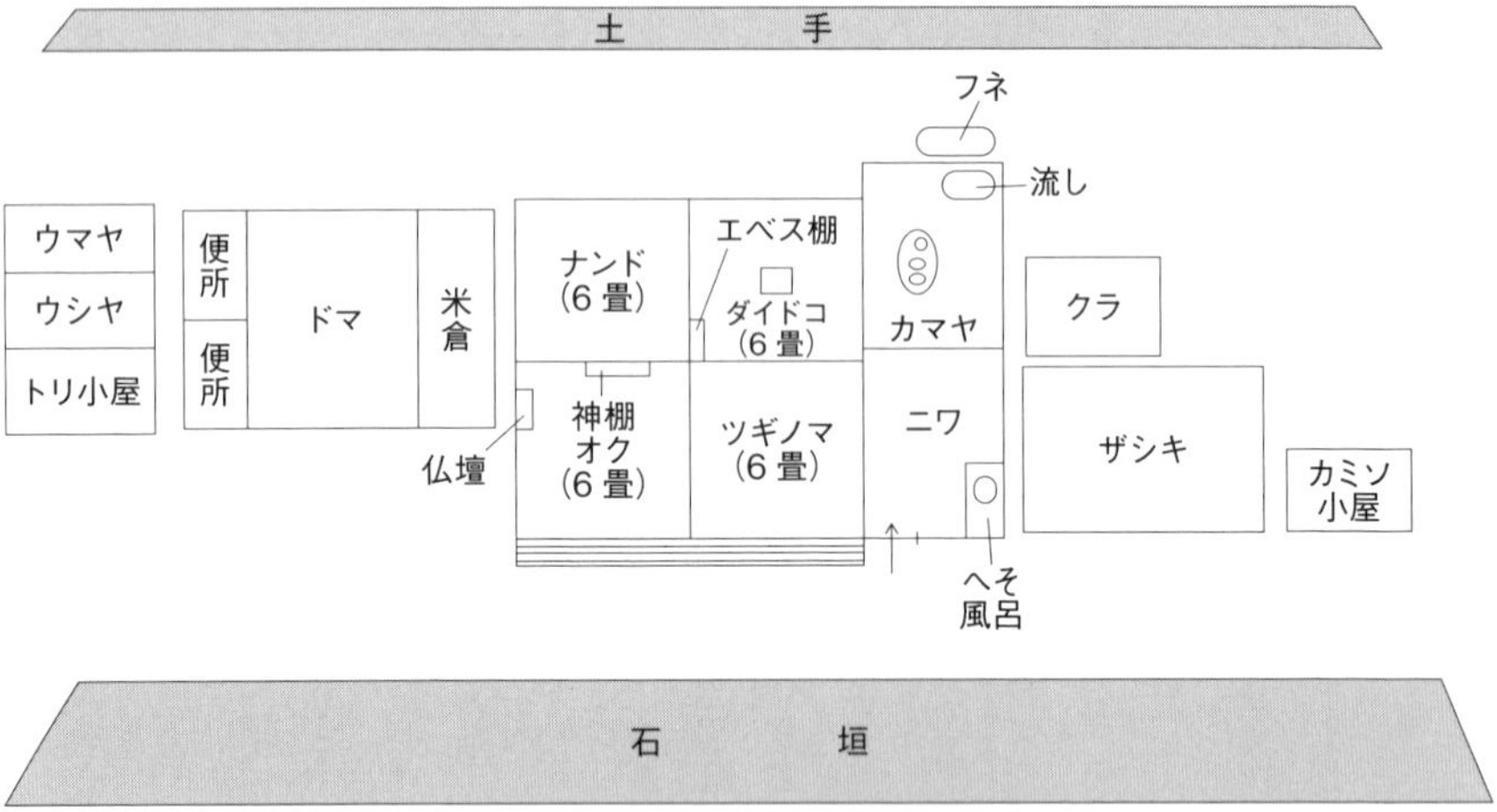


図2　上板平野寒川家屋敷配置図

屋敷内の神仏は、クドにコウジンさん、ダイドコにエベス棚、オクに神棚と仏壇があり、神棚には三柱のカミが祀られ、中央は氏神、右端は山の神、左端は不明となっている。そして四間に接する中央の中大黒柱には「立春大吉」の札が貼られており、家族の安全を守っているという。

これら六棟の建物が横一列に並び、非常に細長い景観を示すが、傾斜地であるためこういった屋敷取りになったのであろう。当地では、四間取りが相当数存在するが、中には三間、二間もあり、多くが杉皮葺きの民家であった。茅葺きの家は、家格が高い家に限られており、栗板葺きの「トントン葺き」というのもあったという。

当地でもっとも多かったのは、杉皮葺き切妻造りの屋敷であった。近代に入り、急速に瓦屋根の民家が急増したが、本来の姿は、杉皮葺きの平屋切妻造りであったという。杉皮は、三尺寸で「一坪一間」といい、それをカズラで一つに束ねて、屋根葺き用に保存していた。屋根葺きは、一番下のヒサシ部分から葺いていき、一枚目は外皮部分を下にし、二枚目は、逆の内側を下にして、内側同士が合わさるように重ねて葺いていく。これを「三枚葺き」といい、その理由として外側部分を表面と屋根に接する内側にしないと滑りやすく、屋根に載りにくいのと、風雨の刺激に強い外側を表面にするという山村の知恵である。これらを重ね合わせて棟部分まで葺くのであった。かつては、石を置いて押さえたが、竹の割釘を打ち付けて石で押さえるなどもした。

先述した茅葺きのカヤは、区有のカヤ場があり、上板・下板カイトで共有していたという。土居では、「カヤ頼母子」というのがあり、屋根替えの順で頼母子講を組織し、谷山のヤケノ、西野川のカヤノという場所をカヤ場としていた。春四月上旬の山菜の出るまでに、山焼きをし、カヤの育成を促進した。この時の着火の方法として、山頂付近から火を入れ、火を下に転がすように燃やしていったという。こうしないと火が燃え広がり山火事を起こす原因になった。

先述した平野寒川家は、南面した斜面に屋敷を構えている。屋敷地の設定は、日当たりを考慮しており、山間部では、特にこれを意識しないと日中全く日が当たらない場合もある。山の合間に住む知恵として、ほとんどの集落がこれを意識しているのはいうまでもない。

当地では、オモヤとヘヤなどの本家・分家筋の関係上、屋敷の構え方にも若干の規制が存在する。それは、オモヤより下手に屋敷を構えるという内容である。しかしこれには立地上、不可能な場合もあり、上板平野寒川家の場合を見ると、オモヤである平野寒川家より、分家であるキリノ寒川家は、上手に存在する。平野寒川家は立地上、集落の南面した川下側の位置に屋敷を構えているため、分家筋は止むをえず、上手側に屋敷を構えるに至ったのである。その場合、屋敷地の広さ、建物の規模は、オモヤに遠慮して小規模に設定する。

また、屋敷地選択法として以下のような禁忌がある。「谷口ゾウ前峰の先」この謳い文句は、長年にわたって口承され、守られてきた。谷口とは谷の入り口、谷合を意味し、ゾウ前とは、当地の方言的訛りで、「ドウマエ」を意味し、「堂前」という宗教的施設の前を指す言葉となる。峰の先とは、山頂の峰を指すもので、峰の先とはその先端部分を指す言葉である。それらを合わせると、谷の入り口は、谷と谷が合わさる合流地点であり、河川の本流と支流の合流地点でもあり、増水時には浸水の恐れがある。堂前は、宗教的禁忌であり、神仏の前に屋敷を構えるのは畏れ多いという意味であろう。峰の先は、山頂付近では、強風に晒され、また山のクエ地（崩地）でもあるため、屋敷取りに向かないという考えである。

これらの伝承は、寒川だけではなく、野本寛一氏の報告[20]にもあるように、南は九州熊本、宮崎椎葉村、中部長野南アルプスまで広範囲にわたって同様な伝承が報告されている。山地に住み着いた先人たちの知恵として、広域な伝承形態を持つと考えられるが、それぞれの伝承形態として宮崎・熊本といった地域は、和歌山とも非常に関係が深い地域であったことに注目したい。かつて山地の主な収入源として、材木の生産と搬出、そして製炭業が多く、紀州備長炭は、近世の段階で活発的に製炭活動が行われていた。その詳細は次項で述べるが、その活動場所を求めて、焼き子と呼ばれた製炭者は高知・宮崎へと入植し、その製炭技術と知識を広めていった事実が存在する。そういった関係上、共通した伝承が生まれた可能性も指摘できるのではないかと考えられる。

また同様に山村にあたる梗川では、どういった屋敷地に関わる伝承が残されているのか。それらを見ていきたいと思う。

梗川では、一般的な民家の造りは、入母屋造りの田の字型四間取りであった。屋根材は、「クサヤ葺き」といった茅葺きが多かったが、明治期からは急速に瓦屋根が普及したという。入母屋造りを基調としており、特徴としてヒサシが長く、マエダレという杉板をヒサシ部から四〇センチほど垂らすようにしていた。これらは、雨が振り込まないようにという配慮からである。瓦屋根はキョウモンとカンリャクの二種類あり、キョウモンは本瓦葺き、カンリャクは平瓦を指す名称となっている。貧富の差によって変わるが、おもにキョウモンが多かったという。隣村の羽六村に瓦屋があり、そこからの供給という。

おもに間取りは右勝手の場合、入った土間をニワといい、左手の部屋はツギノマ、その奥がオクという座敷になっている。ニワを越えるとカマヤになっており、クドがあり、炊事場としての機能があるが、ほとんどが別棟の低い棟を独立していた。カマヤと隣接する部屋をダイドコと称して、板間の常の場であり、その奥が寝室となるナンドである。これらの間取りでツギノマは四畳、オク六畳、ダイドコ四畳、ナンド六畳の片面の合計が一〇畳になる規模を「十振り」として、最高の間取りとしており、基本形は片面だけ一〇畳、もう一方が一〇畳に満たない「片十」の規模が多かった。

当地で歌われる民情唄に「田んぼ五反に牛六歳、死なん子なら子一人、欲を言えば片十の家あればなおよろし」というのがあり、五反の農地に、よく働く六歳の牛、死なない子なら一人、欲を言って片十の家があれば良いという意味のこの唄は、近世の農民の心情をよく表している内容である。農地としては、「五反百姓に嫁やるな」といわれたように、五反未満の農地しか持たない家に嫁をやると食うのにも困るといった内容であり、それだけ近世の年貢徴収の厳しさを表した内容である。また、民家の規模として片十という規模は、夢の話であり、本来はこの規模ですら調達が難しいのが現状であった。片十の一例として、ツギノマ四畳、オク六畳、ダイドコ三畳、ナンド四畳半の規模である。それぞれの部屋はトブスマで仕切られ、トブスマとは、表向きのツギノマ・ザシキの面がフスマであり、ダイドコ・ナンドといった家人の常の場は板面になっていた。建前上は、フスマに見えるが、内部は板戸という仕組みである。

ホンヤの付属建物として、納屋兼ウシヤ、風呂・便所などがあり、蔵がある家は稀である。家屋内の信仰として、クドにはコウジンさんを祀り、オクには、仏壇と神棚が祀られていた。ことに神棚は女性のケガレを嫌うといい、女性が榊をあげること忌み、出産した場合は、ベツナベとして三三夜食事を別にしたという。この間はナンドでの生活となり、身体を起こした状態が良いとされ、三三把のワラ束を背中部に積み上げ、一日ごとに一把ずつ抜いていき、最終的に三三日後に横になれるという習俗が昭和初期まで続いていた。

以上、二例の事例を見てきたのであるが、寒川の方が山間部としては最奥部に位置する村であるため、その屋敷地の選定には、様々な苦労が強いられたようである。急傾斜地に屋敷を設けるのに、まず石垣を組み合わすという作業が伴い、その上に屋敷としての建物を築いていく。したがって寒川では、屋敷地を重要視する風があり、新宅の場合、空き家となっている屋敷や、旧屋敷地を購入して受け継ぐ場合が多い。もっともその屋敷地には、「役屋敷」といわれる特権が付されたものもあり、詳しくは次編で述べるが、その役屋敷には、高持百姓としての立場と、村内での公事に参加する特権、神事祭礼の参加権なども付されているところが注目できる。

また屋敷地の選定法の禁忌には、九州、中部山岳地帯と通ずる伝承があり、その繫がりも注意する必要があろう。

椋川では、民家の規模の指標となる大きさの規定があり、それらは安定した暮らしの指標ともなっていた。山村であっても比較的標高の低い山間であるため、屋敷地の選定にはさほど困らなかったようである。また瓦屋根の普及が早かったのも、沿岸部から近いという山地であるため、風害がひどく、屋根の重さがなければ家が飛ばされる被害が多かったからといわれている。しかしながら民家の構造自体は、両者とも非常に似ている造りであり、屋根材の違いが指摘できるくらいであろう。イロリの有無は標高差による温暖差が激しい寒川のみに確認できるものである。

註

（1）　寒川村誌編纂委員会編『寒川村誌』一九六九年

(2) 前掲註(1)
(3) 前掲註(1)
(4) 前掲註(1)
(5) 表作成にあたり『寒川村誌』及び『美山村史』所収分を参考にしたが、相異箇所に関しては『美山村史』に従った。
(6) 前掲註(1)
(7) 前掲註(1)
(8) 前掲註(1)
(9) 前掲註(1)
(10) 前掲註(1)
(11) 前掲註(1)
(12) 日高郡役所編『日高郡誌　上巻』名著出版　一九七四年
(13) 赤田光男『祭儀習俗の研究』弘文堂　一九八〇年
(14) 赤田光男『日本村落信仰論』雄山閣出版　一九九五年
(15) 仁井田好古『紀伊続風土記』天保一〇年（一八三九年）
(16) 森　彦太郎編『紀州文献日高近世史料』臨川書店　一九七四年
(17) 印南町史編さん委員会編『印南町史　通史編　下巻』一九九〇年
(18) 切目川村役場編刊『切目川村郷土誌』一九一七年
(19) 前掲註(17)

(20)　野本寛一『遠山谷中部の民俗』(飯田市地域史研究事業民俗報告書5)飯田市美術博物館・柳田國男記念伊那民俗学研究所　二〇一〇年

【話者一覧】　二〇一二年一月一七日・一八日・二〇日調査

・福島榮助氏　・寒川シナエ氏　・寒川スミ子氏　・沖野昌彰氏　・柳本千代楠氏　・中原糸枝氏
・西山重弘氏　・西山政代氏　・森下サチ子氏　・沖野祥子氏　・田中節恵氏

# 第二節　農耕と山林労務における技術と伝承

## 一　農耕の技術伝承

**寒川**　上板垣内平野寒川家は、七反ほどの農地を有し、三反が田地、四反が野菜畑や山畑である。それぞれの農地はカイト内にあり、屋敷下にすべて集約された形となっている。また畑地は屋敷の上部にあり、そのまま山へと続く形となっている。田地の特徴として、それぞれ一筆毎の字名が残されており、それは以下のようになる。

ワサ田、コウノキ田、モモノキ田、新田二枚、サンジョウマキ、カキノマエ、オオ田、ナエシロ、ヌマ田、小田二枚

以上、一二筆に及ぶ数であるが、急傾斜に築かれた田地は、屋敷から小藪川までの限られた敷地に開墾されており、その一筆の規模は一畝にも満たないものもある。これらの中でサンジョウマキとは「三升蒔き」を指す名称であり、種籾三升を有する三畝代の広さの田地を指す名称である。これらはいわゆる棚田であるが、平野カイト内では、一番の規模を誇るものである。それであってもその収穫量は、家族数人で半年分しかなかったという。水利としては、小藪川上流一キロ地点にウシロユというのがあり、そこから水を引いて用いているが、ほとんどの田には、「ヨギ水」という湧水があり、雨が降って三日後には湧いてくるという。ほぼ天水によって賄われる平野カイトの稲作技術を見

ていきたい。

種籾は、蔵の中で保存され、八十八夜の一週間前に桶に張った水に一週間漬けて発芽を促した。八十八夜の頃に籾蒔きを行い、五〇日後くらいには苗取りとなった。この作業は、女性の仕事であり、苗カゴに入れて田まで運んだ。田植えなどの作業は、「オシ植え」と称して、オモヤ・ヘヤの付き合いで田植えの手間替えを行い、都合の悪い田から田毎に植えまわり、すべて共同で行うなどの措置が取られていたという。

最初に田植えをした日を「ワサ植え」と称して、苗と小豆ご飯を神棚に供えたという。田植えが終わると、「サナブリ」と称して、手伝ってくれた人を家に呼び、マゼ飯などの御馳走をしたという。そして「作休み」と称して、ジゲのしきたりに従い、全戸休みとなった。

六月丑の日は、「牛休み」として、牛を川でキレイに洗ってやり、主人の茶碗に御馳走を盛って食べさせたという。この日には、ススキの葉を丸めて束ね、その隙間に小麦粉餅を詰めて、最後に植える苗代の畦に立てた。

牛休みが終わると、田の草取りが始まる季節となる。一番草は、田植え後二週間で始まり、手で草を掻いてまわり、二番草は、七月一〇日前後に草を浮かして土中に埋めた。盆前の土用には土用干しを行い、稲刈りに備え、九月末くらいには実の成る草を取ってまわったという。

稲刈りは、一〇月一〇日までに行うとされており、手間替えはなく、家族内で行うものとされている。刈り取られた稲束は、ナルという杉の掛け木に掛けて干し、一週間くらいで乾燥させた。乾燥の頃合いは、籾を噛んで確かめたという。

乾燥させた稲は、屋敷のドマに運び、足踏み脱穀機で脱穀し、田ウスを用いて三人がかりで籾摺りをした。そして唐箕で選別し、万石トオシに通して、さらに選別、ドマの米蔵で保存した。精米はその都度、ホンヤのニワに据えられた唐ウスで行うものであったという。

以上、稲作の事例であるが、その他として山畑の利用があり、平野寒川家の農地の内、四反は畑地である。そこで栽培されたものは、カミソ・茶・コンニャク・野菜などであり、カミソとは、楮であり山間部での上質和紙の生産は、有田郡有田川上流の「清水和紙」が有名であった。カミソの栽培を行い、正月から枝の刈り入れをし、そのまま大釜で蒸して皮を剝ぎ、乾燥させて仲買業者に販売した。ほとんどのものが高知県に出荷されており、土居東カイトの三尾屋が仲介をしたという。茶の栽培も幕末から明治期にかけて産業としての発展を見せ、三尾屋が茶の製法を在地産業として促進して、現在に至るという。山間部における寒冷な気候と、霧が多く多湿な条件が茶の生産に適しているという。三尾屋が仲介業を請け負い、有田郡湯浅から大阪天満の茶問屋へ卸したという。

**梗川**　稲作経営の主体となる農地は、『日高鑑』(1)には二九町八反二畝となっており、稲作主体の生活を行っていたと考えられる。

田地の名称として、ミノカクシ田・カクシ田・ジゲ田などの呼称が伝えられ、ミノカクシ田は、畳一枚以下の大きさを指し、カクシ田は、山田などの小規模な田を指す。ジゲ田は先述したように在所内にある大きな田を指す名称となっている。水利は、梗川にユゼキ（井堰）を切ってミゾコに通し、各田に送っていた。それぞれのユゼキは、梗川上流からオトユ・ニシマイユ・ユノタナ・シバユ・ナカミゾ・サラユ・ツキセミゾ・サンガイユの八ヵ所確認できるが、当地はほぼこのユガカリによって水利は賄われていた。ただ脇野カイトのみは、緩やかな丘陵上に位置するため、カクレ谷池の池ガカリに頼っていた。しかしながら、当地は水量の乏しい上流域に立地するため、水不足は深刻な課題であり、夜に提灯を灯して、ミゾコを見張り、水守りを行うこともしばしばあったという。ユゼキは、松板を用い、隙間は赤土で埋めて水漏れを防いだという。これら水利のミゾコは、それぞれのユガカリの人が責任をもって管理し、

「マワリヤ」という反によっての時間制限を設けて田に水を入れたという。田植え前には、まずこのミゾコを掃除するミゾサラエが行われ、ユガカリによって反別に人数を決めてミゾコの掃除を行う習わしであった。

種籾の保存は、蔵であり、前年度の出来の良い穂を、センバで扱き取り、俵に入れて保存した。そして種籾を出す日を「タネオロシ」といって、春の社日にカマスに入れて川に一週間ほど漬けたという。

そしてノシロ(苗代)の準備をし、八十八夜の頃に暦の三隣亡を避けて、籾蒔きとなった。この日にノシロの畦に椿の枝を立てたが、これはモチ(イモチ病)が付かないようにという祈願の意味を込めたものであるといわれている。撒き終わった種籾の上には灰を被せて、冷えから守った。

その間に田の準備を行う。牛を使って唐スキでワリタをし、そのまま同じく唐スキでスキタ、田に水を張って唐スキで田の土をネバスといってかき混ぜ、カイグワ(マグワ)でシルカキをし、コアゼという畦の土を削りながら畦塗りをしていき、田植えに備える。山田はヌマといわれ、膝下まで泥に浸かるジル田であるため、牛が入れず、耕作は自らの手で鍬打ちをして耕したという。

これら耕作に用いた牛のノウ(能)入れは難しく、博労が連れて来るオン(牡)の子牛を貰って仕込んでいったという。メン(牝)は大きくなり暴れると手が付けられないので引き取らなかった。二歳までの子牛をコボといい、最初はヒコズリといって子供が乗った台を曳きずらせ、物を曳くという行為を覚えさせていった。牛への合図として右に行かせる場合は「ヘイショ」、左は「サセ」といって調教した。そして四、五歳くらいのよく働く頃になってから、博労に引き渡し、現金収入としたが、惜しい気がしてならなかったという。

田植えは家族総出で行うが、なかには、「ヒヨさん」という「ヒヨド」を雇い入れたり、近所でモヤイを組むこともあった。「三日苗」は植えるなといい、三日目の苗を植えることを忌み、「コシ植え」という腰が折れたような乱雑な植え方は、成長が遅くなるので、必ず指先を添えて植えるようにした。最初の田植えは、山田のヌマから始まり、最初に植え終えた田に「ワサ植え」と称して、ススキの葉を丸めて米粉ダンゴを巻き、それを畦に挿し、昼の弁当として持参した小豆飯と共に、田の神に供えたという。田植えは必ず「夏至ナカバ」といって夏至をはさんで植えていくという。田植えの時の弁当のオカズは決まってキリボシ大根であり、小豆飯の弁当と共によく食べたという。田植えが終わると、サナブリといってカシワ餅を作り、近所に配ってまわった。その後は、毛付け休みとして、村中にアルキさんが触れてまわって総休みをしたという。田植えが終了した段階で、神棚に洗った苗束を供え、ゼンマイ・ワラビ・焼サバの入ったマゼ飯を作り、家族で祝ったという。

六月丑の日は、牛休みとして川で牛をキレイに洗ってやり、嫁は実家に里帰りを許されたという。この日は、栗の枝葉に米粉ダンゴを包んで田毎に立てまわった。

田の草取りは一番から五番まであり、ナギの草が多かったという。一番から四番までは定期的にクルマのカキで押してまわり、最後の納め草は、稲の穂が出てから、手で掻きまわし、土中に埋めていく作業であった。土用の日には土を触るなといい、土用干しなどの作業を行った。農事の休みとしては、順気休みとアマ休みがあり、順調に稲の育成が進むと順気休みが触れまわられ、雨が降るとアマ休みとなった。

虫が湧きだすと、油を田中に引き、足で稲株を蹴りながら虫を水面に落とす除虫作業が行われ、七月中旬には、寺で虫供養として、百万遍念仏の数珠繰りが行われた。この時に請けてきたお札を田に立てて虫供養とし、参拝者には小豆のオニギリが振る舞われたという。

九月一日前後に二百十日があり、それを無事に過ぎることができれば、野分け休みと称して、農事を休んだという。

稲刈りは、モヤイですることは少なく、すべて自家で賄った。刈り取られた稲束は、ナル木に掛けて一週間から一

○日程干し、アシブミで脱穀・唐箕で選別し、トオシにかけてフルイ残ったものをガンド（唐竿）で叩き、籾をムシロの上で再度干した。乾燥された籾は田ウスで二人掛かりで挽き、万石トオシでフルって選別をした。精米は、その都度必要分を唐ウスで搗いていったが、塩水や大根を入れると早く精米できるといわれたが、入れ過ぎると逆に米が砕けてしまったという。これらの作業は子供の兄弟の仕事として行ったという。

以上、寒川・樮川の農耕伝承を見てきたのであるが、両者とも共通した内容であることがわかる。寒川に関しては、農地面積が少ないがそれぞれにおける細かい伝承は、細々とではあるが、先祖伝来の農地を守ろうという意識の表れである。平成二三年（二〇一一）九月に起こった紀伊半島水害の被害は、寒川でも例外ではなく、平野寒川家の新田二枚が、増水した小藪川の水流によって一部崩壊、土砂に埋まる被害をもたらした。大きな水害は六〇年毎に訪れるといわれ、昭和二八年（一九五三）七月一八日に起こった七・一八水害も同様な被害であったという。また米を作っても仕方ないという周りの意見とは裏腹に、先祖代々作り続けたものを辞めるわけにはいかないという固い意志を持っており、崩壊した田地を復興する決意を示した。民俗社会の崩壊が懸念されるなか、先祖伝来の伝統を守るという強い決意が垣間見える。

## 二　山仕事の技術伝承

寒川における主な生業は、農業ではなく山林労務に依存していたことは、先述の通りであるが、それらは林業、シイタケ栽培といった産業であり、山を主体とした自然と深く関わる産業であった。平野寒川家は、かつては山林地主としての収入があり、小藪川西之谷の広大な山林は、平野寒川家の所有であった。現在は、分家筋への分配と山林樹木の荒廃によってかつての盛況を見せないが、シイタケ栽培が盛んであった昭和中期までは、ボタ木山としてシイやナラの木を伐採し、サコという谷間には、杉を植林し、材木としての手入れを行っていた。サコに植える理由としては、ダシという搬出作業の軽減を図るため、搬出経路が確保しやすい利点からである。

その他の雑木は炭木山として、日高郡南部川筋の炭焼きが入植しており、彼らにウワキ（上木）のカシやナラを売り、女性の内職として炭俵をカヤで編み、炭焼きに売ったという。それが大きな現金収入となっており、その他、材木搬出のイカダ下りに必要なフジカズラを山から取ってきて売ったりもしたという。この時のカズラは木の上にあるようなものではなく、地を這うものを良しとした。西野川の山口氏がイカダ師との仲介をしていたという。このカズラは高値がついたので山に行く時は、カズラにも注意していたという。

寒川の山地は、およそ七七〇九町歩に及び、その中で小川西の河《こう》の山地五七〇町歩は、近世中期より紀州藩御留山となり、以後近代に移行してからも国有林として、人の手が入らない原始林の面影を残しているが、(2)その他の多くの山林が個人所有となっており、以後山地利用の林業経営の形態を見ていく。

土居東カイトの雑貨商三尾屋経営の福島家は、幕末より寒川に移住し、商店経営・問屋経営によって山地集積を行い、現在は、二七〇町歩に及ぶ山地集積数を誇る山主となっている。かつてはナラやシゲの木を植えて、シイタケのボタ木としたが、杉・檜などの建材収入の身入りが良く、現在も行われている。山の管理は、植林から始まり、およそ三五年で伐採できる大きさに成長するが、その間に下刈り・枝打ち・間引きなどの作業が絶え間なくあり、専属の「山番」という山守り職人を抱えていた。それはアリノキカイトの都合四家であった。

山の木を切り、搬出するまでの行程には、様々な組織が介入し、それぞれの役目と職業を確立している。山地主を「ダンナ」と称し、材木問屋は「オヤカタ」もしくは「トイヤ」と称した。山の伐採は、ダンナからトイヤに持ちかける場合もあったが、トイヤからダンナに話を持ちかけ、商談の成立となることもあったという。商談が成立するとトイヤがそのまま「オヤカタ」となって、オヤカタが抱える現場作業員の一団を連れて、現場の山入りとなる。

組織体制として、「ダシ」という材木搬出のための代表を「ショウヤ」、ショウヤの補佐役と一切の会計担当をする「コジョウヤ」、そして現場監督である「ヨコ」または「ヨコ目付」が、現場で一〇人ほどの「ヒヨウ（作業員）」の指揮にあたる。

伐採担当は「キリキ」、枝打ち及び角材加工を担当した「ソマ」などがいた。これら組織を「ヒトカワ」といい、何組も「ヒトカワ」を組織する場合もあるという。本来のヒトカワとは、伐採区画を指す名称であったのが、いつしかそれらに従事する集団もヒトカワと称するようになった。一方、ヒトカワと搬出担当のショウヤ率いる一団とは別組織であることに注意が必要である。

まず、原木の伐採を行うが、これを「キリキ」といい、「サキヤマ」ともいった。原木伐採は、ヨキ（斧）で行うが、切り方として「ウケ」という倒す側に切り口を付け、逆の方向から「オイ」という切り口を作り、そこからヨキを打ち付け、倒しにかかる。木の倒す方向にタテボシとサカダイの二種類があり、基本的にはタテボシという山の斜面の上部に向けて倒すやり方が材木としての損傷も少なく、安全であるが、立地や木々の育成環境によっては、サカダイという斜面下に向かって倒す場合もあったが、人的被害や材木の損傷も多く、なるべく避ける傾向にあった。木の伐採時期としては、春彼岸から秋彼岸までの期間は、表皮が剝ぎやすいので「ツワリ」といい、カワハギを行ってから伐採をすることもある。基本的には、タテボシで枝葉を付けたまま天日干しし、枝葉から水分を飛ばすことによって乾燥が早まるという利点があった。材木がピンク色になると良い材木という。材木を切る季節も決まっており、八月二日から冬にかけてを最良とし、梅雨前には、虫が付くから決して切るなという。

これらキリキの就労呼称を「～工《く》」といい、「キリキ五工」というと五日の就労を意味した。一日は「上工《ジョウク》」、半日は「半工」といった。こういった作業行程を経て、彼らは切り賃を貰うのであるが、その出来前は、「山スンケン」というオヤカタ・ダンナ・キリキの三人立会いで、切った材木を寸検し、帳簿に記していくのであった。材木の長さによって呼称を変え、その呼び方は独特である。長さ一二尺三寸（四・五メートル）を基本とし、太さは、ゴヘイ（五寸）、リクドウ（六寸）、ナナマル（七寸）、ヤド（八寸）、キュウベー（九寸）、カカノハライタ（一尺）となっていた。

材木の長さは、先に記したように一二尺三寸を基調としたが、イカダ流しの場合は、一二尺五寸という二寸長い設定であった。それは、イカダを組む時にカスガイを打ったり、穴をあける場合があったからである。

材木の長さが変わる場合は、「ジョウに変わって～」と読み上げ、一〇尺五寸であれば「ノイチ」、六尺五寸は「アシヤ」と言い換えた。また材木の種類が杉から檜に変わる場合は「カンバン替わってヒノキ」と読み上げ、帳簿に記していったという。

こうして原木を切り倒した後は、ソマによって枝打ちされ、場合によっては角材に加工された。現状のままで搬出不可能な大木は、「コビキ」によって二つ割りに挽き割りをしての搬出となる。搬出までの間は、コバといって山中に少量ずつ集めて管理していた。

搬出作業は、ヒヨウによって行われるが、その行程には数種類あった。サデ（サコ）という谷筋につけられた搬出道に沿って出す場合と、キンマ及びシュラといった方法である。

サデは、比較的林道まで近い場合であり、山肌にある小さな谷間を利用し、人力で曳きずって搬出するか、落として転がす場合もあった。

キンマは、「木馬」といわれるように、木枠の台木に材木を載せて曳き出すもので、それには「キンマミチ」という線路のようなものを敷く必要があった。キンマミチは、雑木などの丸材を谷間の斜面に沿って張り出した形で組んでいき、緩やかな下り傾斜をつけながら、線路の枕木状のものをハシゴ形式に組んでいった。その上をキンマに載せた材木を曳いていくのであるが、重さはおよそ五石（七〇〇キロ）以上となっており、また緩やかな傾斜をつけて搬出の軽減がなされていたが、曳き出すというイメージより、滑るのを前方に立って押さえながら出すという形となる。もっとも危険な作業であり、必ず二台以上付き添って行う決まりであった。モチ手としてカスガイを打ち、それ持って行き先を操作しながら、ハシゴ状のキンマミチを歩くのは重労働であった。

シュラは、丸材を樋状に組み、杭を打って腕木と結びつけ、その上に材木を並べたものを指す。材木はその上を滑る形で出すのであるが、上手く樋状にしないと材木が飛び出してしまうこともあったが、人的被害も少なく、利便上よく使用されたという。

こういった方法で、材木は川近くの「ドバ」まで搬出し、最終的には馬力や手車を用いて集積した。ここまでが山仕事であり、ここからは、川を利用した「クダ流し」で、これには様々な方法があった。『寒川村誌』に詳しく記されており、それを参考にすると以下のような内容であった。

「堰き出し」は、水量の少ない谷川を随所で堰き止め、水量を増してからそこに材木を浮かべ目的地まで流す方法である。

「鉄砲堰」は、水量のある程度多い本流で行われることが多く、別名「カリカワ（狩川）」ともいった。本格的なダムを作り、それを一気に解き放つことによって材木を鉄砲水と共に流す方法である。堰の作り方は、「ウシ」という支柱を斜めに立て、それを支える柱と共に「人」の字になるように組み、ウシに横木を渡し、積み重ねて堰の形状に整えていく。横木の隙間には、コケや赤土を詰め込み、漏水を防いだ。この堰の中央部に木を流す出口を五尺幅で作り、「ボーズ」という取り外し棒を川下側に立て、これに板をはめ込んで水門とした。横から見ると板は少し斜めにはめ込まれた形となるのが特徴である。

材木と水量が貯まると、このボーズを叩き外し、一気に水門を開くことで材木を流すことができたのである。この堰を考案したのは、江戸中期の大和国吉野郡四郷村に住んだ池田五良兵衛であるといわれている。こういったクダ流しは、材木一本ずつを大量に流す方法であり、材木の流れ行きによっては、すべてが目的地に到着しない場合もあるため、身軽な熟練者がトビを片手に丸太一本に乗り、丸太の流れを監視しながら目的地まで同行したという。

「イカダ流し」は、日高川本流で行われる材木運搬法であり、川の随所に組を置き、下流までの搬送は通過地点の組々が交替で引き受けながら流すものであった。川では、イカダ師が材木の太さを揃えて、「メガ」と称する穴をあけ、それにフジカズラやネジキを通して「トコ」を作っていく。こうして作成されたトコを「スバ」といい、基本一五トコをイカダ一杯とした。一杯の石数は、七〇石になっており、一番先頭のスバには一〇尺五寸のカジボウを三〇度の角度で取り付け、二番目のスバに立ってそれを操作した。これを操作するのは「ナカノリ」であり、難所の多い日高川では花形の役目として、日高川流域の娘衆を魅了したという。イカダ数杯の準備が整うと、鉄砲堰の水門まで行き、棹でボーズを突き外し、一杯ずつ水流に乗って行く姿は、壮観であったが、昭和初期からトラック輸送が始まり、昭和二八年（一九五三）の水害によって川床の埋没、地形変動によって全く行われなくなり、その姿は完全に消え去ってしまったという。

日高川河口付近の現御坊市まで来ると、トイヤが待ち構え、材木を集荷し、京阪神地方に搬出して財をなした。山主であるダンナの木であるという印としては、「キリハン」という屋号の印を切り付けていたが、現在は刻印によって行っているという。

以上のような山仕事には、現場職としてその場に数ヵ月滞在する必要があったため、山小屋が設けられたが、キリキとダシの作業員によって内容は違っていた。キリキは個人作業であるため、山小屋は数人合同であっても飯の煮炊きは個人で行うことになっていた。一方、ダシのヒヨウなどは山小屋での共同作業であるため、飯炊き担当の「カシキ」がついており、その内容に差があった。

山間部での作業では、危険も伴うため、山入りの際にダンナ・オヤカタ両者が「山祭り」を行わなければ、罰があたるといわれ、旧暦一一月七日に山祭りとして、山の神に大きなボタ餅・酒・塩サバ、もしくはサイラ(さんま)を杉板の上に供えた。山の神は特定の場所に祀っているわけではなく、作業場の入り口や大きな適当な木の根元を臨時の祭場とした。当日には山に入ることを忌み、山の神が木を数える日であるから読み込まれるといった。

しかしながら平野寒川家では違う伝承を残している。旧暦一一月七日は、山祭りであり、この日が来ると雪が来るといって山仕事は打ち辞めとなった。山の神は女性で、赤色が嫌いなので、白餅を供えるとしており、山の入り口の臨時の祭場と自宅の神棚の山の神に魚と一緒に供えた。ボタ餅は、山の神以外の神様に供えたという。この伝承は、山の神＝女神を伝えており、赤色を嫌うという特殊な事例を残す。赤色は血を連想する赤不浄の忌み色としての発想が含まれるのであろうが、醜い女性であるため女性色が強い赤色を嫌うのではないかとも考えられる。山中での失せ物は、一人相撲を取ると見つかると伝えていたという(3)。

以上、寒川の林業経営とそれに伴う伐採から搬出までの作業組織を見てきたのであるが、非常に複雑な組織であったことがわかる。またダンナとトイヤの商談から搬出までの間で様々な組織が介入し、それらはトイヤが抱えている専任の組織が多かった。また近隣の次男三男坊が、ヒヨウとして雇われることも多く、それらの作業は近隣山村の貴重な働き口となっていたのである。その危険な作業は、経験と熟練した技術が必要であり、それらは先代からの教えがあってこその内容である。その多くが現在姿を消し、材木伐採はチェンソーで行われ、搬出はワイヤーの架線と近年ではヘリコプター搬出も行われている。伐採と管理担当は、森林組合に委託され、かつてのような山番やショウヤ組織は消滅してしまっている。

## 三　製炭業の技術伝承

紀伊半島南部は、その鬱蒼とした山地が沿岸部にまで押し迫る特殊な地形であり、当然ながら山地利用は盛んに行われてきた。そういった中で植林をし、杉・檜などの建材を伐採して搬出を行うようになったのは、中世末からであり、それまではほぼ雑木生い茂る原始林の形態を残していた。比較的人の手が入るような山地では、その雑木の管理も行われていたが、農民の主たる収入源として「炭焼き」が存在したことは忘れてはいけない事実であろう。製炭業は、古代から行われており、その技術は時代と共に進歩してきた。近世に入り、紀州藩も木炭生産の奨励を行い、藩の特産として売り出していたが、その頃は「黒炭」であった。

木炭には二種類あり、先述した「黒炭」と「白炭」である。黒炭は、炭化の際に火を消さずに密閉して鎮火を待つのに対し、白炭は、最高温度に達した時点で、窯から掻き出し、鎮火してからの採取となる。生産行程の中で大きく違う両者の材質は全く違うものであり、黒炭は着火しやすく脆い材質であるのに対し、白炭は着火しにくく、非常に硬質な材質であるという特徴を示す。後者の白炭は、和歌山県で産出したものを「紀州備長炭」と称して、名声高い木炭となっているが、その生産技術と伝統の歴史は、いまだ謎に包まれている。

備長炭の条件として、非常に硬質な樫類を使用した白炭であること、その材質が硬質であること、金属音がすること、断面に光沢を帯びていること、燃焼時間が長いことなどが挙げられる。

主な産地としては、和歌山県中部の日高川筋から南部川筋、田辺中辺路筋から熊野地方へと南下し、三重県南部へと派生を示し、県外では四国高知の「土佐備長」、九州宮崎の「日向備長」なども同質な木炭性質となっているが、その発祥は和歌山県であることは確かである。昭和四九年には、紀州備長炭製炭技術の高度な製法が認められ、県指定無形文化財に指定されている。

**紀州備長炭の発祥**　山地利用の一つとして木炭産業が発生したのは、燃料としての燃焼時間と発火温度の利点から製鉄業などの産業とも深く関わる産業の一つであり、その発生起源は古代まで遡るものであるが、備長炭としての白炭生成は、そう古くはない。紀州藩の奨励をもって保護されてきた頃は「熊野炭」と称してきたが、いつしか「備長炭」となっていた。[4]その開発起源には様々な伝承が残されており、それらを見ていきたいと思う。[5]

1元禄期（一六八八～一七〇四）に田辺備前屋長右衛門が偶然に発見した。

2元禄期（一六八八～一七〇四）に田辺備後屋長右衛門が販売を始めた。

3江戸前期に南部川上流清川村の棒引長兵衛が開発。田辺備後屋に出荷したことに由来し、それぞれの一字をとって「備長炭」となった。

4寛政期（一七八九～一八〇一）に田辺上秋津村で開発。田辺備中屋長右衛門が販売経路を獲得したことによる。

5文化文政期（一八〇四～三〇）に田辺備後屋が、近隣の白炭を江戸に出荷する販売経路を開拓したことに因む。

6万治期（一六五八～六一）に日高郡旧中津村高津尾地区の大津屋市右衛門が開発。


以上、六例の発祥伝説を残しているが、その起源は一貫して、炭問屋の関与が指摘できるのが特徴である。白炭製炭技術として、炭化最盛期で窯出しし、灰をかけて鎮火することで硬化を促すのであるが、その技術がいつから行われているのかというところに着目しなければならない。しかしながら製炭業の記録は、ほぼ幕末期に近い頃の販売経路に関する記述を残すのみで、その技術や発生起源に言及した記録は一切残されていない。また多くの製炭者が農民として兼業で行っていたこともあり、組織としての記録も残されていないのが現状である。

本来の炭の種類としては和炭《ニコスミ》・荒炭・炒炭などの三種が存在し(6)、和炭は、平積みした木材に着火し、それに土を被せて炭化させたもので、非常に軟質な炭であった。荒炭は、石や土で築窯した中に木材を入れて着火し、最終的に開口してから掻き出して鎮火する窯外鎮火を行うもので硬質な炭であった。炒炭は、和炭・荒炭を一度焼き、鎮火したいわゆる「ケシ炭」で、それぞれ平安期から行われており、荘園の年貢対象となっているものもあった。室町後期に、窯内で酸素欠乏を利用した窯内鎮火法が開発され、黒炭という新種の炭が開発されたが、それ以前の荒炭などは白炭の起源といえるものであろう。

こういった木炭の歴史を見ていくと備長炭の起源として、その商品としての銘柄を指す名称であることが明らかとなってくる。発生起源伝説を見ても木炭問屋の関与が伺え、良質な白炭を安定して生産できる熟練者から定期的に木炭を仕入れることで、安定した商品流通が図れることになったのである。その良質であるという証に、「備長炭」という独自な商品名をつけることによって、他品との差別化を図ろうとした経済的政策が伺える。しかしながらそれらを生産したのは名もなき製炭者であり、彼らの長年の苦労の結果、良質な白炭を生産し得る技術を開発したのである。

現在、備長炭の発祥場所としての候補地が二地区あり、それはみなべ町清川と田辺市秋津川である。両者とも山を隔てた隣村であり、その製炭業に従事する比率も同じくらいであるが、両者とも山深い山村であり、農地の稀少な地域である。そういった立地環境の中、彼らが農耕以外の産業に携わるということは自然な流れであり、多くの専業製炭者を輩出したのである。こういった立地環境は、中辺路・熊野地方も例外ではないが、そういった地方には林業が近世初期から盛況を見せ始め、(7)山村での林業に着手した地域と、そうでない地域とでは、このような生業の違いが生まれてくるのであった。先述した清川・秋津川地域は、広大な山林に恵まれてはいたものの、材木の搬出経路が確保できず、植林による林業着手が遅れたのが幸いしたのか、ほぼ自然林の形態を残すこととなり、それらを利用した産業として製炭業が進歩したと考えられる。

**備長炭の原木**　紀州備長炭の原料として大事な原木は、樫などの硬質な木材であることが第一条件であり、ウバメガシという品種が最良であるとされた。俗に「バベ」と通称し、製炭者はその木を探して備長炭を製炭したのである。バベの植生地は、神奈川県以南の沿岸部、紀伊半島から四国・九州にかけての南岸に自生しており、ブナ科コナラ属の常緑広葉樹で、非常に成長が遅い樹勢を示す。成長すると二〇メートルほどの高木になる場合もあるが、そのほとんどが変形し、うねった樹体となり、平均すると六メートル前後の群生を見せることが多い。その材質は非常に硬質で年輪が詰まっており、重量が重く、水に浮かないという特徴を示す。

それだけ硬質な材木であるバベを選んで製炭したのが紀州備長炭である。まず製炭者は、そのバベが多く自生する山を探す必要がある。これを「メアテ」といって、山の色を見てそこに生えている木がバベなのか樫なのかを判断したという。バベは濃緑色でツヤがある葉質をしているため、遠目に見るとツヤが目立ち、濃緑色の光の反射具合で他の樹木とは全く違う呈を示すという。おもに海岸線に近い山地もしくは、低山地帯に多く自生を見ることができるため、標高の高い山では見受けることはない。したがって製炭者は、沿岸部からほど近い山地を目安に山を探すわけである。

また清川や秋津川などの山村でも、バベの群生を確認できるが、代々そういった山は「炭木山」として、大事にする傾向があり、地下内での製炭活動には専属の製炭者が暗黙の了解で決まっている場合が多い。また「ダシ」という原木搬出の利便性が良い場所は、優先的に売れてしまい、残るのは山頂付近のダシが悪い場所か、山頂・中腹・山裾で所有者が違う場合は、それぞれに許可が必要となるため、その手続きが困難となる場所も多い。

そういった苦労の末に条件の良い山に当たると、次は所有者との交渉に入る。山の上木を切る権利を購入するための支払額の算出は、ババの植生率からこの山で何俵産出可能かを見極めるのである。俵につき五〇〇円として五〇〇俵産出可能な山であると二五万円という具合であるが、この見極めを間違うと大損になってしまう。また炭木山としての価値を知っている所有者であると金額が跳ね上がり、特に製炭者が多く住む山村では、その値段も大きく違うという。この上木購入代を「ヤマテ」という。

**築窯と伐採**　ヤマテの支払いが済むと伐採になるのであるが、それまでに製炭に必要不可欠な炭窯を造る必要がある。窯を造るのを「窯をツク」といい、もともとの炭木山の場合は、適所に古い窯がツカれている場合もあるため、それを修復して使用する場合もあった。

窯をツク場所としては、原木がヨリやすい場所、すなわち原木を搬出する場合にダシやすい場所で、水場が近くにあり、平地で土壌に湿りが少なく、岩石を含まない土地が最適である。そういった場所に窯をツクのであるが、この作業が一ヵ月を有した。その形状は、イチジク型であり、釜口六尺、奥行き一丈一尺余り、内部の高さは身の丈以上となっており、その形状は製炭者によって千差万別であった。かつて地下山などで焼く場合は「三俵ガマ」「日帰りガマ」といわれた非常に小型な窯で焼き、数日で窯出しを行っていたという。

現在の主流の窯型式は、先に記したような形状であり、石と土を交互に織り交ぜながら側面から築上し、その形状を整えていく。側面の壁ができあがると、天井を打つのであるが、最初に木材を詰め込み、ムシロやワラを掛け、その上に土を被せて叩き込む。半月間、叩き込みながら乾燥させ、丸みを持たせるように成形し、窯の上屋として杉皮の屋根を作るが現在はトタンを代用する。この屋根がないと風雨に晒されて、窯の耐久性が下がるからであり、屋根の高さは窯の熱が伝わらないように高く設定する必要がある。屋根が低いと熱によって火事を引き起こす恐れがあるからである。窯の天井が乾燥し始めると、窯口で薪を燃やし、その熱で内部からも乾燥を促す。そしてそのまま原木に着火、窯出しを行うことによって窯内の乾燥と共に、備長炭の製炭が可能な炭窯の完成となる。

窯の大きさを表す単位としては、「何俵窯」と言い表し、平均して二〇〜三〇俵窯の間が多い。それ以上でもそれ以下でも良質な備長炭の製炭は難しいといわれている。窯には排煙口として「ヒアナ」、窯の天井部に二つの「メアナ」という小穴などがあり、排煙口（ヒアナ）自体は、窯奥の下部に設置され、そこに用いる石を「ケタ石」、排煙口内部の基礎となる石を「ホトケ石」と称して、窯の構造上もっとも微調整が必要な箇所となっている。窯場にはある程度の作業可能な広さが必要であるので、二〇畳ほど有し、窯口脇には、「灰床」という木炭消火に必要な「スバイ」という灰と赤土の混じった粒子の細かな土が山積みに置かれている。

窯ツキが完成すると、ババの伐採を行うのであるが、その場所はババの群生している場所でなくてはならない。切り方として靴の様に切り口に窪みを付けるように切っていくのが最良の切り方とされた。その切り方にもまず、「ウケ」といわれる倒す方向に切り口を作り、その真逆の方向から「オイ」という切り口を付けて倒すのである。山行きの道具としてヨキとナタは必需品であり、倒したババは枝打ちし、「身の丈少し」約七尺の長さに小切っていく。山仕事ではノコギリは一切使わずヨキ・ナタを使うのが伝統である。ノコギリで伐採すると、ヒコバエの芽が出すぎて成長が遅くなるからであり、また細木は切らずに択伐という手法で木を伐るので、およそ一五年周期で次の伐採が可能となる。ウバメガシは、切り株から「カブダチ」でさらに大きく成長するので、周期的な伐採が可能であり、資源確保の点においては問題ない職業であった。

原木の量として、基本的に三〇俵窯で必要な原木の量は四トンに及ぶ。早朝から夕方までの山中での作業は重労働であり、根気が必要な作業であったが、熟練者になると日に二トンほど切るようになるという。

**原木の搬出**　ある程度の原木が揃うと「ダシ」に掛かるのであるが、それには様々な方法があった。一つ目は、「サデ」を利用した搬出、二つ目は、「カタゲウマ」を利用した搬出、三つ目は、「キンマ」を利用した搬出、四つ目は「架線」を利用した搬出と、合計四つの方法がある。

一つ目の「サデ」とは、山合いにある小さな谷のような溝を利用したもので、長年炭木山として利用されてきた山では、サデがはっきり確認できるほどの形状になっている場合も多い。それは長年同じ場所を原木を転がしてきた結果、徐々に土が削られ、溝状に形成されたからである。サデに原木を集め、一本一本手で転がし、木を搬出したのである。これらの作業を「木をヨセル」という。木をヨセて、ダシの良い山が炭木山としてもっとも適した山である。

二つ目は「カタゲウマ」であるが、サデまで距離が長い場合や、山頂近くで木を落とすより、上げる方が楽な場合に用いられる。両手を挙げたような形状と大きさの二股に分かれた又木を二本用意し、又の部分に丸木一メートル前後のものを渡して固定、又の上部両端をそれぞれ結び合わせ、それに原木数本を入れ、肩で担うのである。バランスを取るために、又木の又下一尺ほど残しておくと肩で担いだ時にその部分が前に出るのでそれを持って、山の斜面を歩いた。多い時にはその行程を何十回も繰り返すこともある。このカタゲウマは、県内地方でも「ウマ」「マタ」「マタギ」などの名称もあり、その分布範囲は、四国・九州にも及び、備長炭製炭技術と共に普及した可能性が高い民具である。

三つ目は「キンマ」であるが、その形状は先述の林業のキンマと同じである。深い谷筋の奥にある山での作業に適しており、サデを通して谷筋に原木をヨセてから、谷合いにせり出した形で作られたキンマ道を五〇〇キロほどの原木を載せて、山道や窯場まで搬出するのである。

四つ目は「架線」であるが、それには動力付きの集材機を利用したものと、可動式の無動力の二種類がある。動力付きの集材機を利用した方法は、架線（ワイヤー）を山頂から山裾まで引き渡し、動力によって原木を数百キロ下ろす作業であり、あらかじめ本線を張る前に支線として、ワイヤーを引く箇所の樹木を伐採し、手作業でロープなどを引く準備が必要である。作業日程としてはその距離によるが、一週間ほど要する。支線としてのロープを山裾から山頂まで往復させると、そのロープに本線となるワイヤーを結びつけ、ロープを集材機で曳くことによって、本線が山頂まで登ることが可能となる。集材機を利用する場合の本線は太く、また距離も長くなるためその重量は数トンに及ぶこともある。到底人力での作業は不可能であり、動力に頼る他ないが集材力は高く、短時間で数トンの原木搬出が可能となる一方、事故などの危険性も伴うのが現状である。

次は無動力の可動式架線であるが、これは別名「トバシ」「ツルベ」「ヤエン」などと呼ばれている。二本のワイヤー本線を二メートルの間隔幅で張り、その本線に木材を載せる滑車付き台を載せ、それの前方側から金具で作った腕を出し、後方側にはワイヤーの輪を垂らしたものを、それぞれ二本の本線に載せ、それぞれの台を本線より細いテール線で繋ぎ、一方が下がれば一方が上がるようにする。この様式が「ツルベ」に似ていることから名前の由来となった。台の腕と輪に載せた原木の自重で、下方向に可動するようになっているため、緩やかな傾斜を付ける必要があった。台に載せた原木は、終着点で軽くぶつかると腕が下がる仕組みになっており、原木二、三本の重量までであったが、人力で運ぶ手間を省く画期的な発明であった。明治期に熊野尾鷲地方で開発されたという。

以上、四種類の方法を搬出作業に用いたのであるが、四つ目の架線搬出に関しては、近代に入って行われだした技術であり、本来の伝統的な搬出法は、先述の三種類である。切った木をヨセて、サデからダシに掛り、それをすべて手作業で行う地道な作業であり、大規模な林業経営とは違い、製炭業は単独で行う個人経営である。

**窯場での作業と窯出し**　ある程度の原木が集まると、窯場での作業となる。窯場には、製炭窯とその上屋・居小屋という製炭者の暮らす簡易住戸があり、そこで生活を送ることとなる。原木は根本から枝先までの各部位から身の丈少しの長さに小切ってあるが、その形状に曲がりや歪みがあると、それを成形する必要が生じる。また腕より細い原木は、数本束ねて「束木」とする。これらの作業を「木ゴシラエ」といい、一日かけて行われる。木ゴシラエの理由としては、原木をまっすぐ成形することによって原木を隙間なく窯に入れることが可能となり、窯出しの俵数が上がるからである。木ゴシラエは、ナタで曲がっている箇所のへこみ部分に切り込みを入れ、そこに「コマセ」または「木のビョウ」を打ち入れ、細木は、数本をカズラやネジキで束ねて、それぞれ太さ別に分けておく。足の太ももより太い木は、鉄のビョウを均等に打ち入れ、割木にしていく。原木の選定は厳選し、決して伐ってから数週間経過したものは使わない。むしろ水が滴るくらいの生木を最良としている。木伐りから窯入れまでは、時間との勝負である。

木ゴシラエが完了すると、いよいよ「木クベ」となるが、これには熟練した技が必要となる。窯場には基本的に電気はなく、窯内が暗いためカガリ火を焚いての作業である。窯内の床には灰が敷き詰められており、これを「トコ」という。トコには確認できないほどの微妙な下り傾斜が釜口に向かって付けられており、土足で入ることは慎まれている。そういった条件の下、窯内に原木を隙間なく詰め込むには、「コロ」という丸太の中央を削った道具を使用する。まず一番奥の壁際には、束木を立てて詰めていくのであるが、これを「ハネ束」という。コロにハネ束を載せて、コロコロと奥まで転がし、「タテマタ」という先がマタになった木でハネ立てる。そういった行為からハネ束・ハネ木という名称が生まれた。

この順で細いものから奥に入れていき、手前は太木となる仕組みである。ハネ木を入れてしまうと、次はホリ束・

ホリ木となる。ホリ束・ホリ木はその名の通り、原木を放り入れる作業であり、これには熟練した経験と技が必要となる。一〇キロ前後の原木を目当ての場所に投げ入れ、キレイに立てかける作業であるため、初心者では、隙間だらけになってしまうという。もし、失敗してコケてしまった場合は、「コゼマタ」という又木で修正した。最後に釜口に来るのは割木であり、釜口一歩手前まで木を詰めていく。木を詰めるなかで注意が必要なのは、根元側の「モト」を上にして詰めるというところである。そうすることによって炭化する時の燃焼速度が早くなるといわれている。

そして釜口が全開の状態であるのを「ツリ石」二つをハの字に組み、灰と土を水で練った粘土をツリ石の間に挟んで塞いでいく。全開の状態を「オオクチ」というのに対し、窯口二尺位の状態を「コガマ」といい、その状態にして「クチベラシ」を窯内に入れる。クチベラシは、ババ以外の雑木であり、なるべく太いものが良い。それらを詰め込み、直接ババに火が移らないよう配慮し、コガマの状態で、「クチダキ」を行う。クチダキとは、コガマの状態で焚き火をし、中の原木に直接火をつけるのではなく、窯内の温度を上昇させるために行う。そうすることによってヒアナから白く蒸気を含んだ煙が排煙され、釜口上部に小さなメアナを二つほど開け、そこからも少量の煙が出るようにする。窯から発する煙のことを「カザ」といい、その匂い・味・色味を確認しつつ、クチダキを行うのである。およそ三昼夜を費やす作業であり、この間のクチダキ用のマキも充分用意しなければならない。

備長炭の製炭方法の独特な技法は、このクチダキにある。直接原木に着火させるのではなく、窯内の温度を上昇させ、生の原木を蒸し焼きにする方法で焼きあげる。窯内の温度が二〇〇度を超えると、原木上部の先端から自然発火し、そこから炭化を促すのである。その間、製炭者はカザの微妙な変化を察知し、コガマを塞ぐタイミングを図るのである。クチダキ直後はまだ無味無臭であるが、二日ほど焚き上げると窯内の温度が上昇し、原木の乾燥が進み、次第に煙の白味が深くなり、酸味と辛味の混じった香りと味がしだす。この作業を「ツケ」といい、その間に前回の窯出し分の炭を選別したり、窯場での作業となる。カザの変化を察知すると、クチダキのマキを窯内に入れ、石と土を積み重ねてコガマを閉じていく。熱気の中での作業となるため、迅速に行い、少しでも遅れるといい炭には仕上がらないという。コガマを閉め、小さな通気孔を二つほど開けておき、そのまま「ヤキ」の工程となる。これに四昼夜ほど要するため、この間に次の原木を用意する必要がある。

コガマの通気孔から少量の酸素が内部に混入し、少しずつ炭化が進むが、カザの変化を敏感に読み取り、勢いが弱い場合は、コガマを開けてもう一度クチダキをするなどの対処が求められる。炭化が進み、カザから香ばしい香りが漂い出すと「ヤケ」の状態に差し掛かったことを意味し、窯出しが近くなるので、原木の木ゴシラエを急ぐ。「ヤケカザ」が白い色味を持っているのに対し、それが青白く漂いだすと「ネラシ」及び「アラシ」を行う（写真1）。俗に「精錬」ともいい、もっとも神経を使う作業となる。先に開けていた通気孔の数を増やし、その穴を二時間毎に大きくしていく作業である。その作業はほぼ一昼夜に及び、穴を一気に大きくしないように注意が必要となる。窯内は炭化が進んではいるが、常に酸素が欠乏している状態にあるため、徐々に酸素を補給していき、炭化を促進する作業である。この際に「トコヌケ」という煙が多く出る場合もあるが、これはトコに接している部分がヤケる時に起こる現象であり、そこまで注意が必要ではない。

釜口の穴を大きくしていき、コガマを開いていくと、窯内は暗く内部の状況は見えないが、次第に酸素の供給によって原木が赤く光り出す。そのまま

写真1　ネラシの光景

写真２　窯出し直前

写真３　窯出し光景

放置しておくと内部の温度が急上昇し、炭は赤く熾り出し、コガマからも炎が噴き出すようになる。中の炭が黄金色になると内部温度は一〇〇〇度を超え始めた証であり、窯出しの準備となる〔写真2〕。

窯出しは、長さ四メートルほどの「エブリ」を用いるが、かつては松材のエブリを数本作り、窯出しに用いた。現在は鉄製、ステンレス製のエブリが使用される。エブリは長く重いので、窯場上屋から自在鍵を垂らし、それに掛けての作業となる。窯内の炭は、まだ皮が残った状態であるため、それを落とすためにスコップですくったスバイを窯内に投げ入れ、刺激を与えて炭表面の樹皮を剥がした。

いよいよ釜出しが始まる頃に、スバイを広げ、水を打って水分を含ませて、窯出しに備える。窯出しの際にエブリで二俵分（三〇キロ）ほどの炭をこかし、窯口まで寄せてくる。これを「窯口精錬」といい、より酸素を与えることで温度を急上昇させるのである。窯口の炭が黄金色になり、キラキラと輝き出すとエブリで窯出しを行う〔写真3〕。出す分量はごく少量ずつ掻き出し、炭同士が当たり、キンキンという音がすると上質な炭である。二俵分の炭を掻き出し、灰床まで移動するとスバイをまんべんなく掛けて、消火する。この際、炭の温度は一〇〇〇度近くあるため、スバイがグツグツと沸くような状況となるが、その上からスバイをかけると鎮火する。そういった具合に二俵ずつ窯口精錬し、少しずつ掻き出す作業は、一〇時間以上に及び、凄まじい熱気の中の作業は過酷の極みである。

窯出しがすべて終わると、窯場の半分は炭で埋め尽くされた状況となるが、数時間後には「木クべ」となり、トコをキレイに均し、原木を詰めていかなくてはならない。窯内の温度が下がらない内に原木を入れないと良い炭ができず、また次の窯出しまで時間も要する。一ヵ月間で三窯出せるようになれば、一人前といわれ、それまでには一〇年かかるといわれている。また五〇年の実績があっても毎回安定しないとさえいわれ、その内容の複雑さがわかる。

**炭の選別**　窯出しから木クべを済ました後に、一昼夜おいた窯出しした炭をスバイから掘り出し、選別する必要がある。これを「炭ヒライ」といい、根気のいる作業となる。太さ・長さを均等にするため、厳選した作業であり、備長炭は非常に硬質な炭であるが、一瞬の衝撃に弱く、落とすと砕ける場合があるので注意が必要である。この作業には二日は掛り、家族がいる場合は女性の担当となる場合が多かった。等級によって「上小丸」「小丸」「細丸」「半丸」「切丸」「並」「上」などに分かれ、さらに樫・雑・備長・ナラなどの細かい分類があり、それぞれの等級ずつに選別する必要がある。木炭の上質なものは、縦割筋がなく、硬質で切断面に光沢があるなどの条件がある。横割などは木炭としての価値はないに等しいものである。またある程度の長さも必要であり、木炭が砕けたりしている状況を「アレル」という。炭がアレル理由としては、原木が乾燥していたり、ツケの時に火が強すぎたり、ネラシの時の穴を広げるタイミングが早かったりと様々な要因が考えられるが、すべては長年の勘と経験で補うほかない。それほど備長炭の製炭は繊細であり、注意が必要なのである。

**炭問屋と製炭業**　選別された炭は炭問屋に卸すが、製炭者と炭問屋は密接なる関係を築いており、それらの概要を見ていきたい。

日高郡には炭問屋として御坊市田端商店、印南町日下《くさか》商店、みなべ町三前《みさき》商店・小西商店などがあるが、三前商店は県外出荷率の二〇パーセント近くを占める炭問屋である。大型の炭問屋になると問屋と製炭業者の繋がりは密接となり、また炭の原木となる炭木山の所有は、ほぼ問屋の所有となっている場合が多い。三前商店の所有する山の総面積は七二一町余りとなり、そのすべてが備長炭の産地であるみなべ町清川であることに驚かされる。清川の私有地の三〇パーセントほどが、三前商店の所有地となる規模である。ここまでの土地集積を行った理由として、清川という山村の生活環境が理由の一端となる。

清川は谷深く、それによって農地利用の制限があるため、農業での産業では生活に困る理由によって製炭業が発展した地域であることは先に述べたが、多くある山林はほぼ「村山」という共有山であったのが、明治期の地租改正によって細分化され、村人に平等に分配された。山林が自由に扱えるようになった折に、清川山中で砂金が取れるという噂が流れ、それに便乗した村人が、三前商店より資金を借り入れ、担保として山林を抵当に入れたのであった。それによってほとんどの村人が失敗に終わり、借金の抵当として三前商店に山林が移っていったのである(8)。それにより、問屋と製炭者との間に特殊な関係が築かれ、三前商店の所有する山で炭を焼くという系譜が成立したのである。以下の二種の製炭法は、そういった理由によるものである。

**仕込み焼**　仕込み製炭ともいい、問屋がヤマテを含む生活必需品の支給を肩代わりする代わりに、製炭した炭をすべてその問屋に卸す契約であった。その貸し付けには利子も伴い、製炭者は、一度仕込み製炭を行うと、そのサイクルから抜け出せない者もいた。基本的には現物支給が行われ、必要なものを山に運んでやったという。これらも炭の賃料から差し引かれ、現金の支給はほぼ行われない。製炭者も現物支給に頼る他なく、未清算の炭代は、問屋預かりとなったが、これにも利子が付いたようで、戦前までは黒砂糖などの現物が支給されたという(9)。

**賃焼**　焼子製炭ともいい、オヤカタ(問屋)が用意、また支給した原木を用いて、製炭し、そのヤキブ(賃料)を貰うという従属した関係である。山林所有の多い問屋などは、数十人に及ぶ「焼子」を抱え、それぞれに入山させて製炭作業を行わせた。オヤカタと焼子の関係として焼子はオヤカタの指示に従うこととなり、数代にわたっての契約的主従関係になる場合もあった(10)。

**製炭者の生活**　これまでは、製炭技術をおもに見てきたのであるが、製炭者の生活とはどのような暮らしであったのかに触れてみたい。紀州備長炭の産地である清川や秋津川などは、地場産業の一環として、地下内で行うことが多かった。窯もほぼ「里窯」という在所内にツカれている場合も多かったが、本来の製炭業の姿は、山中に窯をツキ、そこで生活を送るというものであった。窯場に居小屋を建てたのも、製炭者の生活の場としての機能があったからであり、かつては山から山に移動して、生活を送る製炭者がほとんどであったという。熊野地方にはかつてそういった山地生活を行っていた製炭者が多く、先に挙げた林業のヒヨウなどもそういった生活スタイルであった(11)。居小屋で生まれて、居小屋で亡くなる者も少なくない。夫婦連れで山地を渡り歩き、子供を育て、学校教育を受けさせるのは苦労が絶えず、近代に入り、そういった「タビを張る」製炭者は、ほぼ里に落ち着き、安定した生活を送ることを余儀なくされた。山中では、二畳一間の居小屋で生活を送り、炭を焼き、代々そういった環境で生活を送っていた製炭者の苦労が、今の紀州備長炭の技術に繋がったのである。

紀州備長炭の製炭技術とその伝承の多くは、著者自らの体験によるものである。若年ではあるものの、山中での生活とその伝統を垣間見て一年以上を過ごした貴重な体験を基に論じたものである。多くの製炭者とそのライフヒストリーに触れ、感銘を受けることも多かった。製炭技術の習得に一〇年を要するという複雑な作業に苦労し、それを体験することで多くを学んだ。紀州備長炭の発祥には、木炭問屋との密接な繋がりが指摘できるように、現在でも仕込み製炭が多く、また問屋側も木炭燃料の下降によって打撃を受け、廃業となるものも少なくない。また製炭者の高齢化も製炭量低下の要因となり、原木の伐採が効率良くできず、製炭量の低下に繋がっている。後継者不足も懸念されるが、その技術習得に長年を費やすというのもその一要因であろう。

## 四　狩猟伝承

山地における生活環境の中で狩猟は、生業というほどの地位を占めてはいない。おもに冬季の間に行われる趣味の範疇と言わざるを得ないが、その中でも伝統的な狩猟技術もあり、また多くの伝承も残されていることに着目し、それらを検証するものである。

**シシヤマ**　紀伊半島で行われるおもな狩猟の手法であり、寒川・椺川両村でも普遍的に行われ、山中にてシシ（猪・鹿）を捕らえる狩猟を指す名称である。一〇人前後で組を作り、それらの組織で共同してシシを狙うのである。シシヤマには犬を利用し、それぞれ数匹ずつ出しあい、山中に犬を放すのであるが、シシヤマを行う前に、ミキリという首領格が、山を見てまわり、シシが山中に居るかを確認する必要がある。ケモノ道の足跡、ヌタ場の汚れ方、木々の根本にシシが擦った跡があれば、確実にいるという。ミキリの長年の経験と勘で、その山にシシが入っているかどうかを見極めるのである。

シシヤマには、それぞれの力量に合わせた役職があり、入りたての新人はセコとして犬とともに山中を歩く。ウチマエが所定のウチマエという場所でシシが出るのを待ち、撃つ役・ミキリはそれぞれの配置を考える。これだけの準備を行っても、シシは人間の気配を察知すると出てこないという。シシは敏感な嗅覚や聴覚を駆使し、人を欺く。ウチマエは、タバコはおろか咳払いすら許されない。またシシヤマでウチマエの場所までシシを追い出す犬の役割も重要であり、犬の裁量によって大きく変わってくるという。シシヤマでは、犬は首輪に大きな鈴を付け、吠えながら山中を走って、シシの寝床を探すのである。シシの寝床は、茂みの奥まった場所にあり、夜行性のシシは、昼間は茂みの奥で隠れて寝ている。そこに犬が飛び込み追い出すのであるが、優秀な犬であれば、ウチマエよりも先にシシを仕留めるという。それほど勇敢な犬の中で「紀州犬」の存在は大きかった。

紀州犬は昭和九年（一九三四）に天然記念物に指定された際に命名された名称であり、本来は紀伊半島各所に存在した土着犬である。おもに「太地犬」「熊野犬」「日高犬」と呼称されていたが、それぞれの特徴として、白毛の中型犬で、鼻が肌色、耳が立ち、尻尾もするっと立っているのが特徴である。紀州犬の最大の特徴としては、和犬では珍しく水を恐れないというところである。足にはミズカキがあるとさえいわれ、その血統にはオオカミの血を引くという。かつては、山中で母親と逸れたオオカミの子と度々出くわすことがあり、それを拾って帰り、犬の乳付けをして飼い慣らし、シシヤマに用いることがあったという。そうした結果、土着犬としての紀州犬が誕生したとされる。各地に残されるオオカミの飼い慣らし伝説で、それらが優秀な猟犬へと成長した話が多いのは、そういった経緯があるからであろう。各地で名称が違った理由も、その土地で改良された独自の混在種であったからと考えられるが血統的遺伝子の解明には至っていない。

またシシヤマという名称は、東北から九州山地で確認できる狩猟法であり、集団を組み、その組織の協力を得て獲物を捕らえるという手法は、「シシヤマ」という名称から、山に棲む獣（猪や鹿）を捕らえる古語と考えられる。「シシ」とは、肉を指す名称であり、イノシシ・カノシシなどという古語に用いられたもので、食用になる獣全体を指す名称である。シシヤマの文化は、広く日本山地で確認でき、狩猟民の分布に注目しなければならない事例であろう。

一方、猟銃を用いて猟を行うようになったのは近代からであり、基本的な狩猟法は弓矢やヤリ、ワナを用いたものがほとんどであった[12]。寒川では、慶長一六年（一六一一）に地下内の有害獣に対する鉄砲使用を許可した御下書[13]が残されており、寒川村で五挺の使用を領主浅野幸長が認めている。近世社会では、猟銃として鉄砲を使用するのは、皆無に等しかったといって過言ではない。

**ワナ猟**　先述の通り、近代以前のシシヤマなどにおける狩猟法は、槍や弓を用いた原始的なものであったと考えられるが、多くの狩猟法は罠を用いたものが主流であったと考えられる。シシの通り道は、「ケモノ道」として、その痕跡を残しており、通常は同じ経路を通って山地を移動している習性を狙って罠を仕掛ける。種類としては「ワサ」と「ワン」の二種が多く、ワサは、「ククリ」とも呼ばれており、通り道に仕掛けられた紐に足が掛かると弓張りに寝かしておいた立木が跳ね上がり、シシの足を吊り上げる罠である。またワンは、ワニともいわれ、カギ口の鉄製口を踏むとそれが閉じて足が挟まる仕掛けである。これらの仕掛けは、シシの行動を熟知していなければ獲物は掛からないという。これ以外には、非常に危険な「ハコデッポウ」という罠も存在した。これは、シシの通り道に針金を渡し、それに足が掛かると地中に埋めた火薬入りの箱が爆発する仕掛けであり、地形を見て、下り坂の途中に仕掛けると掛かりやすいといわれているが、非常に危険な罠であるため、全国的に近年は全く行われていないものである[14]。

**オオカミ**　近代に入り、オオカミの存在は伝説化され、その姿を見たものすら存在しない時代になったが、多くの伝承が残されている。

オオカミは、寒川・龍神近辺では、「オオカメ」「カメ」と称し、中辺路地方では、「ヤマノカミ」及び「オキャク」という[15]。ことさらオオカミというのを忌むという風習であった。日本山中における食物連鎖の頂点に君臨していたオオカミは、その存在自体がカミとして捉えられていた事例であるが、実際、十津川村玉置山の玉置神社の使いは、オオカミであるとされ、田畑の獣害が酷い場合は、玉置神社に参拝した上で御使を借り受け、依頼を受けた聖獣オオカミは借主よりも先にその田畑に出向き、効力を発するといわれている。また玉置山の「犬吠の杉」という大杉の皮を貰い請け、その皮を田畑に立てると獣害が収まるともいわれている。[16]オオカミをカミとして扱う地方は多く、埼玉県秩父三峰神社、京都府丹後大川神社などもオオカミ信仰を持つものとして知られており、「オイヌ」と称して聖獣の地位を得ているが、古来よりオオカミを神聖視する基層文化があったことを意味するものである。[17]

南方熊楠もオオカミの事例を多く残しており、『田辺聞書断章』[18]には、「狼野猪をとり、そのまゝおきあることあり。狩人之を見るも悉く収めず、皮と胆をもらい、身はおくぞとてのこしかえるを常とすと」あり、中辺路・熊野辺りの伝承を記しているが、千葉徳爾氏は同地方では肉の代わりに塩を置いていくとしている。[19]オオカミは山奥に棲むとは限らず、度々、人目に着くほどの個体数を見せていた。また集団行動を常とし、「狼は五六群行し、吼えながらあるく。止って吼えることなしと」と南方熊楠も指摘している通り、オオカミは集団行動による団結した生態を示し、その行動からシシヤマなどの巻狩りが生まれたと考えられる。[20]

本来は有能なるイヌによってシシが追い詰められ、猟師はそれをヤリなどで突いて仕留めたといわれており、東北マタギや古態を残す地方では、ヤリを用いた狩猟法が存在する。[21]また、明治初期の日高郡沿岸部においても、シシガリに弓矢や銃を用いず、ただ山刀を持って行き、シシイヌを五頭ほど山に入れて待つと、イヌの吠える声が聞こえ始め、数匹が同じ場所で吠えるようになるとその場にシシが追い詰められている状況となり、シシの背後にそっと忍び寄り、山刀で首部を切りつけ、シシガリを行ったという。概ね、柴刈の最中に行った余興的な面が強かった。シシガリとは、単独で行う猟法で、シシヤマとは複数人で行う猟法として区別されていたとされるが、有能なシシイヌが数頭あれば、単独でもシシが捕れたのである。その有能なシシイヌがオオカミとの混在種であるとされており、南方熊楠も有能な太地犬はオオカミとの混血であるという指摘を行っている。[22]

シシヤマにおける伝統は、日本人が狩猟採集を糧としていた縄文時代にまで遡りうる古俗な伝統であり、人とオオカミとの交流によって培われた狩猟法であると考えられる事例であろう。オオカミは決して無理やり人を襲う生き物ではなく、夜道を歩くときに背後から一定の間隔を空けて歩いてくるオオカミを「送りオオカミ」と称し、決して振り返らない、走らない、転ばないなどの作法を守れば、夜道を警固してくれる「カミ」として扱われたという。この行為を好まない人はタバコを一服するとオオカミは立ち去るといわれている。またオオカミは人間の小便が好きで、山小屋などで寝泊まりしている時に小便タゴを外に放置すると翌朝には空になっているという。オオカミに関する逸話は限りなく存在するが、日高地方ではオオカメと称し、中辺路・熊野地方ではオキャクという呼称からもオオカミに対する精霊信仰的アニミズムの習俗が近年まで生き続けていたことを物語るものである。

註

（1）森　彦太郎編『紀州文献日高近世史料』臨川書店　一九七四年
（2）寒川村誌編纂委員会編『寒川村誌』一九六九年
（3）野田三郎『日本の民俗・和歌山』（日本の民俗30）第一法規出版　一九七四年
（4）日高郡役所編『日高郡誌　下巻』名著出版　一九七四年
（5）続日高郡誌編集委員会編『続日高郡誌　上巻』一九七五年
（6）樋口清之『木炭』（ものと人間の文化史71）法政大学出版局　一九九三年
（7）三橋時雄「吉野・熊野の林業」『日本産業史大系六　近畿地方編』地方史研究協議会編　東京大学出版会　一九七一年

（8）前掲註（5）
（9）前掲註（5）
（10）前掲註（5）
（11）宇江敏勝『山びとの記―木の国　果無山脈―』新宿書房　一九八〇年
（12）千葉徳爾『狩猟伝承』（ものと人間の文化史14）法政大学出版局　一九七五年
（13）前掲註（2）
（14）前掲註（12）
（15）前掲註（12）
（16）南方熊楠『南方熊楠日記4』八坂書房　一九八九年
（17）前掲註（12）
（18）前掲註（16）
（19）前掲註（12）
（20）前掲註（16）
（21）前掲註（12）
（22）南方熊楠『南方熊楠全集　第二巻』平凡社　一九七一年

【話者一覧】　二〇一二年一月一七日・一八日・二〇日調査
・福島桀助氏　・寒川シナエ氏　・寒川スミ子氏　・沖野昌彰氏　・柳本千代楠氏　・中原糸枝氏

・西山重弘氏
・長瀧隆治氏
・西山政代氏
・森下サチ子氏
・沖野祥子氏
・田中節恵氏
・桑畑幸夫氏

# 第三節　山村の歳時習俗

## 一　寒川村の年中行事

南紀日高地方を代表する山村である寒川・椺川両村を主体に山村生活の主軸を見てきたのであるが、年間を通して行われた年中行事に注目し、多彩な民俗慣行を見ていきたい。

**正月の準備**　正月の準備は、一二月一三日の「コト始め」から行い、俗に「正月始め」ともいう。この日に山へ行き、ウラジロ・松・ユズリハ・サカキなどを採ってきて、葉物は、サコの谷水につけて保存した。

餅搗きは、だいたい二八日か三〇日に行うのを常とし、二斗くらいの量を搗いた。餅の種類として、白餅を基準として、その他、ヨモギ、キビ（セイタカ）、アワ餅はノシ餅とし、カキ餅も作って保存用としたという。またタダ餅というウルチ米と餅米を混ぜて作った軟らかい餅が良いモチといわれた。

正月飾りは、三一日には飾り付けを行う。シメ縄にヘイを付け、コダイマツという赤松を主体に、ウラジロ・サカキ・ユズリハを半紙で巻いて括ったものを箸の長さくらいに整え、シメ縄・コダイマツ・小餅二重のセットで、神棚・ウス・蔵・土間・便所・井戸・仏壇・田畑に飾り付ける。田畑には、挿してまわったが、現在は門田のみに行っている。この中でシメ縄のシデの垂れる数は、七五三が基本形であるが、水場は二五三、便所は四五三、仏壇は五五三であったという。床には、三方に半紙を敷き、その上にウラジロ、ユズリハ、オオカガミ二重にミカンを載せ、前に串柿を置いたものを飾る。トシ神さんを祀る棚が天井から下がっている家が西野川に数戸あるが、その祭祀方法は不明である。

**正月行事**　元日の早朝、当主が若水を汲む習わしがあり、自家の井戸に向い、「あら玉の年の始めに杓取りて、万の宝今ぞ汲み取る」と唱えながら汲んだ。この水を雑煮の煮炊きに用いることになっている。雑煮は、味噌仕立てで丸餅を入れたものである。これを正月飾りをしている場所全てに供えてまわり、神棚には灯明をあげる。新年挨拶は、当主から行い、家族一同雑煮を食し、茶に梅干しを入れた「オオフク」を飲み、オトシダマとして葉付きミカンと串柿を配ったという。餅は食い上がりが良いとされ、正月から徐々に数を増やして食べていく。正月に餅を食べない伝承は、隣村の旧龍神村宮代字沢の某家にあり、正月に餅を搗くと護良親王に餅を献上しなかった祟りで、血色に染まるとして小豆オコワで正月を過ごすという(1)。

元旦の挨拶は、大晦日から元旦に差し掛かる夜中に、氏神に参拝し、その足で寺にも行き、年賀の挨拶とする。

七日は、七日正月と称して、七草粥を食べる習わしであり、神仏にも供えて祝う程度である。

八日は、朔日薬師堂の会式であり、盛大な餅マキが行われ、参拝者には供物の大カガミ餅が配られたという。また各カイトの初寄合が行われ、区長・役員・寺・宮総代の選出を行う。

一一日は、安楽寺で大般若転読が営まれ、護符が檀家に配られる。檀家では、それを門口に貼り、魔除けとする風がある。当日は、商店では「帳綴じ」が行われ、盆の上に帳を置き、小カガミ餅と魚、ソロバンを載せて祝った。一般家庭では「カガミビラキ」であり、正月に供えたカガミ餅を全て下げて割っておく。

一四日は、「カザリオトシ」と称して、正月のカザリを全て降ろし、タカミに載せて床へ供え、翌一五日には、「中

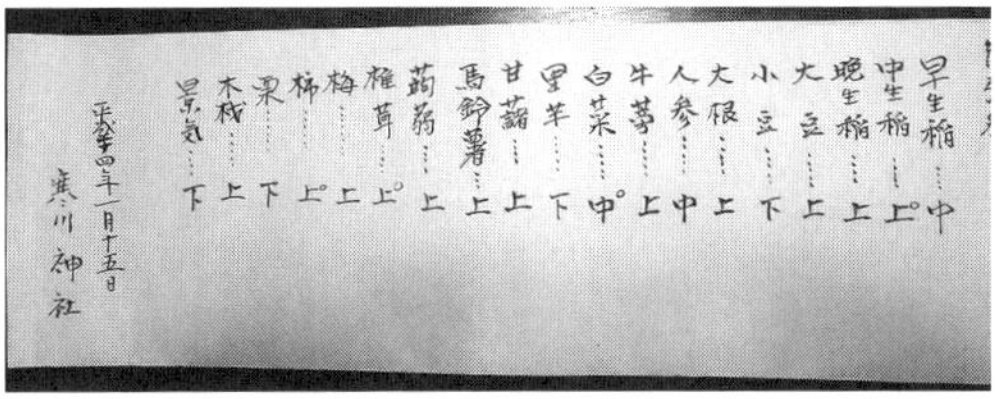


写真1　寒川神社粥占い

正月」と言って、餅入り小豆カユを神仏・ウス・タカミの正月カザリに供える。その後、夕刻からアキの方角のキレイな川原などで正月カザリを焼いたが、本来は、アキの方角の木に正月カザリ一切を括りつけて正月のカミを送ったという。現在はドンド焼として河原で焼いてしまう。同日の一五日は、寒川神社で、恒例の「カユ占い」が行われ、寒川家神職及び役員で神事の後、小豆カユの中にオナゴ竹一〇センチほどの竹筒をタコ糸に括って入れ、その糸には当年の作物の品種一〇種類ほどが記されている木札が付いている。この竹筒の中にカユがどれだけ入るかによって占うのである〔写真1〕。家庭では、「成木責め」が行われ、二人で実のなる木（柿）にナタを打ち付け「なれなれ柿の木、ならなブチ切るぞ」と言い、「なります」と答える。ナタの傷口には、小豆カユを塗り、予祝儀礼とするのであった。この日は「藪入り」であり、奉公人や嫁は、実家に帰ることを許された日であった。

一八日は、上板カイトの不動尊の会式であり、当日は「降らいでも曇る」といい、必ず天気が悪くなるという。心経を繰り、盛大にモチ撒きが行われた。

二一日は、寒川土居の大師堂の会式であり、講組織で祝った。

**春から夏の行事**　二月三日は、節分であり、節分は立春の前日に行われたという。「トシコシ」ともいわれ、イワシの頭をヒイラギの葉に挿し、門口に飾って「鬼のメツキ」といった。この日はゴトウイワシを食べることになっており、福豆を炒って枡に入れて神棚に供え、それとは別に豆を半紙に包んで、同じく神棚に供えておいた。豆撒きは夕方から行い、豆を外向きに撒いたら、子供が扉をすぐ閉める作業を繰り返した。カドでは、竹・イタドリ（ウツギ）・ススキなどを燃やし、バチバチ音をたてて魔除けとしたという。この日は、「カタトシ取るな」といい、正月を家族で過ごしたなら、節分も同じく実家で過ごすことを徹底した。もし無理ならカゲ膳まで据えて実家でトシを越したことにしたという。半紙に包んだ大豆は初カミナリの時に、タバってカミナリ除けにしたという。

二月亥の日は、神棚・エベス棚・荒神・床・ウスの上に、餅米と白米を一緒に炊いてアンコをまぶしたアンコロ餅を二個ずつ高坏に載せ、亥の神に供えたという。この日は亥の神が田畑に出る日であるという。

三月の彼岸は、ボタ餅を作って近所に配り、中日である二一日には、分家筋は本家へホトケ参りに行き、墓参りも行われた。

四月三日は「シガサンニチ」であり、ヒナ飾りをし、ヒシ餅を搗いて、神仏に供えて祝ったという。

四月八日は、卯の花を三メートルくらいの竹の先に括り、庭先に立てたという。

五月五日は、端午の節供で、ショウブの束を屋根に掘り上げ、男の子はショウブで鉢巻をしたという。サンキライの葉で包んだ柏餅を作り、マゼ飯で祝ったものである。マゼ飯が当時の最高のご馳走であった。

五月八日は月遅れの卯月八日で、安楽寺で花祭りを行った。甘茶の接待を請け、戦没者の供養も併せて行われたという。

六月丑の日は、笹のチマキを竹を軸にして田毎の角に立て廻り、虫除けとしたという。この日は牛休みでもあり、牛を川でキレイに洗ってやったという。

六月晦日は「夏越し」であり、寒川神社で神主・役員で神事をし、健康祈願を行った。

**盆行事**　盆の始まりは、八月七日の七日盆からであり、仏壇・仏具や墓の掃除を行い、ミゾハギを供える。寺では、幕を出し、盆の準備を行う。

八月一二日から一三日にかけては、初盆宅で「カリヤさん」がカイト内の人たちによって作られる。一・五メートルほどのニカゴ竹の高床式の四本足に四〇センチ四方の台を載せ、それに三面ヒバ葺きの寄棟の屋根をつけて、エンのイヌバシリの端に祀るのである。これには、寺から請けてきた位牌を安置し、初仏を祀る仕組みである。通常は「ムエンさん」「水棚さん」といった竹筒をカド先に立て、そこに木の板を出したものにズイキの葉に載せたオリョウゴ・キュウリ・ナス・青柿を供えて、餓鬼仏の施しとしたという。両者の祀られる場所は、軒下とカドといった具合に明確に区分されている。同日は、寺でも水棚を境内に設置し、そこに初仏の戒名を書いた位牌を並べておき、墓参りの折にそれを持ち帰って、カリヤに収めたのであった。この行為を「仏迎え」としている。それ以前のフル仏は、仏壇で祀っている。

一三日の供物は、昼過ぎに迎えてくるので、晩ご飯としてソウメンを出し、カリヤ・水棚・仏壇とも一緒の内容であった。当日の夜、上板カイトでは初盆宅で三十三番念仏を行い、百万遍数珠繰りを行ったという。墓参りにはミソハギ・シキミを供える。

一四日の朝は、ゴハン・キュウリ・煮物・豆・汁などの膳を出し、三食のオカズはその都度変えた。この日は仏参りを行い、分家筋は本家に行き、墓参りも行う。初盆宅には、寒川全戸が参拝し、カリヤを拝して、ザシキに上がることはなかった。初盆宅には、提灯を贈る習わしとなっており、その数は一〇〇を超すこともあった。提灯には寄進者の名前が札で下げられ、軒下を覆い尽くし、夜には明々と照らされる幻想的な光景であった。夜には、各カイトで御詠歌や念仏行事が初盆宅で行われ、先祖供養を欠かさない。

一五日は、午前中まで供物を供え、墓参りを済ませる。この時にカリヤに安置した位牌を寺に返却し、安楽寺本堂で数珠繰りを行って仏送りとした。墓の供花は色物に替え、通常通りとなる。しかし安楽寺から遠方の在所では、カイト内の阿弥陀堂で数珠繰りを行い、先祖供養とし、昼過ぎにはカリヤ・水棚は撤去し、川原で焼いて仏送りとした。この際に盆の飾りと提灯一切も全て焼いてしまう。この日の夜には、安楽寺で盛大な盆踊りが開催され、鈴木主水・苅萱堂・白井権八などの口説きを基調に、朝まで踊り明かしたという。

八月二三日は、地蔵盆であり、小藪川では数珠繰りを行って供養が営まれる。

**秋から冬の行事**　九月一五日は、一五夜であり、月見を行った。ススキ・萩の花・ダンゴを供えたが、このダンゴを子供たちが盗んでまわった。この日だけ公にダンゴを盗ることが認められ、オヤツが少なかった時代には盛んに行われたという。

一一月七日は山祭りであり、山林労務者は必ず祀ったという。この祭りが来ると雪が降るといわれており、山の適当な場所で祭壇を作り、アンコロモチと魚を供えるのを通例としたという。

## 二　楆川村の年中行事

**正月の準備**　正月の準備は、一二月一三日の「福柴刈り」からであり、山に行き、ウバメガシの柴を二束刈ってきて正月当日まで、柴小屋で保管する。この柴を用いて正月の雑煮の煮炊きを行うのである。

一二月二五日には、浄土寺に柴二束と大根、重箱に詰めた米を収めることになっており、一年間で使用する寺の焚き木と米を収めたのであった。

三〇日には、餅搗きが行われ、「フク餅」というウルチ米と餅米の混合で餅を搗いたという。量は二斗ほどであり、ヘギ餅(ノシ餅)・アワ餅・キビ餅・カキ餅・アラレ・イモ餅など、多種にわたる餅を搗いたという。

写真2　椋川ツリ神棚

一方、餅を搗かない地域も存在する。椋川より下流域にある古井・羽六には五戸ほどの家が餅を搗かずに正月を越すことになっていた。伝説としては昔、年の瀬に物乞いの一行が餅を所望してきたが、餅を渡さず、その後その一行が護良親王であったことに畏れ多く、以後餅を搗かずに正月を越すことにしたという。現在は、モチを搗くようになったというが、昭和四二年(一九六七)まではそれを守ってきたという。

三一日は「オオツゴモリ」であり、松とシメ縄・ウラジロ・串柿・ユズリハなどの飾りを飾り付ける。シメ飾りは、井戸・便所・納屋・蔵・ソラ神さん・ツリ神さん・仏壇・ウシヤなどに飾り付けられ、シメ縄にそれぞれの飾りを挿し込んで垂らす形となる。基本形として、シメ縄から垂らすシデの数を七五三とし、便所は四五三、井戸は二五三とする。ここで注目するのは、「ツリ神さん」と「ソラ神さん」である。ソラ神さんというのは、常設の神棚を指す名称であり、天井近くに祀るため、「ソラ」という呼称を用いているのであるが、ツリ神さんとは正月のみに祀られるトシガミを指す名称であり、天井から吊られた盆状の棚に祀られる。従来は何もお供えなどをしないが、正月のみに供物を挙げ、祭祀するトシガミ信仰に基づくもので、椋川では全戸で確認できたものである(写真2)。

**正月行事**　正月には、早朝に当主が若水を汲み、それを用いて雑煮を炊く。煮炊き用の柴は、福柴であるウバメガシを用いることになっていた。初詣として氏神である真妻神社に参拝し、その足で浄土寺にも挨拶に伺うのを常とした。雑煮は、味噌仕立てであり、まずカシワ(イバラの葉)に雑煮を盛り、各種神棚と仏壇に供えた。床には三方に白紙を敷き、ウラジロ、二重の餅、干し柿とミカンで飾ったカガミモチを供えた。それ以外には、小さいカガミ餅を供えたという。

オセチなどは、ニシメがほとんどであり。サイラ（サンマ）とカズノコがあれば良い方であったという。

正月当日に蔵を開けることは禁忌とされていたので、蔵は触らないようにしていたという。

四日は、仕事始めであり、ヒナカ（昼まで）まで田へ行き、軽く耕すなどしたという。

七日は、七日正月であり、七草ガユを作り、神仏に供えた。この日は、地下の初寄合が行われたという。

一四日は、正月飾りを降ろす日であり、翌一五日には、ドンド焼きを川原で行い、餅を焼いて食べたという。

**春から夏の行事**　二月一日は、「二正月」といわれ、行事としては何も行われない。

二月三日は、節分であり、豆を炒ってカシワ葉にゴハンを盛り、その豆と共に神棚に供えたという。この日はイワシを食べ、イワシの頭を柊の枝に刺して、門口に飾って「鬼のメツキ」と称した。

二月八日は、「コト八日」といって、麦粉ダンゴを作り、それをワラットに入れ、正月に使用した家族のハシをワラでスダレ状にしたものと一緒に竹竿の先に付けて、空高く上げた。このダンゴはカラスに食べて貰い、「年中コトなかれ」という意味があったという。カラス勧請の習俗である。

三月彼岸には、墓と寺参りを行い、それとは別に「七社参り」として、三角ニギリコ（オニギリ）にアンコときな粉を塗したものを近所に配り、皆連れ立って近隣の神社に参拝したという。

四月三日は「シガサンニチ」であり、雛飾りをし、イソモンを供えた。イソモンは切目（印南町切目）の磯で獲れる巻貝であり、弁当を持って磯遊びに行き、その際に拾ってきた物である。

四月八日は「オヅキ八日」といわれ、卯の花を竹の先につけてカドに立てたという。この日は、浄土寺で釈迦の誕生を祝う誕生会が行われ、甘茶の接待も行われた。

五月五日は、節供であり、柏餅を作り、ショウブを軒先に挿し、ショウブとヨモギの入った風呂に浸かったという。子供の成長を祝う行事である。

六月丑の日は、栗の枝葉に小麦粉ダンゴを巻き付け、適当な田の畦に挿してまわった。その餅は子供たちが抜いて廻り、それを容認し、抜かれなければいけないとも言われたという。

七月には、虫送りが行われた。日程は決まっていないが、虫供養として、寺で鉦を叩きながら数珠繰りをし、請けてきた札を田に立てた。この虫供養に参加すると小豆ゴハンをくれたという。

**盆行事**　八月七日は、「七日盆」であり、墓掃除を行い、仏具は川に洗いに行ったという。初盆の場合は、一二日に新仏を祀る「カリヤ」「オサヤ」という仮設の棚を作った。これは、高床式であり、オナゴ竹を足にし、三面は寄棟造りのヒバ葺きにしていたという。三本ハシゴを掛けており、軒下のイヌバシリの辺りに設置された。作成は親戚が行うものであり、同日には墓参りをし、花筒も替えてキレイにしたという。初盆の場合は、この日から提灯を出し、明かりを灯した。

一三日には、「水棚」「ガキ棚」という簡素な台を戸袋の辺りに設置し、ズイキの葉の上に夏野菜を盛り、ガキ供養とした。この日には、ホトケさんをもてなすためにヒョウナといわれたスベリヒユのお浸しを供えたという。これは「ヒョウっと来る」に由来するという。通常はこの日から提灯を出した。

一四日は、ソウメン三束にオリョウゴを先祖の数だけ作り、野菜の煮付けなどを柿の葉に盛ってオガラのハシを添えて供えたという。仏花としては、シキミ・ミソギ（ミゾハギ）・ホオヅキを、墓や仏壇・棚に供えた。それぞれには迎え餅の白餅を供え、一度だけ焼餅にして供えたという。

一五日には、ズイキの煮付けと小豆飯のニギリコを供え、ズイキは「ズット帰るように」という思想からであった。この日の夜に盛大な盆踊りが浄土寺で行われたという。

一六日早朝、仏送りを行うために川に提灯を持っていき、橋の上から線香一束を燻らせながら、鉦を叩いて念仏を唱えた。先祖の弁当として、小豆のニギリコや、キュウリ・ナス・青柿の供え物を流したという。その足で墓にも行き、墓の花を色のあるものに交換して仏送りは終了となった。

八月二三日は、「二三夜」ともいわれ、地蔵盆が行われた。浄土寺地蔵堂で行われた行事であり、子供たちが一〇八本のロウソクを灯し、和讃を唱和したのであった。盆の提灯はこの日まで飾り、先祖の行き先を照らしたという。

**秋から冬の行事**　九月一日は八朔であり、この日に餅を搗いて神仏に供えたが、この日より昼休みがなくなり、夜なべ仕事を開始するため「八朔の苦餅」と称したという。本来は、初穂を摘んで餅とし、神仏に豊作を感謝する儀礼であった。また同日は、二百十日に当たることもあり、無事台風などがやり過せたら「野分休み」として農事を休む日でもあったという。

九月上旬には、「山の道ガリ」が村総出で行われ、隣村との山の境界を刈って廻り、尾根筋に道をつけていった。全戸参加が強制された道普請であるとともに、サイメ改めでもあった。

九月一五日は十五夜であり、ダンゴを作り、カヤのホと萩の花・里芋を月に供えたという。

一一月亥の日は、亥の子であり、稲刈りが済んだ季節であった。一升枡に一二個のアンコロモチを入れ、石ウスの中に入れて亥の神に供えたという。閏年には餅の数が一三個になった。またこれとは別に重箱にアンコロ餅を入れ、近所に配った。またジノッさん(地主神)にも供え、この日を「地主祭り」ともいった。現在、地主神社は、一ヵ所に合祀されているが、かつては、各カイト毎に祭祀されており、その形態は、その名の通り、土地の開拓神的要素が強いものであった。近所に配られる亥の子モチは非常に大きかったのが特徴である。

一一月九日は、山祭りであり、山林労務者はすべて参加するか、個別に行った。当地では、主に製炭労務者が行う行事であり、山の入り口に大きなボタ餅を供え、サイラ（サンマ）と共に山の神へ供した。また窯場の窯にも同じ供物を挙げ、この日に山に入ることを非常に忌んだ。特に木を切ることは禁忌とされ、山の神に木として数えこまれるという。山の神は女性であり、在所の気の強い女性を「山の神」と揶揄して呼んだ。


以上、両村の年中行事を見てきたのであるが、山村では、古い習俗が残されていることに注目できよう。正月行事では、餅の種類が豊富にあり、両村ともウルチ米と餅米の混合餅を搗いてきた事実が判明する。これは、餅米の稀少さゆえの伝統と考えられる。

また餅を搗かないという習俗がある地は、大塔宮護良親王の熊野落ちの伝説と深く関わる伝承を残している。旧龍神村宮代の伝承は、旅の遍路に変した護良親王一行に餅を与えなかったことによって、以後、餅が赤く色づくという奇譚によるものであり、印南町古井・羽六では数戸の限られた家が餅を搗かないという事例である。両地とも大塔宮護良親王の一行に餅を与えなかったことに、後悔の念で餅を搗かないという伝承であるが、羽六よりさらに奥地の真妻では、怒った護良親王が、「この地に美人を生じめせん」と叫び、その畏怖譚が語られている。また旧中辺路町鮎川では、全戸餅を搗かない事例を残しており、昭和一〇年（一九三五）大塔宮護良親王六〇〇回忌の際に村の代表が参列し、霊前にて許しを乞い、以後、餅を搗くようになったという。(2) 県内各地では、平家伝承や貴人伝承に基づく餅なし正月の伝承があり、多くの事例が山村に限られていることから、山村独自の特徴と考えられる。羽六や古井といった限定された家の伝承となると、その家の出自と深く関わることも指摘できよう。山村農民とは、出自を異にする可能性を示唆するもので、山村特有の自由な定着性を象徴する事例であり、山間移住者との関係が考えられる。

　また梗川で確認できる「ツリ神さん」の事例は、典型的な年神祭祀の棚であり、その形態がザシキの天井から吊られた形式であるところが共通する。寒川では、その祭祀する家とそうでない家とに二分されており、梗川では全戸と普遍的な形態を示していた。現在は、数戸の家に現存する形となったが、その祭祀形態は正月のみに祭祀するものであり、その年のアキの方角(恵方)に向けて祀る臨時的性格が特徴であろう。また、それとは別に常時祭祀される氏神を祀る神棚を「ソラ神さん」と区別するところにも着目できる。ツリ神さんの特徴は、毎年変化するアキの方角に棚の向きが変えられるところにあり、アキの方角を毎年知る必要がある。このことから暦を熟知した宗教者の関与が指摘できると考えられる。寒川では、その祭祀する家とそうでない家との差が生じているが、イエの都合で祭祀の是非を決めた結果と考えられる。

　年神の存在は、全国各地で確認できるが、正月のマレビト的性格は先祖神の来訪であると考えられてきた。それにアキの方角が付与され、宗教的思想の関与が伺えるのである。従来の年神は、正月に来る先祖神であり、山の神であり、田の神であるという連鎖的神格を持ち、年神は稲作と深く関わるという指摘があるように(3)、従来の年神祭祀は、床の三方飾りが年神の祭場であり、そこに暦上の歳徳神信仰が習合された可能性があると考えられる。今回それを伊勢神道の普及によるものと仮定し、近隣諸村でのツリ神的存在が少数派である事実から、ツリ神信仰というものの需要はその土地によって変わるということになる。

　しかしながら、伊勢の御師が近隣の印南町印南の印南八幡神社と深く関与していた事実を前節で示したように、日高近郷は伊勢信仰と深く関わる地であったことが知られている。寒川などは、山村でもその立地が近隣最奥部にあたるため、個家の事情によって伊勢信仰を受容したかどうかによって歳徳神信仰の普及に繋がったと考えられるが、実証的資料が乏しいことから、今後の調査展開に期待したい。

一方、寒川では、正月の飾りをタカミに載せて祀り、それを木に括って送るという形態を残しており、正月の飾りには、正月に来訪するカミの依代的機能があり、それをアキの方角にある木に括って送るという古俗は、他ではあまり見受けられない。現在は、ドンド焼などで焼いてしまう傾向にあるが、焼くという行為以前の素朴なカミの送り方として、木に括るという措置を行ったと考えられる。

二月の行事で、節分は除災儀礼を担っており、オニの存在が大きく関与するが、寒川では豆以外に竹やイタドリを焼いて破裂音を鳴らし、呪物と攻撃的な音によって除災を図る行為が目立つ。またその豆には厄除けの効力もあり、カミナリ除けとしての機能があったことがわかる。

また椝川で確認ができるコト八日の伝承は、相当古くに忘れ去られた伝統であり、現在は全く行われていない。供物のダンゴを空高く掲げ、家族のハシと共にカラスに献上するカラス勧請の伝統である。一年間の家族の安息を祈って行われた除災儀礼であり、カラスの存在がカミとして捉えられ、山の神としての象徴であるカラスに供物を捧げるのは、山に坐します祖霊に託したものと捉えることも可能である。

山村の特徴としては、仏教的祖先祭祀の拠点となる旦那寺への遠距離により、カイト組織によって独自に祖先供養を行うという点に顕著に表れる。仏堂の存在が多いことは、前節でも述べた通りであり、そこで盆には丁重なる念仏供養がカイト組織によって行われているが、それには近世以前の庶民の死者供養の姿が垣間見えるのである。

註

（1）　龍神村誌編さん委員会編『龍神村誌　上巻』一九八五年
（2）　野田三郎『日本の民俗・和歌山』（日本の民俗30）第一法規出版　一九七四年
（3）　藤原　修『田の神・稲の神・年神』（御影史学会民俗学叢書8）岩田書院　一九九六年

【話者一覧】　二〇一二年一月一七日・一八日・二〇日調査

・福島榮助氏　・寒川シナエ氏　・寒川スミ子氏　・沖野昌彰氏　・柳本千代楠氏　・中原糸枝氏
・西山重弘氏　・西山政代氏　・森下サチ子氏　・沖野祥子氏　・田中節恵氏

# 第三章　漁村社会の構造と生活環境

# 第一節　村落組織と民家構造

## 一　村落組織の構造と漁撈集団

漁村社会では、その独自の生業形態と立地環境から複雑な村落構造を形成してきた。ムラの成立としては、移動性の高い漁民気質から漁獲物を追い求め、住みよく漁獲物が多い場所に定着したという考えが妥当であるが、そのムラの性格は農村のように一概に語れない歴史を持っている。

漁村の特徴としては、その立地環境による生業形態の違いに大きく左右される傾向がある。それは漁撈活動のみに従事するのか、農耕にも従事する兼業なのかというところである。そういった生業慣行の違いや、立地する場所によって内部構造は非常に複雑な形となる。沿岸部は非常に複雑な景観を持ち、優良な湾口があり、砂浜が広がり、懸崖を形成している。そこにムラを立村し、人々が生活を送ってきたという事実に着目し、どのような発展を遂げたのかというところに、本章の目的がある。紀伊半島南部南紀地方は、有力な漁民が多く存在し、彼らは全国に名高い紀州漁民であった。漁民で構成された村落構造を把握することで、その地域で培われた伝統と伝承を理解し、漁村社会を解き明かすものである。

本章での主体となる地域は日高郡由良町・日高町・印南町・御坊市名田町などを中心に、漁村の概要を捉えていく。

漁村の構造は、農村のそれとほぼ同じ条件の下、形成されているが、そもそもの生業形態の違いから独自な発展を遂げてきていることは先に述べた。行政的な村落の形成以前の姿は、計り知ることはできないが、本章では主に中世末から近世にかけての漁村社会の特質を見ていきたい。漁村の景観的な特徴としては、ほとんどの集落が集村の呈を示していることである。それに関わる要因の一つに立地的条件が大きく関与しており、集落を構える平地の狭小さによるものが大きい。二つ目の要因は、生業の大きな地位を占める海に近い場所に集中して屋敷を構えたことによるものである。かつての漁村では、必ずしも港が構築されているとは限らず、浜辺などに漁船を引き揚げて管理を行うということに所以するものである。立地的に漁撈に頼らずには生活が立ち行かない条件下であったが、中には、漁撈に携わりながら農耕を勤しむ半農半漁の漁民も多く存在した。彼らは、漁撈を主体として生計を立てていたが、土地の集積も行い、農民としての側面も垣間見える発展を見せた。

漁村の支配体制は農村とは異なり、年貢米の徴収は、微々たるものであった。しかしながら慶長検地を実施し、村落体制の実態把握を行うことで、漁村支配の実証的資料としたのは事実である。日高町津久野浦は、日高町北東端に位置する小集落であり、平成二五年（二〇一三）現在、わずか三戸の戸数である。「津久野浦検地帳」が作成されたのは、近隣諸村と同じ慶長六年（一六〇一）九月で、検地役人は竹腰甚右衛門であった。[1]

漁村とはいえ、農地の集積を行い、また漁撈に従事した典型的な半農半漁村であった。帳尻集計は、田畑一町四反八畝三歩、石高二〇石余りと非常に零細な規模であったことがわかる。名請人の数は二〇人であり、屋敷数は一二戸である。この中で筆頭地主と思われる「若兵衛」の家別集計を見てみると、以下のようになる。

田　六筆（二反二畝　三歩）

畑　九筆（一反五畝一八歩）

屋敷二筆（　二畝二七歩）

以上のような土地集積数を見せているが、農村との比較となると農地の少なさが一目瞭然となる。屋敷所有の名請人の中でも「若兵衛」は、他より断然集積数が多い。しかしながら田畑合わせて四反未満では、農業での生活は困難であり、このことから農地依存は少なく、生産活動の主体は、漁撈であったことが明瞭となる。

こういった漁村の課税対象は水主（加子）米であったが、本来は加子役という賦役徴収を目的としたものであった。[2] これを遂行したのが、初代紀州藩主浅野氏であり、慶長一六年（一六一一）には、納米に切り替えられ、水主一人当たり一石二斗の徴収とした。[3] これは村高による本年貢の徴収とは別のものであり、加子米とは、農村の郷役米などと同じもので、本来は賦役を徴収目的とし、後に米納として浦役に課せられた租税であった。[4] 元和五年（一六一九）に紀州藩入封となった初代徳川氏は、農村と漁村の区別を図るために漁村を「浦」とし、漁村支配を繊細に行うことに重点を置き、浅野氏より詳細なる加子米の負担を課したが、一定の村高や人口に応じて均等に割り振ったものではなかった。[5] 日高町比井の『古今年代記』[6] には、以下のような記述がある。

水主米比井ハ元若山ゟ御船水主入用之時々人数ヲ被仰付浦々ゟ百姓御水主ニ参候処、奥熊野ハ遠所ニて御用御指支等有之ニ付、壱人前米弐升ノ積りヲ以浦々人数相応ニ米高極り申候事ハ、比井ハ庄や四郎右衛門浄永寛文年中ノ事の由、其比ハ付野浦幷唐子ハ常陸ノ国銚子へ鰯網挽ニ参、村並も能人数多候故浦相応ニハ水主米高多候、比井ハ他国稼ニ不参人数も浦相応ゟ無数候ニ付、水主米も無数十五石ニ極リ候、

以上、比井の加子米の記述である。『古今年代記』の作者は、加子米の始まりは水主の入用に応じて宛てがわれた人夫としており、米納への切り替えの理由を熊野などの遠隔地からの出勤不自由による差し障りを理由として、水主米の水準を一人二升の計算で行っている。ところが慶長一六年（一六一一）『加太浦より錦浦迄加子米究帳』[7] には、比

井浦の水主は八四人（前改帳面九〇人、内六人不足）としており、加子米の合計は百石八斗とし、一人一石二斗の算出となっている。「古今年代記」とは大きく差が開いているが、おそらく前述史料は、比井の隣村唐子浦も包括しての計算であると考えられる。『古今年代記』に記された通り、比井では漁撈産業は盛況を振るわず、加子米の納入高は少ない傾向にあったが、享保一三年（一七二八）頃成立の『日高郡加子役高加子米覚帳』⑧では比井・唐子の加子米の算出が、比井が一五石、唐子一八石となり、『古今年代記』に記された加子米高が登場するが、加子役負担人数が減少の傾向を示している。浅野氏統治の時代から約一〇〇年後には、大幅なる加子米算出改定が行われた結果であるが、漁撈従事者が多い村の方が加子米の徴収高は多いということには変わりないものである。

一方、沿岸部に位置しながら加子米を納入していない漁村も存在する。それは日高郡内由良町阿戸・日高町柏、御坊市野島・上野・楠井、印南町津井などの沿岸集落である。前述の慶長一六年（一六一一）『加太浦より錦浦迄加子米究帳』には、先に挙げた諸集落の記述は見られず、ただ阿戸浦から網代浦が分村し、加子役は網代浦が引き継いだ模様である。⑨さらに後述した享保一三年（一七二八）頃成立の『日高郡加子役高加子米覚帳』にも、残りの五ヵ村は姿を見せていない。これは慶長検地以降享保年間までの間の村落調査の結果、これら五ヵ村が漁撈を主体とした漁村ではないという位置付けがなされたからであろうと考えられる。いうなれば立地上、漁撈に恵まれない地域や、零細漁撈形態などの実情において賦役負担が免除されたことを意味するものである。

実際のところ、延宝六年（一六七八）の『日高鑑』⑩には「柏村」と「村」として表記していることから、柏集落は沿岸部に位置しながら「農村」という扱いを受けていたことがわかる。船数の記述には、「八艘」と記されたが、それは漁船ではなく「荷物船」という記述になっている。以下、四ヵ村も同じ扱いをされており、漁村としての漁獲高が見込めない沿岸集落は、漁村としての定義を受けず、「農村」という位置付けに固定されたようである。農・漁村の位置付けは近世初頭に固定され、以後、その定義は明治維新まで引き継がれたのである。

漁村の村落支配体制を見てきたのであるが、ここからは歴史的な「農民」としての一面に着目してみたい。漁村において浦公事に参加できるのは、先に記した加子役対象者であることは明白であり、彼らは近世以前より、権力を持ち続けた有力漁民である。彼らのような有力漁民には歴史的位置付けとして「荘民」としての側面が存在した。

由良町衣奈は、由良町沿岸部に位置する半農半漁村で、古代中世にかけて石清水八幡宮寺領衣奈園の地に該当される古い土地であり、その初見である延久四年(一〇七二)九月五日付の『太政官牒』(11)には以下のようにある。

　　壱処　字衣奈園　海部郡

　　　水田肆町陸段

（中略）

右同符偁、同勘奏偁、本寺注文云、薗五月五日御供和布、幷御放生大会還御坂間料、柱松所勤仕也者、勘所進文書、去天元四年三月二日国司判状云、免除件治田壱町弐段余官物租税者、

とあり、天元四年(九八一)には治田が一町二段余、それの官物租税免除の記述があり、衣奈園として立荘されていた。当時、石清水八幡宮寺にワカメと柱松を献上していたことが記されており、当地の古さを実証する史料であるが、半農半漁村としての歴史的史料には以下のようなものが現存している。

由良町衣奈の前田家は、中世から続く有力漁民であり、荘民でもあった。たとえば、前田家所蔵の長享三年(一四八九)一一月二四日付の「ウマトノ行久田地売渡状(12)」には、ウマトノ行久から善了へ田地を七貫文で売り渡しており、譲渡の田地は、公事料田として三升の租税対象である旨が記されている。

また明応二年(一四九三)六月一二日付「西右近衛門畠地売渡状(13)」には、西右近衛門の畠地を西助三郎に売り渡す詳

細が記されているが、注目するのは、西右近衛門の賦役内容である。割注として「右近衛門惣野、又掃部二郎屋敷合一在家也、掃部二郎やしき四分一有、余ハ右近衛門惣野ニあり」としており、右近衛門の惣野に掃部二郎屋敷があり、それには四分の一の公事料があるという記述である。また右近衛門惣野と掃部二郎屋敷を合わせて「一在家」としている。あきらかに掃部二郎は、右近衛門の被官的存在であり、右近衛門との従属関係が伺える。また「在家」という記述は、中世荘園制の在家役を指すものであり、屋敷地とそれに付属した農地山林を租税対象としたものである(14)。また「惣野」とは「惣」が管理する土地と考えられるが、惣野に在家が存在し、その場所に掃部二郎が居住しているということから、惣野とは在家役を含む租税負担範囲の敷地を指すものであり、それの管理はすでに荘園領主ではなく、在地で結成された「惣」によって運営されていることを示唆する内容である。

また本文には以下のような詳細が記されている。

又此畠ニ在家の公事四分一有、うり申時、本券の文書見告候て、或儀にわ半在家かとも申儀候、然間本けん仍無ニ四分一ニ定候間、祢を三貫文ニうり申候、若半在家ならハ祢を弐貫文ニ定申候ハんするやくそく申候、

以上、非常に複雑な仔細が記されている。右近衛門所有の畠地には、公事四分の一が付いているが、半在家なのか在家なのかという詳細が曖昧な内容である。右近衛門方の賦課対象が不明瞭のまま助三郎に売り渡そうとしているが、その価値を決めるのが、在家の存在であったことがわかる内容である。四分の一の記述は、右近衛門方の在家詳細を示すものであり、在家の種類に在家(本在家)・半在家・四分一在家の三種類が存在したことがわかる。右近衛門方は掃部二郎分を合わせて在家とし、掃部二郎分屋敷も含めた賦課であることは確かであろうが、当地では「在家」の存在が大きな地位を占めていたことが明白となった。またこれらの在家役と名田作職とは明確に区分されていることや、在家役負担者の屋敷内に名子的作職者が存在することから、名田作職者と在家役負担者は混在し、複雑な体裁を示し

ていることも判明する。これら二つの租税負担者がいわゆる本在家であり、実質的な名主であるという指摘も存在する⑮。

一方、注目できる点としてこれら荘園支配単位である「在家」の詳細が不明瞭になってきていることにより、事実上、荘園体制が解体され始めていることを示唆する内容である。実際、同時期の明応二年（一四九三）に記された「湯川政春安堵状⑯」には、中世土豪湯川家によって衣奈在住の下司職を世襲していた源七が、衣奈荘下司職を安堵された文書が存在し、当時衣奈荘は湯川氏勢力下に入っていたことが知られている。中世後期における在地土豪による勢力拡大によって荘園は横領され、荘園支配体制は解体の一途を辿ったのである。

天文二一年（一五五二）一一月一八日付「おういへ孫大郎座売渡状⑰」には、興味深い記述がある。

志行事座返事

此座事ハ公事銭そおいあるニよつて五百文ニなか久うり渡事しつしやう也、如何様しゝそん〳〵おき、いらんあ
る間敷事、後日しやうもん如件、

おういへ

天文廿一年十一月十八日　　孫大郎

下司殿（筆軸印）
公文殿（筆軸印）
惣座中（筆軸印）

二郎太夫方へ

以上の記述は、孫大郎が惣座出席権利を売り渡すことを証明するものであり、「志行事」の内容は不明であるが、

「下司」「公文」などの了解を得ることや、「惣座中」という座が定められた集団が存在すること、これを前田家先祖の「二郎太夫」に宛てた記述から、荘園が惣荘へと移行を示し、荘園管理支配権が在地荘官である下司や公文、惣座中へと移っていたことを意味すると考えられる。「惣座中」は、荘園村落の諸賦課を負担する村落共同体として、それぞれの権利を主張し、その権利特権を防御するために結集された組織と考えられ、事実上、彼らの結集の背景には、荘園領主からの自立を果たしたことを意味する。彼らの存在は固定された身分の上に成立しており、その身分は在家役、名田作職を有した「名主」たちであることは明白であろう。

また天文二三年（一五五四）一一月三日付けの「かミの二郎衛門田地売渡状案」[18]には、名田に関する記述が見える。

永代売渡申田地之事

合一所者　かこ田四升まき　　公田四十歩太郎左衛門名

右彼下地者、依有用〻現銭一貫八百文ニ永売渡申事実也、若天下一同徳政行候共、其時一言之違乱申間敷候仍為後日正文如件、

東ノ

二郎太郎殿まいる　　かミの

天文廿三年甲寅十一月三日　　二郎衛門

以上、二郎衛門が二郎太郎に売り渡した公田太郎左衛門名四〇歩の記述である。この記述から当時衣奈浦には公田としての名田と在家役の二種の租税対象が存在したことがわかる。名田の存在は西日本に顕著に見られたもので、開拓者の名が付された公田を指すものである[19]。在家は、作職所有者の住宅及び屋敷地全域を含むものであり、その屋敷に付属した農地・山林をも包括した広域な存在であった。いわゆる在家役を負担できる作職（名主）所有者が本在家の

対象となることが伺える。

この在家役負担者＝名主であり、荘園領主及び荘園管理者（公文・下司）は、この在家の定数を安定させることが荘園支配の基盤を支える重要な役目でもあった[20]。

漁村社会の側面としての農民的背景を歴史的史料を基に見てきたのであるが、より細かな社会組織としての漁撈集団にも着目しなければならない。先述の衣奈浦には網株が七株あり、衣奈前田家所蔵の明和六年（一七六九）「網株仕出し覚」[21]には、網元衆の詳細が記されている。

一鰯網　　弐分五リ　庄右衛門加入
　　　　内弐分五リ　伝七加入
　　　　　五分　市郎右衛門分
一志はり網　　　　市郎右衛門
　　　　弐分五リツツ四人　和吉
　　　　　　　　　庄右衛門
　　　　　　　　　伝七
一四艘張　　　　　市郎右衛門仕出シ
　外ニ無障
一曳網壱帳　　　　市郎右衛門仕出シ
　長次郎ト組合曳候得共離別之時ハ市郎右衛網也長次郎無株
一右同断　　　　　庄右衛門仕出シ

庄蔵ト組合引候右同断

右は元来網々仕出依子細有之此度相改申候、右之通相違無御座候、仲間中引申時ハ是迄之通何時ニ而も品ニ㕝仲間離別之時ハ網ハ仕出し株江取上ケ申筈、毛頭外㕝障リ不申筈相心得居申候、為後日仍而如件、

（以下略）

これらは衣奈浦の網株の仔細を記したものであり、網元の明確な資料とするために作成されたものである。この史料によって網株の歴史が確認できる。まず、網株としての存在は、明和六年以前から存在し、それの改定によって作成された文書であることに注意しなければならない。網の存在は、近隣諸村から見ても早い時期に網漁の技術が発達したことを裏付けるものである。その網株が七人の網元によって操業されており、近世初期の段階で、網漁に着手し大規模なる組織を築いていたことは事実であろう。先述の史料では、「市郎右衛門」が四株の網を所有し、新たに二人の加入が確認できる。市郎右衛門が当地における筆頭網元ということになろう。

もっとも網漁の初見は、衣奈前田家文書の慶長六年（一六〇一）「貸米日記」[22]に米の貸付記録があり、「四郎三」に米五斗を貸し付け、その質草として「右之米之しちハはまちあミ、うちあミ二いろ也」としており、当時は相当貴重であったはずである漁網を質草として米を借りている状況が記されている。その網の内容は「ハマチ網」「打ち網」の二種であることもわかる。ハマチ網は巻き網もしくは、地曳網系統のものであり、打ち網は、小型の船上から打ちこむ網だと考えられる。その形状と内容は不明であるが、近世初期の漁村における漁業活動の最先端を進んでいたことは間違いなかろう。

網漁の操業は個人では活動できない事業であり、それには多くの網子が関与した事実がある。網元と網子の従属的な関係は、漁村社会を解き明かすためには必要不可欠な問題であり、以後網元と網子の関係に着目していこう。

明治三六年(一九〇三)「旧藩時代の漁業制度調査資料㉓」によれば、近世の各浦々における代表的な網子の雇入れの記述は、以下のようになっている。

衣奈村衣奈網主ハ網子雇入ヲ契約シ、其網ノ継続中ハ他ノ網子タルヲ得ス、故ニ分家スルトキハ本家ノ乗組タル網子トナリ、男子十歳位ヨリ網子トナリ、沖業ニ従事セザルモ、地方ニテ雑役ニ従ヒ、其成長迄年齢ニ応シ等級ヲ附シ、漁獲金配当ヲ為ス、

由良町衣奈では、網子の雇入れは、代々世襲で行う旨が記されており、分家の際も本家に従い、同じ網元に従属する旨が記されている。網株を固定し、網子も特定の従属した網元に従う傾向にあったのである。

また同町大引では、以下のような慣行であった。

白崎村大引釣船漁夫ハ陰暦正月年中雇入レノ約ヲ為シ、地曳網ハ其網ノ初メタル際網子も定メタル家ハ其網ノ継続中ハ之ニ従事ス、故ニ分家スルトキハ其本家ノ従事スル網ノ漁夫トナリ網子ト称スルハ一家一人ニシテ他の家人男子ハ幾人アルモ大子曳ト唱ヘリ、其網子ハ該網使用及ヒ引揚其他諸般ニ付キ、必ス従事セサルヲ得サルモ大子曳ハ之ニ従事スルト否トハ本人ノ随意タリ、

衣奈隣村の大引では、釣り船の漁夫雇入れは正月に契約をすることが記されている。一方、地曳網に関する網子の雇入れは、その網の創業当時に定まった網に網子は従属することが記されている。分家筋もその例に従い、衣奈と同様の事例を示している。しかしながら、大引では網子の詳細がさらに言及されており、網子とはその家に一人の存在であり、おそらく長男がそれに従事し、次男以下は「大子曳」と区別されていたことに注目できる。次男以下は、網元に従属する規定はなく、本人の意志に任されており、先にあった釣り船の漁夫として働くこともあったと考えられる。同様な世襲制の網子慣行は、印南町切目、みなべ町岩代でも確認でき、網元と網子の関係は超世代的な従属関係

で結ばれていたのであった。

一方、閉鎖的な側面を見せつつも、「地下網」と称する網の所有は、そのジゲに在住する者全てが加勢対象となっており、先述の「旧藩時代の漁業制度調査資料」によれば由良町神谷などは、鰡及び鰯網は大字の共有としており、衣奈・小引も同様な事例を示していた。独占的な網元操業による網漁とは違い、地下網は、それに参加した就労過程によって取り分を均等に割り振ったものであり、開かれた存在であった。

これまでは漁村社会の大まかなる構造を見てきたのであるが、漁村社会の内部構造にも深く言及する必要があろう。日高郡日高町阿尾は、戸数一四〇戸を数える純漁村集落である。かつては二〇〇戸を超える戸数を有し、狭少な土地に密集した村落景観を示している。阿尾の村落形成における立地環境の特徴は、小さな湾口を抱える岬の斜面に立村していることであり、その結果家の密集度が増し、複雑な村落景観を示すに至った。

主な生業は、個人操業による一本釣りが本業であったが、大型網による網漁も古くから行われてきた地域である。また阿尾の伝説では、阿尾領馳出の鼻という磯に神功皇后三韓遠征の折に、鉾を突き立てた鉾突き岩が残されており、日高沿岸部には濃厚に神功皇后伝説が残されている(24)。隣村の産湯では、神功皇后が応神天皇を出産した地とされ、産湯に使った井戸が残され、村名もそれに因んで「産湯」としたという。先述の由良町衣奈は、出産後の胎盤(エナ)を埋めた地に因んで「衣奈」という地名が生まれたとしている(25)。古代より海上拠点地として知られた紀州沿岸部は、濃厚な八幡神信仰の拠点地でもあったのである。

また中世には熱狂的な真宗門徒の出現によって沿岸寺院は真宗に帰依していく歴史が存在する。それは本願寺第八世蓮如上人の影響が強く、天正年間(一五七三〜九二)には、戦乱を避けて逃亡してきた教如上人をかくまった「逗留穴」という洞穴が近年まで存在し、真宗上人伝説も濃厚に残される真宗地帯でもある(26)。

氏神として白鬚神社、旦那寺として光徳寺（真宗本願寺派）があり、社祠として恵比寿神社を祀っている。

字名は西からオザキデ・ドウ・ヨコダニ・タバタ・ムカイとなっており、浜沿いに細長く集落が築かれている。組としては現在一二組あり、一組一五戸前後の規模である。冠婚葬祭の相互扶助を目的としており、かつては「小寄講」と称して、組内の葬式一切の手伝いを行う組織が存在した。(27) 葬式の際には、香典として村内全戸からニンゴ米（二合米）を供出する習わしがあり、村内の相互扶助意識が高いことがわかる。

当地の家格制度は、漁村特有の網元制度が濃厚であり、大出家・清水家・水尻家・松本家・完倉家・木村家などが網元衆と呼ばれた上層漁民であった。また網元衆を基盤とする同族関係も濃厚であり、婚姻などによる血縁関係は「イッケ」とし、本家・分家関係は「イットウ」としており、オモヤ・シンヤの付き合いが網元・網子などの関係まで派生している。中でも大出イットウは、阿尾随一の同族組織であり、大型網を利用した巾着網（巻網）の創業者として名高い一族であった。一方、木村イットウでは、イッケ網（ナカマ網）と称して、親戚筋で網を所持し、阿尾領の州浜で地曳網を行って仲間内で均等に曳き賃を分配するなどの事例も伺える。

これら網元衆は、必然的に村内でも古株の血筋であるが、宗教的面では別の組織が権力を持っていた。阿尾の氏神白鬚神社では、秋の例祭「クエ祭り」に神饌を調進し、供奉する組織が存在し、九家が「上座衆」として権力を誇示してきた。座衆の中には、網元衆も含まれ、家格ともに上層部の漁民によって組織されたものであることがわかる。彼らの組織形成の伝承には、白髭神社の勧請に関与した血筋というものがあり、光徳寺八世俊了と九家の人たちによって近江から分祀したというものである。氏神勧請に真宗寺院の関与が伺えるが、その真相も不明なままである。

こういった政祭一体の組織によって漁村社会の形成に繋がっているのであるが、本家・分家の広がりが強く、漁村であるため農地等の財産分割にかかる負担が少なく、余力のあるイットウでは容易に分家を出すことが可能であったことに起因するという。しかしながら空き地の少なさによって、分家に屋敷地として宛てがわれたのは、イットウ内の空き家が多く、新たに屋敷地を開墾することは少なかったという。

以上、漁村社会における諸集団と社会組織の内部構造を見てきたのであるが、漁村社会の基礎となる漁民気質によって形成された組織の複雑さの一端が明瞭となった。先に挙げた日高町津久野浦では、幕藩体制下によって施行された検地帳によって近世初期の漁村社会の構造が記され、主たる課税対象の把握をもって水主を選定し、漁民としての地位を格付けしていった過程がわかる。

また由良町衣奈では、中世文書によって漁民の中に農民（荘民）としての農地集積が確認でき、また中世有力漁民の半農半漁体制が垣間見えた史料であった。農民としての性格が先か、漁民としての性格が先かという半農半漁の生業形態は、いずれも立地した環境によって異なるものであり、背後に広がる農地がありながらそれに従事しない地域もあれば、漁期によって農民にも漁民にもなるという二種に分かれるのは事実である。由良町衣奈に関しては、古代に設定された石清水八幡宮寺領衣奈園の立荘により、農地開墾に着手した漁民が存在したことを裏付けるものであり、行政的立場からの指導があったことを示唆するものであろうと考えられる。史実的には、それに関する荘園資料は残されていないが、太政官牒に記されていたように、立荘当時は、海産物であるワカメの献上が主なものであり、漁村としての価値が見出せるが、後世に治田開発に伴って漁民が農民的性格を帯びだしたと考えるのが妥当であろう。漁民＝漁撈という単純な生業活動とはいかない複雑な過程が存在したのである。

また村落の内部構造は、網元・網子などの漁撈集団の存在が強く、本家・分家などの同族関係も包括し、それに従属する面が確認できた。網元衆は政祭一体として、村落の統治を行い、社会組織を形成していったのである。

## 二　民家構造と特質

日高沿岸部は、複雑に入り組んだリアス式海岸の景観を示し、入江や岬などの地形に富んでおり、漁撈活動には適した地域である。かつての漁村の景観としては、その立地環境によって大きく地域差が生じることを先に述べたが、まず入江の漁村は、天然な優良港湾によって商業における飛躍的発展を見せる場合が多く、同郡日高町比井などは、優良な港湾によって廻船業の発展を見せた地域の代表であろう。由良町横浜でも同型の景観を示しており、村落景観は重厚な瓦屋根に連子窓の商店形式が通りに面している。商業的に発展した地域では、漁村特有の民家建築は早期に姿を消していった結果である。

本項では、漁村特有の民家建築とその特質を見ていきたい。

前項で挙げた日高町阿尾では、その立地的特徴から複雑な路地が多く形成された漁村であり、家の密集度の高さが漁村特有の景観を示しているといえよう。当地で組織されている講組（小寄講）の相互扶助の中には冠婚葬祭以外に家普請も含まれており、取り壊しから建て替えまですべて共同で行われてきたという。集落内部では、家の密集によって屋敷地が狭くなり、敷地一杯を屋敷にあてるという構造から民家建築の困難さによるものである。路地の利用には、特徴的事例を示すものもあり、印南町印南では、日高町阿尾と同じ景観を示しており、複雑な路地が集落内を巡っている。当地では、葬式の際に利用する道を「葬式道」と称して、普段使う道とは区別する傾向にあった。またそれらは、個人持ちの私有地である場合もあったという。日常と非日常の区別が路地によって明確に分けられていたところが注目できる事例である。

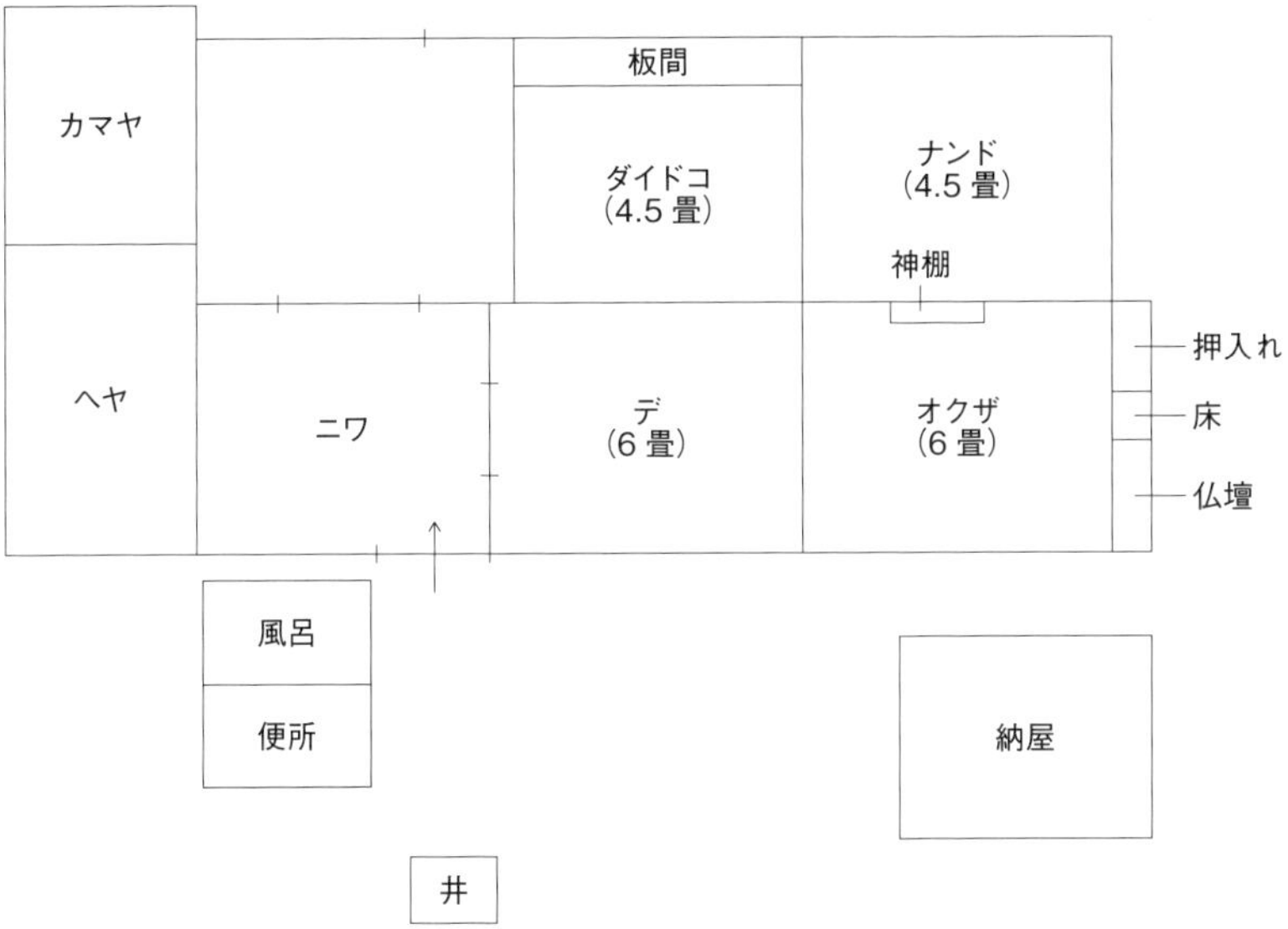


図1　阿尾田丸家の間取り図

漁村民家の特徴で挙げられるのは、屋根材としての瓦普及の早さである。特にキョウモン葺きといわれた本瓦が主流となっており、その普及は近世まで遡るものである。由良町横浜の安政期作成の村絵図には、瓦屋根の民家が六割以上となっており、随時瓦屋根へと移行していったと考えられる(28)。また大正六年（一九一七）撮影の日高町阿尾「クエ祭り」の風景には、本瓦葺きの民家が多数写っており、漁村における瓦屋根の普及は農村・山村より早かった傾向を示している。それには風害の影響が強く反映していると考えられ、軒を低くし瓦の重量で屋根を押さえることで台風からの被害の軽減に繋がったのである。第一章の農村での瓦普及の言及では、明治初年の段階で半数に及ぶ普及率を見せていたが、漁村においても由良町横浜などに見られるように、農村と同時期かそれに先行する傾向にあったと考えられる。農村との裕福さでいうなれば、漁村の方が流通経路の主要を担っていた点や、漁獲高によって金銭の受給が多く、瓦屋根にするのが贅沢として捉えられていたのも一つの要因と考えられる。

漁村民家の略図は、以下の通りであるが、図1は、日高町

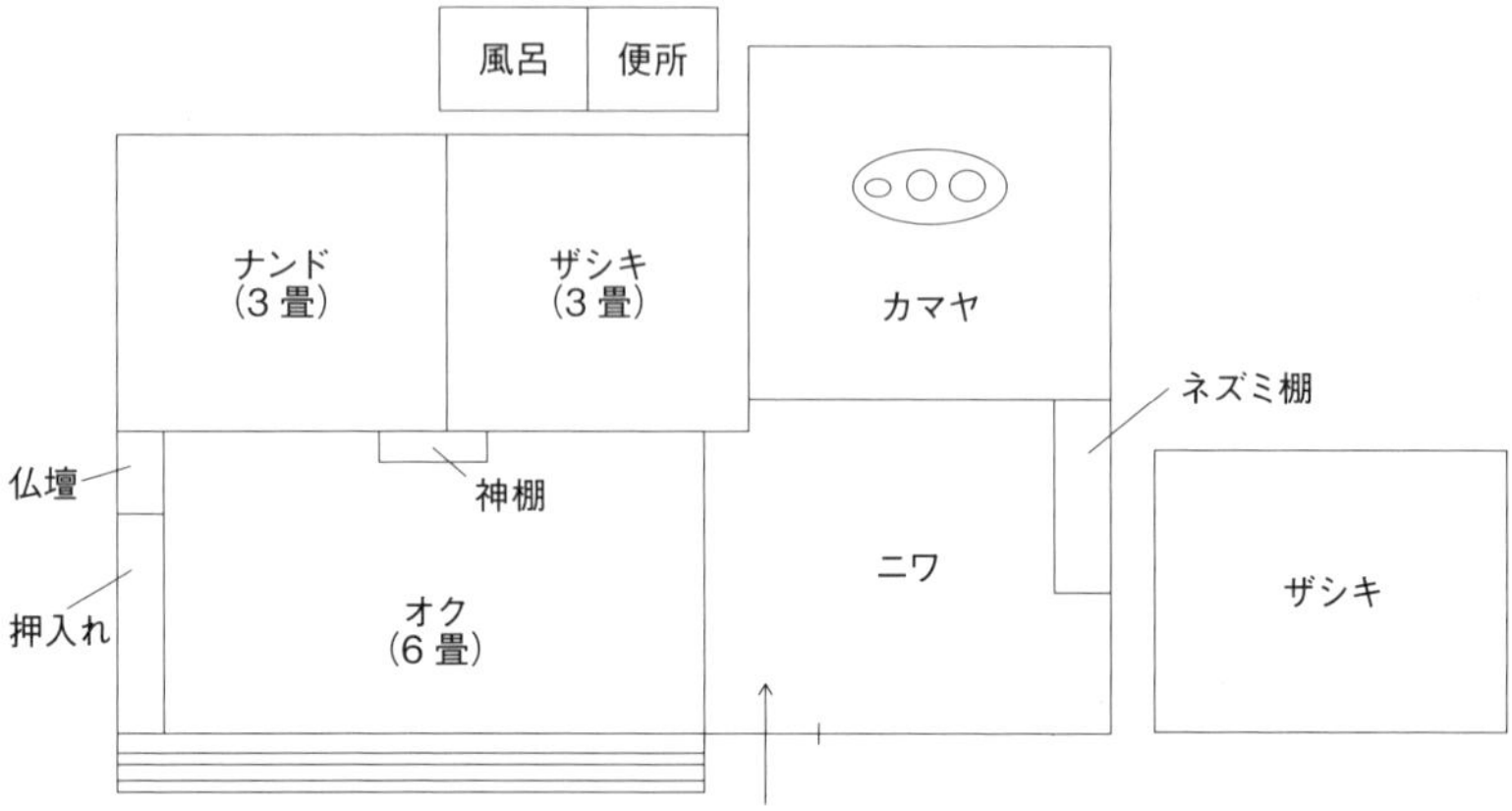


図2　唐子山中家間取り図

阿尾の田丸家の屋敷間取り図である。田丸家は、阿尾で数少ない半農半漁を生業としていた家系にあり、その民家規模は阿尾でも随一の大きさを誇るものである。左勝手の玄関から入り、通り土間をニワと称し、右手がデ、その奥がオクザ、ニワの奥に入って右手がダイドコで、その奥がナンドである。オクニワの左手にカマヤがあり、炊事の煮炊きはここで行われた。オモテに面するザシキが六畳ずつと大きく設定され、ダイドコ、ナンドの日常の生活空間は四畳半ずつと狭い傾向を示しているが、オモテの間に接客空間としての配慮が集中しており、日常の場には、そのタテマエの感情を取り入れていない表れであろう。またダイドコの畳が三畳分しか敷かれていないのは、板間であった名残りであり、後世に畳を敷いていった途中経過が残されているのであった。

図2の日高町比井字唐子の山中家は、近世より山中姓を名乗った親方筋の家系であり、現当主の曽祖父嘉七によって建築された安政期の漁村民家で、度重なる津波と浪害に耐えた貴重な民家である。純漁民である当家の民家建築は、かつて当地で普遍的に見られた三間取り民家で、右勝手の玄関から入ると左手にオク六畳、そしてダイドコ・ナンドともに三畳の間取りである。後世に玄関脇に二階建ての座敷を設けたが、幕末期の漁村民家を知る上で貴重な民家といえる。オクに押入れと仏壇を設けた分、ダイド

コが半畳ほどニワに出た形式となっており、カマヤはニワの突き当りに半間ほど出た形となっている。

玄関を出たすぐ先は海となっており、作業のほとんどは海に面した通りで行うのが日常の光景であったという。当地は大型漁網を用いた網漁はなく、すべて個人操業の一本釣りが主体であり、その歴史は近世初期にまで遡るものである。その歴史は別項で記す。

以上、二つの事例を見たのであるが、農村と比べて漁村の民家は、屋敷地が狭いのが一目瞭然である。限られた屋敷地一杯に建物を建てる傾向が強い。その結果複雑な路地が形成され、間取りも限定された広さを余儀なくされたのである。外観の特徴は、軒の低さと外壁の焼き板とコールタールの黒さが目立つ。波風の影響を受けやすい沿岸部では、民家の耐久性が第一に懸念され、瓦屋根の普及には草葺の屋根の脆さを回避するための一つの措置であったのである。

### 註

（1）日高町誌編集委員会編刊『日高町誌　上巻』一九七七年
（2）速水　融『近世初期の検地と農民』知泉書館　二〇〇九年
（3）日高郡役所編『日高郡誌　上巻』名著出版　一九七四年
（4）前掲註（3）
（5）笠原正夫『近世漁村の史的研究―紀州の漁村を素材として―』名著出版　一九九三年
（6）和歌山県史編さん委員会編刊『和歌山県史　近世史料五』一九八四年
（7）前掲註（3）

(8) 前掲註(3)
(9) 由良町誌編集委員会編『由良町誌　通史編　上巻』一九九五年
(10) 森　彦太郎編『紀州文献日高近世史料』臨川書店　一九七四年
(11) 『石清水田中家文書』(『平安遺文』一〇八三号)
(12) 由良町誌編集委員会編『由良町誌　史(資)料編』一九八五年
(13) 前掲註(12)
(14) 仲村　研『荘園支配構造の研究』吉川弘文館　一九七八年
(15) 前掲註(14)
(16) 前掲註(12)
(17) 前掲註(12)
(18) 前掲註(12)
(19) 前掲註(14)
(20) 前掲註(14)
(21) 前掲註(12)
(22) 前掲註(12)
(23) 和歌山県史編さん委員会編刊『和歌山県史　近現代史料五』一九七九年
(24) 仁井田好古『紀伊続風土記』天保一〇年(一八三九年)
(25) 前掲註(24)

（26）日高町誌編集委員会編刊『日高町誌　下巻』一九七七年
（27）野田三郎『日本の民俗・和歌山』（日本の民俗30）第一法規出版　一九七四年
（28）由良町誌編集委員会編『由良町誌　通史編　下巻』一九九一年

【話者一覧】　二〇一二年三月一三日・一五日調査
・杉山　繁氏　　・山中　登氏　　・山中君子氏

## 第二節　漁撈伝承と漁民信仰

### 一　廻船業と出稼ぎ漁撈

紀州比井崎は和歌山県日高郡日高町比井に立地し、背後に山が迫り前方に優れた入り江が天然の港を形成している。背後に迫る山間より比井川が流れ出し、その川沿いには若干ながらの田畑が広がり、農業を営む家が目立つ。

比井崎とは明治二二年(一八八九)に実施された町村制によって生まれた旧村名であり、現在においても漁業協同組合の名称が「比井崎」として、その当時の名残りを偲ばせている。当時、比井崎村は大字比井・方杭《かたくい》・小浦・津久野・小阪・産湯・阿尾の七ヵ村を包括しており、村役場は比井に置かれていた。なお、近世に成立していた唐子は明治初年に比井と合併されていた。

比井崎とはそれら旧諸村を含んだ名称である。しかし、近世における比井の行政支配単位はまたこれらと異なる。近代に成立した比井崎地区は近世には入山組に属しており、今回中心として論ずる大字比井地区は比井・唐子と独立して村を形成していた。唐子とは比井集落と隣接して立地する村で一見ではその境界の分別はできない。唐子は行政上、比井とは別に独立しているが、その生活圏は比井に帰属しており、港の使用権も入会としている。

現在は比井・唐子・神田の三地区に分かれており、比井は商業中心地であり、唐子は漁業地、神田はそもそも人家

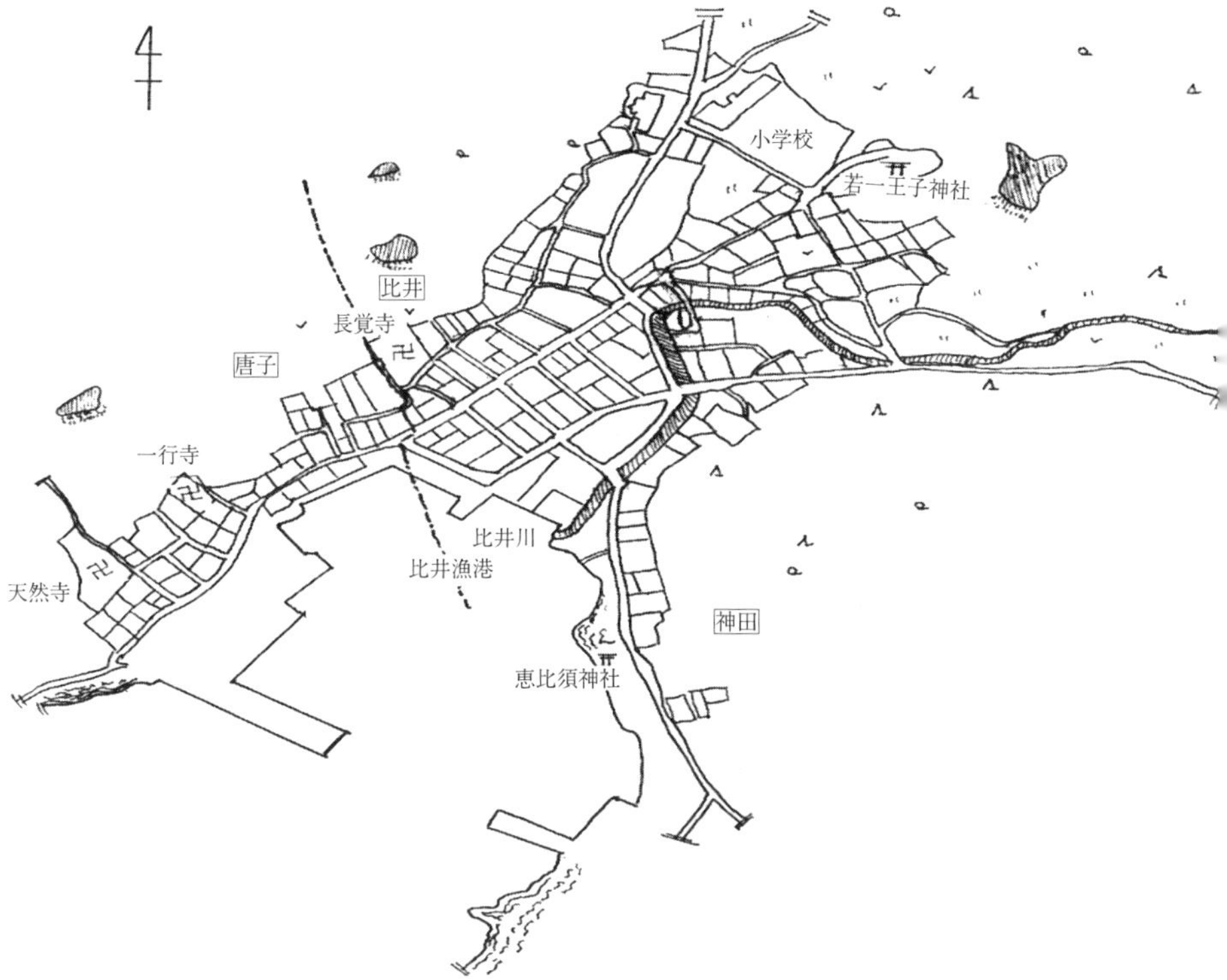


**図1　比井・唐子概略図**（著者作図）

はなく、比井村内の田地の名称であり、氏神である若一王子神社の御供料を調進する土地であってその名が付いたようである。宗教施設は唐子に浄土宗天然寺（五〇戸）、真宗一行寺（二〇戸）、比井に真宗長覚寺（六〇戸）がある。また、比井全体の氏神である若一王子神社が比井の東北山中に鎮座しており、神田には恵比須神社が祀られている（図1）。

近世における比井・唐子の構造と概要を、延宝六年（一六七八）に成立した『日高鑑』①と、天保一〇年（一八三九）成立の『紀伊続風土記』②（巻の六四）から見ていく。

表1を見て分かる通り、近世初期当時では唐子は石高も低く、生業も漁業に徹しているようであり、船数一四艘全てが漁船である。しかしながら寺数は二ヵ寺もあり、家数に比べると寺の比率が高いのが特徴である。一方、比井は石高も高く圧倒的に農業を営む家が多

表1　村の構造と概要

| 村名 | 唐子 | | 比井 | |
|---|---|---|---|---|
| 文献 | 日高鑑<br>(1678年編) | 紀伊続風土記<br>(1839年編) | 日高鑑 | 紀伊続風土記 |
| 石高 | 15石3斗8升7合 | 18石3斗5升2合 | 126石7斗3升4合 | 135石6斗4升1合 |
| 家数 | 76戸 | 42戸 | 88戸 | 160戸 |
| 人数 | 187人 | 172人 | 357人 | 622人 |
| 寺院 | 浄土宗<br>浄土真宗 | 浄土宗天然寺<br>浄土真宗一行寺 | 真宗道場 | 浄土真宗長覚寺 |
| 神社 | 大将軍社<br>八王子社 | 大将軍社<br>八王子社<br>蛭子社 | 若王子社 | 若王子社<br>里神森<br>衣比須社 |
| 船数 | 漁船14 | — | 廻船7<br>漁船3<br>磯船2 | — |
| 網数 | はまち網3<br>四艘ばり1<br>地引網1 | — | 地引網2 | — |
| 池数 | — | — | 3 | — |

いように見受けられる。また池数も三つあり、それ相当の田を潤すためのものである。そして船での注目すべき点は廻船が七艘あることである。唐子には廻船の存在が認められず、これは比井が港の中心地であり、またそれだけの商業地として栄えていたことを示すものである。

一方、近世後期では唐子は石高の変動はあまり見られないが、家数の減少が目立つ。それに比べて比井は家数の増加が目立ち、さらに石高も一〇石ほど増えている。そして『日高鑑』に記載されていた真宗道場が長覚寺として寺号を獲得している。また比井の廻船の数は、『日高鑑』の記載以後確認できないが、『紀伊続風土記』には廻船業が盛んであることが記されており、このことは廻船業に乗り出した有力者が存在していたことを指すものである。

比井の廻船業の始まりは比井崎周辺の歴史を記した近世中期編纂の『古今年代記』③に記されており、それは以下のようなものである。

一、比井ニ廻船ノ始リハ宝永六己丑年比攝刕西ノ宮浦へ入込、夫ゟ次第廻船相増候、
夫迄ハ大坂ニ而仕立申候船ハ三艘ニて候処、宝永六年ニ西宮ニ酒屋余程出来伊丹ヲ見習酒造初申候由樽積問屋も初リ申候ニ付此時問屋とハ不申支配と申候而掛り物無数候大坂ゟハ諸掛り物無数勝手宜ニ付入込候船ハ松次郎船也、

比井の廻船は大阪や西ノ宮の港へ出入りしていたことがわかり、宝永六年（一七〇九）に伊丹にならって摂津の西ノ宮の酒造業が盛んになり、それに伴って酒積問屋が急増、比井の樽廻船がそれに便乗し、廻船業が盛んになったということである。しかしながら先に紹介した『日高鑑』には廻船が七艘あることが記載されており、延宝六年（一六七八）の段階で比井には廻船が存在したことを証明している。

また『紀伊続風土記』には千石を超える船が二三艘存在したことが記され、近世後期にはその全盛期にあったと考えられる。廻船で運ばれるものは兵庫の酒であり、それを江戸に輸送するものであったが、その他に各地の御城米の輸送も手掛けていたようである。

比井若一王子神社蔵の断簡文書には御城米輸送にあたった国名が記され、それは越前・美作・播磨が多く、越後・豊前・丹後の国名も見える。その中には一三〇〇石を超える積米の記載が見られ、大型廻船の存在を示すものである。

これだけの盛況を見せた比井廻船は比井の有力者によって支えられたものであり、それは『紀伊続風土記』にも記載されているように外川家によるものであろう。外川家は紀州地士に命じられている土豪であり、その始祖は近江の膳所城主美濃守高重であるという。落城して以来、紀州日高の上志賀村に移り住み、中世後期に比井に移住し、それより廻船業に着手した模様である。現在、外川家は他所に転居しており、その屋敷が残るだけであるが、その屋敷地を見ただけでその富豪さがわかる。もっとも外川家以外にもそれだけの富豪が存在し、歴史的・地理的・経済的・家格的要因が一致して比井が廻船の拠点として栄えたのであろう。

もっとも、樽廻船は比重の重い酒樽を船底に積み、その上に雑貨を積むことができる利点があったのであるが、菱垣廻船は雑貨等の荷物を扱う故、それだけ積荷に手間が多く、船の安定性も悪かった。それ故、近世後期に入ると、圧倒的に菱垣廻船の減少が目立ったのである。そこで江戸十組問屋は幕府に衰退している菱垣廻船の復興を働きかけ、比井廻船を菱垣廻船に転換させたのである。これら樽廻船から菱垣廻船への転換には政治的原因が関与するものであった。その結果、西ノ宮酒造業者が比井樽廻船の撤退に伴い、自ら樽廻船業に着手し、盛況を見せたが、比井の廻船業は非常に効率の悪い菱垣廻船によって徐々に衰退していくのであった(4)。

一方、唐子の漁撈活動はどうであったのであろうか。唐子は比井に比べて土地利用も少なく、廻船商業に従事することも少なかったようである。しかしながらその土地柄から漁撈に従事する家も多く、また、近海のみならず遠方まで出稼ぎ漁撈をしていた模様である。

それは前述の『古今年代記』に詳しく、以下それに基づいて記していく。

比井ハ庄や四郎右衛門寛永年中ノ事の由、其の比ハ付野浦幷唐子ハ常陸ノ国銚子へ鰯網挽ニ参、村並も能人数多候故浦相応ニハ水主米高多候、比井ハ他国稼ニ不参人数も浦相応ゟ無数候ニ付、水主米も無数十五石ニ極リ候、

と、寛永年中（一六六一〜七三）に唐子と津久野から関東銚子に鰯漁に出漁していたことがわかる。またその頃は唐子の村情勢も良く、関東出漁によって村の経済も相当潤っていたようであり、人数も増え、水主米の上納も多かったようである。それに比べて比井は他国出稼ぎを行っておらず、水主米の上納も少なかったようである。

しかしながら漁業運営上、もともとは比井の方が上位だったようで、それを示す比井湾の使用についての浦公事の記述がある。

一、比井と唐子と浦公事ハ延宝年中ノ事也、

（中略）

時ニ唐子ゟ常陸国銚子浦へ網挽ニ参候、其古網ヲ国へ上セ候ニ付、唐子地下ニ留守致居候老人右古網をぬい合引網を拵湊ニて鰯引申候ニ付、比井ゟ鰯囉ニ参候処一向呉不申候ニ付比井ゟ三歩一ヲ取可申由申候処（中略）湊ハ入合ノ所ニて三歩一ハ出シ不申由唐子より申募候ニ付双方及論申候、此時いわし呉不申腹立ニ比井ゟ参候人数ノ内久次郎と申男、鎌ニて網ノ袋ヲ切破リいわしをいなせ申候由、依而久次郎ヲ海へつき込抔して、（後略）

とあり、延宝年中（一六七三～八一）の事件として取り上げられている。この当時、唐子は常陸国銚子へ出漁しており、そこで使った網は国許へ返していたのであったが、若者の留守をしていた老人が古い網を繕い、引き網を作って比井湾内で鰯漁を始めたのであった。

しかし、比井の言い分としては入漁料三分の一を出すことが当然として請求したのであるが、唐子の言い分では湊内は入会なので支払う必要はないとの返答であった。これを契機に唐子・比井両村の争論となり、比井の久次郎という男が鰯網を鎌で引裂き、鰯を逃がすという事件を起こし、唐子はこれに対応してこの男を海へ投げ込んだのであった。

結局、双方の決着がつかないので大庄屋預かりの公事となり、大騒動となったのである。その後の争論の流れは以下のようなものである。

海ハ比井ノ湊也、唐子ハ藻ぎわ三尺と申而波除石垣ノ外三尺ならで海ハ無之条書物有之由、勿論唐子ハ中古何方ゟか出在所也、比井ハ往古ゟの所ニて湊不残比井分の由比井ゟ申ニ付、其分ニ済来申候処、

となり、比井の主張としては唐子領海は元来、藻ぎわ三尺と言って波除の石垣の外三尺くらいまでしか認められておらず、湊は全て比井の領分ということである。これは、村の成立に基づいての主張であり、唐子はどこかの村からの

枝村とし、比井が最も古い村だとしたものであった。

しかし、かつて比井湾に「朝鮮」の船が難破した時の入用銀は、比井・唐子で折半したことがあったので、大庄屋が下した結論は、比井・唐子は一浦同然であり、湊は入会という結果であった。この争論は唐子の勝利で収まったのである。

このようなことから、近世初期から中期にかけては唐子の方が経済的には恵まれていたのであるが、立地的・社会的立場においては未だに比井に従属していたものの、関東出稼ぎによる経済的背景により、唐子が力をつけてきたのがわかる。比井が唐子より経済的に優位になるのは、近世中期の廻船業の幕開けよりである。

ところで、紀州より関東出漁について触れてきたのであるが、反対に地方より紀州に出漁していた事実も存在する。阿波の漁師と比井の漁師連盟で記された寛政四年(一七九二)の「乍恐奉納願口上覚」(5)には、以下のようにある。

一、阿州堂野浦釣漁船之義、先規ゟ数艘組立、例年春稼ニ比井浦、付野浦、御両浦之外、春稼ハ外浦へ居浦仕候義無御座候故、春稼之義ハ組立御座候、夏漁稼、秋漁稼之義者、名々勝手宜敷場所見合相働組立者無御座候得とも、是迄も先規ゟ居浦ニ到来所ハ、浦替不相成義ハ承知仕罷有候、(後略)

これまで徳島の堂野浦より春になると比井・津久野浦に出漁してきた漁師が領内にて漁をすることを認めており、その拠点として比井・津久野浦に停泊させていたようである。こういったことから、阿波よりの漁師は決められた場所で漁をすることを義務付けており、勝手に場所を変えることは許されていないという内容である。

しかしながら、一部の漁師が勝手に場所を変え、漁をしていたようである。

尚数艘之漁船共、気方悪敷罷成組も相立不申難儀仕義ニ御座候、尤此度神谷浦へ居浦仕候漁師共、新規と申立御座候由承り申候、先年ゟ付野浦、比井浦へ居浦仕来候、春分ハ古株絶候へ者、新株出来仕候ニ付、年々組相続仕候義ニ御座候ニ、新株を申立名替等仕、浦替心儘ニ罷成候而者、御両浦、居浦仕候七拾艘之漁師共、此後心儘ニ浦替仕候様ニ相成、難儀仕候、

と、数艘の漁船が場所を変え、北方に位置する神谷浦に進出していたのである。さらにこの漁船は新規であり、比井・津久野浦近海で漁をする株を有していないことがわかる。この近海で漁をするには株が必要であり、その古株が絶えたことによって勝手に漁をしていたのである。このことに対して古株が絶えた場合は名義変更を行い、正式な手続きに則って漁をするのが常識であるとしたが、阿波からの漁師は勝手に浦替をしていたのである。これには先年より比井・津久野浦に居浦している他七拾艘の漁師にも示しが付かず、勝手に浦替をされては困るという内容である。このことから比井・津久野浦は居浦されることによって入漁料を貰っていたことが明白である。それらに対しては株を貸し出し、領内での漁を認めていたのである。

## 二　漁船の種類と造船儀礼

漁船と一概に言っても、その種類は地域様々である。紀州比井崎においてもその種類は釣り船・網船・地曳網船・巾着網船・伝馬船という種類がある。今回は、釣り船の構造と造船儀礼についての考察をする。

釣り船は更にズンドミヨシ・ボウミヨシに分かれ、ミヨシという名称がついていることから船先端部のミヨシの構造からきているものであることがわかる。ズンドとはミヨシ部がS字型に曲がっており、波の切り具合が良いとされた。しかしこれは機械船の流通と共に普及し出したものであり、機械によって船の速度が従来より加速し、船の構造改良によって生まれた船である。一方、ボウミヨシはその名の通り、ミヨシ部が直線になっており、従来の木造和船

写真1　ボウミヨシ型和船

の形状であると考えられる。

　造船を手掛けたのは船大工であり、比井の五対《ごつい》家、阿尾の船代家がそうであったという。先に紹介した『日高鑑』にも船大工の記載があり、相当長きにわたって世襲で受け継がれていた技術であることが伺われるが、残念ながら和船から現代船に移行と共にその技術が廃れ、現在は和船造りの技術は残されていない。

　しかしながら船各部の材質・構造・名称は漁師の中で伝承されており、今回はそれを基に、ボウミヨシ型和船の構造を見ていく。

　比井崎で多く用いられたボウミヨシ型和船は一人乗りの木造船であり、大きさは五尋から六尋という小型和船であった。これは一本釣りという単独操業に基づき、設計された構造であり、小回りが利いた（写真1）。

　さて、材質であるが多くがヒノキ材であり、杉・松・椎・樫・姥目樫を各部に使用した。船側面はガワと称して、上部からタナイタ（カイグ）・カジキ、そして底部はシキと言った。タナイタ・カジキは杉材を使用し、シキはヒノキ材を用いた。シキにはスベリという姥目樫材の浜揚げ用の丸木が付けられていた。カジキという名の由来はカジキマグロがカジキによく穴を開けるからだという。このような構造は三枚船といい、三枚の板で構築されているからである。

　こういった船材は船大工が用意するものであるが、多くが日向よりの取り寄せであったという。日向材は多雨地帯で育った材質であり油分が多く、粘りがあり、火であぶって船を構築する工程において最適であるとされる。地元材

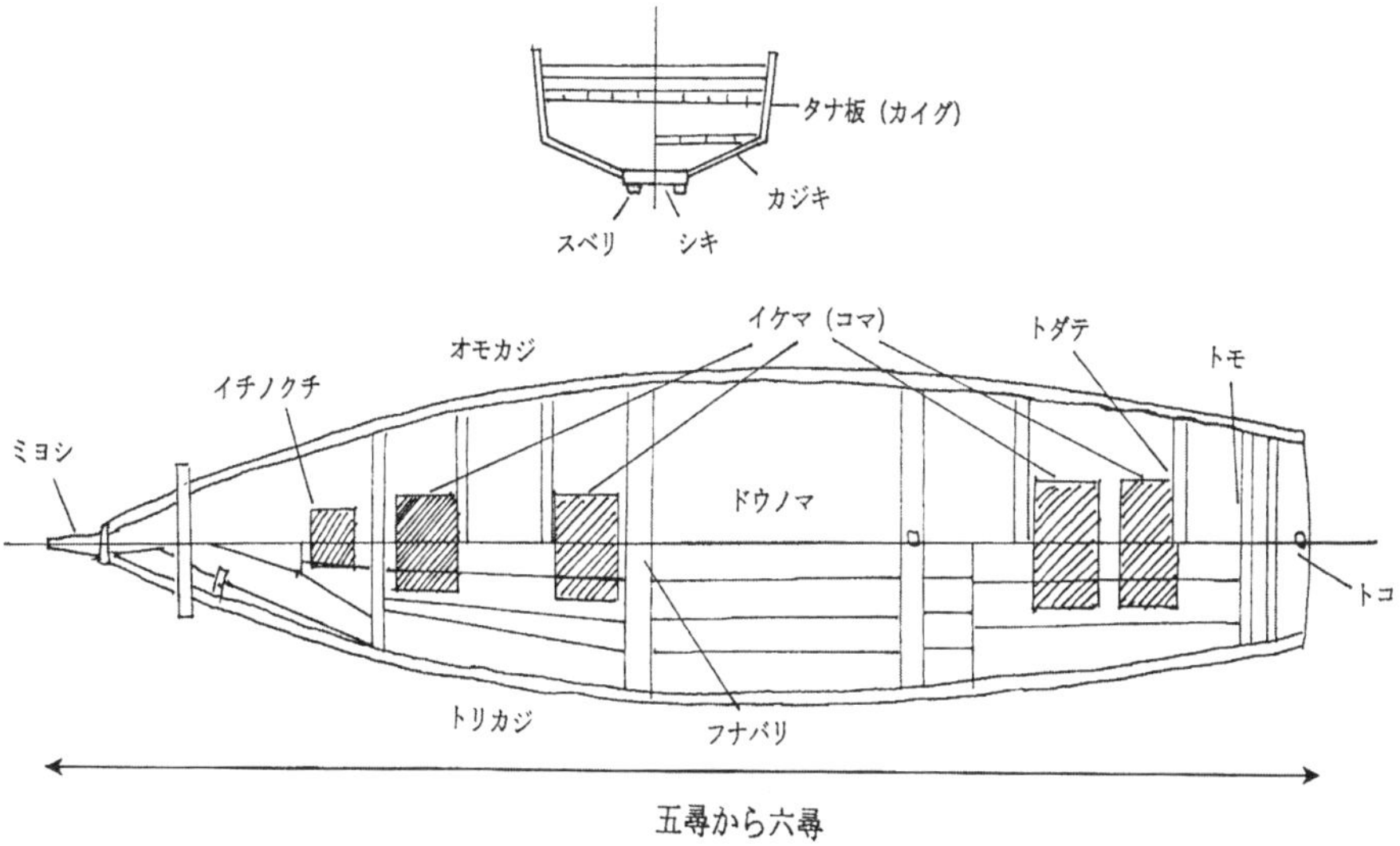


図２　ボウミヨシ型和船の構造図（著者作図）

は粘りが少なく、堅く、サクイ即ち裂けやすいという。

船の各部の名称は先端部からミヨシ、先端内部をイチノクチ、中央部はドウノマといい、内部にコマといわれるイケマ（生簀）がある。船上部に梁として用いられている柱をフナバリといい、内部の壁材はトダテといった。後部に至る全体をトモと称し、その内部にもコマが設えれられていた。船尾には舵を備えつけるトコがあり、トコに備えつけられる舵は椎材のウデを付け、櫂部は樫材を使用した。これらはマオ（麻）で固定された。ところでトコには松材が用いられており、赤松であったという。この松は一木から取るのでかなりの大きさを要し、山からの切り出しには手間がかかったという。トコには舵用の穴が開けられ、その穴に舵を納めたのであった〔図２〕。

こういった用材は舟大工が厳選して加工したのであるが、禁忌として宮の木を使うことが堅く禁じられている。一方、墓場の木は使うと漁に良いとされ、積極的に用いた。舟材で用いなくても、舟用具・漁具での使用も良しとしたという。

これら木造和船は凡そ七年から八年の周期で造り替えたという。一〇年もつと上出来であった。

こういう工程を経て完成した漁船が船主の手に渡るのは、船下ろしの時である。船下ろしの時には近親者からフライキ（大漁旗）を貰い、船に飾りつける。このフライキは「蓬莱旗」の訛ったものであろうと考えられ、大漁時に掲げられる大漁旗は蓬莱より来る宝船とみなしていたのではあるまいか。船主は供物として餅・洗米・神酒・魚・野菜を供え、船大工がミヨシをはじめ、各部に神酒をかけて歩く。ミヨシにはフナガミが祀られているからである。その後、ミヨシに向け、ショウネ（性根）を入れる唱え事をしたが、その作法がどのようなものであったか定かではない。また船大工以外に山伏が祈禱することもあったらしいが、これは稀である。

一連の儀礼が終わると船主が乗船し、トリカジで港内を三周し、その後、船より餅撒きをした。

この儀礼は全国に多く分布し、『海村生活の研究』(6)によると、高知県ではフネコロバシと称し、静岡県ではこれでシケに遭わないという。また三重県や愛知県でもその事例が伺える。これらは舟材に付いている木霊を落とすものであるとか、船玉（フナダマ）に対しての儀礼であるといわれているが、葬送儀礼に見られる出棺の際に棺桶を左回りに三周する習俗とも通じ、注目されるものである。

ともかく高知や静岡では、来る災難の擬似体験をすることによって厄を払う儀礼とし、またはフナガミに対するショウネ入れの儀礼とも捉えることができる。さらにトリカジから三周なので魚を取り込むという意の縁起担ぎから来ているともいうが、神に対しての新造儀礼と捉えることが妥当であろう。

船下ろし儀礼が終了すると、船主は香川の金毘羅さんに船で参り、御札を受けてきてフナガミと共に祀る。またはフナガミとして和歌山県有田市千田の須佐神社の御札や熊野那智大社の御札も神体として祀る風がある。

一方、名田・印南地方での伝承では、以下のようなものがある。漁船の仕立ては、凡そ一〇年から二〇年の単位で行われ、それに従事したのが船大工であった。船大工は、印南町印南字浜東に二戸、また名田町野島字祓井戸にも二戸という非常に比率の高い値で活動しており、この他にも多数の船大工が活動していたという。当然ながら、昭和中期まで木造和船が主流であったため、船大工の必要性も高かったのであるが、ＦＲＰ船（グラスファイバー船）の普及に伴い、木造和船の需要は激変し、多くの船大工は廃業を余儀なくされた。今日、当地における船大工の技術を知ることは不可能となっているのであるが、船材もしくは、造船に関する禁忌と儀礼は伝承として残され、それを記すことによって後世に伝えることが可能となろう。

船材の主流は杉が多く、特に赤みを帯びた杉は粘りが強く、「杉に上限なし」と言われるように、腐りにくく船材には適していたという。さらに用途に応じてヒノキ・樫・松なども使い、船を構築するにあたって要となるシキと呼ばれる船底はヒノキを良しとしていた。シキは曲げることがないため、比較的硬質なヒノキに適しており、粘りがある杉はガワと呼ばれる船側面に用いたのであった。

当地の漁船にはズンドミヨシ・ボウミヨシの二系統あり、船先端部に位置するミヨシの形状で分けている。ズンドミヨシは昭和一六年（一九四一）頃にはすでに機械船に用いられており、その形状はＳ字を描くような曲線である。

一方、ボウミヨシはその名の通りミヨシが直線の柱であり、櫓漕ぎ和船に広く用いられたが、機械船の普及によって昭和三〇年代以降、姿を消していった。

ミヨシの形状には、地域によって違いがあり、南紀では周参見造りと言われる形状のものが用いられているという。

船の大きさは幅尺寸で表記されるのが普通であり、通常五、六尺幅の船が、釣り漁に用いられ、一丈二尺以上の大型船は網船やカツオ船等の遠洋に出漁する漁に用いられた。

漁船は幾種もの板材を組み合わせて構築されており、板の繋ぎ目には防水策としてキハダと呼ばれる木の皮を挟み込んだという。

造船の際に儀礼として先ず行われるのは、船底となる板を作業場に据えるシキズエという儀礼から始まり、名田町野島の祓井戸では施主より船大工に神酒が贈られ、それを洗米と共にシキに供えてから作業に掛かる。

禁忌として船材に用いる用材を選ぶ時、その木がどのような立地に生えていたかを厳選した。とりわけ、神社などの付近に生えていた木を嫌い、船材として用いないのを徹底したという。一方、墓場などの木は最適とされ、好んで用いたという。

墓場の木を最良とする習俗は日高沿岸に多く見られ、仏事法要に用いた道具を船内に持ち込めば大漁になるという全国的慣行とも結びつく習俗である。また、反対に神社周辺の木を用いないというのは、漁撈とは絶えず血を見る生業故に神道のケガレ観が影響していると考えられる。

さらに顕著に儀礼的行動が見受けられるのは船下ろしの時である。船下ろしとは完成した船を進水させる行為であり、船大工から船主に船が譲られる時でもある。船下ろしに際して、船大工は船に性根を込めるべく、フナダマを祀り込む。フナダマは船の神体としてその船の安全と大漁を司る神である。名田町・印南町共フナダマの神体はサイコロと穴あき銭であるとされ、共に船大工が秘密裡に祀り込むものである。祀り場は印南町ではミヨシ付近にあるツナトリといわれる船内部のミヨシに込められ、そこには波切不動像もフナダマと共に祀られる。ツナトリは時化の時に流される綱を収めている場であり、船の命綱ともなるものである。もっとも、漁師が沖に持っていく道具入れである沖箱にもお守りとして氏神などの御札を入れているが、これもまたフナダマ的信仰が伺える。

また、名田町野島字祓井戸では、トモもしくはトモ近くにあるフナバリと言われる梁にフナダマを込め、さらに込められたフナダマには神酒・洗米・オナマ(鮮魚)を供えて、船下ろしになる。

船下ろしは、日取りを見て満潮時に下ろすことになっており、その日取りもモンジンサンの日という忌日を避けて選ばれる。モンジンサンの日は旧暦換算で毎月二回ほどあり、もっとも凶日に当たる日とされ、船下ろしはおろか、出港することさえ嫌われる。

船が入水すると、名田町ではトリカジ（左廻り）で港内を三周し、船を揺する。また印南町では、港内をオモカジ（右廻り）で三周し、沖に出てから釣り道具を垂らし、「喰うた」と言いながら、釣り真似をする。名田町ではトリカジで港内を三周し、さらにわざと船を揺する行為をとるのは、船の中に魚をトリコムという縁起担ぎと、船を揺することによって時化の疑似体験をし、来る災難から逃れようとする思想が伺われる。(7)

一方、印南町の事例はトリカジではなく、オモカジで三周し、沖に出るというものであるが、三回まわることを重視したために、その本質が失われた可能性がある。しかしながら、沖に出て釣り真似をする行為は、豊漁を予祝する意味があり、農耕儀礼とも通ずる行為である。新たな船でも大漁を望む漁民の思想が伺える。

また、船が帰航すると餅撒きをし、祝いに訪れた人々に餅を振舞う。そして船主の親戚や船大工を招いて、盛大な酒宴を催すのが通例であった。印南町では帰航した船主は、港内に祀られているリョウゴンサンの祠に鯛と餅・神酒を供えたという。リョウゴンサンとは竜宮が訛った呼称であり、漁民ならではの信仰といえよう。

## 三　釣り漁とアマ漁法

釣り漁は一般的に広く行われている漁法であり、その漁法も千差万別といってよい。多くがその地方独特のものであり、比井崎の漁法も一般的なものから特有なものまであり、今回は漁種別にそれらの漁具・漁場・漁法を見ていくことにする。

手釣り漁法の漁具は全般的に同じであり、針部分を変えると違う魚種を釣ることが可能であった。これらの手釣り漁具はマガイ道具・ウミソ道具と呼ばれ、マガイ道具は絹糸で作られ、先端部にテグスが使用された。絹糸部分をタカといい、タカは絹糸を幾縒りもして強度を増し、さらに柿渋で晒すことによってより強度と耐久性を増したものである。柿渋は土用の頃に青柿を採り、石臼で叩いて壺の中に水と共に浸しておくと翌日には出ていたという。柿渋で晒すのは一週間周期であり、タカは黒く変色してくる。このタカに更にビシと呼ばれる小鉛を打ち、海中での仕掛けの安定を図ったのである。またこれらビシが打ち付けてあるタカをビシマイトともいう。

一方、ウミソ道具とはタカ部分が麻糸のものである。ウミソはイチビとも呼ばれ、播州加古川付近で栽培されたものを使用した。寒中に槌で叩いて繊維を取り、川水で晒して二本縒りのタカを作ったという。ウミソも柿渋で晒して使用した。またマガイ道具は絹糸であるため、弾力性があり、糸の伸びがよかったが、ウミソは伸びず堅いのが特徴であった。ウミソもマガイ同様にタカにはビシを打ち、フグやイカといった釣るのではなく、引っ掛ける魚種に用いた。

テグスはチモトともいい、植物繊維で明石から船で売りに来たという。テグスは絹の布で磨いたり、トグサで磨くと半透明になってくるという。魚種によっては何本も継ぎ足し、数尋の長さにした。

釣り漁では、漁場の選定が重要であり、漁師にとって豊富な漁獲を得れる場として、その場所は先祖代々守り継がれてきた。陸にも山谷があるように海底にも山谷が存在し、漁師はそれらをヤマもしくはイソ・ネといった。海底深くに存在するヤマは長年の経験で把握し、ヤマの形状、海底の状況などを熟知していたのである。

漁場の選定には多くの手法があるが、一般的にはヤマタデといわれる手法である。これは三点及び四点の拠点地を決め、それらが全て交差する一点が漁場とし、その海底にはヤマが存在するのである。多くが山や木、島や岬といった超時代的に変動しないものが多い。最近は煙突や鉄塔といったものもヤマタデの印とされた傾向があったが、これも魚群探知機・ＧＰＳといった現代機器によって消滅した。

沿岸部の大きな山や目立つ山はウオミヤマと称して、頂上付近より、沿岸部に魚群がいないか監視していたところであるが、そういった山もまた海上からのウオツキヤマであって、無闇に沿岸部の山を伐ることを嫌った。

比井崎の漁師は「イカリ地先」といってイカリをかけての操業は日ノ御碕から由良町蟻島としているが、地先とはその浦の両端より沖合いを指す用語であり、比井崎のいう地先とは近世の入山組当時の慣行が残っていると思われる。

こういった漁場圏の中にはそれぞれ名称が付いたヤマが多く存在する。これらのヤマはヤマタデによって導き出されるのであるが、その名称もまたそのヤマを導き出す対象物の名称を取ったものが多い。漁場見取図に記したようにタテゴとは北方にある白い巨岩が対象物であり、クロシマ・イソベダシもそういった由来を持つ。

アイノセとは徳島と和歌山の間にある瀬の意味であり、その規模が大きいのが特徴である。更に水深も深く七〇尋を有するという。比井崎よりアイノセまで七里あり、アイノセから徳島までは三里である。比井崎より徳島は凡そ一〇里の距離にあるのである〔図3〕。

またヤマとしての名称が付かなくても多くの拠点地として挙げられているのが、阿尾領にある小富士山である。その名の通り富士山型の美しい山であり、それが沿岸部に突出している。漁民はこれらの対象物を海底深く見えないヤマを探り当てるために日夜眺めていたのであろう。こういった山や巨岩・樹木、岬や島は何時しか信仰の対象となり、日ノ御崎などは御崎神社の神体として古代から信仰されていたことが伺える。

これらの状況把握によって漁師は、その季節の漁獲物を狙って漁を行ったのである。それらの詳しい内容を以下に記していこう。

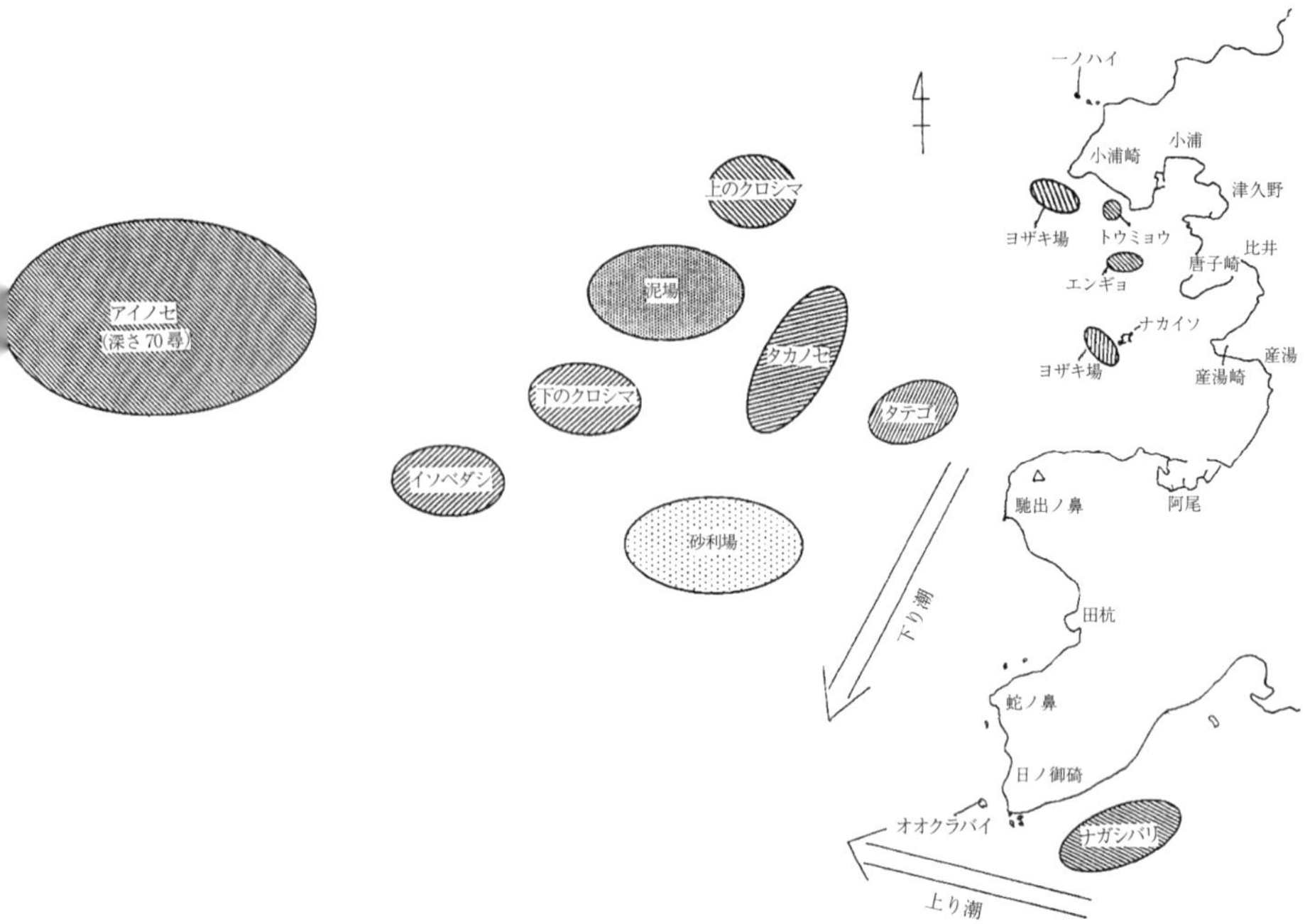


図3　漁場見取図(著者作図)

**タイナワ漁**　タイナワは鯛を釣る漁法であり、別名ノベナワといい、一般的には延縄漁のことである。タイナワは一鉢五〇針のものを一〇鉢流すため、約五〇〇針流すことになる。ノベナワは仕掛けが長いため、絡まないようにヒノキ製のタライの縁に針を掛け、中に糸を収める形となる。全長一〇キロに及ぶ仕掛けを流す場所はタテゴからタカノセに回るような形で流すのが理想とされた。エサはクサイカと呼ばれるもので腐ったイカとイカナゴの油を発酵させたものに毛糸を浸し、その毛糸を針に掛けて釣る疑似餌であった。このクサイカは明石からの購入である。漁期は年中行われる。

**カブラ釣り**　カブラとは針に鉛を打ちつけた形状を指すものであり、多くが鯛狙いである。漁具はマガイ道具であり、針は寸四の大きさで三から四匁の鉛を打つ。針には更にマゴヅリといわれる小針を付け、掛かりを良くしている。チモトの長さは五尋から六尋取る。エサは海エビを使用し、漁場は地先全般であり、年中行われる。

**イサギ釣り**　四月の節句後から漁期に入る。比井崎において最も多く行われる漁である。イサギとはイサキのことであり、この地方では語尾が訛って発音される。イサギは日中でも釣れるが、多くはヨザキと呼ばれる夜釣り漁である。ヨザキとはヨダキが訛ったもので夜焚きであると考えられる。かつては漁火としてタイマツを使用したが、その後カーバイト、バッテリー式電灯へと移行した。漁場はナカイソ近辺と小浦崎近辺であり、沖合いに点在する各ヤマでも行う。季節的には四月から五月が地先中心となるナカイソ・小浦崎周辺であるが、六月から七月は沖合いのヤマで操業する。そして秋が深まるとまた地先での漁となって、冬季は休業となる。春のイサギは大きく、イサギが子を産むとデイサギといい、味が落ちるという。地先周辺の漁場は各浦々との共同であるが、比井は既得権を所有しており、他の漁場での操業が認められているという。これもまた近世の行政単位の名残りと考えられる。

またヨザキで注目される点はその漁場の選定法である。漁撈は潮の流れに左右されるため、現在でも旧暦を使用し、月の満ち欠けにてその判断を行ってきた。ヨザキにおいても旧暦を使用し、漁場はクジにて平等に選定したのである。毎月旧暦一九日にヨザキ参加者でクジを引き、翌二〇日のハツカヤミより漁を開始、一晩毎に漁場を移動する。こういった形で翌月の一一日まで操業し、一四日はイリアケと称し、漁明けを意味した。ヨザキは闇夜でないと操業できず、二十三月より夜中に月が出だすので、漁時間を調節する必要があった。

イサギ漁の漁具はマガイ道具であり、矢引きの長さのチモトに針二本をつけてやった。チモトは金板に穴を開け、三厘ガタ・四厘ガタの太さに調節してから用いた。エサは地先の場合、川エビを使用し、沖の場合は海エビを用いた。川エビは早朝にサデと呼ばれる小型引き網を池や川で引いて獲り、海エビも北方にある白崎沖で同じく引き網で獲って使用した。

またカバシと言われる撒き餌にはシラスを用いるが、シラスとは鰯の稚魚であり、当地ではカヤリという。しかし、漁師の中ではカバシを用いることは余りなかったようである。

イサギ釣りはイカリを掛けず、潮に流しながら釣る流し釣りである。したがって潮の流れを上手く掴む必要があるのであるが、これにはシオボと呼ばれる漁具を用いた。シオボとは畳三帖ほどの凧のようなものであり、海中に沈め、樽を浮きにして潮を受けるようにすると潮の流れと同調して船が流れていくようになる。潮は海上と海底で流れが違う時があるので気を付けるようにする。潮が動く時をシオドキ・ジアイと言い、好釣果が望める。

**タチウオ釣り**　多くがヒキナワ・エギナワと呼ばれる延縄漁である。ヒキナワの場合は昼に行われ、五〇本針にナイロンを剣山で引いた疑似餌を付けて釣る。

また、カブラ釣りで釣る場合も多い。カブラ釣りの場合は夕方より夜半に行われる。

カブラとは鯛釣りのカブラと同義であり、大型掛け針の根元に大型鉛を打ちつけ、それをマガイ道具に付けて用いる。エサはかつてエサ持ちが良いとされたドジョウが多く、そのドジョウも農家からタチウオと交換で手に入れていたという。またトモエサと呼ばれるタチウオの切り身、サバ・エソ・ウツボもエサとして用いるが、サバは身持ちが悪く、付け替えが必要となるのであまり好まれないようである。またウツボは身持ちが良く、喰いのたつ時には重宝したが、あまり喰いが良くない時には向かない。

漁期は四月末から一二月までで、春から夏に掛けては地先全般、特にナカイソ周りでよく釣れ、夜半になるにつれて、地先に近づいて行う。秋から冬にかけては沖に行き、特にアイノセでは手の平より太いタチウオがよく釣れたが、脂が多くあまり美味しくはないといわれる。とりわけアサマドロといわれる夜明け前くらいに水面まで浮いてくるのでよく釣れたという。

**ハマチ釣り**　ハマチは年中釣れるが冬季のものが美味である。ハマチはテッポウ道具と呼ばれる大型マガイ道具を用いる。タカには三から四匁の鉛を打ち、四〇尋のタカをこしらえる。チモトには寸六の大きさの針を二〇本付け、ヨソヨソと呼ばれる鳥の羽やフクト（フグ）の皮を疑似餌として用い、それを鰯に見せかけて釣る。チモトの先端にはナデイタと呼ばれるツバメの尾状の板を取り付け、その板には一八〇から二〇〇匁の鉛を打ち付ける。このナデイタが底を掻き、疑似餌が生きているように動くのである。

これらの道具は相当重く、船での引き釣りであるため、道具を持っている様があたかもテッポウを構えているように見えることからこの名称がついたのである。ジアイは凪いでいて風の吹き始めとシオガワリの時が最良である。漁場は地先全般である。

**サワラ（サゴシ）釣り**　サワラは基本的に引き釣りで釣るのが普通である。またサワラの小型のものをサゴシと当地では名称を変えている。

サワラは海面近くにいる魚であるため、仕掛けも海面を這うようにする。トバセ・ウワバシリと呼ばれる軽い仕掛けを用いる。トバセは一〇〇メートルほどあり、トモに立ってやる漁法である。サワラが浮いた時は鰯をエサとして用いるが、平素はエバと呼ばれる猫の皮の疑似餌と寸八の大きさの針を用いる。

サワラはアイノセでの漁であるが、冬季のみの操業である。特に春先にはよくサワラが湧き、一年分とれることもあったという。また、シケの後にもサワラ・サゴシがよく取れたという。

以上、比井崎での主な釣り漁を紹介したのであるが、これら漁法は現在行われていないものもある。また漁場での場所決めは潮の流れに左右され、潮がイソやヤマに当たって流れが変化している所をワイシオといい、そこによく魚が付くという。そういった海潮条件・気象条件など、様々な場面においての対処法を知らなければ釣り漁は成立しないのである。

またイサギ漁が主であった比井崎の漁師は、イサギ漁の合間に船の手入れを欠かさなかった。一ヵ月毎に船を浜に揚げ、船底を麦藁で焚くのである。船の引き揚げはロクロでやり、船底にはシキと呼ばれる姥目樫のスベリが付いており、更に浜にはシダと呼ばれる椿材の一尋半の転ばし材を敷き、浜に揚げたという。船底を麦藁で焼くことにより、船底に付着した海藻・貝類を除去し、船の耐久性を保ったのであるが、麦藁以外で焼くと火力が強すぎ、反対に船底を破ることになるので注意したという。これらは戦後まで行われてきたが、ロクチャンと呼ばれるコールタールが普及すると船底焚きの光景も見られなくなった。

一方、日高郡名田町及び印南町では、漁業に専業で従事している人々は、そう多くはない。印南町では浜、本郷地区に三〇戸ほどの専業漁師が確認できるのみである。その他は半農半漁であり、専業漁師を本漁師と呼ぶのに対し、兼業者は地下足袋漁師といわれる。

**タビ漁師**　名田町・印南町共に、漁撈活動は網・釣り・潜水業と多種にわたるのであるが、専ら、釣り漁が主体であり、網漁などは近代に入ってから取り入れられたものが多い。釣り漁もさらに一本釣り・延縄漁と二種に分かれるが、両町共に一本釣りが古くからの伝統である。中でも、サバの一本釣りが主流であったとされ、昭和中期までは全盛を誇っていた。サバ漁は古くから行われていたが、それ以前はカツオ漁が盛んであったようで、カツオ節の製作法を考案したのは、印南の漁師であるという。さらに近海のみならず、他国まで出漁し、紀州漁民とうたわれたのは印南の先人たちでもある(9)。

今日サバ漁・カツオ漁は盛んには行われていないが、かつて行われたサバ漁は、タビをはる漁であった。印南近海

図４　和歌山県沿岸図（著者作図）

（楕円）は、名田・印南漁民が出漁した地域

（四角）は、漁民信仰がみられる岬

を問わず紀北地方は豊かな漁場を持ち、近海漁業が盛んであったが、北西風が吹き出す初冬からは立地的条件により、出港が不可能なくらい海が時化る。数ヵ月に及ぶ間、船出できる期間は限られ、より生活を豊かにするために、北西風の当たらない南紀に出漁したのは自然なことであった〔図4〕。

かつてカツオ漁を主体にしていた頃も、四丁櫓の船で四国沖まで出漁したといい、名田町、印南町の漁民は活発に魚を追い求めてきた。近世初期の段階で潮岬周辺まで出稼ぎに行っており、潮岬周辺の一八ヵ浦が入漁を拒む協議をしている⑽。それほど行動的であり、その伝統が今日まで残され、冬季のみは南紀周辺に出漁したのである。

名田町・印南町共に四月から一一月までは地先から枯木灘までを漁場としているが、一一月から三月くらいまでは勝浦沖まで出漁し、船で寝泊りをしていたという。

サバ漁はヨダキ（夜焚き）と呼ばれた夜釣りで行われ、漁具は麻のタカ（道糸）にテグス（天蚕糸）を結び付けた仕掛けである。名田町では道糸をスヤマのタカと呼び、鉛を何も打たない素のタカヤマであるという意である。タカは麻を縒り合わせて製作し、その縒り方によってフタコ縒り・ミツコ縒りと呼んだ。またタカとテグスの間には、結束具としてホと呼ぶ金属製の弓張り状の針金を用い、これにカブシ（撒き餌）を入れる小カゴを取り付けた。かつては木綿網であり、内部に五〇～六〇匁の鉛を仕込んだが、昭和中期にはチュウジャク製（真鍮）のカゴになり、現在はステンレス製の筒になった。カブシには塩シラスや鰯を刻み、用いた。テグス仕掛けは二本針になっており、矢引きという弓を引く時の弦から指先までの長さの所より二股にし、先端にそれぞれ釣り針を付けたが、片方は肘尺、もう片方は肩から指先までのカタバイという長さに調節した。この微妙な長さが、仕掛けを海中に沈めた時に絡まらないのである。これらテグス仕掛けをマドリという。

これらの道具は、漁師自ら手作りで製作し、タカは麻を縒り合わせ、海水で傷むため、柿渋で晒して茶色に染色し、強度を増した。さらにテグスも最初は白濁色であるが、トグサや絹布で磨いて半透明にするか、タマネギや姥目樫の皮で茶色に染色させて用いたのである。餌は主にイカの切り身を用いたが、サバの切り身であるトモ餌も多く用い、特に腹の白銀色の辺りが良かったという。

印南・名田町共に、サバ釣り等のタビを張る漁には漁夫として五、六人を雇い入れた。これら漁夫は家族のみならず、知人友人なども有り、特別な雇い入れではない。乗組員の中で最年少者はカシキとして、炊事番にあてられる。出港の際、ミヨシを北方に位置する日ノ御崎に、トモを南方の市江崎に向けて神酒を献ずる習俗があり、漁師はことさら、岬をカワス（通る）のを恐れた。それは長く突き出た岬は、気象状況を著しく変化させるためであり、風向・風力・潮流が予測できず、難破の危険性が生じるからである。特にツカシヤリという後方から来る波を恐れたという。そこに漁民たちは神々を見出し、信仰の対象として航海の安全と豊漁を祈願する意味で、出漁の際に岬に対して神酒を献じ、信仰してきたのである。また岬とは海上に於いて自らの居場所を見出す指標ともなり、魚場を導き出す山タデにも用いられた。岬なくしては、漁撈活動は行えず、その危険性の裏側には岬を信仰し、畏怖する思想が存在するのである。

漁場は前述した通り枯木灘から勝浦沖であり、串本潮岬までは日帰りできるが、勝浦までの出漁になると現地で停泊して、漁撈に勤しんだのであった。冬季の仕事は壮絶であり、南紀といえども、極寒の中での操業であった。イカリの綱が凍り、倍ほどの太さになることもしばしばであり、指先が凍てつく中で夜明けまでサバを釣り続けたのである。指先の感覚で魚のアタリを感じる一本釣りであるため、指先が悴んで感触が鈍りだすと、船のヘリに仕掛けが傷まないように取り付けられているノヅレという竹に指を打ちつけたり、それでも感覚が戻らない場合は、指の第一関節の辺りを包丁で切り、痛みによって感覚を戻すこともあった。夜釣りであるため、眠気が生じてくると手返しが遅くなり、そういった場合には船主に海水を掛けられることもあったという。

サバ釣りは時間との勝負であり、最初は二〇尋くらいのタナから始め、集魚燈に魚が集まり出すと、どんどん浅くし、仲間とは糸の太さを変えて、絡まりを防ぐと同時に、手返しの早さも考慮していった。最終的にはサバがアホになるといって海面で群れ出し、そうなるとハネ釣りと言って、竹竿でカツオの一本釣りと同じ要領で釣り出した。

平素は、サバを生かしておくため、イケマと言われる生簀に入れておくのであるが、イケマが一杯になるとハネバリと言われる時化用のイカリを入れておく場所を水込めにしてイケマとして使用したという。釣り上げたサバは勝浦港に水揚げされ、コアリという生簀に入れてサバを生かした。これらのサバは勝浦で行われるマグロ漁の餌として使用された。水揚げに際しての交渉人として、現地のトイヤ(問屋)を雇い、問屋にトイヤコウセン(問屋口銭)という売上の一割から二割を支払い、仲買活動を任せたという。

主として、南紀でのサバ漁で水揚げされたものは、マグロ漁の餌として使用されたが、地先近海で水揚げされたものは食用として、和歌浦に水揚げしたという。

**アマ漁**　海藻採取及びアマ漁についてであるが、比井崎一体では海藻採取を生業とする家は少なかったが、これもまた貴重な現金収入である。

比井崎で採取される海藻はヒジキ・フノリ・ワカメなどであるが、いずれも口明けを契機に採取することになっている。かつてヒジキ・フノリは三月二三日が口明けであり、昼くらいに干潮になる日を選ぶ。口明けは潮の満ち干きに左右され、もし口明けが遅れた場合はマルヤミと呼ばれる新月から二日後に設定し、昼の干潮に合わせて口明けの日取りを決める。これら口明けの設定は区長と区会議員が一月の初寄り合いの時に協議し、決定していたという。口明け当日は皆、磯で口明けの合図を待ってヒジキ・フノリ採りをしたというが、現在は潮の関係上、口明けが平日になることが多く、土日に合わせる形で設定されだしているが、ヒジキやフノリは四月に入ると花が咲き、商品価値がなくなるので三月中に採るのが望ましいという。

これらの海藻類の多くは漁業協同組合に卸したが、フノリは左官業者に売ることが多かった。左官はフノリを炊いて、その出し汁で漆喰を練り、屋根の瓦葺きに用いたという。またフノリは女性の洗髪料としても用いられ、フノリの炊いた出し汁で髪を洗い、水で漱ぐとさらさらになったという。

また比井崎では古くから男アマがおり、アマシと呼ばれていた。現在、アマシはいなくなり、趣味程度に潜る人が数人いるくらいである。かつては三、四人ほどおり、漁業組合員なら誰でもやれたというが、過酷な仕事故、余り好まれなかったようである。

アマシはウキダルという海上での休憩浮きと、スガルという貝を入れる網、カキダシという岩の細部にいる貝を掻き出すノミと、貝を岩から剝がすノミを持って海底五メートルまで潜る。当地では単にカイというとアワビを指し、サザエはあまり採らなかったようである。アワビにはクロクチ・マガイと二種類あり、クロクチの方は身が厚く、値が高いが、マガイは身が薄いのであまり値が張らなかったようである。アワビはクロメ・メーという海藻が生えている所に多く生息していたという。潜り漁は三月から八月までが漁期であり、礒舟で礒まで行き、大潮の干潮、特に潮が澄んでいる時が最良であった。

名田町及び印南町では、釣り漁が専業として知られているが、アマ（海士）漁に関しては余り知られていない。アマ漁では伊勢及び能登等が有名であるが、当地におけるアマ漁も古く、美浜町三尾でのアマ漁は『紀伊名所図会』[11]でも紹介されるほどである。もっとも和歌山県では男アマが主流であり、伊勢のように女性は関与しない。宮本常一は『海女と海士』[12]の中で、当地での男アマの存在を記しているが、詳しくは調査していないようである。和歌山県における男アマの分布は中紀を中心として南紀に広がり熊野に至るものである。その中でも、日高町比井崎地区から美浜町三尾、御坊市名田町、印南町沿岸部がもっとも盛んなようである。

当地ではアマ漁のことをアマリイリと称し、アマに入るという意味で用いられる。俗に専業者を大アマ、副業者をチャブアマと通称し、大アマが六尋から一三尋潜るのに対し、チャブアマは背が付くほどの浅い場所での活動とされていた。

アマ漁は一五、六歳より習い始め、その姿は晒し木綿の褌にジュバン姿であった。昭和中期より黒服・クロネコと言われたウエットスーツが流通し、晒し木綿の褌姿は見られなくなる。

出漁は磯舟にて漁場に向かい、その漁場の選定にも山タデと呼ばれる漁場選定法を用いた。主に狙うのはテグサと呼ぶテングサとアワビであり、旧暦四月朔日から七月までがテグサの口明けとなり、アワビは四月朔日から八朔までであった。

漁場に着くと、大正期より流通し出した真鍮製のマツシマメガネという両眼の水中眼鏡を着け、桐で作った耳栓を取り付ける。マツシマメガネには、両眼の端にゴムで細工した小袋が取り付けられており、深く潜水した際に掛かる水圧の調整をこのゴム袋を握ることによって行った。アワビ採取には、カケソと呼ばれる細長い掻き出し棒とカイノミというノミを用いた。

大アマは、水深一三尋付近まで潜るため、一貫の分銅を抱き、一気に海底まで潜る。凡そ潜水時間は一分強であり、一時間ほどで一〇個ほどのアワビを採取した。一回の漁は一時間ほどであり、その後は浜で焚き火に当たり、真夏でもドンザの上着を着て、二時間ほど暖を取ったという。一日で潜水できる回数は三回ほどであった。それでも水揚げは三、四貫ほどあったという。アワビの中でもマガイと言われるものが一番値が張ったが、現在はクロクチと言われる種類の方が、身が厚く高値で取引されるという。

海中での作業は危険であり、特にフカが一番恐れられた。当地では、ツマルと呼ばれるフカがおり、これはシュモクザメと考えられるが、フカ除けとして赤い褌をすれば寄り付かないと言われている。またフカは、水が濁っている時に出るといわれたので、そのような時には、潜らないようにしたという。

潜水業としてのアマリイリは、近代化と共にその様式を変化させ、晒し褌にジュバン姿であったものが、黒服と言われるウエットスーツになり、両眼メガネであったものが、単眼メガネに替わり、その視野を格段に広げた。夏場に浜で焚き火をしながら、暖を取る光景は、近年では見られない。アワビも乱獲と環境の変化で姿を消しつつあり、テグサ漁は最早行われていない。

## 四　漁獲物の販売

様々な漁法によって得た漁獲物は漁師にとっての現金収入となっており、その販売方法も様々であった。比井崎周辺では、幕末から近代初期には朝に帰航した船は、ホラ貝を吹いてボテ（棒手振り）の女性たちに知らせ、ボテたちは、オコという担い棒にサワラカゴという三尺の短冊形竹籠に入れ、小坂峠を超えて志賀方面まで行商していた。行商には得意先があり、先にその家に売りに行ったという。また現金ではなく、農家の野菜やドジョウといったタチウオのエサとも魚を交換したという。

大正期に入ると船も機械船となり、漁獲物も漁業協同組合に卸す傾向が強くなり、組合より機械船の燃料の配給を受けたという。

また特異なことは沖買いと呼ばれる慣行である。沖買いとはその名の通り、沖にて獲り立ての漁獲物を売ることであり、買主は遠く和歌浦や田ノ浦から来ていた。また買い付けの魚種によって買い付け船の待つ場所が違い、イサギはナカイソ周辺、アジ・サバは馳出の鼻・日ノ御崎周辺である。沖買いは陸よりも値が良く、何艘も並んで売っていたという。

漁獲物は目方で値段が決まり、ボウチギと呼ばれる秤で目方を計り、値段を決めたが、商売人に任せると目方を誤魔化されるのでボウチギは必ず、自らの手で持ち、量ったという。

この沖買いの慣行は相当古くから行われているようで、宝永六年（一七〇九）の『覚（掠魚の件）』(13)に詳しく記されている。

一、泉州辺及又者何方ゟ出候共、魚買船御領分之海へ入込候船者、沖合へ紛不申浦々へ早速乗込、口前所へ断り漁船之帰り待、買請切手を取乗帰候筈ニ相究候ニ付、若沖合にて漁船江近寄魚買申度と申船有之候者、早々浦へ留り居候様、及挨拶少も手間取申間敷候、左様之説元来馴染有之候共、船ゟ船へ菜之魚とて、小魚壱疋とても相渡候者抜売買同然之形と可申付候、

泉州またはどこかより魚を買い受けに来る船があるが、これには鑑札が必要であり、もし、無許可で魚を買い受けに来る船があれば直ちに浦役所に届けること、オカズ程度の小魚一匹でも渡せば抜け売買として厳しく取り立てることが記されている。

また、その後の展開でこれだけ厳しく取り立てているのにもかかわらず、未だ抜け買いをするものが後を絶たないので、もし見つけ次第三人まで入牢の刑に処し、その程度によっては本人は勿論、その村の役人共々、村郡追放の刑に処すことが決定し、沖買いをする船には鑑札が必ず必要であるということである。

更に行商にも厳しい取締りが課せられていたようであり、それは以下のようなものである。

但歩行荷之義ハ、百姓町人いつれの者にても途中ニ而心付候者切手有之哉と尋、切手無之候へハ、其魚何者にても取もぎに為致候筈、

とあり、鑑札なしでの行商も堅く禁じられ、無許可の場合は誰でもその品物を取上げても良いということである。

一方、漁船も取締りの対象となっており、妄りに箱や桶といった入れ物を陸に上げる行為は慎むようにとのことである。その箱類の見改めも浦役人が行うため、箱に魚を入れ、税逃れをしないようにとの配慮である。

漁師とは荒々しく自由なイメージを抱くことがあるが、農村とは違い、行政の税の上納に格差が生じることは明白である。農村では決められた土地からの米の収益を税として上納するが、漁村では村高以外の租税徴収は、その漁獲物からの割り出しとなり、その日によって違いが生じる。したがって浦口前所の浦役人は漁師の漁獲高を詳しく把握する必要があり、これだけ厳しい取締りを行っていたのである。沖買いとは闇取引であり、生活が不安定な漁師の貴重な現金収入として近年まで行われていたのである。

## 五　漁撈神信仰の形態

漁師の内面、即ち精神世界はどうであるか、不安定な生活及び「板子一枚下地獄」という環境下で構築された信仰世界を明らかにしていく。

比井の氏神は、先に触れたように比井の東北山中に鎮座する若一王子神社である。若一王子神社は『日高鑑』では「若王子」と記載され、『紀伊続風土記』には更に詳細な記載が為されている。

○若一王子社　　境内森山周三町四十間
　本社　方一間　　末社二社春日社　住吉社
村の東北の端にあり中古熊野より勧請すといふ本宮新宮に祀るの内五座を相殿に祀るといふ
宝暦七年社修理の時境内にて焼物壺掘出せり高径共に一尺一寸二分口径七寸、中に唐金の筒あり高八寸一分径四寸一分
の筒なり蓋は径四寸五分、法華経八巻を納む、奥書に保元三年戊寅十月廿三日奉埋王子之上とあり頓写と見ヱて文字正
しからす、小字に書たり、旧社なる事知るへし、境内も広く大社なるをおもふに、此地旧熊野の神領なりしより勧
　請せしならんか、

以上のことより、当社は古代より盛況を見せた熊野信仰と関係がある王子神社であり、境内より保元三年（一一五八）の奥書がある法華経が出土し、経塚が営まれていたことがわかる。比井の天然の港が古代よりの寄港地として知られており、比井の港に熊野参詣者が多く訪れたことを示唆するものである。

熊野信仰の一端を担っていた若一王子神社であるが、当社の祭礼が漁村に似つかわしくないほど、華々しいことで有名である。かつては九月九日を祭日としていたが、現在は一〇月体育の日に行っている。当社の祭礼についての詳細は先に挙げた『古今年代記』に詳しく、それに基づいて以下、記していく。

一、若一宮御祭礼ハ毎年氏子中当番ニて鮨甘酒を造、神前ニて氏子中神酒を頂戴仕候座祭と云処、享保弐年丁酉九
　月初而神輿を拵立、御道具獅子頭等拵氏子中ゟ拵之神輿くみの浦迄渡御奉成、

若一王子神社の祭礼はそもそも氏子中の当番であり、鮨と呼ばれるナレ鮨と甘酒を作り、神前にて神酒を頂戴するということである。当時、座祭りと言われていたことから宮座の形態を呈していたことがわかる。その後、享保二年（一七一七）に神輿と御道具・獅子頭を氏子中より揃え、祭礼化したことが伺える。この享保期頃に入って村の情勢が

変化し、祭りが祭礼化したことは廻船業の発展と深く関わっていることは当然であろう。
神輿及び御道具の寄進は全て廻船業者からのものであり、御道具に至っては寄進者の子孫代々その御道具を供奉することが定められており、現在も竜頭・日輪・月輪・太刀・短刀・宝剣・金幣・神鏡・鉾・傘鉾・鬼の棒等が当社に伝来している。これもまた家格制に基づいた宮座の残影として捉えることもできる。

さらに同記には祭礼の詳細が記されている。

一、祭礼ニ旦尻出初候ハ、西出船持十艘中より寛延元辰ノ年初而出申候処、翌年巳ノ年組々ニ分レ、中組、向組、西出組、又ハ北組と分レ申候、神田へハ是迄宮ニ有之候獅子頭幷神輿太鞁ヲ添譲リ申候、

祭礼にはダンジリが登場し、それが寛延元年（一七四八）であったことが記されている。また、そのダンジリを寄進したのが字西出の廻船業者であることが注目される。さらに祭礼組織も寛延二年に成立し、比井・唐子両村より、中組・向組・西出組、及び北組が組織されたことも伺える。現在は東組・北組・西組となっており、その後、統廃合がなされたことがわかる。

唐子としては地下内に大将軍神社・八王子神社が鎮座していたことが『日高鑑』より伺えるが、明治四二年（一九〇九）に実行された神社合祀によって若一王子神社に合祀されている。しかしながら明治以前は大将軍・八王子社は、共に相祀されて大神神社として唐子に鎮座しており、祭りも営まれていたようである。唐子祭りは戦後まで行われており、唐子より大神神社が合祀された若一王子神社まで渡御し、神社境内で獅子舞の奉納をしたという。かつては大神神社より浜に出る祭りであり、渡御は深夜に営まれ、見ると目が潰れると伝承されていた。さらに大神神社は長きにわたって女人禁制が守られており、神社前の石段にすら足をかけることは許されなかったという。これら両社の祭礼は廻船業の発展、豊漁の祈願と感謝を込めた盛大な祭礼であったことが伺われる。

さて比井の氏神である若一王子神社の祭礼の成立と形態及び唐子の大神神社の祭礼の様相を見てきたのであるが、神社の成立には次のような伝承が残されている。

若一王子神社の成立は、武田三郎が浜で一つの箱を拾い、その中に日頃崇拝していた五体の王子神像が納められており、夢のお告げによって神社を建立したということである。

これは享保五年（一七二〇）成立の『若一宮権現縁起』にも記され、当初より王子神社であったことが記されているが、これは後に加筆されたものであり、そもそも熊野古道より外れている当地に於いては、初めは海より来たモノを祀った海神的存在であったことが伺われる。それが過剰表記され、中世に存在した地元有力土豪湯川氏の始祖武田三郎による王子神社成立に位置づけられたのであろう。

王子神社の勧請は、前記法華経の奥書にある保元三年（一一五八）以前の古代においてすでに成立しており、やがて中世に流行した熊野信仰の影響により、王子信仰が一層強まったと考えられる。さらに近世に盛況を見せた廻船業によって、王子神社の整備がなされ、現在にいたる。漁民及び廻船業者からの信仰心の強さが感じられる。

唐子には次のような伝承がある。昔、ヨザキ（夜釣り）をしていた漁師が礒から後光が指しているのに気付き、近寄ってみると巻物があった。これを若一王子神社の神主に見せると唐子の山中に祀れとの託宣があり、唐子の氏神として成立したという。唐子には八王子・大将軍社の二社が存在したが、やはり漁村であるため、神社の成立も海に求めたものである。

以上、村としての氏神信仰を見てきたのであるが、漁師個人は、どのような信仰を持っていたのであろうか。漁師はその生活状況から神に対する信仰が深く、自宅の神棚には氏神と住吉・恵比須を祀るのが一般的である。さらに船にはフナガミと称する神を祀り、漁業の安全と豊漁を祈願している。フナガミには神体というものはなく、多くが氏

写真2　千田須佐神社船絵馬

神の御札や有田郡有田市の千田須佐神社の御札、熊野那智大社の御札及び金毘羅・恵比須と様々である。かつてはミヨシに御札を貼り付けて祀っていたが、現在はドウノマの下にある機械室に祀る傾向である。こういったフナガミの御札は毎年、正月のドンド焼きで焼き、新たな御札を受けてくるのが普通であるという。氏神の御札の場合は一月十日エビスの時に神主に祈禱してもらったものを用いるが、その他のものは個人で貰い受けたものである。

さて、氏神以外で漁撈神的信仰を集めている千田須佐神社はどういった神社であるのか。

有田市千田に鎮座する須佐神社は祭神が須佐之男命であり、式内社及び旧県社に指定されている旧社である。社伝には和銅六年(七一三)に鎮座、最初は西海に面していたが、海上を往来する船が恭謹しないと転覆破壊されるので、元明天皇の勅で社殿を南面にされたという。非常に荒々しい性格を持つ神であり、その性格上、崇敬すれば強力に海上安全を約束し、絵馬堂には多くの船形絵馬が奉納されている(写真2)。

さらに熊野那智大社は、いわずと知れた熊野三山の一社であり、那智の滝を神体とした旧社である。なぜ漁師の崇敬を集めているのか。それは那智大社の神宮寺である青岸渡寺及び、青岸渡寺の末寺である補陀洛山寺の信仰と関係すると考えられる。補陀洛山寺はかつて多くの渡海上人を出した寺であり、遥か海の彼方にあると信じられた観音浄土に向けての渡海であった。漁師にとっては、その航海の安全を観音信仰と結びつけて成立したものであろう。

一方、漁師の漁撈に関する祭りは前述の十日エビスである。漁師だけで組織された世話人が九日に餅を氏神境内に祀られているエビス神社(西ノ宮神社)に持って行き、それを神主が供えた。さらにその餅と神社が用意した餅を交換し、餅撒きをしたという。餅の交換は、氏神及びエビスの神力が宿った餅を漁師に遣わすことでその力を得ようという思想が伺われる。

また同じくエビスに関する祭りであるが、神田には浜沿いに恵比須神社が鎮座し、かつて存在した地曳網の神として信仰されたという。祭りは四月一〇日であり、餅撒きをしてかなり盛大に行われていたが、現在は地曳網も無くなり、参詣者も少なくなっている。

さて、漁師には不漁の時にマンナオシをする習俗がある。他地区ではシオマツリと称しており、酒を飲み、氏神・千田須佐神社・那智大社に参詣することで今までの悪い流れを変える思想である。那智大社の場合は旗を貰いうけ、当分の間、船に飾る風習がある。

## 六　俗信と亀の浮き木

**風の呼称**　特に風の呼称には地域様々なものがあり、その風の呼称に地域の特色が出ていると思われる。ここに現在まで比井崎で伝承されている風の呼称と天気予兆を記していく。

ヤマデ（南西）、トサニシ（南南西）、コチ（東）、カミカゼ（北）、ワイタノカゼ（北東）、ナルトニシ（西）、アナデニシ（北西）、マデ（南）

これらの呼称は漁師の間で伝承されたものである。ヤマデとは山手から吹いてくる風の意であり、年中吹く傾向がある。コチは全国共通の東風の呼称であり、春の梅の花が咲く頃に特に強く吹く。カミカゼとは上、即ち北を指すものであり、冬場に多く吹く。ワイタノカゼは北東よりの風であり、ワイタジケという呼称もあるが、ワイタノカゼによる時化はさほど注意するものではないという。ナルトニシは鳴門より吹いてくる風のことであり、「ヤマデかわせの西怖い」という言葉があるようにヤマデからナルトニシに変わると激しい時化になるというが、吹き始めは漁に良く、秋冬に吹く風である。マデとは南風を指すものであり、これも吹き始めには良いとされている。冬場にマデが吹くと凪ぐことが多いが、その後に必ず、ヤマデが吹き、時化になるという。また、風の方位は関係なく、強い風が急に凪ぐと、その次に吹く風も強く吹くので注意が必要である。さらにコチからヤマデになるほど大時化になる恐れがあるという。

唐子在住の山中登氏（昭和五年〔一九三〇〕生）は、昭和二一年に「ヤマデかわせの西風」によって船が難破する被害にあった。以下は、山中氏一七歳当時の体験談である。

昭和二一年四月二一日、午前中より通常通り出漁した。その後多少のヤマデが吹いてきたので唐子の港に帰港すると、すでに船上げ場には波風を避けるために多数の船が揚げられていた。先約の船を越して自らの船を揚げることを嫌う漁師気質があり、船を揚げるのを諦め、仕方なく父親と共に日ノ御崎沖に再度出漁することにした。

この日は、潮の流れの速いとされる日ノ御崎オオクラバイ付近でも潮がイカン（動かない）不思議な日であった。その時、突風が吹き去り、オオクラバイを見上げるとカモメほどある白いモノが飛び上がり、フッと消えたという。この時すでにヤマデは最大に吹きすさび、父親の判断で帰港することにした。日ノ御崎を越え、田杭沖に差し掛かった折には、ヤマデ風の波にさざ波が付いてきており、トサニシ（ヤマデ）の強いのが吹いてきて、阿尾領馳出の鼻の辺りで波に揉まれだした。

父親は山中少年にドンザ（綿入れ）の紐を解くように伝え、「船がカヤったら船を絶対放すな」と言ったという。そのまま馳出の鼻を越えるのを諦め、田杭港に引き返すことにしたが、田杭の浜の間際でトモからのツカシヤリの波を受け、船はトモから持ち上がり転覆した。海中では海底の石が転がる音が響き、上下の判別もつかないくらい波に揉まれたという。ドンザが絡まり上手く泳げず、もがく状況が長く続いた記憶があるという。脳裏に自家の風景が見え、息が続かないと思った時に足に衝撃を感じて我に帰った。その場はすでに浜辺であり、足が着く水深であったが、引き波と共に流れてくる小石の衝撃で立てない状況であった。

父親はすでに田杭の漁師に救出されており、山中少年の救援に駆けつけたところであった。九死に一生とはこのことである。後日、日高町小中の大師堂に住むダイリ様という女性祭祀者の託宣によれば、大師信仰に熱心であった山中家は、御大師様の加護があり、また中世湯川家の息女で、若くして戦乱の犠牲になったミミツク様の加護もあり、浜に引かれていったのだと言われ、感涙したという。以後も熱心に大師信仰を持ち、現在もこの生命は御大師様によって生かされているという。

海という気象条件に大きく左右される生業環境は、その判断の誤りで大きな事故となり、命を落とすことも稀ではない。山中氏の語るこの出来事は、先人が伝えた気象予報の技術を信じ、判断を誤ると命の保証がないという教訓である。また大師信仰によって命が助けられたという状況は、「板子一枚下地獄」という漁民の習わしによって、信仰心がもたらす力が加味された不思議な体験といえる。

**海上禁忌**　海上での活動には様々な制限が課せられ、それは禁忌として伝承される。まず、船内に持ち込むことが忌まれるのは、祝儀などでもらった祝いの物などであり、反対に葬式仏事に用いたものを持ち込むと良いと言われている。これは前述した造船の用材にも通じ、不幸を吉に転ずる思想が反映していると考えられる。また「酢」の付くもの、それを使った食材も海上に持ち込むのが嫌がられ、それは「スモドリ」という不漁を連想させるからである。さらに、四足を乗せることは最も嫌がられ、鶏以外の動物は乗せるなと言われている。四足とは動物を総称しているのであるが、サル・ウシ・イヌ・ネコなどが最も嫌がられ、海上においてそれらを呼称することも禁じられている。もっとも代用呼称として「沖言葉」が伝承されていたが、それも現在ではほとんど失われてしまっている。僅か由良町戸津井で、サルを「オイサ(ン)」、ヘビを「ナガモン」と呼ぶくらいである。ヘビに忌み言葉があるのは、ヘビ＝竜神を連想させるためであり、ヘビを神聖視するが故にヘビをタブー視するようになったのである。

その他、行為を忌むものとして海上において口笛を吹くことがタブーとされ、海上においてそのような音を発するのを忌むのであるが、これは「フナダマイサミ」を連想させるからであろう。フナダマは時として、海上での危険を鳴いて知らせてくれるといい、それは笛のような音であるとされ[14]、むやみに口笛を吹いて紛らわしい行為を忌む習俗と考えられる。

また海中に物を落とすのも厳禁とされ、中でも金物、特にキレモノと呼ばれる刃物が一番嫌われた。海中に金物を落とすのを忌む習俗は、日本全国で確認でき、漁村を問わず農村部での淡水域でも金物を沈める行為は慎まれている。これらは水域を守護する水神＝竜神が金物を嫌うからであるとされ、この行為を利用して雨乞いを行う地域さえ存在する。金物とは即ち「鉄製品」であり、鉄と竜神との対立を生むのは「水」と考えられる。製鉄には水は不可欠であって、砂鉄を産出するには大量の水が必要であり、多くの土砂が河川に流れ込むことになる。これは河川の水質を悪化させることに繋がり、それ故、海の竜神は鉄製品を嫌うのではなかろうか。

印南町では海中に金物を落とした場合「預けた」といって、対処したという。一方、日高町比井地区も漁と関係する禁忌の中で、海上での金物の扱いが特に厳しいようである。その中で最も注意しなければならないのはキレ物と呼ばれる刃物の扱いである。キレ物を海中に落とすことを最も嫌い、落とした場合は極力拾うことに徹し、もしそれが無理であれば神主さんに祈禱してもらうなどの処置をしなければならない。これらは全国的に知られた習俗であり、当地では刃物は刃先が下を向いて沈むため、海の神に刃物を向ける行為になるとして嫌うようである。

この他、飯粒や湯を海中に捨てる行為も慎まれ、海上において弁当を食べた場合、少し残す習俗があるが、これは山中でも同じ習俗があり、ヒダル神に憑かれた場合の対処法とされるが、海上においても同じような習俗が存在するようである。

さらに、漁師では死のケガレより出産のケガレの方が重い傾向にある。死人の場合は翌日でも漁に出られるが、出産の場合、一週間は休まなければならないという。またこのケガレは人にも伝染するといい、他人の船に触る行為も慎まなければならない。これはフナガミさんが嫌がるからだという。また女性を船に乗せることも嫌い、とくに月の障りがある時はなおさらであるという。

一方、船に持ち込んではいけない禁忌もある。前述した造船の際に宮の木を使ってはいけないというのがそれであるが、反対に墓場の木は漁に良いとされる。これは逆転の発想ともいうべきものであり、注目されるものであるが、死人のケガレを躊躇しない漁民には墓場のケガレをも気に留めないのであろうか。もしくは漁というものは絶えず血を見る生業であり、血のケガレを嫌う神道の影響下で神社の木をつかうことをためらっているのであろうとも考えられる。

また漁に出るときにイタチが横切るとよくないとか、キツネの鳴き方で漁の吉凶を占う風習もある。ワイワイと鳴くと大漁になり、コンコンと鳴くと不漁になるという⑮。これはキツネ信仰に基づいて成立したものであると考えられるが、現在キツネが減少し、この伝承も途絶えようとしている。

**水死体の対処**　海上において、漂流死者を発見した場合などは、特異的な事例として以下のような伝承が残される。一般的に死者はケガレの対象となるが、海上においてはカミとして扱われる場合がある。海上彼方から流れてきた漂流死者はシビ・ドライボなどと呼ばれ、丁重に扱えば大漁を約束してくれるという。これら流れ仏をカミとして信仰する背景には海より来るモノをカミとして捉える基層文化が漁民にはあり、そのカミとして捉えられるモノには地域差があるという実態がある。(16)

これら海上彼方から流れ来たるカミの扱いとして流れ仏を拾うには様々な慣例があり、下手に扱うと反対に不漁になるとさえ言われている。

御坊市名田町及び日高郡印南町では、まず発見した場合はどのような状況であっても助けるのを最優先し、もし一人で回収できない場合は、筵を投げてやり、「待ってよ」と声を掛けると、自然とその場で待っているという。筵を投げるのは、助ける意思を表すものであり、また無残な姿を人目にかけないように配慮した行為でもある。そして拾い上げる時には必ず「漁さするか」と問いかけ、「さいたる、さいたる」と一人問答をした。これは、助ける代わりに大漁をさせるよう、カミと取引を交わす行為である。引き揚げは必ず素手で行い、オモカジから揚げ、ドノマと呼ばれる場所に安置された。下ろす際は逆のトリカジからであり、これはトリカジから魚を取り込むから不浄のものをそこから揚げない意味があり、ここで初めて死体としてのケガレ意識が伺える。回収された死体は手厚くタッパイ（供養）し、三昧に埋葬された。

日高郡日高町比井地区では水死体をドザエモンと称し、近隣ではまたシビという呼称もある。死人のことであろうが、当地ではマグロをシビと呼び、呼称の共通点より貴重な存在のものであることが伺われる。水死体を海上で発見した場合は必ず連れて帰るものであるとされ、知りながら見捨てていくと漁がなくなるといわれている。一人で揚げることが困難な場合は「ツレ連れてくるさか待ってよ」と声を掛け、仲間を連れてきて引き揚げる。引き揚げは必ず素手で行い、引き揚げた水死体はドウノマに置き、浜辺の無縁墓に葬られた。水死体を拾った者には大漁が約束されており、これらの習俗は全国各地に見られる。エビスといわれ、漁撈神的性格が強いものであるが、海より来るモノを神とみなす漁民にとっては当然な信仰であると思われる。

**祈願**　大漁に導くには積極的に神に祈願する行為もある。船内に祀られているフナダマを祭祀することは大漁祈願でもあり、定期的に行われるのは正月に見られる。オオツゴモリ(大晦日)の深夜に奇数の枝の出た男松の大松をフナダマが祀られている場に飾り、雑煮と鏡餅・神酒・オナマ(鮮魚)を献じ、大漁を祈願したという。また五月の節句には、柏餅とショウブ・ヨモギを同じくフナダマに供えた。由良町戸津井地区では正月二日の早朝より、乗り初めと称して、平年一二個、閏年一三個の餅をフナダマに供えてから、見物客に餅を投げた。この行為もフナダマに餅を供えて大漁を祈願するものであり、さらに当地ではモンビといわれる節目の節供などには、港内に祀られるエビス社に掛け魚(小鯛)と神酒を供え、大漁を祈願する風習があり、これらは積極的に神に祈願した行為である。

さらに印南町では一月二八日はリョウゴンサンの日として、沖ドメを行い、港内に祀られるリョウゴン社とエビス社の祭りをし、餅撒きが行われた。この日は非常に北風が強い日であるという。名田町野島字祓井戸では、一一月初旬に港内にあるエビス社で祭りが行われる。夕刻より社前に神酒・洗米・オナマ(鮮魚)を供え、酒を呑むだけであるが、一一月に行われるのは、エビ網が始まる前にと言われているが、かつて盛んに行われていたサバ漁と密接に関わっており、サバ漁に出漁する前に大漁を祈願したものであったと考えられる。

また、不漁に見舞われた時には、マン(ゲン)直しとシヨ(シオ)祭りを行い、大漁に導こうとした。前者は個人的に不漁の時に行われる行為であり、名田町では、深夜にエビス社やフナダマに神酒を供え、自らも酒を呑むなどした。印南町では、フナダマに神酒を供え、沖に出てミヨシを日ノ御崎にし、トモを市江崎に向けて神酒を献じたという。顕著に岬を漁撈神として信仰する観が伺われる。

後者は港全体で不漁の時に行われる行為であり、神官を呼び、祈禱してもらってから酒宴を催したという。

ところで漁民は血のケガレを嫌う風が強く、女性を船に乗せないという禁忌が一般的であるが、印南町・名田町・由良町戸津井では、妻が妊娠すると「ハラミの漁」「ハダミがつく」などと言って大漁になるという。しかしながら大漁をもたらすのは出産間際までであり、出産後は全くの不漁になるとされる。名田町・印南町ともに妻の出産後一週間は「産火」と言って、妻とは火を別にして、食事の煮炊きを行い、隣家や親戚宅で食事をした。妻が産後一週間でシヨガケをすると通常の生活に戻るという。これは孕むということが、生産を意味し、魚を大漁に孕み生むという古俗的信仰と考えられるが、産火の禁忌は、自宅で出産をしていた昭和初期以前の話である。

**亀の浮き木**　印南町で奇怪とも思える大漁祈願は、「亀の浮き木」と呼ばれる呪物である。海亀を海上彼方より現れたカミとして神聖視する思想は全国各地に存在し、それは各地に残された「亀之墓」からも読み取れる。海亀が上陸すると酒を飲ませて海に返す行為もそれと同じであるが、当地では海上に浮かぶ亀が持つという浮き木を拾うと大漁になるという伝承が残されているのである。県内では雑賀崎・湯浅・印南・田辺付近でその伝承が伺え、全国的には太平洋沿岸の宮城・福島・千葉・静岡から南海道にかけて分布する[17]。海亀という常世からのカミと常世から流れてきたモノを神聖視する古来からの信仰が、習合したものと考えられる（写真3）。

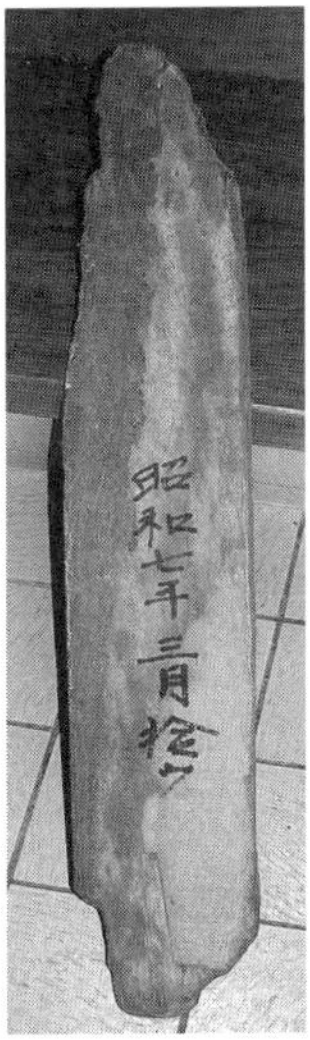

写真3　印南町木下家の亀の浮き木

海上において亀は流木を背中に載せて遊んでいるという。この亀の浮き木を拾う際には、朝日を背に受けて拾うのが良いとされ、拾う時には「その木をおくれ」と声を掛け、代わりになる木を与えてから「亀の浮き木か優曇華か」と唱えてから拾うという[18]。それだけ珍しいという意味である。拾った亀の浮き木は神棚や床の間に祀られ、必ずシアワセが良くなるという。シアワセとは漁が良いという意であり、滅多にあえない幸運である。

　亀は古来より神聖視される対象であるが、流木にはどのような意味があるのであろうか。当地では木付きカツオと呼ばれる現象があり、海上に浮かぶ流木にはカツオが群れているという。これは流木に付着したプランクトンや小動物を狙った小魚が集まり、それを狙うカツオが群れて来るからである。流木には大漁に繋がるチャンスが存在するのである。それと海亀信仰が習合し、「亀の浮き木」という習俗が誕生したのではなかろうか。自然と亀の浮き木伝承が残される地域は、カツオ漁が盛んに行われている地でもあり、カツオ漁と密接に関わりがあるとも考えられる。さらに紀州漁民の移動経路とも一致する点もあり、この習俗は紀州漁民が各地に伝えた可能性をも示唆している。

## おわりに

　海浜に広がる砂浜は、漁村の景観の中でも主たる部分を占め、多くの生活の場となっている。印南でも大規模な港が構築される以前は、川港であったため、漁船は浜に揚げられ、その傍らで網の修繕や干物を干す光景が見られた。民家もその浜沿いに集居し、生活の糧はほとんどその浜からの恵みでもあった。時化の翌日には、浜に寄り物が流れ着き、その所有権は先に見つけた者に与えられ、占有標として小石などを置いた。農村部とは違い、燃料となるタキモンは浜に流れ着く流木が主流であり、時化の翌日には挙って流木拾いに出かけたという。また半農半漁村では、畑の肥料も浜に流れ着くモーと呼ばれた海藻であり、それらを拾う浜の場所は、家毎に区分され、平等性が保たれていた。一見、荒々しいイメージを抱く漁民であるが、その内部は至って温厚であり、平等に分け与える思想があったのである。しかしながら、「板子一枚下地獄」という環境下の生業故、個人での活発的な活動がなければ生活の安定は望めず、日々、海に挑み、大漁を祈願したのであった。

中南紀では、漁船の造船儀礼の中で予祝的儀礼が確認でき、さらに広範囲にわたる漁撈活動はかつて全国に繰り出した紀州漁民を連想させる。アマリイリもまた古い習俗であろう。それら漁撈活動では様々な信仰と禁忌が育まれ、岬を畏怖し、海上彼方から流れ来るものをカミとして信仰した。その中でも亀の浮き木は幾つかの信仰が習合したものであると考えられる。

しかしながら、生活様式が一変した昭和三〇年代を境にその文化が急速に衰え始め、今やかつての習俗を伝える人々は少ない。先人が築き上げた知恵と文化を継承することも文化保存といえるのではなかろうか。

### 註

（1）森　彦太郎編『紀州文献日高近世史料』臨川書店　一九七四年
（2）仁井田好古『紀伊続風土記』天保一〇年（一八三九年）
（3）和歌山県史編さん委員会編刊『和歌山県史　近世史料五』一九八四年
（4）日高町誌編集委員会編刊『日高町誌　上巻』一九七七年
（5）塩崎　昇編『塩崎家文書　一巻　改訂版』一九九七年
（6）柳田國男編『海村生活の研究』一九八一年
（7）倉田一郎「船に関する資料」『海村生活の研究』柳田國男編　一九四九年所収
（8）印南町史編さん委員会編『印南町史　通史編　下巻』一九九〇年
（9）前掲註（8）

（10）前掲註（3）
（11）高市志友編『紀伊名所図会　四』一九七〇年
（12）宮本常一「海女ものがたり」『日本民俗資料集成　四巻　海女と海士』谷川健一編　一九九〇年
（13）前掲註（5）
（14）徳丸亞木「漁民信仰論序説―フナダマ信仰を中心として―」『歴史人類』二二号　一九九三年
（15）比井崎村役場編纂『比井崎村誌』一九一七年
（16）川島秀一『漁撈伝承』（ものと人間の文化史109）法政大学出版局　二〇〇三年
（17）藤井弘章「ウミガメと流木にまつわる漁撈習俗」『エコソフィア』四巻　一九九九年
（18）浜口彰太「舟に関する俗信」『民間伝承』三巻三号　一九三七年

【話者一覧】　二〇〇七年四月調査／二〇〇八年五月一三日・一五日・七月二七日調査

・山中清一氏　・山中修一氏　・坂口　浩氏　・坂口徳康氏　・大鍬敬次氏　・亀井米雄氏
・硲政次郎氏　・濱口　勇氏　・山中　登氏　・西本　智氏

# 第三節　漁村の歳時習俗

季節の移り変わりの際に行われる歳時習俗には、その地域における特徴が集約されたものが多い。農山村とは、環境が全く違う漁村における年中行事は、農山村と同じ呈を示しながらも独自な行事を形成しているといえよう。本節では、日高町比井崎（唐子・阿尾）の事例を基に日高郡沿岸部の年中行事を見ていきたい。

**正月の準備**　正月の準備は、一二月一三日から行われ、唐子では「タキゾメ柴」と称している。ウバメガシの柴を一束、山から刈ってきて正月の雑煮の煮炊きに用いた。この日から正月当日まで軒下でバベ柴を管理する。

一二月二五日前後には、正月用の飾りの準備を行い、唐子では、ウラジロ・モッコク・ユズリハ・マツを山から採って来て、左綯いのシメナワを作ったという。阿尾では、二〇日前後にオトコマツ・タケ・ウラジロ・ユズリハを山から刈ってきて、カドに立てて置いたという。

餅搗きは、一二月二八日に行うことになっており、唐子・阿尾ともに二九日の「苦」が付く日は避けるという傾向にあったという。

各種飾り付けは、三〇日までに行うとされており、唐子では、門口・神棚・荒神・船には七五三のシメ縄、便所には四五三のシメ縄、井戸には二五三のシデを垂らしたシメ縄を飾るのを例としていた。カガミ餅は、床・神棚・船に飾り、三方にウラジロ・カサネ餅・葉付きミカンを飾って、正月を祝ったという。

**正月行事**　正月当日の早朝には、唐子では当主が天然寺の上の共同井戸に若水汲みに行く習わしであり、誰よりも先に行くのを良しとしていたという。米一握りを持って行き、井戸の縁に米を供え、水を汲んだ。この行為を「若水迎え」としており、この水とタキゾメ柴を用いて雑煮を炊いたのである。雑煮はシラス出汁に大根・白菜・里芋・豆腐の味噌仕立てである。そして船のフナガミ様に神酒と雑煮を供え、その他の飾りをしている場所にも雑煮を供えた。

二日は、阿尾では「乗り初め」と称して、船に乗ってフナガミ様を祀ったという。由良町戸津井では、この日の明け方に、フナダマ様に例年一二個、閏年一三個の餅を供え、それを船から港に撒いて、餅撒きを行っている。形式的な仕事初めで実際には、十日エビスまでは沖留めである。

五日は、阿尾で「五日正月」という名称が残されているが、行事は行われていない。

七日は、「七日正月」であり、ナズナ・白菜入りの七草ガユを作り、神仏に供えて食したという。

一〇日は、「十日エビス」であり、唐子の氏神若一王子神社のエビス社で、漁師達によってオオカガミ餅が供えられ、最後には餅撒きが行われた。

一四日は、唐子で「カザリオトシ」と称して、正月の飾りを片づけ、翌一五日は、「中正月」と称して正月の飾りを浜で焼く「ドンド」を行った。唐子では、浜の一ヵ所で飾りを持ち寄り、焼いたという。その折に石の仮設カマドを作って餅を焼き、それを食べた。この餅を食べるとデキモンができないといわれた。家庭では小豆飯を炊いて神棚に供え、フナガミさんにはお神酒を供えたという。阿尾では、餅入りの小豆茶粥を作って神仏に供えて食べたという。

阿尾では、一月・二月の間にハマチの巾着網が盛んに行われたという。

**春から夏の行事**　二月一日は、「二正月」と称して、唐子では、神酒を神棚に供えたという。

二月三日は、「トシコシ」として、節分行事が展開された。唐子では、天然寺の観音堂で厄除け法要が催され、氏神若一王子神社でも同様な御祓いがあった。氏神社参の際には、大豆を請けて帰り、それを当日の豆撒きに使用したという。この日にはイワシを食べるのが通例であった。阿尾では、氏神白髭神社で湯立て神事が執り行われ、厄除けの神事として皆、社参したという。

三月の彼岸には、唐子・阿尾両浦ともボタ餅を作り、墓参りを行ったという。

四月三日は、「シガサンニチ」であり、沖留めとして唐子・阿尾では、ヨモギ餅を搗いて神棚に供え、ヒナ飾りをして祝った。また巻寿司の弁当を持って磯に遊びに行く慣例があり、その折にイソモンを拾って帰り、湯掻いてオヒナ様に供えたという。春の潮は昼によく引くといって浜辺は大いに賑わったという。

阿尾ではこの時期にアジ・サバの巾着網が盛況に入り、一本釣りのイサキの漁場を船上でクジを引いて決められた。

四月一七日は、唐子の天然寺観音堂の会式であり、観音講の盛大な法要であった。参拝者には餅撒きなども行われて、参拝客が絶えなかった。当寺の観音堂には、波切り観音が祀られており、漁撈関係者の崇拝が篤かった。

五月五日は、男の節供であり、唐子では、コイノボリを飾り、ヒナ飾りも出したという。柏餅を作って神仏に供え、神酒瓶にショウブを挿して神棚にあげたという。ヨモギ・ススキ・ショウブの葉を束ねて、軒先に挿し、門口や屋根にも飾った。その束を入れた風呂にも浸かり、子供の成長を祈ったという。阿尾では、月遅れの六月五日が節供であり、ショウブを屋根に投げ、サンキラ（イバラ）の葉に包んだ柏餅を作って神仏に供えたという。この時の御馳走は魚のマゼ飯であったという。

この時期からヨマジメ・アサマジメのジアイにタチウオが釣れ始め、「タチオ掛け」と称して釣りに出掛けたという。

七月一〇日は、阿尾の恵比寿社の「十日エビス」であり、漁撈関係者の網元衆が主体となり、沖留めとして、漁撈関係者は参拝したという。この日は必ず海がシケるといい、沖には出られなかったといわれている。

**盆行事**　盆の始まりは、唐子では八月七日の「七日盆」からであり、この日に墓掃除を行い、盆の準備を行った。阿尾では、八月一〇日に墓の掃除を行い、盆の準備に掛かる。

八月一三日は、唐子ではホオヅキ提灯を持って、夕方から墓参りに行き、墓の火をタバって提灯に移し、それを自家の仏壇に移して仏迎えとした。これを「迎え火」という。仏壇には、朱の盆にズイキの葉を敷き、その上にキュウリ・ナス・ナンキン・果物の供物を載せて供えた。これを「水棚さん」といい、湯のみに水を張り、それにシキミの葉を浸して、その葉で水棚さんを二、三回濡らして参るという。

一四日には、朝にオハギと白餅を作り、仏壇に供えた。オハギは、近所に配るほどの量を作ったという。オリョウゴは三度の食事でオカズ交換し、主にゼンマイ・トウフ・アゲなどの具材を用いたという。またゼンザイをこの日に供える習わしがあり、餅を入れて作った。夕方には、墓参りをする。

翌一五日は、夕方に墓参りをし、仏送りの準備をする。仏の弁当にアゲ寿司、巻き寿司、小豆ご飯のオニギリを持たせ、四〇センチくらいの小型の船を作り、屋敷前の浜から供物を載せて、海の彼方に先祖の霊を送ったという。仏送りは夜が更けてから行われ、浜でナスに線香を立て、鉦を鳴らしながら家を出る。この時、ザシキでは、ホウキで掃き出すように掃除を行い、船を流したら後ろを振り向かず黙って帰る習わしである。

一方、真宗地帯である阿尾では、イッケ内の初盆宅に参り、墓参りを行うのみで特に行事は行われていない。

八月二三日には、唐子で地蔵盆が執り行われ、天然寺境内の地蔵と集落内の個家で祀られる地蔵もすべて祭祀の対象となった。ミタラシダンゴを供え、地蔵和讃を唱えたという。

八月・九月は水温が高く、魚はほとんど取れない状況となる。

**秋から冬の行事**　九月の彼岸には、唐子ではオハギを作り、墓参りを行った。今後の行事はほぼ行われていない状況である。

以上、簡単ではあるが、比井崎周辺の漁村の年中行事を見てきた。おおまかな内容は、農山村の年中行事と同じであるが、それぞれに特徴的な内容を示すものも多い。例えば、正月の唐子の若水迎えは沿岸部であるため、淡水の湧く井戸が少なく、共同井戸であるという事情によるものであり、誰よりも先に若水を迎えるという競争心は、漁民気質の表れともいえる。

また正月二日の「乗り初め」は、形式的な仕事始めを意味するが、この日にフナガミ様を祭祀し、由良町戸津井では、盛大な餅撒きを船上から行う特殊な事例を残している。漁民にとっての船は命の次に大事なものとされており、それを司るフナガミ信仰は漁民信仰の主幹であるといえよう。年頭に際して行われるのは、船に関するものが多い特徴を示す。

一方、四月三日の「シガサンニチ」の事例は、農山村と全く同じ事例であるが、礒遊びを主体として、日がな一日遊んで過ごすというものは、南西諸島に多く残される浜降り行事と同じであり、潮に触れることによる禊の観念が強いものである。農山村においては、山頂に登るという事例も多く存在するが、どうもこの日を境に農山村では、農耕神的存在を迎えるという思想があり、それの実態はもはや忘れ去られているようである。漁村及び沿岸部に近い農山村においては、浜降りの慣習が強く、年間を通して行われる禊を意味していると考えられるが、その本質も忘れ去られたようである。

さらに盆行事では、仏迎えは墓に行くが、送りは浜から船に乗せて送るという漁村特有な形態を示している。しかしながら唐子の墓は現在、檀那寺天然寺境内に移されているが、本来は唐子崎にあり、現在墓石の多くが海岸に落ちて波にさらされている光景が見られる。度重なる台風や津波の浪害を受けて、天然寺境内に移行したと考えられるが、本来は海に近い、海岸に設定されており、「ホトケ」は海の彼方に行くという海上他界観を示していたことが伺える。また仏送りの際に、先祖を祀っていたザシキをホウキで掃き出す行為や、送った後は後ろを振り向かず、黙って帰るという事例は、第一章第三節の中志賀の事例と通じるものがあり、祖霊に一種の畏怖感を抱いているのを示唆するものである。

【話者一覧】 二〇〇七年四月調査／二〇〇八年五月一三日・一五日・七月二七日調査
・亀井米雄氏　・硲政次郎氏　・濱口　勇氏　・山中　登氏　・西本　智氏

# 第二篇　氏神信仰と祭祀習俗

# 第一章　氏神・聖地伝承と祭祀

# 第一節　氏神の成立伝承

## はじめに

日本人は自然のあらゆるものにカミが宿るというアニミズム的信仰を古来より持ち、それらを神として聖地に祀り、畏怖し、豊穣・豊漁・安全を祈願してきた。それらの多くが著名な大社の祭神を勧請して成立したように思えるが、その初期の形態というものは至って地域性豊かなカミであったはずである。それらのカミの格付け即ち神階由緒を重んじるようになり、次第に著名な神を神社に祀るようになり、社格が与えられるようになって氏神の本質が変化したと考えられる。それらには宗教者の関与、政治的な要因、村の情勢といった諸要因が複雑に絡まり、現在に至るものである。

神社で祀られるカミというものは人智を超えた超自然的現象、山や樹木、岩石や河川・湖沼・動物などという自然物、さらに一定の人格を有した御霊神・氏族の始祖を祀った祖霊神とに区別できる。

また、神社の立地、とりわけ神社成立に関する諸伝承・伝説、それらに付属した聖地などは、神社成立に関する考証において非常に重要な位置にある。その場に人々はカミを見出し、自らの生活の安定と天変地異の平癒を祈願したのである。神社の壮麗な建築物よりは、その立地に重要点がある。柳田國男は、『塚と森の話』(1)の中で「神祇の崇拝に価値のあるは寧ろ其場所である」と説いている。すなわちカミとは社に祀るものではなく、その特別な場所において降臨し、その場所が、初めてカミと人との交流の場であったのである。本項では、紀州日高においての氏神成立伝承や祭祀習俗にまつわる史資料・伝承を考証するものである。

## 一　海より出現した神

**志賀王子神社**　志賀王子神社は、日高町志賀に鎮座する志賀旧五ヵ村である柏・上志賀・久志・中志賀・下志賀・谷口の氏神である。立地的には、志賀川下流に位置する下志賀の領内にある小高い山腹に鎮座する。祭神は天照大神であり、熊野古道沿いに祀られる王子神社の一つである。この志賀王子神社には鎮座伝承が残されており、昭和九年（一九三四）刊行の『志賀村郷土史』(2)所収の「王子神社雑記」には以下のように記載されている。

志賀五箇村惣社下志賀村に御鎮座若一王子大権現は筑前国志賀大明神ニ而、底津少童神上津少童神中津少童神と申して御一体渡らせ給う。神代の時志賀郡に天下り給う御神にて、住吉筑前より柏葉の船に乗而西之岸に御着相成候に付、其所より柏村と申し、夫より中志賀に暫く御休み、其所を今に上柏と申す。夫より下志賀村に御垂給ノ人御神勧請と申にては無之由。柏村にサソウ明神あり。文字には捜指明神と書く是は柏葉の船頭の神か。但し筑前国志賀大明神は右之所とも御一体の神なり右は弥志賀大明神に而渡らせ給うを、昔後白河院御社参砌押而神号を権現と改御ふしんとも願し様神号改替と相伝はる。（後略）

志賀王子神社の祭神である志賀王子大権現は筑前国から柏葉の船に乗って、柏の浜に着き、それから中志賀でしばらく休んで下志賀に鎮座した。地元の伝承によれば中志賀には明治四〇年（一九〇七）まで上柏神社があり、その場所で神が休んだという。また祭神の上陸地とされる柏の浜にはアガリカシワの小字名が残っており、さらに祭神の船頭を務めた者を祀った沙捜神社があり、この神社の祭神が柏葉の船の棹さしの神であると伝えられている。

これらの伝承にならい、当社の祭礼は柏浜でのシオアビと言われる禊から始まり、柏の氏神である沙捜神社の祭礼では、柏浜より船型神輿の「唐船」に裃に刀を差した少年が乗り、神社まで渡御をしたという。(3)

**御霊神社**　御霊神社(4)は日高町小浦に鎮座する小浦一村の氏神である。立地的には小浦浜より内陸に三〇メートルほど入った所にあり、社叢は鬱蒼とした暴風林に覆われている。祭神は大鷦鷯命・事代主神・蛭子神・宇賀魂神の四神である。

御霊神社の鎮座伝承は今より六〇〇年以上前の南北朝時代に遡るという。ある時、やんごとなき夫妻が小浦に流れ着き、この地に永住した。しかし、夫妻は名前を明かさず、村人はその身なりや風貌より高貴な方々と思い、殿・女房と呼んで崇敬したのであった。後に御夫妻が着岸された浜を女房浜と称した。ある夜、女房が夢に波間に漂う神像を見て、翌日、村人が女房の言う浜に向かうと確かにそこに神像が打ち上げられていた。喜んだ村人たちはその神像を御夫妻の屋敷に祀ったが、その後、幾許もしない内に御夫妻は死去された。そして応永三年(一三九六)にその御夫妻の遺言により神像を氏神として祀りだしたという。

当社の祭りは年三回執行され、当社鎮座の日とされる旧暦六月一五日を例大祭とし、九月九日は女房の命日にあたり、その日に一夜酒の御供を供し、一一月六日は殿の命日ということで、新穀と青菜の御供を奉るという。これをマナの饗応と称し、深夜に神職と少女二人によって奉仕され、この少女は御夫妻の下女の名残りという。マナの饗応に使われる箸は女房浜にある柳の枝を用いるのを習わしとする。神社裏にある塚はこの下女の墓といわれている。

**山口八幡神社**　山口八幡神社は印南町西山口に鎮座し、主祭神は誉田別命であり、御坊市名田町の野島・上野・楠井、印南町の津井・濱・地方《あげ》・西山口を氏子としている。

神社の由来については宝暦九年(一七五九年)『印南中村覚書』(5)によると次の通りである。

西山口八幡宮七カ村氏神聞伝覚

一、先年いつの頃ヲ不知、なだ目之内、野島はらい井戸と申所へ、海上より御上り被遊候ニ而、少之内、右はらいどニ御ちん座被遊、于今井戸有り、其後印南上ケ御神子越休山ニ御ちん座被遊候得共、浪之音いかかと被仰候ニ附、今の西山口之御山へくわんじやう申由聞伝也、其時節ハようがいの城主湯川右衛門大夫殿知行所ニ而、印南中村、西山口、古井、樑川村領知被成、千石計領地被成候、依之湯川右衛門大夫殿氏神ニ附、祭礼ヲ御初、四年ニ一度ツツ御垣替被成、神歌も其節作り、夫故笠ふく于今一番ニ出し申候、

これによると山口八幡神社の祭神は、初め野島の「はらい井戸」という所に海上より上陸し、少しの間その場で鎮座した。その後、印南町地方の御神子越休山に鎮座したが、浪の音が気に障るということで、現在の西山口に鎮座したということである。また、その当時の印南の領主湯川右衛門太夫の氏神であり、祭礼を始めたということである。

また野島の仮家家に伝わる伝承によると、野島の祓井戸に上陸した神は、その場で身を清めるための井戸を掘り、しばらくそこで休まれていたが、浪の音が気になり、仮家家で世話になることになった。しかし、そこでも波の音が気になり、上野の梅田神社に移動したが、それでも浪の音が聞こえてくる。さらに楠井・津井・地方と移動し、地方の男山(御神子越休山)で一夜を明かすことになった。そこで今宵の月を眺めながら詠んだ歌が、今日に残る「神歌」である。そして、現在の西山口の場所に落ち着かれたという。

当社の祭礼は一〇月二日に執行され、祭神上陸地である野島では神輿舁株を有し、仮家家は神輿の先導、神社宮元である西山口では神社の神具である御道具持ちをする諸特権が見受けられる。

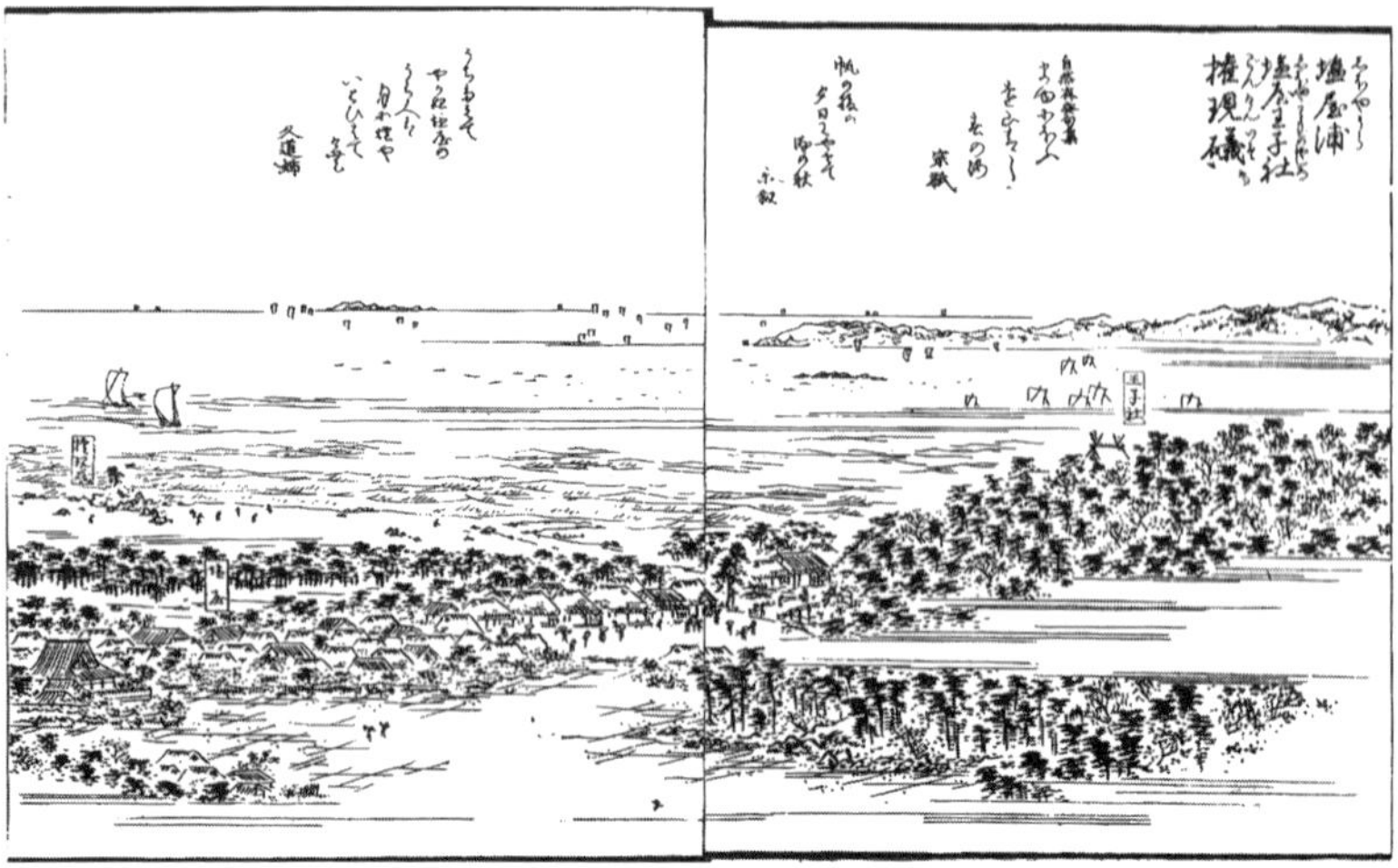


図1　権現礒(紀伊国名所図会)

**熊野神社**　熊野《いや》神社⑥は御坊市熊野に鎮座する旧社であり、祭神は伊邪那岐命・伊邪那美命・天照大神の他一一柱を配祀する。当社の由来は定かではないが、正治二年(一二〇〇)の奥書のある「御祝」には塩屋浦の海上より翁が出現したことが説かれており、これに従って塩屋浦の神出現の地を権現礒と称している。また足利義満の側室、北野殿が熊野詣をした時の記録である応永三四年(一四二七)成立の『熊野詣日記⑦』の九月二四日の条には、「しほ屋の浜にて片箱進上、此嶋は権現のとひましますす嶋なり、飛嶋と申」と権現礒が飛嶋として記され、中世にはこの伝承が成立していたことを物語る。

当社の祭礼は当地で名高い熊野の申酉祭りと言われ、旧暦霜月の初申の日と翌日の酉の日、中の申の日の三日にわたって執行され、中世は田辺市芳養の牛の鼻へ渡御したが、近世には神官が馬上にて鉾を献じ、権現礒及び川辺町に鎮座する大山神社にお渡りし、その道中の神社旧跡において秘歌である神歌を奏するのを習わしとした。また沿道の家々は粗相のないように雨戸を閉め、無事行列が通り過ぎるのを祈ったという。もし、家の前で馬が嘶けば忽ち凶事が起るといわれていたという。一方、当社は疱瘡封じの神としての崇敬も篤く、歴代の紀州徳川家より格別の信仰を賜っていたという。

以上、四つの事例を見てきたのであるが、遥か昔の神々は海上彼方に源郷をもっており、海上他界の思想が伺え、水平より来る水平型来臨であることがわかる〔図1〕。

## 二　空・山より出現した神

紀州の大半は山間部であり、それら山間部は熊野・大峯山に連なる熊野奥駆の修験場としても知られるところである。熊野は言わずと知れた熊野三山の聖地であり、紀州きっての古代信仰の拠点である。天高く聳える山々には古来よりカミが宿るとされ、山を神聖視する観念が古くから存在する。民俗社会において山とは異界であり、カミの領域とされた。また死者が赴く他界とも捉えられてきた。そういった信仰の古層として、山に神が降臨するという伝承・伝説が紀州日高山間部に多く残されている。

**上阿田木神社・下阿田木神社**　上阿田木神社・下阿田木神社[8]はかつて上愛徳六社権現・下愛徳六社権現と称し、郡内きっての旧社として名を馳せた。上阿田木神社は日高川町初湯川に鎮座し、氏子は初湯川・笠松・熊野川・浅間・猪谷・滝頭《たきがしら》・串本であり、祭神は東御前に事代主命その他一柱、證誠殿に伊邪那美命、西御前に伊邪那岐命その他九柱を配祀する。神社境内には鬱蒼とした杉の古木が立ち並び、神社鎮座の古さを物語る〔写真1〕。

写真1　上阿田木神社

写真２　下阿田木神社

一方、下阿田木神社は同町皆瀬に鎮座し、氏子は阿田木・皆瀬・川原河・上越方・下越方であり、祭神は東御前に伊邪那岐命・伊邪那美命、證誠殿に櫛御気野命・天照大神他三柱、西御前に速玉男命・事代主命他一三柱を配祀している。神社の広大な敷地はかつて存在した別当阿弥陀寺の名残りを示すものであるという。

両社揃って熊野十二所権現を祀るものとされ、両社で熊野十二神を配祀しているわけである。両社の由緒は古く、下阿田木神社蔵の元弘四年（一三三四）成立の『愛徳山熊野権現縁起』によれば、延喜二二年（九二二）に日高郡寒川の大原の峰に天下った熊野神を犬飼高宮吉見なる猟師が後光が差すのを見て確認し、修験者光胤聖人と共に愛徳山権現として祀りだした。その後、延長六年（九二八）に阿田木原（現上阿田木神社）に遷祀し、寛治五年（一〇九一）には巾子形原（越方）に、天仁元年（一一〇八）には糸尾の宮（現下阿田木神社）の地に遷座したという。三回にわたる遷座の末に、現在の下阿田木神社の地に鎮座したのであった（写真２）。

上阿田木神社の祭礼は四月最終日曜に執行される春祭りであるが、祭礼主催は社人と呼ばれる世襲制の三家が担い、その他役職は役屋敷三四家によって選出される。この祭礼で奉納されるヤツハチ・稚児舞も役屋敷よりの選出であったが、現在は氏子内からの選出である。また当社の祭礼は花祭りとも称され、氏子より出される造花によって飾られた幟が立ち並ぶ光景は山村を彩る華やかさを持っている。また当社の渡御には竹を三角形に組んで扇を取り付けたものを神の依代として用いているところに、古風が見受けられる。

一方、下阿田木神社の祭りは一月三日に執行される御弓神事が有名である。御弓神事にも上阿田木神社同様に役付きの屋敷があり、弓宿と呼ばれるものは、弓屋敷を所有する加門三家のみの特権であった。また社人と呼ばれる祭りの総指揮者も一六人存在したが、現在の参加者は三家のみとなっている。かつて御弓神事の射手はこの社人より選出し、オダイトウと称して、一年間の精進潔斎に入り、正月より霜月まで毎日行水をとり、正月・三月・五月・七月・八月・九月・一一月には、海で潮垢離をとることになっていたという。また、精進潔斎中は髭・髪を剃ることは許されず、神に仕えたのであった⑨。

現在は射手を社人より選ばず、氏子である諸地区より九人の射手と同数の矢拾いの合計一八人が選出される。弓宿での座儀礼の後に神官と共に神社脇の的場に赴き、神事の後にアコホダイと呼ばれる小豆飯とオシロイ餅を神前に供し、自らもそれと神酒を頂いて的射に入る。矢は二本ずつ三回射ち、最後に小的といて一尺ほどの的を射つのであるが、これには当たらぬ方が良いとされている。

**大山神社**　大山神社⑩は日高川町入野《にゅうの》に鎮座した旧社であったが、明治に発布された神社合祀令によって、南方熊楠の猛反対も甲斐なく、大正二年（一九一三）に土生八幡神社に合祀されてしまい、現在は跡形もなくなってしまっている。しかし、その歴史は古く当社の鎮座した大山は神奈備型の美しい山であり、古代の山岳信仰に基づいて成立した神社であることは間違いない。大正以前は大山祇命・木花開耶媛命を奉祀し、奈良の大神神社と同様に山を神体とみなしていたものである。一方、大山神社の祭神は天保一〇年（一八三九）の『紀伊続風土記』⑪によれば、平安後期に成立した丹生津姫神社旧蔵の『天野祝詞』の「日高郡江川丹生爾忌杖刺給比返坐天」の一節を引用している。江川とは当地の大字であり、入野＝丹生野という鎮座地から、大山の神は丹生神としている。また当社は熊野神社同様に疱瘡封じの神としての信仰が篤く、紀州徳川家よりの崇敬も篤かったという。

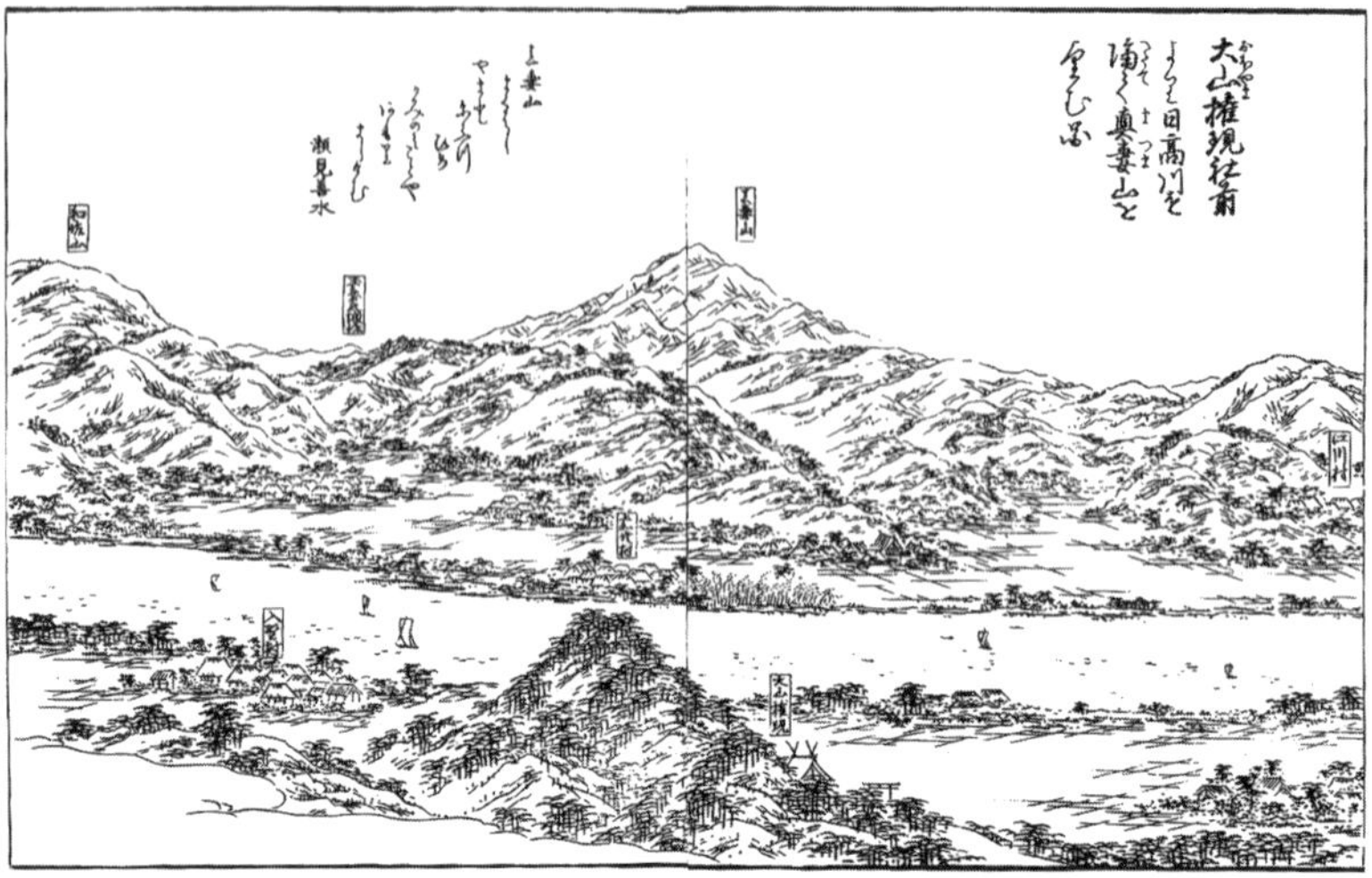

図２　大山神社より真妻山を望む図（紀伊国名所図会）

当社の祭礼は先に紹介した熊野神社と同様であり、霜月の申酉祭りとして名高かった。熊野神社よりの渡御は酉の日に行われ、熊野神社神官が馬上にて秘歌である神歌の「鷹の子はいずくか住処丹生の山、今おり居る所は耳聞の宮」と奏していると、大山神社から迎えの御幣を出し、熊野神社神官が大山神社神前において祝詞を奏し、両社の神官が神酒を酌み交わしたという。これらの出会い祭りの成立は、熊野神社の田辺市までに至る大渡御が廃止され、新しい渡御先を探し、鷹を放ったところ、大山神社に辿りついたので、熊野神社から大山神社まで渡御がなされるようになったという。それに基づき、大山神社から中の酉に日に使者が出され、「鷹は何処をたづねても見当たり申さぬ」という返答をするのが習わしとされたという。

**真妻神社**　真妻《まずま》神社[12]は印南町松原に鎮座するのを総本社として、その近隣に数十社存在する。氏子は印南町脇ノ谷・見影・松原・丹生・崎原・皆瀬川・西神ノ川・小原である。真妻神社の祭神は、真妻の峰に鳶に乗って影向した伊勢の丹生神であり、先に記した『天野祝詞』の一節にある忌杖は真妻山に刺されたとして、後に大山と松原に遷座したものという。当社に保管されている永正九年（一五一二）の『松原真妻神社別当寺丹生山久米寺祭奏文』には「紀州日高郡切目庄大山郷取分松原村年来間崇敬、真妻大明神申奉」とあり、大山郷と大山神社との関係も指摘できるものである。初め、真妻山に天下った丹生神を大山と松原に遷座し、松原では中世後期の争乱によって各村々が分祀して真妻神社が増大したとされる。当社の祭神が鳶に乗って天下ったので、当社は鳶を神の使いとして、氏子は鳶を獲ることをしないという〔図2〕。

以上、四つの事例を見てきたのであるが、天空や山中に神々の源郷を示す典型的事例であり、遥か天空に神の存在を求めた高天原的思想が伺え、空より地上へ天下る垂直型来臨であることがわかる。

## 三　川上より出現した神

天変地異は人智を超えた力を有し、人々は自然の力の前にはなす術もなかった。日高川では度重なる洪水が沿岸の村々を襲い、その度に人々は試練に立ち向かってきたのである。しかしながら、洪水は全てを洗い流すだけではなく、上流より様々なものを下流に運んだりもしたのである。

御坊市名屋に鎮座した船付明神（紀道神社）は元来、日高川上流にある三百瀬村に鎮座した紀道神社であったが、元和六年（一六二〇）の大洪水により、紀道神社が流され、名屋の松の枝に神体が掛かっていた。その後、元の紀道神社に返したのであるが、再度洪水の折にはその松の枝に神体が掛かるのであった。村人たちは不思議に思い、社を築き、湯立神楽を献じたら、この所に留まり往来の船を守るという託宣があり、船付明神をして祀ったという(13)。名屋は本来、森岡村に鎮座した須佐神社の氏子であったが、洪水によって村が水没し、対岸の御坊に移村したのであるが、村氏神として船付明神を祀り、祭りには御坊の小竹八幡神社の祭礼に参加するようになった。

先に挙げた三百瀬の紀道神社は、道成寺建立に深く関わった紀道成の霊を祀る神社であり、道成寺建立の用材を日高川の上流より流している際に事故により殉職した道成の霊を弔うためのものであるというが、その本質には川の往来を守る水神としての性格が強いように見受けられる。

この由来は、川上に神々の源郷を示すものであり、命の源とも言える水を生み出す水源地に神が宿るという水神のもっとも典型的な事例である。

## 四　神々の勧請と自然神信仰

先に挙げた事例は何れもその土地に伝承された氏神成立伝承であるが、とりわけ自然神的性格が強いものが多い。志賀王子神社や山口八幡神社のように祭神が海より来臨し、そこに留まるのではなく、自ら移動した点が共通している。沿岸部より内陸への移動を神話的に示しているのであるが、その名もなきカミが何時しか著名な祭神へと変化したのは、社格を重んじるようになったか、宗教者の関与や政治的要因などがあったことを物語る。

志賀王子神社は熊野古道の沿道に鎮座したことから、熊野信仰の盛況を見る中世にその社格を宗教者によって与えられたと考えられ、山口八幡神社は中世の領主湯川氏の氏神であったということから、湯川氏が戦勝祈願のために八幡神を勧請したのではないかと考えられる。しかし、それぞれが持つ鎮座伝承はより古い時代の神話伝承であり、新しく作られたというものではなかろう。志賀王子神社の鎮座伝承に登場する聖地の数々は近世初期に成立した『日高鑑』(14)にも記載されており、少なくとも中世には鎮座伝承が成立していたと考えられる。また、当社の祭礼ではカミの来た道を辿り、神話的鎮座の再現がなされている点が注目される。山口八幡神社ではその神話伝承に登場する人々の子孫が現在も存在し、祭礼における特権的祭祀権を有する点にその神社成立に関する政治的要因が感じられる。

一方、小浦の御霊神社のように高貴な人の漂着によって成立した伝承は真実として受け取るべきかどうか定かではないが、その高貴な人の霊を祀るというところもまた、御霊信仰に基づき、成立したものであろう。当社の祭りでは神社創建の日を例大祭とし、殿・女房の命日には特殊神事を行う点が注目される。とりわけ殿の命日にあたる一一月六日のマナの饗応は漁村には珍しく農作物を供しているが、マナとは真魚であり、本来は魚を供していたのであろうが、それが何時しか忘れられ、青菜のみ残ったと考えられる。さらにマナの饗応に添えられる柳の箸はかつて行われたであろう真魚箸の神事の名残りと考えられる。また殿・女房の下女として少女二人が深夜に奉仕する点も古風を留めていると言えよう。

熊野神社の祭神もまた海より出現したとして、中世の日記にも登場する古い伝承である。当社は熊野信仰を担う古社として有名であり、当社の祭礼も古くは田辺市までの四〇キロに及ぶ道中を神馬に乗った神官が鉾を献じ、厳粛に渡御するという様は壮麗であったであろう。近世には神社旧跡を巡り、大山神社までの渡御がなされ、熊野の申酉祭りとして名を馳せ、人々は祭りの最中は雨戸を閉ざし、祟りのないようにとひたすら祈り続けたという伝承が残されている。当社と大山神社との関係は定かではないが、疱瘡封じの神として崇敬されていたという点が共通している。疱瘡神とはスサノオ的神格を持ち、荒ぶる神として捉えることもでき、熊野神社・大山神社は古代より荒ぶるカミとして崇敬されていたのであろう。さらに大山神社は山宮的存在であり、熊野神社は里宮もしくは海より出現したカミなので海宮という山と海のカミの交流が指摘できるのではないか。

また、空・山より出現したカミは上阿田木神社・下阿田木神社や、先に挙げた大山神社・真妻神社の祭神であり、上阿田木神社・下阿田木神社両社の鎮座伝承は同じであるが、両社の交流は全く見られない。しかし、初め大原の峰に降臨したカミを猟師と修験者が見つけ、祀り出したという縁起から猟師は山民を指し、山を熟知している修験者という山の宗教者と共に祀り出したという点が注目される。当社は熊野十二所権現を上と下とに分け、上下六所権現として祀っていた点から、熊野を拠点とした修験者がこの辺りも行場として往来しており、地元民に大きく影響を与えていたのであろう。そして遥か高い山上より神が里へと下り、遷座を繰り返したという事実は当社が今日まで神体として保管してきた神像が平安後期の作であるということから、その成立は古代に遡るものである。遷座の理由は定かではないが、信仰の高まりと共に人々によって身近に勧請されたと考えるのが妥当ではなかろうか。もしくは熊野信仰を広めようとする宗教者によって人々の身近に神を遷座したと考えることもできる。

一方、大山神社と真妻神社の関係は先にも述べたが、丹生津比売信仰によって成立したとする説がある。『天野祝詞』は平安後期に成立したとされ、その一節にある日高郡の江川に忌杖を刺し云々の下りは大山神社の鎮座する入野と真妻山が相接していることから、真妻山に丹生神を勧請し、それを後に大山と松原に遷座したというものである。松原真妻神社では当社の祭神は伊勢の丹生神が鳶に乗って天下り、鎮座したとしているが、大山では神社の廃絶により古い伝承は途絶えてしまっている。しかし、大山が最初から丹生神を祀っていたのではなく、純粋に山を神体とした古代信仰が基層にあり、丹生津比売信仰はそれに付随して成立したものであろう。そもそも丹生神は鉱山採掘によって採取される朱の神格化されたものであり、当地に鉱山が存在したことを裏付けるものである。入野及び旧川辺町丹生の地は古代、鉱石採掘の鉱山が存在し、大山神社及び真妻山は、丹の採掘現場もしくはそれらの守護神として勧請されたものであろう。

また、川上から来臨した神を新たに氏神として創建した事例も存在する。名屋の船付明神は日高川上流に鎮座した紀道神社の神体が度重なる水害によって当地の松の枝に掛かるという奇事によって当地の氏神として新たに勧請された神社である。名屋近辺は日高川河口付近にあった村であり、度重なる水害で多大な被害を蒙っていた。それを抑止するために船付明神として勧請したものであろう。紀道神社も道成寺創建者である紀道成を神格化して鎮座した神社というが、その前提として日高川の洪水鎮護の神として祀られていたと考えられる。それを上流部と下流部によって祀ることにより、より洪水鎮護の力を増そうと考えたのではなかろうか。

## 五　八幡神勧請の神話的特質

日高郡の神社は八幡神を祀ったものが多い。これには諸説あるが、今回はそれぞれの神社に伝承された神話的伝承を基に考えていく。

**産湯八幡神社**　産湯八幡神社は日高町産湯に鎮座する産湯一村の氏神であるが、当社の由来では、神功皇后が三韓遠征の帰還の折に当地で応神天皇を出産し、産湯をつかったことに始まるとされる。当地には七ツ井というものがあって現在は一つのみ現存しているが、この井戸は応神天皇を抱いていた武内宿禰が産湯に使う井戸を掘ったが、六つ目まで水が湧かず、七ツ井ができたとされる。当社はこの七ツ井、即ち産湯井戸を神社創建の由来としている。産湯で応神天皇を出産したため、当地では難産の憂いがなく、応神天皇の産湯を沸かした火を近世後期まで途絶えさせず、村中各戸のイロリやカマド、神社の灯明で火の継承をしていたという⑮。当地において改めて火を打つことがなかったというのである。また産湯の氏神である産湯八幡神社の祭りは神が歌舞音曲などの騒音を嫌うため、芸能等の奉納は一切行われていない。これは祭神が子供の神なので音曲などの音は煩わしいからであるという。しかしそれに代って産湯では神事に重点を置き、古式にしたがった特殊神事が行われている。それは春・夏・秋・冬の祭りで行われる当屋渡しの神事である。

かつては限られた一部の家がこの当屋に当たっていたが、現在は全戸で輪番制にしている。当屋の役目は各祭りでの神饌調達、神事での神饌奉納などである。原則としては男性の家長のみ当てられる役目であるが、女性が家長である場合は、親戚の者が代理で勤める場合もあり、忌の家は次年に繰越となる。この当屋渡しは四月三日の春祭り、七月一八日の夏祭り（弁天祭り）、一二月一日の冬祭り（新嘗祭）で行われ、一〇月一五日の例大祭では区民総出で祭事に関わるのである。例大祭は本来、旧暦八月一五日であったが、新暦に変わり一〇月一五日と変更になっている。春・夏・冬の三回の祭りで当屋渡しの神事が行われ、一年で当屋は三戸必要となる。各当屋は次の祭りまで神社に仕え、神饌の奉納などの祭祀に関わるのである。当地の一般氏子はナレ鮨を作り、それを食べながら七ツ井を覗き、拝むのを習わしとしているのが有名である。

**衣奈八幡神社**　衣奈八幡神社[16]は由良町衣奈に鎮座する衣奈荘三尾川・小引・大引・神谷・吹井・衣奈六ヵ村の荘氏神である。衣奈荘は古代よりこの地を支配した石清水八幡宮寺の荘園であり、初めは衣奈園と呼ばれ、ワカメや炷松の献上をしていた荘園であった。当地に残された伝承では、神功皇后が産湯で応神天皇を出産し、この地でエナを埋め、そして社殿を築いたというものである。また当社の応永九年（一四〇二）成立の『衣奈八幡宮縁起』には貞観二年（八六〇）の鎮座、建暦二年（一二一二）の再建と記されている。

また当社では神功皇后は大引浦に着岸され、それを出迎えた二四人が現在も御座衆として祭りに参加し、それの頂点に古代からの荘園管理者であった下司職の上山家が神官として現在まで神社に奉仕している。

当社の祭礼は一〇月第三日曜日に執行され、御座衆が神官を勤める下司上山家の屋敷で出立ちの儀礼をし、神社使者による七度半の使いを受けて神社に参拝、そして神輿渡御が行われる。神社の階段を神輿が降りてくると、吹井の唐船から「ヤンメデタ」という唐船歌を謡い、神霊を唐船に移し、旅に出るという。これは船にてやって来た祭神を船でお出迎えするという縁起に則った儀礼である。その後、御旅所である浜の宮で神谷・衣奈の稚児踊りや、大引・小引の童相撲、衣奈の神の相撲・獅子舞、三尾川の餅搗踊りなどの奉納をした。

**逢母八幡神社**　逢母八幡神社は美浜町三尾に鎮座した神社であるが、明治期に三尾の氏神である龍王神社に合祀され、現在は跡形もなくなっている。当社の由来は定かではないが、応神天皇と母である神功皇后がこの地で出会ったという故事に因み、当地を逢母と呼び、八幡神社を創始したという(17)。

以上、三社の伝承を列挙したのであるが、日高における八幡神の勧請はすこぶる盛んだったようである。それは古代より設定された石清水八幡宮寺の荘園が大きく関与し、さらに荘園内の荘氏神として勧請されたものが多い。御坊市薗に鎮座する小竹八幡神社も恐らく古代に存在した石清水八幡宮寺領であった薗財荘の荘氏神として勧請されたものであると考えられる。また中世動乱期には当地を支配した湯川一族及び玉置一族が、挙って八幡神を崇敬し、湯川惣領家は由良町の衣奈八幡神社を祈願所とし、在地に派遣されていた湯川一族も印南町の山口八幡神社同様に在地に八幡神を勧請したのであろう。荘園支配を背景とした戦略的精神統治を図った形跡が伺えるのである。

しかしながら産湯・衣奈・逢母八幡神社などに伝承された八幡神の鎮座伝承は、とりわけ神功皇后伝説が色濃い。そして応神天皇出産に関しての伝説が各地に残され、出生地、後産埋地、母子再会の場を旧跡として八幡神社を勧請しているのである。

これらの伝承は漁村に残されたものであり、漁民が漁業生活の安定を図るため、戦神、もしくは船にて出征した神功皇后の強力なる神力を得ようと、八幡神を勧請し、信仰していた証といえる。

## 六　氏神と聖地

氏神とその鎮座伝承を、海より出現のカミと、空・山から出現のカミ、そして川上より出現したカミとに分類して見てきたのであるが、それぞれのカミは初めに降臨した場所より移動を重ね、足跡を残しながら現在の鎮座地まで辿り着くという伝承が多い。これらの伝承にはどういった意味があるのか、それを考証してみる。

志賀王子神社の祭神は、初め柏の浜に上陸し、その地には祭神の船頭を勤めた者を棹指し明神として沙捜神社に祀っている。そして峠を越した所で祭神が休息した場所には王子権現の腰掛石が残され、現在も聖地として祀られている。その後、再度休息した場所が上柏神社として祀られ、現在の鎮座地に来られたという伝説である。さらに志賀王子神社の鎮座地は古代の古墳の上にあり、ちょうど本殿下に石室が築かれているという。

これらの伝承には虚構も多分に含まれていると思われるが、真実も含まれているのではないか。柏の浜に上陸し、そして現在地まで移動を繰り返したという伝承は、その地に住む人々の先祖の来た道を表しているのではないか。そしてその地を開拓した先祖を開拓神として志賀王子神社に祀ったのではなかろうか。もっとも当地には古墳の上に築かれた神社が多く、志賀王子神社の他に下志賀の天満に祀られた天神社も古墳の上に祀られた神社とされ、日高町小中の小中王子神社も古墳の上に鎮座する神社である。古墳に葬られた人は古代の王族、もしくは身分の高い人であり、この地を統治した人物であったはずである。その古墳の上に神社を創建するということは、後に人々が我が祖先を敬い、信仰した証とも言えるのである。もっとも王子神社の社号は後に宗教者によって与えられたものであろうが、古墳の上に鎮座するという事実は我が先祖をカミとみなし、祖霊を崇拝したことを表すものである。

図3　産湯井（紀伊国名所図会）

図4　仏井戸（紀伊国名所図会）

空からの降臨を示す事例は多く、神武天皇の天孫降臨もまた日向高千穂の峰に天下った天皇家始祖神の神話である。日高地方では、上阿田木・下阿田木神社両社の伝承は祭神が大原の峰に天下り、移動を重ねて両者の成立に繋がったという伝承は、尊き神は空にあり、そこに近い山上に降臨するという高天原思想が含まれる。また山上他界を意識した上での祖霊が宿る地という信仰も見逃せない事例である。

川上からの伝承は、水源地から流れ来る水を神聖視した原始信仰で、水源にあるとされた桃源郷的思想によるものが大きい。稲作農耕民にとっての水源の確保は生活の営みを育む上で重要視され、それに基づく水神信仰が基層に存在するのである。

また、神社祭神の鎮座と井戸との関係も多く存在する。先に紹介した山口八幡神社の祭神も海より上陸し、その場で身を清めるための井戸を掘ったという。そしてその地を祓井戸と呼ぶようになり、現在も御祓井戸として海岸に祀られ、正月や祭日には神酒などのお供えが絶えない。また産湯八幡神社には産湯に使った井戸が残され、祭日には氏子が井戸を覗き、拝むという風習が残されている。さらに御坊市名田町上野には古代より上野王子神社が祀られ、その旧地には仏井戸という井戸が祀られている。仏井戸には内部側面に三体の仏が刻まれており、上野王子神社の本地仏であるという。現在でも参拝の人が絶えず、縁日には多くの人で賑わっている〔図3・4〕。

民俗社会では井戸とは異界に通じる入り口と考えられ、井戸に向かって魂呼びをする風習が近年まで残されていた。井戸とは異界に通じる入り口であり、カミの住まう地下異界へと繋がるという基層観念があったのであろう。井戸を崇拝するということはその先にあるカミを崇拝するものであり、水を生み出す井戸を人々は神聖視していたのではなかろうか。これを現代まで残していた産湯の井戸拝みは古来よりの習俗を伝承しているものであり、貴重なものである。

## おわりに

紀州日高の氏神の成立と鎮座伝承を見てきたのであるが、それらは多種多様に見えて至って統一的な面が見られる。それは一つの共同体の統一的存在で祀られた神社であり、それの創建に権威付けを為そうとしたからに他ならない。しかしながら誇張された部分を剝ぎ落とし、より古層の部分をむき出しにすれば、その伝承の持つ本質が見られるのである。海より来たカミはより住み良い場所を求め、移動し、自らの先祖の来た道を表しているかのようである。また空・山より来たカミは山頂に鎮座するが、より人々に近い里に下りようとする。また、現実的にやって来たであろう貴人をカミとみなして祀り、その霊を祀るような伝承もある。

一方、人々はカミの権威に近づき、自らの家格と照らし合わせ、共同体の体制を保とうとする事例もある。それらは宮座とも言われ、当地に多く残される神事に関与する世襲制の特権はそういった家格誇示と権威付けによって成立したものである。また氏神の統一的社格は後の時代に我が村のカミを誇張し、権威を持たせることによってより村の成立や身分の高さを知らしめるためになされたものである。さらに宗教者の布教により神社の成立や社格の改めが為されたことも事実であろう。氏神の成立伝承にはその村の情勢や成立と深く関与し、その地域の歴史性・経済性・村民性を色濃く出していると考えられる。

註

（1）柳田國男『定本柳田國男集　第十二巻（新装版）』筑摩書房　一九六九年
（2）志賀尋常高等小学校監修『志賀村郷土誌』一九三四年
（3）日高町誌編集委員会編刊『日高町誌　下巻』一九七七年
（4）前掲註（3）
（5）印南町史編さん委員会編『印南町史　史料編』第一法規出版　一九八七年
（6）野口村役場監修『日高郡野口村誌稿』一九一一年
（7）『熊野詣日記』（『図書寮叢刊　諸寺縁起集』）一九七〇年
（8）美山村史編さん委員会編『美山村史　第二巻　通史編　下』一九九七年
（9）美山村史編さん委員会編『美山村史　史料編』一九九一年
（10）川辺町史編さん委員会編『川辺町史　第二巻　通史編　下巻』一九九一年
（11）仁井田好古『紀伊続風土記』天保一〇年（一八三九年）
（12）印南町史編さん委員会編『印南町史　通史編　下巻』第一法規出版　一九九〇年

(13)　森　彦太郎編『紀州文献日高近世史料』臨川書店　一九七四年
(14)　前掲註(13)
(15)　前掲註(11)
(16)　由良町誌編集委員会編『由良町誌　通史編　下巻』一九九一年
(17)　美浜町史編集委員会編『美浜町史　下巻』一九九一年

【参考文献】

高市志友編『紀伊国名所図会』文化八年(一八一一年)

【話者一覧】　二〇〇七年四月二九日調査／二〇〇八年一月三日調査

・上田　主氏　・大崎　勇氏　・加門三喜夫氏　・仮家荘市氏　・佐々木美博氏　・中井　淳氏
・西川　勲氏　・波戸征一氏

# 第二節　山間郷村における氏神祭祀と役屋敷

## はじめに

和歌山県日高郡を東西に流れる日高川の上流部は、険阻な山々が聳え、鬱蒼とした樹木が繁茂する。日高川源流は護摩壇山に発し、その上流部周辺を「奥日高」と通称し、果無山脈や紀伊山地に隣接する山地である。

奥日高は、中世には神護寺領川上荘、在地領主玉置氏の所領である山路荘、同じく鎌倉幕府より地頭職を安堵された寒川氏を領主とする寒川荘が成立し、それは川上荘三三ヵ村、山路荘一一ヵ村、寒川荘一四ヵ村を含む合計五六ヵ村と広大な範囲である。近代には龍神村・美山村・寒川村が誕生、しかし寒川村は後に美山村に合併され、さらに現在は日高川町となり、龍神村も田辺市と合併して現在に至る。

そういった地理的環境から奥日高は現在まで秘境とされ、氏神祭祀においても古俗を残していると考えられる。奥日高の特徴としては、氏子圏が非常に広く、十数ヵ村の氏子を持つ氏神が目立つ。さらにそれぞれにおいて非常に特徴的な神事展開を示すものがあり、今回取上げる役屋敷制度もその一つである。役屋敷とは神事に必要な役員を屋敷の特権として特定の屋敷地を所有する者に与えられたものであり、所有者が変動すればその特権も自然と新所有者に譲られるというものである。さらに、本来は氏子全体の祭りではなく、その役屋敷を所有する限られた者のみで行われていたという。

本節では、そういった役屋敷制度を日高川町旧河内神社・寒川神社・上阿田木神社・下阿田木神社の四社の事例を基に論ずるものである。

## 一　奥日高の荘園制から見る歴史的背景

奥日高一帯は、和歌山県二級河川に指定される日高川中上流域にあり、その蛇行する河川に沿って村落が分布している。その一帯には、古代中世にかけて「河上荘」が立荘され、その範囲に比定される所は、日高川中流域である旧川辺町から日高川上流域にある旧美山村までと広範囲に及び、近世藩政村では三三ヵ村を含むものであった。

その広大な荘園の初期領主は、不明とされ、治承二年（一一七八）の『造日前国懸宮役請文案』[1]によれば、紀伊国一ノ宮である日前・国懸両社の社殿修造料が河上荘に課せられており、この史料が当荘の初見である。その後、一四世紀中葉頃成立の『神護寺略記』[2]によれば「但紀伊国河上庄者、文治二年鎌倉右大将家地頭預所両職永所被寄附也、為増伽藍之花餙宛施土木之新資云々」とあり、文治二年（一一八六）に源頼朝より、河上荘の地頭預所両職を修造料として、神護寺に寄附し、神護寺領となったことがわかる。河上荘はその他七荘と合わせて「神護寺領八ヵ所」として確立し、神護寺復興の基礎となる基盤が固まったのであった。

また貞応三年（一二二四）と推定される神護寺僧上覚坊行慈が記した『行慈書状』[3]によれば、神護寺塔建立の用材を川上荘から献上し、その搬送人夫役を勧進聖が川上荘内の各戸を巡って集めたとされている。

建武元年（一三三四）の『神護寺文書』所収の『河上庄預所方雑掌職請文』[4]には、湯浅党の湯浅定仏が、川上荘の預所方雑掌職を宛てがわれ、春秋二回に分けて年貢の徴収を行っていたことが知られる。

湯浅定仏に関しては二説あり、仲村研氏は湯川宗重の子宗方から発した糸我氏糸我形部太郎成重としており、一方、湯浅家系図には湯浅一族の阿弓河氏に孫六定仏(宗藤)が存在し、両者の指摘があるが、仲村氏の指摘の通り、糸我成重は父親である貞重と同様に河上荘預所に補任されたと考えられる。(5)神護寺領に関しては在地権力が絶大であった高野山の侵略が甚だしく、在地領主として湯浅党がこれに補任されたのである。

この頃、川上荘の領主として南朝方に属した川上氏という土豪がおり、旧川辺町和佐に居を構え、川上荘とその周辺を支配していたが、どういった役職で支配者となっていたのかは不明である。(6)その後、当荘の荘園領主支配は衰え始め、康正二年(一四五六)には在地領主の玉置氏の支配下に入り、『康正二年造内裏段銭并国役引付』(7)には「五貫文(中略)玉置民部少輔殿紀州河上庄段銭」と、中世より勢力を誇っていた玉置氏の所領として成立していったのであった。

ところで玉置氏は川上荘の上流域にある山路荘の在地領主として、土豪の立場を誇っていたが、この山路荘の荘園領主も定かではない。あるいは川上荘の一部とも考えられ、『随神舎集古図説』(8)に「嘉禄元年晩冬十五日、紀州日高河上庄散地丹生宮籠間子時許書了」とあり、記した人物は不明であるが、「川上庄散地丹生宮」と記されていることから、山路は散地であり、丹生宮は、現在も旧山路荘の竜神村に存在することから、本来は川上荘の散地という意味であったと思われる。一方、『紀伊続風土記』の山路荘の項に「玉置氏、天正比まで世々其地を押領して、東村鶴ガ城に居て山路氏と称す」とあり、玉置氏が山路の地を押領していた記述が見られる。その後、さらに力を得た玉置氏は中世末には、川上荘下流域にまで勢力を伸ばし、川上氏を滅ぼし、旧川辺町和佐に手取城を構えるに至る。(9)

また、寒川荘は日高川支流域にある寒川の地にあり、その地は谷間にある。寒川荘も立荘時期と初期支配者は定かではなく、寒川家系図には元久元年(一二〇四)に鎌倉幕府より地頭職に命じられた寒川氏が在地領主として寒川の地

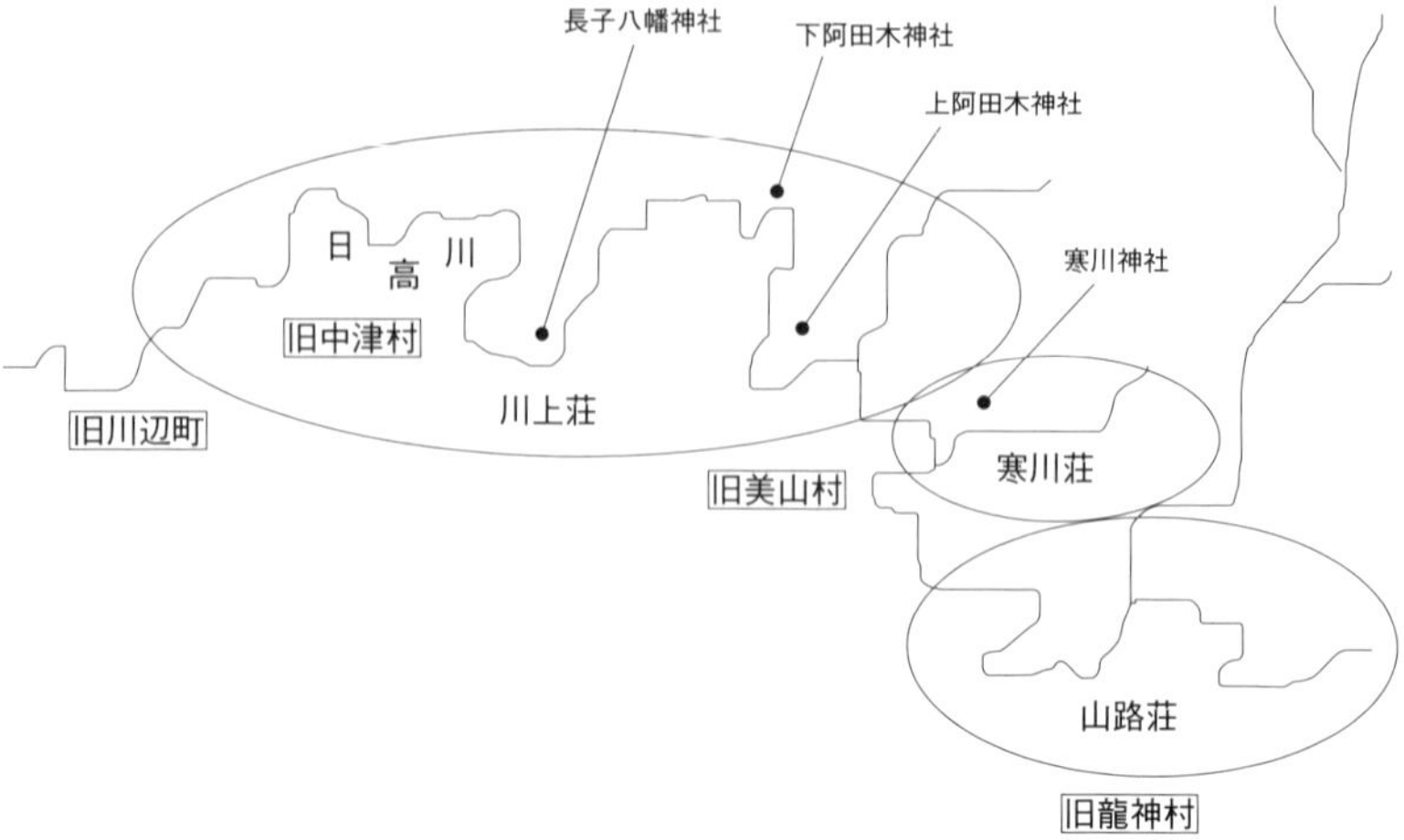


図1　奥日高荘園分布概要図

を統治していた記述があるが⑽、その支配者は不明であり、寒川の地も寒川氏によって押領されていた可能性がある。川上荘内にあった上阿田木神社の初期氏子圏は、寒川荘まで含んでおり、当荘は近代まで上阿田木神社の氏子として参拝していたという。この事実から、寒川荘は川上荘の一部であった可能性がある〔図1〕。

広大な川上荘は、その広大さ故に在地領主を上流より下流部に至る諸地域に置き、その中の一人である湯浅氏が預方雑掌職を任されていたと考えられる。その他の在地領主として玉置・寒川両家が挙げられるのではなかろうか。荘園支配は、中世中期より在地領主の押領や現地住民の団結による惣・郷村結合によって事実上解体され、在地有力者によって支配されるようになる。歴史的背景から見て、川上荘は上中下と分けられていたようであり、郷村結合の形跡が伺える⑾。

また、川上荘の宗教的施設として旧中津村小釜本に鎮座した長子八幡神社が挙げられ、当社の初期氏子圏は旧川辺町より旧美山村までの二六ヵ村を氏子としていたという伝承があり⑿、氏子圏が川上荘とほぼ一致するので、当社が川上荘の荘氏神と考えられる。

八幡信仰は、当荘支配者である神護寺よりの影響と考えられ、在地有力支配者であった玉置氏も八幡神を崇拝し、旧川辺町和佐に手取城を築いた玉置氏は長子八幡神社より、分霊を勧請し、氏神として中世末まで祭祀を営んでいた⑬。

川上上荘は現在、上阿田木神社の氏子圏に比定され、それは寒川荘までに及ぶものである。また、川上中荘は下阿田木神社の氏子圏に該当し、川上下荘は現在の長子八幡神社の氏子圏と思われる。それぞれ、上阿田木神社は寒川氏の氏神であり、長子八幡神社は玉置氏の氏神であったが、神社成立年代としては上阿田木・下阿田木両社が長子八幡神社より先行し、荘園成立時点で、長子八幡神社が勧請されたと思われる。

川上荘は、その広大な荘域故に統治支配が困難であり、在地領主の押領が進み、事実上中世中期の段階で上中下と三分割され、それぞれに氏神が成立し、惣・郷村へと発展し、荘園的機能は早い段階から失われていたと考えられる。

## 二　寒川の氏神と祭祀

### 1　河内神社・寒川神社と七十三本屋敷

河内神社及び寒川神社は、日高川町寒川《そうがわ》に鎮座した寒川荘内の氏神であったが、両社の氏子圏は非常に複雑であり、最初に両社の氏子圏の説明をしていく。

寒川荘は一四ヵ村を包括しており、河内神社は旧土居村・旧西野川村両村の氏神であったようであるが、明治四一年(一九〇八)に神社合祀が実施され、現在寒川神社に合祀されている⑭。

当初、河内神社は先に記したように旧土居村・旧西野川村の氏神として鎮座していたが、両村の関係は中世から近世初期にかけて存在した寒川村の分村であり、当社はその寒川村の村氏神として鎮座していたものである。

河内神社の祭神は飛鳥大明神と河内大明神であるが、延宝六年(一六七八)成立の『日高鑑⑮』には安須賀大明神とあり、当初は飛鳥大明神を主祭神としていた模様である。

一方、寒川神社は土居に鎮座し、大宮権現社と称していたという。当社は元久元年（一二〇四）に鎌倉幕府より寒川荘の地頭職に補任された寒川氏の氏神であり、寒川氏が地頭職に就任と共に、旧美山村初湯川に鎮座する上阿田木神社の祭神を勧請して成立したという(16)。当社創建と上阿田木神社との関係は、寒川の大原の峰に降臨した大原権現こと、熊野神が度重なる遷座によって上阿田木神社・下阿田木神社が成立し、寒川荘も近代まで上阿田木神社の氏子として上阿田木神社に奉仕してきたからである(17)。したがって、上阿田木神社の祭神は、元は寒川に鎮座しており、当荘も上阿田木神社の氏子であったということから、当時は三重氏子であり、寒川神社は後に寒川氏が自らの氏神として勧請したのである。

寒川神社の祭神は国常立命・伊弉諾命・伊弉冉命・速玉男命他一五柱を配祀し、これら全てが熊野三山に祀られた祭神である。さらに本殿を証誠殿と呼んだことから、当社は熊野神を祀った神社であることは明白である。

こういったことから河内神社は旧寒川村の村氏神であり、寒川神社は寒川氏の氏神としてそれぞれ鎮座していたのであるが、両社の祭りは合同に行われていた。寒川氏は地頭職だけではなく、荘園内の神社の別当・神職をも勤めており、それは現在でも寒川家当主によって引き継がれている。無論、河内神社・寒川神社両社の神職も寒川氏が奉仕しており、両社の関係も旧寒川村の河内神社と寒川氏の氏神である寒川神社という風に非常に複雑ではあるが、両社とも寒川氏の管轄であった。したがって両社の祭りは統治者である寒川氏が握っており、その支配下にある村人が祭祀に関与してきたのである。

河内神社及び寒川神社の祭りには、そういった荘園統治者とそれに順ずる人々が参列し、奉仕してきた。祭りに参列できる資格を持つ家筋を当地では、七十三本屋敷と称し、寒川氏を筆頭に七三戸の当主が祭りに奉仕するのである。

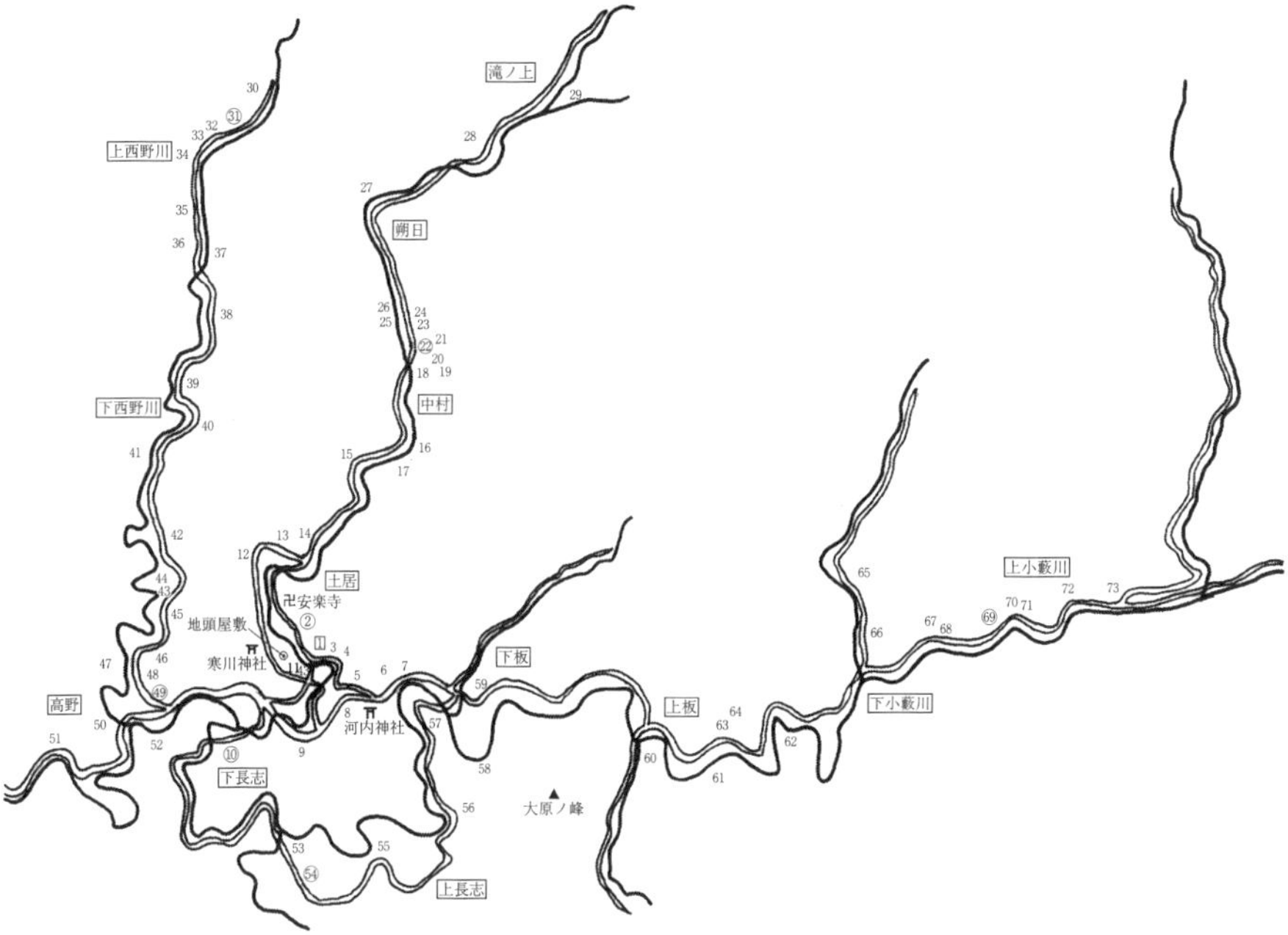


**図2　寒川村七十三本屋敷分布図**(寒川村誌)

七十三本屋敷も役屋敷と同様、土地屋敷に付いた特権とされ、屋敷所有者が変われば、新所有者にその特権が移るのが特徴である。七十三本屋敷については『寒川村誌[18]』に詳しく、以下それに基づいて記していく。

近世初期まで存在した寒川村は、さらに一三集落に分けられ、それは土居・中村・朔日・滝之上・上西野川・下西野川・高野・下長志・上長志・下板・上板・下小藪川・上小藪川である。それぞれの集落に祭祀権を有した家々が存在し、中にはさらに特権的な祭祀権を有する家がある。それは神職を掌握する寒川氏を筆頭に、禰宜を担当する梅原屋敷、社人及び物司と称する役を担当したのが、上西野川集落の本長志屋敷・柿原屋敷・笹屋敷・的場屋敷と、小藪川集落の高野屋敷・的場屋敷であるが、本長志屋敷に住む宮本家は社人頭として禰宜の代行権も有するという。続いて太鼓株であるが、下西野川の向井・林家の世襲であったという〔図2〕。

以上、七屋敷の特権的祭祀権を記したのであるが、それ以外の役屋敷はトウヤ株を有した。それは前記七屋敷を除く、残り六六屋敷を小藪川組・西野川組と三三軒ずつに分け、秋・冬の祭りに神占によって選ばれた家がトウヤとして奉仕するというものである。旧暦九月二九日の秋祭りをアキトウ、正月一日の冬祭りをフユトウと称していた。

このような七十三本屋敷はどのようにして成立したものであるのか。寒川家系図[19]によると、寒川氏の始祖である寒川小三郎藤原朝秀が上野国虎吹山天狗ヶ城主となり、その後、四代目当主藤原朝実が源平合戦で源氏に味方したが落城、その後、息子の朝康が一族郎党七三騎を引き連れ、仁安二年（一一六七）に現在の寒川梅原の里に落ち延びたという。この時、寒川氏と共に落ち延びた七三騎の一族郎党が寒川を開墾・定住したという。それが後に七十三本屋敷といわれる。寒川氏は現在の土居に居を構え、その屋敷を地頭屋敷と称した。土居の字名も寒川氏の館に巡らされた土居より来ているという。以上のことから七十三本屋敷は当地を開墾した草分け的存在であるとされている。慶長六年（一六〇一）に製作された『寒川村検地帳[20]』には、寒川家系譜に記された七十三本屋敷が高持ち百姓として記され、この時点で本屋敷は確実に確認することができる。

この慶長検地帳の元禄九年（一六九六）の写しによれば、田畑三六町八反四畝一三歩、田方石高三五六石七斗六升一合、畑方一二三石五斗八升五合である。屋敷数は九四戸あり、検地帳記載屋敷名と七十三本屋敷に数え挙げられる屋敷名を照らし合わせてみると、五五戸の本屋敷が確認できた。それは表1に記す通りである。それによれば、概ね一畝前後の屋敷地を有するが、農地集積面積が一町に及ぶものもあり、山間部での農地経営としては規模が大きいことがわかる。さらにそれら農地を耕作する作人層を名主屋敷内に住まわせていたことが伺え、それは検地帳に屋敷名の記載があるものの、農地面積の記載がなく、同名の屋敷・農地所有者に並んで記載されていることから当時、作人は未だ名主に帰属していたと考えられる。

七十三本屋敷の設定には、中世の名田経営を基盤とし、それらを所有した名主層によって組織されていたと考えられる。表1に記載したように、慶長検地帳に記載が見られなかった本屋敷が、寛永一六年(一六三九)に追加された分には二戸の本屋敷と思しきものが記載されている。(21)これは、当時の記入漏れなのか、分家によるものなのか定かではない。もっとも慶長検地帳に記載がある高持ち百姓が全て七十三本屋敷ではない。現在伝わる七十三本屋敷の屋敷名と、慶長検地帳に記載されている屋敷名とは概ね一致するが、それらを所有した人物名と屋敷名は別であり、これら屋敷名は特定の土地屋敷の字名と考えられ、いわゆる「名」の名称であったと考えられる。それが後に屋号として定着していったのであろう。いわば「本在家」的存在であるが、中世の名主と名子(作人)との関係より離脱し、独立して農業経営が行えていた人々によって支えられていたことは間違いない。表1に挙げたように一戸に対する土地集積率が低いのは、山間部であるという地理的条件より、耕作地が極端に狭いからであろう。

また、先に紹介した『日高鑑』には寒川村の戸数は一三七戸記載されており、その内、本役と記された高持ち百姓は六一戸、年寄・庄屋は八戸と合計六九戸の家々が七十三本屋敷であると考えられる。さらに正徳期(一七一一～一六)から享保期(一七一六～三六)にかけて成立した『愛徳権現式流聞覚(22)』には「衆徒七拾弐人家名無之者、権現役は不勤由」とあり、七十三本屋敷の記述が見られるが、この当時七二人という記載になっている。

しかしながら、河内神社が寒川神社に合祀され、それを契機に七十三本屋敷での特権的祭祀が取り止めとなって久しい。現在ではその全てを垣間見ることは難しい状況であり、全てが宅地として残っておらず、田畑や荒地となっている状況である。

**表1　寒川村検地帳記載の七十三本屋敷**

| 番号 | 字　名 | 寒川村誌記載の屋敷名 | 検地帳記載の屋敷名 | 宅地面積 | 田面積 | 畑面積 | 備考 |
|---|---|---|---|---|---|---|---|
| 1 | 土　居 | 梅　原 | 梅　原 | 4畝　2歩 | 1町4反6畝　9歩 | 4反4畝　2歩 | 禰宜 |
| 2 | 〃 | 今　西 | 今　西 | 15歩 | 3反8畝27歩 | 1反4畝21歩 | |
| 3 | 〃 | 鈴　見 | 不明 | | | | |
| 4 | 〃 | 沢 | 不明 | 1畝　6歩 | | | * |
| 5 | 〃 | 東 | 東 | 3畝　6歩 | 2反7畝　2歩 | 1町1反7畝18歩 | |
| 6 | 〃 | 浦　木 | 浦　木 | 10歩 | 2畝24歩 | | |
| 7 | 〃 | 笹見蔵 | 笹溝 | 12歩 | 1反7畝24歩 | 1反5畝14歩 | |
| 8 | 〃 | 久　保 | 久　保 | 24歩 | 6畝12歩 | 9畝24歩 | |
| 9 | 〃 | 鍵 | 不明 | | | | |
| 10 | 〃 | 柿　原 | 不明 | 9歩 | | | *社人 |
| 11 | 〃 | 林 | 林 | 1畝　6歩 | 5反7畝11歩 | 3反1畝11歩 | |
| 12 | 〃 | 菅　蔵 | 菅　蔵 | 15歩 | 1反8畝24歩 | 1反3畝22歩 | |
| 13 | 中　村 | 上長井 | 上長井 | 12歩 | 2反2畝23歩 | 6畝13歩 | |
| 14 | 〃 | 夏　刈 | 夏　刈 | 4歩 | 3畝　3歩 | 2畝15歩 | |
| 15 | 〃 | 宇治原 | 宇治原 | 12歩 | 2反6畝　6歩 | 8畝　4歩 | |
| 16 | 〃 | 下応地 | 応　地 | 15歩 | 8畝　3歩 | 1反　3歩 | |
| 17 | 〃 | 上応地 | | | | | |
| 18 | 朔　日 | 井　上 | 井　上 | 15歩 | 1反7畝18歩 | 1反　3歩 | |
| 19 | 〃 | 海　谷 | 海　谷 | 8歩 | 4反3畝 | 2反8畝21歩 | |
| 20 | 〃 | 丸　田 | 不明 | | | | |
| 21 | 〃 | 竜垣内 | 不明 | | | | |
| 22 | 〃 | 笹 | 不明 | | | | 社人 |
| 23 | 〃 | 久　保 | 久　保 | 10歩 | 1反7畝21歩 | 1反3畝 | |
| 24 | 〃 | 上垣内 | 上垣内 | 1畝18歩 | 3反7畝26歩 | 3反3畝　2歩 | |
| 25 | 〃 | 南 | 南 | 15歩 | 2畝　3歩 | 7畝　8歩 | |
| 26 | 〃 | 中垣内 | 中垣内 | 12歩 | 2反6畝　9歩 | 3畝15歩 | |
| 27 | 〃 | 宇羽垣内 | うわ垣内 | 18歩 | 8畝　9歩 | 4畝28歩 | |
| 28 | 滝之上 | 下垣内 | 不明 | | | | |
| 29 | 〃 | 湯の口 | 不明 | | | | |
| 30 | 上西野川 | 月　平 | 月　平 | 18歩 | 1反4畝29歩 | 1反2畝17歩 | |
| 31 | 〃 | 的　場 | 的　場 | 18歩 | 3反1畝　6歩 | 1反2畝24歩 | 社人 |
| 32 | 〃 | 更　矢 | 不明 | | | | |
| 33 | 〃 | 津賀尾 | 不明 | | | | |
| 34 | 〃 | 献　上 | 献　上 | 11歩 | 1反　8歩 | 2反2畝19歩 | |
| 35 | 〃 | 東 | 東 | 2畝12歩 | 5反6畝　1歩 | 3反7畝26歩 | |
| 36 | 〃 | 南 | 不明 | | | | |
| 37 | 〃 | 串 | 串 | 8歩 | 1反7畝　6歩 | 5反　3歩 | |
| 38 | 〃 | 沢 | 沢 | 12歩 | 1反2畝26歩 | 4畝15歩 | |
| 39 | 〃 | 入　谷 | 不明 | | | | |

| | | | | | | | |
|---|---|---|---|---|---|---|---|
| 40 | 〃 | 田　尻 | 不明 | | | | |
| 41 | 下西野川 | 西 | 不明 | | | | |
| 42 | 〃 | 後　呂 | 後垣内 | 18歩 | 3反9畝　6歩 | 2反7畝20歩 | |
| 43 | 〃 | 新　屋 | 不明 | | | | |
| 44 | 〃 | 栗　林 | 栗　林 | 24歩 | 2反5畝21歩 | 4反1畝21歩 | |
| 45 | 〃 | 古　畑 | 古　畑 | 24歩 | 27歩 | 2反8畝11歩 | |
| 46 | 高　野 | 打　越 | 下西野川カ | 9歩 | 1反9畝28歩 | 3反3畝　9歩 | |
| 47 | 〃 | 小　棚 | 不明 | | | | |
| 48 | 〃 | 平　見 | 平　見 | 4歩 | 1反6畝24歩 | 2反7畝18歩 | |
| 49 | 〃 | 高　野 | 高　野 | 4歩 | 2反7畝14歩 | 2反1畝 | 社人 |
| 50 | 〃 | 獺　越 | おそ越 | 1畝18歩 | 4反1畝20歩 | 2反8畝24歩 | |
| 51 | 〃 | 下　平 | 下　平 | 9歩 | 2反2畝　6歩 | 2反5畝18歩 | |
| 52 | 〃 | 平　野 | 平　野 | 15歩 | 1反3畝　6歩 | 1反6畝24歩 | |
| 53 | 上長志 | 下長志 | 下長志 | 3歩 | 2反3畝16歩 | 1反3畝28歩 | |
| 54 | 〃 | 本長志 | 不明 | | | | 社人頭 |
| 55 | 〃 | 小長志 | 小長志 | 1畝　3歩 | 1反2畝20歩 | 9畝21歩 | |
| 56 | 下　板 | 前　平 | 前　平 | 18歩 | 3反8畝18歩 | 3反4畝27歩 | |
| 57 | 〃 | 中　平 | 中　平 | 12歩 | 2反1畝　6歩 | 2反4畝28歩 | |
| 58 | 〃 | 杉　平 | 杉　平 | 1畝15歩 | 3反3畝　6歩 | 2反8畝　6歩 | |
| 59 | 〃 | 谷　口 | 谷　口 | 1畝　3歩 | 3反1畝24歩 | 2反6畝18歩 | |
| 60 | 上　板 | 古屋取 | 古屋取 | 18歩 | 2反7畝18歩 | | |
| 61 | 〃 | 谷　端 | はぜ | 15歩 | 1畝15歩 | 1反4畝　9歩 | |
| 62 | 〃 | 応地前 | 応地前 | 15歩 | 9畝23歩 | 1反　25歩 | |
| 63 | 〃 | 上　平 | 上　平 | 1畝　3歩 | 8畝16歩 | 1反9畝17歩 | |
| 64 | 〃 | 日　浦 | 日　浦 | 12歩 | 1反2畝15歩 | 1反3畝　3歩 | |
| 65 | 下小藪川 | 下垣内 | 不明 | | | | |
| 66 | 〃 | 栃之瀬 | 栃之瀬 | 12歩 | 1反　21歩 | 1反2畝24歩 | |
| 67 | 上小藪川 | 中　野 | 中　野 | 24歩 | 1反8畝21歩 | 1反　11歩 | |
| 68 | 〃 | 奈目良 | なめら | 3歩 | 2反6畝20歩 | 5反　16歩 | |
| 69 | 〃 | 的　場 | 的　場 | 27歩 | 5畝10歩 | 6畝 | 社人 |
| 70 | 〃 | 後　呂 | 不明 | | | | |
| 71 | 〃 | 大　家 | 不明 | | | | |
| 72 | 〃 | 中　西 | 中　西 | 12歩 | 3畝　9歩 | 1反　27歩 | |
| 73 | 〃 | 筒　井 | 筒　井 | 4歩 | 2反6畝16歩 | 5反　18歩 | |

＊寛永16年記載分

## 2 寒川祭りとトウヤ祭祀

寒川祭りは古くは旧正月一日のフユトウ、九月二九日のアキトウと二回執行されてきた。なかでもアキトウは大祭として神輿・獅子舞・神楽が奏じられ、河内神社より寒川神社まで壮麗な渡御がなされた。そして七十三本屋敷による古式なトウヤ祭祀が営まれたが、明治四一年(一九〇八)に実行された神社合祀によって河内神社が寒川神社に合祀され、それに伴って古式に従ったトウヤ祭祀を廃止し、寒川神社より旧河内神社跡を御旅所として渡御するようになった。

このように政治的政策によって寒川祭りは大きく変化し、かつて行われてきた七十三本屋敷によるトウヤ祭祀は現在行われていない。しかしながら『寒川村誌』にかつてのトウヤ祭祀が詳しく記されており、以下それに基づき記していく。

七十三本屋敷によるトウヤ祭祀は、前述した禰宜・社人を除いた六十六屋敷がさらに三十三屋敷に分かれ、それぞれ小藪川組・西野川組を組織する。両組織でアキトウ・フユトウの二人のトウヤを選出した。トウヤの決定は正月二〇日に行われ、これを「オトウサシ」と称した。寒川氏が勤める神官と、社人衆・オトウ組よりそれぞれ三名が前日より精進潔斎の後、河内神社拝殿に参集し、アキトウ・フユトウそれぞれを決める三方に米一升を盛り、一から三の番号を書いたクジを白米に混ぜておく。これを神官が御幣にてクジ引きを行い、一番が出れば決定ということである。

トウヤが定まれば、直ちに神社より真榊を受け、神官によってトウヤの神棚に祀られる。家の門口には二本の榊を立て、注連縄を張り、祭りが終了するまで殺生を慎み、毎月一日・一五日には宮参りを欠かせなかった。またトウヤでは祭りに欠かせない神酒である白酒を造った。白酒造りは六斗の白米を用い、社人及び役員がトウヤ宅で仕込みを行う。アキトウでは九月一五日に仕込み、九月二〇日には「新添かけ」と称して味見を行った。フユトウは一二月一五日に仕込み、二〇日に添かけを行ったという。

旧暦九月二七日は、トウヤ宅で神籬作りが行われ、一八本の榊の皮を剝ぎ、注連縄と縄を河内神社に届ける習わしである。さらに翌二八日は宵宮であり、トウヤ及び社人が河内神社に参集し、神社境内にある常設の祭壇にアキトウは左、フユトウは右に、各々中心に木材一本、四隅に榊一本ずつ、各隅より二本を寄り合わせ、地上六尺の所で太柱を中心に方二尺五寸の神籬を作る。

一方、社人一人とトウヤ二人は愛徳権現影向の旧地である大原の峰に登り、頃合の榊を見定め、社人の合図をもって両人同時に切り、以後寄り道することなく河内神社に赴き、この榊を神籬の太柱に結びつけ、四方に注連縄を張り、神官による鎮座式を行った。この後アキトウは夕刻に神楽の接待を催すことになっていた。

旧暦九月二九日は大祭であり、午前中に社人とアキトウ組が裃姿で河内神社に参拝し、供物の調進にかかる。この時、先祖屋敷という寒川を拓いた始祖が住んだ屋敷を所有する者にアキトウから白酒五合を贈るのを習わしとした。供物は御供本膳八枚といい、木葉膳とも称した。縦八寸、横一尺一寸の杉板に青竹の竹ヒゴを楕円にカズラで取り付けた膳を八枚用意する。そして赤飯・小豆飯を柏葉に盛ったもの四品、神酒と白酒の徳利二対、さらに年玉と称する字先祖田で取ったカズラと字的場堰の川砂利を白紙に包んだもの一六品、メガネと称するカズラで編んだメガネ状のもの八品、柿・栗・榧・アリ・大根・青莢大豆の六種を盛った菓子盛八品、以上を等分に分けたものを八組用意する。

それら供物が神官の手によって神前に献じられ、神事の後、十二鈴の舞が奏じられた。拝殿にて神官が右手に鈴、左手に扇を持ち、神楽太鼓に合わせて足拍子を踏み、扇を上下左右に振り、鈴も七五三になるように振り鳴らしながら歩み、本殿前にある一二段の石段で舞を奏した。

その後、八畳の拝殿において八枚の菰を敷き、祝膳が出された。接待を受けるのは禰宜・社人・太鼓打ちの八人で

写真1　寒川祭

あり、膳は前述の供物と同様である。酌人はその中での年少者が勤め、長柄の銚子で白酒を注いでまわる。一同挨拶の後にトウヤより届けられた小豆飯にて昼食を済ませることになっていた。

続いて渡御となるが、行列は氏子幟を先頭に、各字幟九本・潮・水打ち・御幣・弓・矢袋・神官・社人・氏子総代・神輿・和仁・薙刀振り・王仁・獅子舞・赤幟・太鼓・手拍子・赤幟・笛・赤幟である。行列の出発は舞獅子と呼ばれる獅子舞を起こすことに始まり、道中神楽と呼ばれる演目で渡御に入る。河内神社を出発した一行は、寒川神社を目指し、その途中で寒川邸の表門を潜り、西門を出て寒川神社に至り、薙刀の舞で獅子舞を終演する。その後は神前にて神楽、獅子による剣の舞を奉納し、再び、行列を組んで河内神社に還御する。そして神前にてさらに獅子による薙刀の舞・剣の舞・舞獅子・長老の舞を奉納し、最後に神楽でもって本祭りを終了した〔写真1〕。

翌三〇日は裏祭りと称し、直会祭りともいった。午後より河内神社において執行され、獅子舞の剣の舞、鈴神楽、舞獅子に続いて、長老の舞、お多福踊りに入る。お多福は、七十三本屋敷の一つである林家で衣装付けをして当家で待機しており、獅子・王仁・和仁らが迎えに行く習わしとなっていた。お多福は神前に参拝した後、獅子の胴幕に隠れたりしながら、軽快な囃子に合わせて滑稽な踊りを披露する。踊りが終了すると、お多福を林家に送り帰し、再度、神前で剣の舞・鈴神楽・舞獅子・長老の舞・舞獅子をもって、三日間に至った大祭を終了した。

一方、フユトウと呼ばれた正月元旦祭りは至って簡略で、榊に神霊を移し、神官・社人・総代等が寒川神社に渡御をして終了する。

以上、『寒川村誌』より、祭りの概要を記したのであるが、さらに同誌には正月九日に行われた御弓祭りのことも記載し、それは河内神社で神事の後に、神官が字的神井堰に向かって三矢射ち、寒川神社表より字栂田に向かって同じく三矢射つことが記載されている。

この御弓祭りの由来は昔、寒川で農作物被害の猛威を振るった大猪を一猟師が弓にて射殺し、村人はその感謝の気持ちからその猟師を的神と称し、その大猪が絶命した地が井堰であったため、後にそれを的神井堰と称するようになった。この御弓祭りは、農作物に害をなす悪鬼を退散させる呪力を持つという。これもまた修正会で行われた弓射ち神事と関連がある行事であったのであろう。

しかしながらこの御弓祭りも明治四一年に実施された神社合祀を機に廃止し、古式のトウヤ祭祀も併せて廃止となり、現在、秋の大祭を一一月三日に執り行い、獅子舞を奉納し、寒川神社から河内神社旧跡に渡御をなす形態へと移行した。

当社で演じられる獅子舞は四人立ての形式であり、舞獅子と呼ばれるように渡御道中は舞いながら進むのが特徴である。獅子は王仁・和仁に促され、道中を道神楽で進み、剣の舞・鈴神楽・薙刀の舞・長老の舞・お多福の舞と演目の多さが目立つ。寒川の舞獅子は伊勢太神楽及び江戸神楽系の影響を受けていると考えられ(23)、そこに王仁・和仁が加わる点は日高地方に多く登場する先払い的役割を果たしているオニ・ワニの影響を受けたと見え、両者の混合によって成立したのであろう。当地の舞獅子の初見は、祭礼役員を書き上げた宝暦八年(一七五八)の『明神御祭礼の事』(24)であり、それによればその年に浪人医者岡本橋順によって伝授され、その時の役員は拾屋敷の者で賄ったと記されている。やはり芸能奉納者も七十三本屋敷より選出していたことがわかる。江戸中期より神事中心であったトウヤ祭祀に彩りとして獅子舞を採用し、祭礼化したことが伺える。

当社の祭りでは近代初期まで厳粛なる家格による祭祀制度が守られ、祭祀に関与できるのは役付きの屋敷を所有する者に限られていたことが注目される。さらに血縁で継承されるものではなく、その屋敷地を購入した者にその特権が移行する点が特徴であり、経済的負担が考慮されているのではないかと考えられる。トウヤに指名されれば、金銭的負担は当然であり、屋敷を維持できるほどの経済力が求められたと考えられる。またその屋敷には土地財産が付加していることから、それは「名」的な耕地であり、一定の田と屋敷を所有した名主層によって組織された可能性は高い。さらに神饌として調進される供物などは、その名田より調達したとも考えられる。しかしながら、後世にはその屋敷建物が残らず、耕地や荒地と化したものも少なくない。もっとも七三という数にも何らかの宗教的意味が含まれているようであり、七戸の世襲制社人屋敷、六六戸のトウヤ株持ち屋敷と不明な点が多いが、現在となってはその当時を偲ぶことはできない。

## 三　上阿田木神社の概要と祭祀

### 1　上阿田木神社と役屋敷・社人

上阿田木神社は旧美山村初湯川に鎮座し、参道及び境内は鬱蒼とした杉の古木が立ち並ぶ。氏子村は初湯川・笠松・熊野川・浅間・猪谷・滝頭《たきがしら》・串本であり、祭神は東御前に事代主命その他一柱、證誠殿に伊弉冉命、西御前に伊弉諾命、その他九柱を配祀する。(25) 前述の寒川神社の本社であり、熊野神を祀る古社として有名である。

かつては上愛徳六社権現と称し、旧寒川村分村の土居村・西野川村も氏子としており、非常に広域な氏子圏を有し

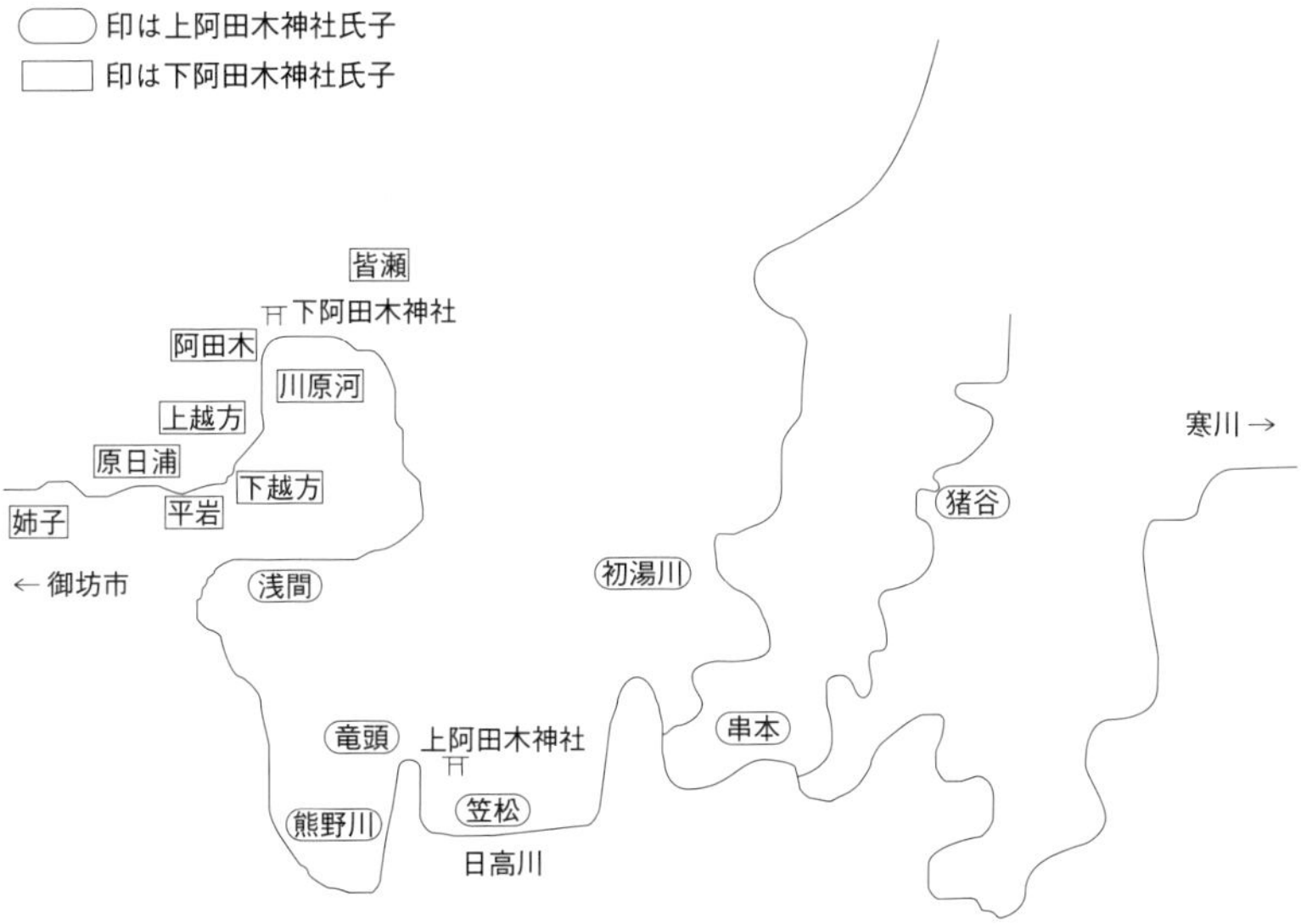


図3　上阿田木神社及び下阿田木神社氏子圏図

ていたことがわかる。上阿田木神社及び後述する下阿田木神社は前述の寒川に降臨した熊野神を祀ったものである。したがって両社揃って熊野十二所権現を祀るものとされ、両社で熊野十二神を配祀しているわけである。両社の由緒は古く、下阿田木神社蔵の元弘四年(一三三四)成立の『愛徳山熊野権現縁起㉖』によれば、延喜二二年(九二二)に日高郡寒川の大原の峰に天下った熊野神を犬飼高宮吉見なる猟師が後光が差すのを見て確認し、修験者光胤聖人と共に愛徳山権現として祀りだした。その後、延長六年(九二八)に阿田木原(現上阿田木神社)に遷祀し、寛治五年(一〇九一)には巾子形原(越方)に、天仁元年(一一〇八)には糸尾の宮(現下阿田木神社)の地に遷座したという。三回にわたる遷座の末に、現在の下阿田木神社の地に鎮座したのであった。いわゆる上阿田木神社は遷座した旧跡に社を設け、成立したものである。かつて神宮寺として別当阿弥陀寺が建立されていた(図3)。

上阿田木神社の祭りは旧暦二月一五日に執行されていたが、現在は四月最終日曜日となっている。この祭りに参加するのが役屋敷の人々であって、上阿田木神社の役屋敷は三四屋敷あり、その他に社人三家が参列する習わしである。社人は完全世襲制であるのに対し、役屋敷は所有者の変動と共にその屋敷に付いた特権も新所有者に移るのが特徴である。しかし現在、確認されている役屋敷は三二屋敷であり、残り二屋敷は所在不明となっている。社人に関しても若干の変動があり、愛川家の変動は見られないが、朝間家より親戚筋にあたる川合家へ、小川家より同じく親戚筋にあたる佐々木家へと社人株が移動している。かつて社人はミヤビト・トノとも称され、祭りの実行責任を負っていた。社人は親が死んでも、死体に触れることは許されず、田畑の下肥にも触れることもなかったという。

このような役屋敷の成立には以下のような伝承が残されている。かつて上阿田木神社が鎮座した折、奉願のために神社境内に杉や檜を植え、それが現在の古木並木である。したがって役屋敷の人々は神社所有の田畑や山林の手入れをする家筋であり、当地における古株の家筋であるという。

三四役屋敷とは前述の寒川の七十三本屋敷同様に草分け的高持ち百姓であると考えられる。さらに役屋敷には前述の七十三本屋敷同様に、明確な特権的祭祀権の分担が見られる。それは太鼓屋敷が熊野川に二戸、初湯川字愛口に一戸、鼓屋敷が熊野川に二戸、稚児屋敷が熊野川と笠松に一戸ずつ、笛屋敷が熊野川に二戸、神子屋敷が二戸あったが現在は不明である(27)。もっとも屋敷名を持たないが、神炊と呼ばれる神饌用の御飯炊きも役屋敷である森川家が世襲で執り行い、太刀方と呼ばれた寒川下西野川の林家は稚児舞の際に太刀を持ち参列する特権を有していた。

役屋敷の内訳は、初湯川八戸、滝頭七戸、熊野川一六戸、浅間三戸であり、かつては役屋敷のみの祭りであったが、明治六年(一八七三)より、氏子内のミョウ当番制へと移行した(28)。もっとも熊野川に役屋敷が多いのは最初に上阿田木神社が鎮座した地という伝承からであるという。ミョウ当番とは氏子村毎に組織された祭祀組織のことであり、かつては五ミョウと称して、三村ミョウ(浅間・滝頭・猪谷)、熊野川ミョウ、笠松ミョウ、初湯川ミョウ、串本ミョウの五組織によって祭りに必要な人員を年番で勤めたが、先に挙げた役屋敷の特権的祭祀権はそのまま、役屋敷からの選出となった。しかしながら串本ミョウは、昭和六三年（一九八八）に椿山ダム建設によって水没してしまい、ミョウ組織より離脱、その後再度、ミョウの編成を経て平成一九年（二〇〇七）現在は三ミョウによって支えられている。

このミョウという名称からも中世の名田の「名」であることは明白であり、役屋敷も名主たちによって組織されたと考えられる。明治期に始まったミョウ当番は、その前提として名という一定地域の概念が残されていたということが裏付けられるものである。

## 2　上阿田木祭りと役屋敷祭祀

上阿田木神社の祭りは古くは旧暦二月一五日に執行され、「京より南に無い祭り」とうたわれた華やかな祭りとして知られている。別名「花祭り」と称され、氏子より出される幟の先端には色鮮やかな造花がヒゲコ状に取り付けられ、幟を揺すると花びらが落ちるように細工されており、その美しさは京都を連想させる雅さを兼ね揃えている。

現在、上阿田木神社の祭りは四月最終日曜日に執り行われ、役屋敷と社人による特権的祭祀が展開される。当社祭礼の始まりは四月上旬に行われる「役指し」から始まる。「役指し」とは、祭礼に必要な役員を社人三人と役屋敷三四家の当主とで行われる役割決めである。現在、役屋敷より選出される役割は、太鼓一人、鼓二人、笛二人、ヤッハチ二人、稚児一人となっている。その他の役割は、三ミョウの氏子組織によって選出される。即ち、潮打ち一人、先祓一人、コジリ持ち一人、御幣持ち一人、王仁、和仁一人ずつ、四神旗四人、神輿台持ち二人、稚児車押し六人、ヤツ足机持ち一人、神炊二人、水酌一人、太鼓持ち二人、薪拾い一人、装束運び三人、神饌持ち二人、称仕三人、渡御係二人、大鳥毛一人であり、神輿舁は次年度に当たる迎えミョウより選出する。

写真２　上阿田木神社花幟

宵宮の当日、先祓は日高の浜に潮を汲みに行き、神社に届けるとそのまま帰宅せずに社務所に泊まる習わしとなっている。宵宮には拝殿に大榊を安置し、その頂点に御幣を付け、灰褐色の小袖の神衣を取り付けて神の依代とする。そして社人三人による神酒供えの儀が執り行われる。小袖の依代に向かって三社人が長柄杓子を持って並び、向かって左側の社人代表が左回りに、他二人は右回りに三周し、中央の者の杓子に両側の者が神酒を注ぎ入れ、中央の者が小袖の依代に神酒を注ぎかける。そして神酒がなくなれば、給仕より神酒を頂戴し、前述の行程を五回繰り返す。

その後、三社人は神前に着座し、社人代表によって、祓詞と御供祝詞が奏じられ、神酒の接待に入る。称仕役より配膳の準備を行い、先ず社人より神酒の接待が始まる。これを拝食の儀と言い、社人は盃に神酒を注いでもらい、それを飲み干すと続いて神酒が注がれ、絶え間なく神酒を頂戴する。神酒の接待は五回繰り返される。その後、膳に盛られた御飯、高野豆腐、坊主汁と呼ばれる実のない味噌汁、塩かけの香の物を頂く。社人への接待が終わると、同席した役屋敷の人々にも同様の接待が設けられる。

続いてヤツハチ・稚児舞に入るが、ヤツハチとは小学校低学年の少年が二人、稚児装束を纏い、侍烏帽子に天冠を被り、手には両口箸を持って、笛・太鼓・鼓の囃子で舞うものである。稚児舞とは獅子とも言い、朱のシャグマを被り、正座の体勢で頭を激しく振りながら太刀方に向って前進し、両手を交互に振りながら後退する。この時に社人によって神歌が謡われる。その後、上阿田木神社の末社である天神社に渡御が行われるが、神輿の渡御は行われない。

翌日の本祭りには、氏子より花幟が出され、神社の境内に十数本立てられる〔写真2〕。拝殿には宵宮同様に役屋敷より選ばれた太鼓・鼓・笛役が裃姿で着座し、社人による神酒供えの儀が執り行われる〔写真3〕。この神酒供えの儀は七回繰り返され、その後の拝食の儀も同様に七回行われる。この時の神体は宵宮の小袖ではなく、長さ一丈二尺五寸の青竹を縦にして宵宮に使用した大榊を七尺五寸に切って横にして十文字に結び付け、竹の頂点から横木の両端に白木綿と浅黄木綿を張り、横木に結び付ける。そして頂点には宝剣である三つ俣を取り付け、榊の小枝を添えて、白扇を頂点に青・黄・赤・白・黒の順で扇を取り付け、その順で、同色の幣、絹片を取り付ける。それぞれ一二個ずつである。これを本祭りの依代とし、御幣と呼ばれる〔写真4〕。神饌は三宝七台であるが、宵宮が七品、本祭りは一二品となっており、神炊によって炊かれた御飯も木葉に盛り、それも同様に供えられる。

写真3　上阿田木神社神酒供えの儀

写真4　上阿田木神社神体依代御幣

拝食の儀が終了すると御神楽式に入る。ヤツハチ・稚児舞の奉納であるが、ヤツハチとは先に記した内容と同じであり、その動作は至って簡略である。両口箸を手に持ち、それを摺り合わせながら、右に左にまわ

写真5　上阿田木神社ヤツハチ

り、両口箸を腰や耳もとに宛てがいながら更にまわる動作を繰り返すのである（写真5）。御神楽式といわれる様に神楽の一種と考えられるが、その動作に舞楽系の所作が見受けられることから、稚児舞楽の系統を引くものと考えられている[29]。

　ヤツハチ及び拝殿にての座儀礼については、正徳期（一七一一～一六）から享保期（一七一六～三六）にかけて成立した『愛徳権現式流聞覚』に詳しく、以下それに基づき記していく。

愛徳長床　列座品庄司寒川上座一畳左ニ児三人、権現向次ニ笛太鼓手
拍子下衆徒、右座今西浅間林原児方へ向座ス也、
一、楽人次第　笛ハ愛川弐卦弐人弐卦ハ及聞計屋敷も不知鳥淵ニ昔有と云
一、鼓　浅間　熊野川村中垣内聞　原弐人　手拍子弐人
太鼓神子屋敷より出筈
一、御炊　庄仕　定使　堂下　鐘突
一、御正躰　御分ニ　今西家名木下と流聞
一、御太刀　林
一、御宮鑰詔宮司諸宝物出シ入可仕也、若宮守指合候へハ祢宜可勤也、此宮守熊野川村ニ而ハ神主と云、氏子中も神主云、探題をも神主氏下ニ而云、昔より縁起境内之支配ハ寒川伺意取行、右衆徒社人其地株地株へ付廻シ御神拝勤来也、

（中略）

一、二月九日社人拝殿へ寄合、御神拝之役定、しし舞八つはち極有けれハ定使役也、是寄合社人ヲ三子沙汰人と云也、

以上、『愛徳権現式流聞覚』よりの抜粋であるが、これには長床と呼ばれる拝殿での座順、そして役屋敷による役の配分が記されている。これに記されている家名は現在でも確認できる役屋敷所有者であり、ヤツハチ・しし舞（稚児舞）などの役指しは、かつて旧暦二月九日に行われていたことがわかる。さらに当時、宮守及び採題という役職は神主とも呼ばれており、役屋敷衆も衆徒と呼ばれていたようである。採題及び衆徒などの呼称は、寺院的組織を連想させ、別当阿弥陀寺が関与していたと考えられる。さらに、これら衆徒・社人株は地株と呼ばれた土地に付いた株であることも記されている。一方、社人は沙汰人とも呼ばれていたことも確認できる。

しかしながら、この座順には様々な葛藤が生じ、争いが絶えなかったようである。それは前記の記録によれば、以下の通りである。

某十三年ノ年二月御神拝参上上座ニ対候、上座壱畳ハ数代寒川家嫡座餘人入込事せさるなり、然ニししやつはち三人上座へ押込、重右衛門ハふゑふかず前之角ニサシ、下ヲ上へ上へまねき寄せ、別当席ヲせばめ孟威をふるひ申事泪なから正中ニ座シ、いせひあらそひハセさるか、夫より此方此方他之社人衆徒氏子壱人も構ひ不申、重右衛門まかせニ而古法ハすたり候、

これによれば、某一三年の二月の例祭の際に、代々上座に座すのは別当職を務める寒川氏であったが、獅子・ヤツハチを務める稚児三人が上座に上がり、笛屋敷の重右衛門は笛も吹かずに上座の隅に座して、下座の人々を上座へ招き寄せるようになった。これは別当席を狭める行為であり、寒川氏は涙ながらに訴え、言い争いになったという。重

右衛門に任せたことによって古法は廃れたと記されている。

寒川氏は寒川荘内の神職及び上阿田木神社の別当職を歴任してきたのであるが、近世中期に入り、社人と座席を争うようになったのである。これらには近世初期における寒川家失脚による事件が要因となっている。当時、荒廃した上阿田木神社再興のために寒川直範及び大庄屋井原矢之助が許可なく、神木を伐採し、その咎で直範は追放となり、その子直信は一〇歳で親戚に預けられ、御家再興の機を図ることとなった。直信二三歳の折に帰郷し、別当職に復権した結果が、先に挙げた史料に記されているのである。中世に地頭職として荘園支配者の立場を誇っていた寒川氏が、近世に入り、地頭職を廃され、所領を没収されたことによって生じた権力の低下がこのような事件を生んだのであろう㉚。

一方、ヤツハチは上阿田木神社の他、和歌山県内でも白浜町堅田の堅田八幡神社、田辺市本宮町の熊野本宮大社の湯登り神事に登場するヤサバキと、県内でも三つの事例を残す貴重な舞である㉛。いずれも伝承・由来は定かではなく、ヤツハチの名称から当初は鞨鼓を首から提げ、両面から叩いて舞うものであったが、当社のものは鞨鼓がなくなり、撥の変わりに両口箸を持つという変化が見受けられる。ヤツハチとは、単に芸能に登場する役者ではなく、朱の稚児黒子を額と両頬に付けた神の依代と考えられる。さらに稚児舞とは当社では獅子と言われるように、その形態は獅子舞の原型と考えられ、これもまた舞楽の系統を受け継ぐものであるとされる。

当然ながら、その両者に課せられた精進潔斎は重く、従来は別火の上、肉食を禁じられ、一番風呂に入るなどの配慮がなされていた。また堅田八幡神社ではとりわけ精進潔斎が重く、別火、肉食の禁は当然であり、稚児に決まれば家屋敷を清浄にし、神官によって髪の前頭部以外が剃られ、神の子として四年間稚児を勤め、誰もその頭部に触れることは許されず、頭髪もこれ以後剃らなかったという㉜。さらに女性が体に触れることも忌まれ、母親とて触れることは許されなかった〔写真6〕。上阿田木神社のヤツハチ、稚児舞もまた三年間稚児として仕える点は同様であるが、そこまで精進潔斎は課せられていない。もっとも土を踏まずに渡御をする点は県内二ヵ所の事例と同じであり、ヒトツモノとしての感が強い。幼い子供に神を見出す事例は全国に見られ、幼い子供であっても厳しい精進潔斎を課すのはそれだけ神に近い存在だからである。

御神楽式が終了すると渡御となるが、それ以前に本祭りの神の依代となる御幣を供奉する御幣持ちと渡御係長・先祓・潮打・オニ・ワニが御旅所である天神社に赴き、渡御が行われることを報告し、帰社して一の鳥居前で渡御係長・先祓が大声で渡御が始まる旨の祝詞を奏上することになっている。その後、行列を従え、渡御となる。

写真6　堅田八幡神社ヤツハチ

渡御の順序は、宮幟、字幟(花幟)、潮打ち、先祓、コジリ持ち、御幣(神体)、オニ、ワニ、大鳥毛、鉄砲、御弓、四神旗、金幣、神輿、ヤツハチ、稚児、稚児守、御供持ち、神官、太刀方、社人、渡御係、役屋敷三十二家、神子屋敷三家、称仕役、神炊、笛、太鼓、太鼓持ちの順である。字幟には先端に鮮やかなヒゲコ状の造花が付けられており、それを氏子たちが供奉して道中を練り歩くのである。潮打ちは先祓が宵宮に日高の浜で汲んできた潮水を絶え間なく道中に撒き、清めて歩く。先祓は甲冑鎧を身に纏い、道中の警護にあたる役割を果たしている。道中は笛・太鼓の囃子で厳かに進み、神社参道、宮の森を抜けた所にある蛇杉と呼ばれる杉の大樹の前より囃子を止め、御旅所である天神社に向かう。蛇杉前で囃子を止めるのは、囃子によって蛇杉に眠る大蛇が起き出すからであるという。
天神社に到着すれば、直ちに天神式に入る。天神社前で神楽であるヤツハチ・稚児舞を一番ずつ奉納し、神前式の後、還御となる。当地では還御の事を御帰洛と称している。御帰洛は小走りに行き、一の鳥居前で渡御終了の祝詞を渡御係から奏上し、祭りも終焉へと向う。本殿前でヤツハチ・稚児舞を奉納し、神楽納式を執り行い、神官によって本殿の扉が閉められる。その頃、境内では氏子が出す花幟によって入相踊りが行われる。太鼓・笛の囃子で軽快に幟を上下に揺すり、幟先端に取り付けられている造花の花びらを散らし、花吹雪を演出する様は優雅である。そして同時に拝殿では社人とヤツハチ・稚児役が傘破踊りを行い、足を前後に出し、入相踊りと同じ囃子で軽快に踊り、祭りは終了する。

その後、社人立会いの下、ミョウ番の引継ぎが拝殿で行われ、当ミョウと迎えミョウの代表者が祭具と衣装の点検を行い、固めの盃を交わして引継ぎが終了する。

上阿田木神社では、現在でも古式の祭祀形態を残しており、役屋敷による特権的祭祀が展開されている。しかしながら特権的祭祀が時代の流れの中で、平等性を求める方向に進み、一部一般氏子に解放された傾向が伺える。それはミョウ番と呼ばれる祭祀組織であり、「名」の概念が現在まで残されていたことを示唆するものである。

一方、役屋敷の中で祭りの中心を担う社人・神楽などの諸役は、依然として役屋敷の特権として受け継がれており、社人株の若干の変動が見られるが、古式の祭祀が行われている。

拝殿で執り行われる神酒供えの儀及び拝食の儀は社人が中心となり、神の依代に神酒を献じ、祭りの執行と氏子安全の祝詞が奏じられる。宵宮と本祭りで依代が変化する事例はあまりなく、宵宮では小袖を依代とし、大榊に小袖を掛けて神とみなしたのである。本祭りでは、三角形に組まれた物に扇や幣を色鮮やかに飾りつけ、那智の扇神輿を連想させる依代を供奉し、壮麗な渡御が行われる。熊野神を奉祀する当社では、その祭祀形態も熊野を連想させるものがある。

## 四　下阿田木神社の概要と祭祀

### 1　下阿田木神社と弓屋敷・オダイトウ

下阿田木神社は旧美山村皆瀬に鎮座し、氏子村は阿田木・皆瀬・川原河《かわらご》・上越方・下越方・平岩・原日浦・姉子であり、祭神は東御前に伊弉冉命・伊弉諾命、證誠殿に櫛御気野命・天照大神他三柱、西御前に速玉男命・事代主命他一三柱を配祀している[33]。

下阿田木神社の由来は前述した上阿田木神社同様で、度重なる熊野神の遷座の末、天仁元年（一一〇八）に成立したという。下阿田木神社もかつては下愛徳六所権現と称し、上阿田木神社に祀られる六柱の祭神と合わせて熊野十二所権現を祀るとされている。当社は近隣では類を見ないほどの大社であって、慶長一〇年（一六〇五）の『下愛徳六所権現由来記[34]』によれば、永徳元年（一三八一）に足利義満より社領一〇〇〇石を賜ったとされている。さらに下阿田木神社にもかつて別当阿弥陀寺が存在したが、近世後期に退転し、ついに復興を見なかった。

下阿田木神社の祭りでは正月七日に行われた御弓神事が有名であり、現在は正月三日に執り行われている。当社には弓屋敷及び社人もしくは、オダイトウと呼ばれる世襲制の祭祀組織が存在する。弓屋敷とは御弓神事を勤める際に必要な宿を提供する屋敷のことで、これは加門三家が代々所有してきた。当社においても弓屋敷の特権は土地屋敷に付いたものであり、かつて加門家より玉置家に屋敷の譲渡がなされ、加門二家と玉置家によって弓屋敷の勤めを行ってきたのであるが、現在は玉置家及び加門一家が弓屋敷の特権を手放し、現在、弓屋敷は加門一家のみで支えられている。また社人と呼ばれる世襲制の祭祀者もかつては一六人あり、前述した加門三家を含め、祭りにおける諸特権を持っていたが、現在は三家のみの参加となっている。下阿田木神社では前述の二社とは違い、オダイトウと呼ばれるトウニン的存在が確認できる。オダイトウとは「御大頭」もしくは「御代頭」ではないかと推測でき、社人一六人より一年間、神に仕える祭祀者をオダイトウと称して、選出してきた。しかしながら御弓神事のみは一般氏子の参加を許し、現代に至っている。

社人とは社家の末裔であり、一六人が祭祀に関与してきたのであるが、『下愛徳六所権現由来記』には天正四年（一五七六）に織田信長に社領を没収され、社家中皆、百姓になったと記されている。

## 2　下阿田木神社のオダイトウ祭祀

下阿田木神社の主な祭りは、正月七日に執行された御弓神事が有名であり、現在は正月三日に執り行われている。かつて下阿田木神社ではオダイトウと称する祭祀者を選出し、下阿田木神社の祭祀をすべて掌握していた。それらの選出は社人及び社家と称する一六人が輪番で奉仕し、厳しい潔斎の末、神に接することを許されたのであった。

『下愛徳六所権現由来記』には、社家の祭祀由来が記されている。

（前略）

明徳三年申年に鎮護ノ神名愛徳権現号ス神名ヲ祀ルコト、社家十六人阿田木北又左近太夫ノ方へ集り、為天下泰平、国家安全、輪次ニ神事ヲツトムルニ斎戒シテ髪ヲ剃ラズ、七ヶ度湯浅ノ浜ニ出垢離スト云。十一月廿七日寅ノ刻ニ檜ノ八角中十二本ヲ神殿ニ納メテサイ拝シ、又々応永廿二未年祭り弐（二）正月七日ニ左右各的射、的串毎年上初湯川村ヨリシキタリ、木端ヲ墨ニテ染タルヲ建ヲキ射ル、其木ヲ神殿納ル例トス。此例出雲ノ大社昔悪鬼ヲツイバツスコト正月七日ナリ。是ニヨツテ当社ニモ日本神国為ワスレンガ、社家共ウチヨリ阿田木村ニテ両家ノ社家エ一年替り弓宿イタシ、末世民氏子繁栄之祈所也。

（後略）

以上、同記の抜粋であるが、これで大まかに社人による祭祀形態が分かる。明徳三年（一三九二）に社家中一六人が、社家代表と思われる北又左近太夫家へ集まり、輪番で神事を執り行うことを決定し、それは潔斎として髪を剃らず、七回にわたって有田郡湯浅町の海岸にて潮垢離を取ることが記載されている。また一一月二七日には、寅の刻という早朝に八角柱の柱を一二本、神殿に献ずる神事を執行したという。さらに応永二二年（一四一五）より正月七日に的射ち神事が執り行われ、その的串は上初湯川村より献上し、的串の下に墨にて黒く塗られた木片を立て、それを神殿に奉納するのを例としていた。また、謂れは出雲の神事に由来し、社家より弓宿を提供して行われているとしている。

社家一六人の起源は、明徳三年に遡り、慶長一〇年に記された同書は社家が中世まで遡ることを裏付けることになる。さらに享和三年（一八〇三）に記された『下阿田木阿弥陀寺書上[35]』によれば、近世後期の社家による祭祀の具体例が記されている。

一、大塔と申昔より只今に至り当番の者毎日精進行水仕相勤候、社人左の通、

五味権右衛門　大恵九左衛門
平岩助太夫　後五右衛門
古井戸弥三郎　藤田孫太郎
宇井淵与右衛門　津田木佐太郎

　　中坊与七郎　　大津露源吉
　　橋戸太郎左衛門　横手金八
　　加門伝七　　津井無源右衛門
　　中伝六　　後垣内長兵衛
　右十六人の者十六年に一度宛順番に相当り、正月朔日より霜月廿七日迄毎日行水仕、髪を切らず、万不浄を忌み勤申候、正月十五日、三月三日、五月五日、七月七日、八月朔日、九月九日、霜月廿七日、此七ヶ度は海へ出塩水にて垢離仕候て、霜月大廿七日小廿六日当日には於六所権現、天下太平、国家安全の御幣並に三々九度の神酒を捧申候、

とあり、社人一六人の名前とそれに対する祭祀形態を記している。同書上によれば、社人は一六年に一度、ダイトウとして頭役を担い、潔斎として髪を切らず、正月から霜月までの節供には遥々海へ出て、潮垢離を取るという。

さらに同記録には細かな祭祀役割が記されている。

　右の節神前への献供役　　加門七郎右衛門
　右の節長柄の銚子役　　加門伝兵衛
　右の節加への銚子役　　津井無六右衛門
　　　宮方触役　　長助
　神楽御湯役
　　一ノ乙女　中屋　　ニノ乙女　加門
　　三ノ乙女　津田木　四ノ乙女　中坊

右の四乙女、社繁盛の節不残相勤候、只今にては四ノ乙女計相勤申儀に御座候、

とあり、祭祀での神酒の接待役を割振り、湯立て神楽の巫女役も家別に担い、巫女の選出をしていたようである。さらに省略したが、神楽男の記載もされており、太鼓・小太鼓・手拍子・鈴などの諸役を社人中より選出している。

また正月七日の弓射ち神事の細かな記載もあり、以後それを記していく。

一、毎年正月七日悪魔払弓射の神事

先陣二人　　烏帽子直垂

後陣二人　　但　直垂計

ほてと申二人　　同断

矢取り六人

右昔は社領御座候故社家の内より勤候得共、只今は氏子中より順に廻し不絶相勤申候、

右の節つぐ矢役　　津井無十兵衛

右の節白つむぎ黒つむぎと申を持て社へ走参役　　加門伝右衛門

右の節的拵候に付役人　　後五右衛門　石振五左衛門

これによれば、弓射ち神事の射手人数とその装束、そしてそれに付随して行われる祭祀の役割が記されている。近世後期の段階で、射手は氏子中よりの選出となっているが、かつては社人中より射手を出していたことが記されている。また、射手以外の役員は全て社人が執り行っていたことがわかる。

正月七日は、「七日正月」ともいわれ、来る小正月である一五日に向けて厄払いをし、精進する日であった。この日に悪魔祓いの弓射ちを行うのはそういった思想が背景にあるからである。いわば修正会の一貫として別当阿弥陀寺

写真7　弓屋敷弓台

写真8　弓屋敷座儀礼

が関与していたと考えられる。

現在、弓射ち神事は正月三日に執り行われており、弓宿は前述した加門家のみとなっている。射手は氏子である原日浦・平岩で射手と矢拾いの一組、皆瀬・川原河より二組ずつ、姉子・阿田木・上越方・下越方から一組ずつ、合計一八人を選出する。この時に射手に選ばれた者がかつて「オダイトウ」と呼ばれた頭役であった。これら弓射ちの道具は各地区保管のものであり、射手と矢拾いは地区内の家並み順で選出する。

前日の正月二日には、社人責任者である行司役西川家当主が、日高の浜の海水を竹の折筒に汲んで弓宿を清めることに始まるが、現在は弓宿を勤める加門家当主が代行している。

正月三日の当日、弓宿に各地区から射手と矢拾いが弓・靫を持参し、下阿田木神社参道を通り、脇道にそれて、弓宿に向かう。弓宿では、庭に弓台を設置し、そこに弓と靫を掛けて置く。かつての弓台は荒木の椎で作り、榊を四方に下げていたのものであった〔写真7〕。

射手及び矢拾いは、白の直垂姿で烏帽子を被り、神職・社人の到着を待つ。それぞれ役員が揃うと、座敷にて出立の座儀礼が展開される〔写真8〕。上座に神職・社人・弓宿当主が座し、下座に向かって射手が座すのであるが、この順番は的射ちの順であり、その場で行われるクジにて毎年変更する。続いて酒の接待になるが、まず神官から干し柿・ミカン・塩振り大根のナマスに続き、神酒を頂戴して下座にまわす。この後、出立となり、潮打ちを先頭に神官・社人・射手の行列が神社に向かう。

神社に到着すれば、一同神前式の後、本殿をはじめ、東御前・西御前・末社各社に参拝し、オシロイモチとアコホダイ（小豆飯）を各社に供えてまわり、射手自らが持つコダイ（小松明）にエビスカズラを挿し、一同整列して、オシロイモチ・アコホダイを肴に神酒を頂戴して、的場に入る。

的場は、神社境内横にある田であり、田の中には一間四方の大的を設え、その中央部には、弓宿で的用の糊を炊いた時に出た鍋墨を用いて、黒く丸を描いている。この大的用の枠木は上初湯川の杉谷家からの献上であり、柱木は祭神降臨の地と関係がある糸尾の山と呼ばれた霊山から切り出された。大的上部にはタワラと呼ばれる藁製の菰状の物を取り付け、それと共にクロコダイと呼ばれる小幣の端を墨にて染色したものも取り付けられる。同じく下部にはシロコダイも取り付けられており、この両コダイはクロの方が三回、シロの方が六回、弓を放った段階で神殿に奉納される。また、的上部両脇にはアオキの枝が取り付けられる。

的射ちの順番は先に弓宿でクジを引いた通りであるが、それぞれさらに名称、射る位置と座席が決められている。まず大的正面に座す二名がユダル、正面右の的側からエベス・サンヤ（三矢）・サンヤ・サンヤと並び、左側にエベス・サンヤ・サンヤと着く。射る順番はユダル（弓太郎）が先であり、立ち位置に先ほどのエビスカズラのコダイを立て、二矢射る。そして、サンヤと続き、エベスで一巡である。この行程を繰り返し、ユダルが一〇回、エベスが九回、

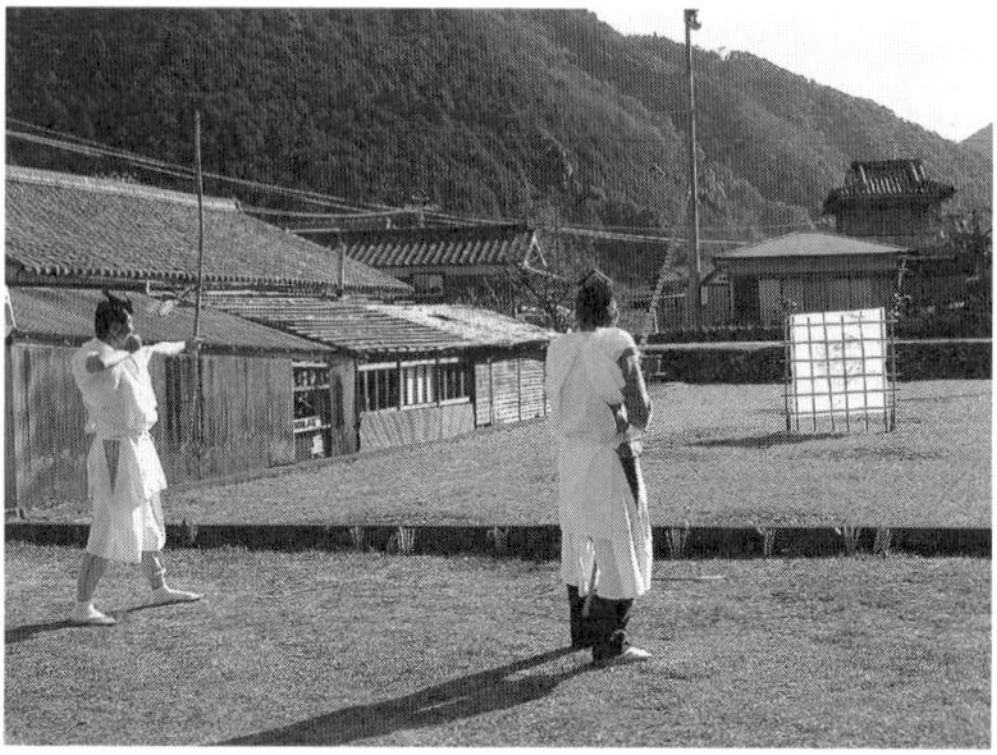

写真9　的射ち

矢を射るまで続く。昭和中期までは、矢が中央部の黒丸より外れると「白いぞ」と冷やかし、見事命中すると「黒いぞ」と囃し立てたという（写真9）。

全ての矢を射終わると、行司役社人である西川氏が両手に矢を持ち「一つ、二つ、三つ…十、矢種は切れん」と大声を上げ、それを合図に参拝者が大的を取り合い、的破りを行った。この破片を田畑に立てると虫除け・豊作になると信じられ、歯痛にも効能があるという。この後は、射手総出の小的射ちに入り、大的よりも遠方に設えられた一尺ほどの小的を射るのであるが、これには当らぬ方が良いとされている。

以上、御弓神事の概要を述べたのであるが、かつての面影も薄れてきているようである。現在、社人は弓宿の加門家を含め、四人の参加となっており、かつては阿田木で六戸、下越方で二戸、川原河で二戸と、社人一六人とまではいかないものの、社人制度は残されていた[36]。しかしながら、転出や絶家などの都合で社人は減少し、かつて行われていた社人による年間を通じての祭祀儀礼は現在行われていない。近世には一年間、神に仕える社人を「オダイトウ」と称し、髪・髭を剃らず、毎朝日高川で行水し、年七回は遠く離れた海で清めを行ったのであるが、それも今や廃れたようである。

射手として選ばれた氏子も「オダイトウ」と称され、社人同様、髪・髭を剃らず、一年間潔斎し、風呂屋ではその風貌からひと目で「オダイトウ」と認識され、一番風呂を進められたという。この習俗も昭和初期より衰退し、現在はわずか一週間のみ肉食を忌み、一番風呂などの潔斎が取られているにすぎない。潔斎として髪髭を剃らない事例は遥か古代に遡り、「魏志倭人伝」に「持衰」として登場する航海の安全を祈る宗教者が、このような風貌であったという[37]。さらに現在では三重県志摩地方の甲賀・立神・坂崎さらに二木島でもトウニンは髪髭を剃らず、一年間精進潔斎をしたという[38]。また、前述した堅田八幡神社のヤツハチを演じる稚児も、初年度に前頭部を残して頭髪を剃られ、それ以後四年間、髪を剃らないという事例もこれに通じるものである。その風貌も異様であり、また剃刀を肌に当てるのを忌むのは、出血を恐れるためか、もしくはトウニンの風貌の異様さに神そのものを照らし合わせ、その体を傷付けないためとも考えられる。

## おわりに

以上、寒川の河内神社・寒川神社・上阿田木神社・下阿田木神社の四社の事例を基に、社人をはじめ、役屋敷とその土地での階層を伝承と資史料を使って論じてきたのであるが、社人をはじめ、役屋敷による祭祀の起源は中世に遡ると言っても過言ではなかろう。

寒川の村氏神である河内神社及び中世地頭職に任じられていた寒川氏の氏神である寒川神社での祭祀展開では、特権的階層にある寒川氏を筆頭に、その配下にいた在地有力者が社人として参列し、年間のトウヤを在地有力農民である名主層を中心にトウヤ組を結成し、それにあたっていたのが、注目される。寒川ではその階層を『慶長検地帳』を基に追跡し、土地集積状態から、高持百姓に限定されていたことが確認でき、さらにその特権は特定の土地屋敷を有する者に限られていた。いわば「本在家」的存在であるが、中世の名主と名子（作人）との関係より離脱し、独立して農業経営が行えていた人々によって支えられていたことは間違いない。またこれらの事例と酷似するのは、沿岸部にある由良町衣奈八幡神社の御座衆である。彼らは中世荘園制の荘園構成員としての在家役及び作職負担者(名主)と荘園管理者(下司)などの末裔によって組織された祭祀集団であり、在地領主の成立によって荘園構成員が結集し、荘園支配権が在地へと移り、惣荘へ発展を遂げ、荘園制の解体となった。

奥日高の役屋敷制度と、衣奈御座衆との類似点を整理してみると、役屋敷制度にはその条件として、指定された屋敷地とそれに付属した固定財産の所持が挙げられる。比して、衣奈御座衆には一定の固定財産の所持を義務付けてはいないが、その血縁的特権を維持し、血統を重んじている点が挙げられる。しかしながら、その権利を習得する条件として、在家を負担し、作識を所有する者ということは明らかである。衣奈御座衆の詳しい内容は後述するが、役屋敷制度には中世荘園制を母体とした伝統が受け継がれている点を指摘したい。

さて、表1に挙げたように一戸に対する土地集積率が低いのは、山間部であるという地形的条件により、耕作地が極端に狭いからであろう。それら土地屋敷を維持できた者にその特権が与えられ、血縁的継承より、土地屋敷の維持者にそれが許されたのである。

上阿田木神社では、より「名」的存在が確認できる。社人及び役屋敷の選出は、土地でも古株の家々であり、その祭祀のほとんどが役屋敷よりの選出であることが注目される。また、県内でも稀な芸能であるヤツハチの継承がなされ、古風を未だ留めているところは賞賛に値する。一般氏子に移された祭祀役員の一部は「ミョウ」と称する小地域共同体によって支えられ、近代初期に確立した極めて新しい祭祀組織ではあるが、その名称から「名」の概念が生きていたことを物語るものである。

下阿田木神社では、社人による濃厚な氏神祭祀の展開が伺える。一六人の社人が年番で、精進潔斎をし、一年間、神に仕える身として、髪髭を剃らず、異様な風貌で過ごしたことは、全国的に稀であろうが、その起源は古代にまで遡り、現在僅か、志摩地方に残されているのみである。しかしながらその風習も昭和初期で途絶え、社人による氏神祭祀も現在行われていないが、史料によればその起源も中世まで遡ることが可能である。社人とは、中世の社家の末裔と呼ばれており、熊野神を勧請した折に、神に付き従った熊野の社家という伝承も残されている。しかしながら、その基盤となっているのは、中世社会にあった村落有力者であろう。

「名」の存在は、中世荘園制の解体と共に、村落共同体が惣村へと移行した自体で解体したとされているが、中国地方をはじめとする山間部では「名」が存続したまま、近代を迎え、今に至って「名」を母体とした祭祀組織が存在する。[39] ことに奥日高でも例外ではなく、山間部に分布する小集落より一つの村が形成されるいわば散村である。荘園時代、奥日高のはっきりとした荘園は神護寺領川上荘だけであるが、その荘域も極めて広大である。それを管理維持してきたのが在地領主たちであり、彼等の力は荘園領主を上回るものであったと考えられる。当初、神社祭祀に関与したのが、在地有力者であり、それの補佐として参列したのが、在地有力農民層であった。

近畿地方をはじめとする先進地域では、名主の名田経営は人口の多さから小規模となり、均等名主制となっていたが、一方、小規模な名主による村落運営が盛んとなり、惣村としての自治結合が強まり、荘園制の解体に繋がった。しかしながら、それ以前に氏神祭祀に組み込まれた名的地域を基盤とした祭祀形態は容易に解体されず、名主及びそれに従属する作人が住した屋敷地を継承している者に祭祀権が移行する形態が、この奥日高には残っている。その理由として挙げられるのが、奥日高の立地条件が、山間部であり、中央先進地域より隔離された状況にあり、中世以来の役屋敷所有者に支配されるがまま、近世を迎え、一般農民の祭祀参入を否定し、その慣行が氏神祭祀の中に残ったと考えられる。それは山間部に点在する小集落の集合体から村落が組織されているからであり、例えば、谷間に点在した田の用水は専ら、谷水を利用し、それら耕作地の傍らに屋敷を構え集落を形成している。田に引く用水の管理は、田の所有者全体で行うのが普通であるが、集落の有力者が一括して耕作地を所有している場合は、独占的に行われる。一般農民が独立を果たせなかったのは、そういった農業経営にあり、耕作地の希少さから、独立するだけの土地が存在せず、役屋敷所有層の農民に従属するしかなかったのである。また小集落内では、同姓の家々が多く存在するが、分家によって独立を果たしても、土地の分与も容易ではなく、小作として本家に従属し、本家の力は強かったと考えられる。これが当地に残された役屋敷の本質ではなかろうか。役屋敷は本家筋の有力農民であり、その基盤には中世よりの土地集積があり、その分家には、必ずしもその特権が移行せず、本家屋敷に住む者にその特権が与えられたと考えることもできる。

近畿地方に色濃く残る「宮座」もこのような母体の中で、発展し、衰退していったのであるが、その基盤となった土地屋敷、階層、身分は概ね特定できない状態である。しかしながら、滋賀県や大阪府に伝承される宮座の中には、明らかに中世名主層と在地荘官を基盤としたものが存在する。[40] 血縁でもなく地縁とも言えない役屋敷制度は、近畿地方と中国地方との間の形態を残していると考えられ、言い換えれば、中世的株座の形態を残しつつ、村座的トウヤ祭祀が展開するが、それは限られた家々の特権であるということである。この複雑な祭祀形態は、村落の母体ともなる耕作地と屋敷地に固定され、それを重んじつつも、時代の流れの中で変遷を重ね、現在に至ったことを物語るのである。

註

（1）　美山村史編さん委員会編『美山村史　史料編』一九九一年

（2）　財団法人鈴木学術財団編『大日本仏教全書　第八十三巻　寺誌部　一』一九七二年

（3）前掲註（1）
（4）前掲註（1）
（5）仲村　研『荘園支配構造の研究』吉川弘文館　一九七八年
（6）仁井田好古『紀伊続風土記』天保一〇年（一八三九年）
（7）前掲註（1）
（8）前掲註（1）
（9）前掲註（6）
（10）前掲註（1）
（11）前掲註（6）
（12）前掲註（6）
（13）森　彦太郎編『日高郡誌　下巻』名著出版　一九七四年
（14）寒川村誌編纂委員会編刊『寒川村誌』一九六九年
（15）森　彦太郎編『紀州文献日高近世史料』臨川書店　一九七四年
（16）前掲註（14）
（17）前掲註（14）
（18）前掲註（14）
（19）前掲註（1）
（20）前掲註（1）

(21) 前掲註(13)
(22) 前掲註(1)
(23) 小山　豊『紀州の祭りと民俗』国書刊行会　一九九二年
(24) 前掲註(23)
(25) 美山村史編さん委員会編『美山村史　第二巻　通史編　下』一九九七年
(26) 前掲註(1)
(27) 前掲註(25)
(28) 前掲註(23)
(29) 前掲註(23)
(30) 前掲註(1)
(31) 前掲註(23)
(32) 前掲註(23)
(33) 前掲註(1)
(34) 前掲註(1)
(35) 前掲註(1)
(36) 前掲註(1)
(37) 堀田吉雄『頭屋祭祀の研究』光書房　一九八七年
(38) 前掲註(37)

(39)　藤井　昭『宮座と名の研究』雄山閣出版　一九八七年
(40)　赤田光男『日本村落信仰論』雄山閣出版　一九九五年

【話者一覧】　二〇〇七年四月二九日調査／二〇〇八年一月三日調査

・池本多万留氏　・西川　勲氏　・佐々木美博氏　・加門三喜夫氏　・川合博美氏

# 第二章　沿岸部における氏神祭祀と特権的祭祀の展開

## 一　村落社会と氏神信仰

### 1 衣奈と荘氏神

和歌山県日高地方沿岸部で展開される祭礼行事の中には、伝統的な祭祀形態を残しているものが多い。由良町衣奈八幡神社で行われる「衣奈祭り」には、漁村僻地であるにもかかわらず優雅な民俗芸能が継承されており、またそれに先立って行われてきた祭祀集団の関与が顕著に確認できる。

由良町衣奈八幡神社は、由良町衣奈に鎮座する衣奈園鎮守社として、荘氏神的機能を担ってきた。衣奈園の立荘時期は定かではなく、平安中期の天元四年(九八一)にはすでに石清水八幡宮寺領として存在したことが太政官牒にも記されており、その後の荘園整理令によって石清水八幡宮寺領として確定され、延久四年(一〇七二)に荘田四町六段の存在が記されている(1)。

一方、当地がなぜ石清水八幡宮寺領になったのかという経緯が不明であり、紀伊国六ヵ所に設定されていた石清水八幡宮寺領の内、同じ「御園」であった「鞆渕園」もその経緯は不明としている。しかしながら「御園」の設定は、平野部が少ない僻地に設定されていることは確かであり、鞆渕園も山深い谷合にあり、衣奈園は、海岸僻地であることから、年貢米の徴収を目的としていないことは、先に記した荘田の規模からも明確である。第一篇第三章第一節でも挙げた太政官牒には、当時、衣奈園の供献品として五月五日の「和布」、八月一五日の放生会に奉納する「還御板間料」としての柱松の献上を目的とした非常に儀式的な内容であることがわかる。衣奈園には、土地の支配を目的としたものは少なく、荘民の隷属的関係をもって、年間を通じて必要な供物を献上させる目的があったのである。[2]そこで暮らす荘民は石清水八幡宮直属の「神人」として管理され、彼らにとっての負担は、本社祭祀に必要な供物の献上であり、自らの暮らしは荘園内の土地を開墾し、それによって賄う必要があった。先に挙げた天元四年の段階では、治田として一町二段余りの田地であったのが、延久四年の段階で四町六段余りに増加を示したのは、そういった理由からであろう。[3]

そういった経過を辿り、治田開墾が進むと荘と園の区別がなくなり、中世初期の段階からは「衣奈荘」となって荘号を用いた史料が多くなる。[4]その後の展開で一五世紀には在地土豪である湯川氏の北征によって荘園制は崩壊していくのである。

こういった歴史的背景を持つ当地に建立された衣奈八幡神社の成立は定かではなく、当社伝来の「衣奈八幡宮縁起」[5]は応永九年（一四〇二）に花山院長親によって記された上下巻のもので、衣奈八幡神社の勧請は、貞観二年（八六〇）に設定されており、石清水八幡宮より一六年先であると主張している。しかしながら石清水八幡宮鎮座は貞観元年であり、その信憑性に欠けるが、同縁起で衣奈八幡神社再建を建暦二年（一二一二）としているところに着目してみると、平安後期から中世初期の段階で、社会体制の変化によって荘園支配者の弱体化により、荘園支配の不安が募り、荘民に荘園支配者の威厳を示す必要性が生じた。これによって石清水八幡宮の分霊を勧請し、それの祭祀を行うことによって荘園支配の主軸とする働きが各地で展開されたのである。[6]これらの社会情勢からすると、当社の縁起にある建暦二年再建という記述は、その年に衣奈八幡神社として勧請されたと考えるのが妥当という意見に行き着くと考えられる。当社成立の過程は、複雑な政治的要因が関与するのである。

また当地の伝承では、神功皇后三韓遠征の折に、日高町産湯で応神天皇を出産、その胞衣（エナ）を埋めた地として

写真1　衣奈八幡神社エナ塚

の伝説が残されており、またその詳細には、大引から上陸し、衣奈行宮にしばらく駐屯されたという伝説も残されている（写真1）。その神功皇后を出迎えたのが岩守という人物で、大引に拠点を築いていた海人族の長とされ、それ以後は八幡神社に仕えたとされている。

当社氏子圏は、かつての衣奈園一円に広がっており、衣奈・三尾川・戸津井・大引・小引・神谷・吹井の七ヵ村となっている。これら諸集落の参加をもって「衣奈祭り」が執り行われるが、衣奈八幡神社神職である「上山家」の権力は、絶大であった。上山家の出自は古代に遡り、衣奈園荘官「下司職」を代々相伝し、中近世を通して下司職の権力を保持し、衣奈八幡神社別当職をも兼帯して近代を迎えている(7)。その伝説には、神功皇后を出迎えた岩守の末裔とされており、その権威の高さを示している。

中世上山家の動向を知る史料は、明応二年（一四九三）に記された『湯川政春安堵状(8)』が初見であり、当書には、在地土豪湯川氏が、衣奈荘八幡宮神職並びに下司職を先祖相伝の職務であることを認め、その権威を安堵されたものであり、「下司源七」の名が記されている。

また衣奈前田家文書の天文二四年（一五五五）の「下司三郎衛門尉等連署畠地売渡状案(9)」にも、「下司三郎衛門尉、上山六郎衛門尉」の名が見える。

近世衣奈八幡神社の情勢を知る史料としては、明暦二年（一六五六）『衣奈八幡宮書上控(10)』には、近世初期の衣奈八幡神社の情勢が細かく記されている。

当時、正八幡宮本社に拝殿があり、末社として若宮八幡を中心に一五社を有し、神輿舎・御供所・阿弥陀堂・塔堂・鐘楼堂なども見え、その規模が大きかったことがわかる。しかしながら中世末の天正年間に豊臣秀吉による兵火を蒙り、悉く灰燼に帰して七棟の建物は復興できずに礎石ばかりの状態である。衣奈八幡神社では、神宮寺として六坊の存在が知られているが、本坊として「極楽寺」の存在が強かった。すべて真言宗勧修寺末であり、極楽寺の他すべては、中世の動乱期に退転し、復興し得なかった状況の中で、極楽寺は、明治初年まで存続し得た宮寺であった。

ところで、上山氏を筆頭に八幡神社祭祀に関与する集団が存在し、当地では「御座衆」と呼ばれている。総勢二四人を数え、大引より神功皇后に従った末裔が各地に移住して、その権威を世襲してきたと伝承される。祭日は本来八月一五日の放生会であったが、現在は、一〇月第二日曜となっており、祭礼当日は、黒の紋付素襖を着し、侍烏帽子を被って渡御に参列しているため別名「黒装束」ともいわれている（写真2）。かつての祭祀形態は、「御座衆」の通り、座順に従って祭祀を執り行ってきたと考えられるが、現在はその儀式も簡略化されている傾向にある。

写真2　衣奈八幡神社御座衆

さて、当社祭祀を総括して取り仕切る「御座衆」は、その出自来歴が漠然として明瞭ではない。当地伝承では、神功皇后上陸の折に出迎えた二四人の末裔として、以後祭祀に奉祀するというものであるが、歴史的に見て彼らの出自は、第一篇第三章第一節でも述べた通り、名田作職を有した在家役負担者であったことは明瞭であろう。衣奈前田家は、下司上山家に次ぐ上座右一番を継承する筆頭座衆である。衣奈園(荘)での名田作職者は、在家役負担者と、作職所有者の二者が存在することは第一篇第三章第一節で詳しく述べたが、これら諸役を負担し得た「名主」が座衆の権利を獲得していたと考えられる。第一篇第三章第一節で挙げた天文二一年(一五五二)の「惣座中」という座中は下司、公文などの荘官と衣奈荘内の村落共同体構成員によって結集されたことを述べたが、近世を迎え、惣座中の衣奈八幡神社の祭祀一切を取り仕切る伝統が残り、「御座衆」として存続したという指摘が可能である。中世惣荘の段階で彼らの権利は村落共同体としての村落運営や生業活動、神仏における祭祀にまで及んでいたことは容易に想像ができる。そういった座衆の権利が近世から近代に至り、存続し得た特権は信仰を母体とした「御座衆」という権限であったのである。

## 2　阿尾と村氏神

日高町阿尾は約百戸からなる純漁村であり、本来農業を営む家は少なく、阿尾のフケと呼ばれる沼地で田船を使い、細々と稲作を営む程度であった。

阿尾の氏神白鬚神社で行われる「クエ祭り」は、勇壮な漁村特有な一面を見せつつも、非常に厳粛なる家格制度に則った祭祀集団の関与が確認できる。当地では、その集団を「上座衆」と呼び、九人の座衆が、供物一切の調進と配膳・供奉を担当し、座儀礼においてはその中心となって実権を握っている。

阿尾の歴史については、延宝六年(一六七八)の『日高鑑』[11]には家数一二六軒、人数六四八人とあり、船数三〇艘、網八帖とある。また村内に宮二社として「白ひけ大明神・弁財天」、寺院に「真宗道場」の名が記されている。

近世後期の状況は、天保一〇年(一八三九)の『紀伊続風土記』[12]の阿尾村の項には家数一六一軒、人数八四〇人とあり、さらに白鬚神社については、以下の通りである。

写真3　阿尾光徳寺

白鬚明神社　　　境内周四十六間
　村中にあり一村の氏神なり寛文雑記には王子明神とあり長床あり

白鬚神社の由来は定かではないが、伝承として天文年中（一五三二～五五）に近江国より勧請したといわれており、また一説には享保七年（一七二二）から一〇年の間に浄土真宗光徳寺八代住職俊了法師が村内九戸の当主と共に近江の白鬚神社に参拝し、その分霊を勧請したとされている。[13]

また、同社に保存されている享保一四年の棟札によると、その年に再興としており、願主は光徳寺了応と記されている。[14]『比井崎村誌』[15]によれば、同社由来の伝承に享保年間、回禄に罹った折、神職が神体を背負って高台から飛び降りた際に無傷であったことを神徳のお陰であると記している。火災によって社殿を失ったことによる再興であることがわかるが、享保年間に勧請という伝承は、先の『日高鑑』にも「白ひけ大明神」と記載されていることから、天文年中の勧請説が妥当と考えられる。

　また、白鬚神社の祭祀に同村旦那寺の光徳寺（真宗海光山）が関与する点は注目するところであり、白髭神社勧請にも光徳寺住職の関与が伝承されている。光徳寺は、そもそも中世まで金蔵寺という真言宗寺院であったのが、中世末に真宗寺院へと改宗して、現在に至る経歴を持っている。寺伝によれば、文明一六年（一四八四）に真宗蓮如上人に帰依した道明上人によって、真宗海光山光徳寺へと移行したとされている。[16]ここで注目するのは、氏神祭祀に村内の住職が関与しているという事実であるが、本来の宗派が真言宗であったということは、氏神である白髭神社の神宮寺であったという可能性が考えられよう〔写真3〕。

中世末期の動乱期における社会情勢の不安定な状況により、真宗門徒が爆発的に増加し、阿尾でも例外ではなく真宗に帰依していった者も多数現れた結果、真宗寺院の成立へと繋がったのであろう。しかしながら寺院の氏神祭祀への関与は、往年の慣習であったため、宗派が変わっても、そのままその権威を引き継ぎ、歴代住職によって「クエ祭り」の参加を行ってきたのである。詳しい内容は後述するが、上座衆を中心に祭祀展開を行い、それらの補佐役としての持ち回りの当屋衆、祭礼行事を担当する若衆組織などの複数の組織によって祭りは執行されている。

かつての祭日は、旧暦九月九日に設定されていたが、現在は、参加者不足の懸念により、一〇月第二日曜となっている。

## 二　氏神祭祀の展開と特徴

### 1　衣奈の郷祭り

衣奈八幡神社の祭礼は歴史が古く、その初見となる史料は、寛文四年（一六六四）に記された『衣奈八幡宮祭礼次第⒄』であり、少々長くなるが見ていきたい。

一八月十三日御旅屋作り御幸道作り、
一同十四日之晩御輿荘則夜宮と申御湯立、
一同十五日御輿御旅行へ御幸次第、

社僧壱人　古は六人管弦御座候今は無御座候、
神子壱人　古は弐人、
御輿
下司　　　御輿副、
神主壱人　　古は拾弐人、
御幸之内御供に所々ニテ大声上ル、
御太刀四腰　明主頭四人、
御弓八丁　　明主八人、蕪〇持、
白木弓拾弐丁　同拾弐人、手矢持、今は弓無御座候、
鉾三本　　　役人三人、
御へい壱本計　同壱人、
獅々頭壱頭　同弐人、
鰐面壱面　　同壱人、
神馬五疋内　壱疋は地頭様、
　　弐疋は下司別当様、
　　今は別当以社僧仕候、
　　壱疋留上と申者壱疋は衣奈浦、
右は神馬如此出申候得共、唯今下司家ニ壱疋出申付り、残り四疋ハ衣奈之庄中より出し申候、此外氏子共ら

立願之馬、年に〻多少、
右御太刀持、御弓持、白木弓持之明主、弐拾四人之座衆と申て、御旅所ニ而座御座候、
一御旅所ニ而御供そなえ申候、
一神之相撲と申儀御座候、又は八番之相撲と申儀も御座候、
近年出来之分
一巡礼踊　役人十二人、衣奈浦、
一雑賀踊　同拾五人、
一餅つき　同八人、　三尾川、
一踊　同十三人、　小引浦、
一踊　同弐十人、　大引浦、
一舩を荘　加子八人、　吹井浦、
右之通りニ而御座候、以上、
寛文四年　下司源兵衛
辰ノ霜月　神主太郎左衛門
鳥井源兵衛殿

これが近世初期の段階で行われていた衣奈八幡神社の祭礼次第である。これを見てみると、祭礼の内容が細かく分担されており、奉納芸能も豊富にあったことがわかる。また下司職を中心に設定されている役職にも注目できよう。社僧六人のくだりは、かつて存在した神宮寺六坊の社僧が参列した名残りであるが、当時すでに五坊が退転してい

る状況が伝わるものである。御座衆の記述は、「明主」の記載で確認でき、それぞれ定められた神具を供奉して渡御行列に参列していた模様である。明らかに「明主」とは、荘園時代の名残りである「名主」を引き継ぐものであり、御園の「神人」的存在であった荘民に与えられた特権と考えられよう。彼らの伝承では、先に挙げた太政官諜に記された和布の献上を行っていたとされており、その立場の由来は、下司上山氏と共に古代荘園時代にまで遡るものである。御座衆は、御旅所においても「座」の指定があり、何らかの儀礼が展開されていたという記述に注目できる。

神の相撲という記述があるが、これは近年まで行われてきた神事芸能であり、少年による神との一人相撲を指すものである。詳しい内容は後述するが、この相撲の伝統が古いものであることがわかろう。

最後に、各氏子地区が奉納する諸芸能の豊富さに目を見張る。なかでも衣奈浦の雑賀踊りの伝統は、残念ながら今日に受け継がれていない状況であるが、その伝統は元和八年（一六二二）から始まった絢爛豪華で「紀州一の大祭」と謳われた和歌浦東照宮の「和歌祭り」で奉納されていた事実から、近世初期当時に流行したものであった可能性が高いものである。[18]近隣では、印南町印南で行われる山口八幡神社の祭礼で奉納される「雑賀踊り」が有名である。[19]紀州東照宮で奉納されていた雑賀踊りを衣奈八幡神社に採用した経緯は不明であるが、江戸幕府成立後、下司職が解除された上山源兵衛が紀州藩に仕官し、和歌山武家屋敷に屋敷を賜って寛文五年（一六六五）まで奉仕していた事実から、当時の流行を自社の祭礼に取り入れた可能性は高いと考えられる。[20]

一方、吹井浦の「船を荘」は、現在存在する「唐船」であることは間違いない。小型和船を豪華に装飾し、それを担ぎあげて唐船音頭を囃子ながら練り歩くものである。この祭礼道具も和歌祭りで奉納されていたものであり、三尾川の「餅つき踊り」も同様に和歌祭の影響を色濃く受けた背景が垣間見られる。これら諸芸能が近年できたものであるとしているのは、そういった事情があるからであろう。ここに載っている諸芸能が寛文四年（一六六四）以前にできたものであるという記述からそれ以前の中世は、奉納芸能が神の相撲などの神事芸能に限られており、近世を迎えて祭礼化したという事実も確認できるものである。

また享保二〇年（一七三五）の『八幡宮御用筋諸事留帳(21)』には、二四人による座役がある記述があり、それによれば一三日より別火精進に入り、祭礼当日は、決められた時刻に装束を纏い社参、「御しらす」にて座儀礼を展開し、御酒、供物を頂戴する習わしなどが記されている。

一方、寛政五年（一七九三）の「御祭礼神輿太鼓順番(22)」によれば、祭礼に際しての弓持ちも決まった地域で担当しており、それにも座が定められていた記述が見える。

　　祭礼之節箭御弓持

左座　　吹井十人

右座　　大引神谷十人

　御神酒盃、浜にては吹井座頭より始、大引之座頭へさし、夫より左右たかへちかへに戴筈、

　しやくは吹井より出す筈、

となっており、弓持ちも決められた座に着き、座中の形式を整え、盃式を御旅所である浜の宮で行っていた記述である。現在はおもに神谷が担当しており、座儀礼も行われていない傾向にある。

これより近年行われていた衣奈祭りの概要を見ていきたい。宵宮当日は、氏子地区の遠方であるという理由で地下祭りが中心となり、「傘揃え」といって、地下内での祭礼行事の展開となる。

本祭りでは、早朝に三尾川地区の担当するオニ・ワニ面が衣奈八幡神社に参拝し、神の相撲役の少年が下司宅で下司上山氏の次の二番風呂に入り、衣奈の浜で潮汲みを行うことに始まる。

神の相撲役の少年は祭礼当日より一〇日ほど前から別火精進を行い、家族と一緒の食事は取らず、風呂も一番風呂に入るという潔斎を行ってから当日に臨む。この神の相撲は、衣奈に生まれ育った少年にのみ許された神事芸能であり、生まれて間もなくすぐに神社に届出をし、氏子入りを果たした少年の内、同年代の年長者のみに許された特権でもあった。年齢は一〇歳前後であり、神の相撲を演じる以外は、御座衆の接待などを行う。

午前中より各氏子地区が参道前に集まり、その年の順に従い、「練上がり」という太鼓を用いた打ち囃子をしながら社参、それには「ケイゴ」と言われる裃姿の青少年二人が付き添い、それぞれの地区にある決まった形式の口上を述べる習わしがある。

その頃、下司宅の座敷には、黒紋付き素襖袴姿の御座衆が揃い、「御座衆盃式」が執り行われる。上座には下司上山氏を中心に、向かって左手が「左一番」と呼ばれる衣奈上山氏、右手が「右一番」と呼ばれる衣奈前田氏が座し、その順で左右二番までが上座に座す。それ以降の座順は、座敷の左右に分かれて座るが、本来はその座順も決まっていたという。現在は欠席者などが多く、その座順が定かではない状況となっている。座敷中央には、左から裃姿の神の相撲役の少年が片口長柄杓、中央に同じく羽織袴姿でカモウリナマスを持つ神の相撲師匠、右側は三方に盃を戴いた神の相撲役の父親と並び、上座の下司上山氏から順に盃を渡し、神の相撲役の少年から酒を注がれ、左手の甲にカモウリを戴くという古式に従った酒宴が催される。

盃の順は、下司上山氏、左一番、右一番と左右ずつ順に下座までまわす。酒宴が終焉を迎える頃に神社側の「白装束」と呼ばれる宮仕えの役人によって社参を促す「七度半の使い」がなされる。六回目まではその応答には答えず、七回目で仕度を始め、八回目の途中で、落ち合う仕組みになっている。現在この行事は、神社境内にある社務所で行われている〔写真4〕。

写真4　衣奈御座衆七度半の使い

写真5　衣奈祭神輿渡御（善の綱によって神輿が誘導される）

神社境内では、弓持ちをはじめ、神輿舁・白装束などがお祓いを受け、なかでも神谷は、「神谷の弓取り」という神具である弓持ちを担当する習わしがあり、神谷の定まった家々によって継承されているという。

正午前には神輿に神霊を移し、渡御となる。順序は、三尾川のオニ・ワニ、獅子頭、四明（榊や弊を持つ四人）、白装束（鉾を持つ五人）、神饌、唐櫃、御座衆（太刀・弓・金幣）、神の相撲、神輿太鼓、神輿、御弓持ち（神谷一三人）、神職、供、役員などである。

神輿が神社階段を降りてくる頃に吹井の唐船が迎えに上がり、階段下から唐船音頭「ヤンメデタ」を奏上し、神霊を唐船に移して渡御となるという。実際には神輿と唐船両方に神霊が宿ることになる。神輿には「善の綱」と呼ばれる縄が前後に結ばれ、神輿舁の意図とは別に前後に曳きまわされ、御旅所である「浜の宮」までの道乗りは遠くなる〔写真5〕。浜の宮は、衣奈の海岸近くに設けられており、神輿を安置する仮殿は竹とシダ・ヒバの装飾が一部になされている。この状況から本来は、竹とシダ・ヒバなどで屋根及び壁三面を葺いていた可能性を示唆するものである。

善の綱に曳かれてなかなか安置できない神輿が御旅所に入ると、御座衆以下役員は、左右に分かれた桟敷に座し、左が御座衆、右が神谷の弓取り及び白装束衆である〔写真6〕。

神職である上山氏を筆頭に垂れ幕を神輿まで引き渡し、神の相撲役、獅子頭役、白装束衆が並び、口にヒバをくわえて厳かに献饌が行われる。その背後には、三尾川のオニ・ワニ、神谷の弓持ちが警固となって見守る形を取る〔写真7〕。

**写真6　浜の宮桟敷**（奥が御座衆）

**写真7　浜の宮での献饌**（ヒバをくわえて行う）

献饌が終了すると神主による祝詞奏上、ついで神の相撲の奉納となる。神の相撲は演者である少年の一人相撲であり、非常にゆったりとした動きで身体の一部を動かし、またそれに合わせて決まった型を演じるものである。この動き一つ一つが神との取組みを表すものであり、相撲の原始形態を示すものである。神の相撲は近世初期の段階ですでに行われており、祭礼化より以前の中世の段階で奉納されていた可能性は高い。

この後、「イチゾン」と呼ばれる巫女による浦安の舞が奉納され、各氏子地区による奉納諸芸となるが、

写真８　ケイゴの口上

その順番は毎年交替する変動制となっており、近年は「打ち囃子」という太鼓と笛などの囃子のみでの参加が目立っている。諸芸奉納に先だって該当氏子地区のケイゴによる挨拶口上が神前で行われ、奉納となる習わしである〔写真８〕。

衣奈は東西に分かれており、それぞれ屋台、獅子舞の祭具を所持しており、打ち囃子、稚子踊りの諸芸を継承している。

三尾川は、打ち囃子と餅つき踊りの諸芸を継承している。小引は戸津井と合同であり、打ち囃子と童子相撲の諸芸を継承している。大引は、打ち囃子と稚子踊りの諸芸を継承している。神谷は、屋台と獅子舞、神谷の子踊りの諸芸を継承している。吹井は、唐船の所持と継承を行っている。

以上、六地区の諸芸の内容であるが、近年ではその奉納も数十年行われていないものも多い。

これら諸芸の奉納をもって神輿は還御となるが、これに付き従うのは、衣奈の打ち囃子のみであり、これ以外は、神社階段近くまでの見送りとなる。神輿還御の後、祭礼参列者である御座衆、白装束衆などによってささやかな酒宴が催され、衣奈祭りは終りとなる。

## 2　阿尾のクエ祭り

阿尾には上座という特権的祭祀組織とは別に当屋制がある。当屋（トヤ）とは家並みの順序に従い一三戸が選ばれ、神饌の調達や役人の選出などの祭りの執行に関わる役職であるが、本来は九戸であった。当屋に選ばれる基準として夫婦健全であり、なおかつ不幸事がない家であることとされる。

当屋の任務として役人の選出がある。役人とは枡取りの男女二人、花男五人、花女郎九人、豆担い、柿担い二人、猫番一人である。枡取りの男女二人の内、女性の枡取りは当屋の指揮者、指導者として当屋中より祭りの事情に詳しい中高年の婦人が選ばれる。男性の枡取りは渡御に参列するのみで、当屋中より二〇歳くらいの男性が選ばれる。花男・花女郎は小学生くらいの男子・女子がそれぞれ選ばれる。豆・柿担いは若衆を退いた三五歳以上の男性が選ばれる。猫番は当屋中より年長者の男性が選ばれ、供物の見張り番を勤める。

その当屋の中からさらに神置(カミオ)が選ばれる。神置は大当屋とも呼ばれ、神の降臨の場となる家である。祭りより一〇日ほど前に宮守によって神置の御祓いが行われる。神置宅の奥の間すなわち神棚のある部屋を神の降臨の場とし、当主夫妻と枡取りは、奥の間と共に御祓いを受ける。この日を境に宵宮まで、当主・宮守と枡取り以外はこの部屋への入室を禁じられ、神饌の棚を作り、祭りまでの間、神饌はこの部屋で管理される。

当屋の最大の職務は神饌の調達である。約一ヶ月の間に四八種類に及ぶ神饌を調達しなければならない。特にクエの調達は難関を極め、かつては当屋九戸が自ら船を出し、漁に向かったという。その方法はあらかじめ沖磯を決め、クエのいそうな岩の周りに網をぐるりとかけ、次の日に揚げるといった方法であった。クエが夜行性で昼間は岩陰に潜んでいるという習性を利用したやり方である。またその他の方法として生きたアオリイカを餌にした延縄漁、または一本釣りでも取ったりした。現在は、まさに幻の魚といわれるが如く手に入りにくくなり、前もって大阪の中央市場で購入されている。

また祭礼費用の捻出としてイサギ網を出し、イサギを捕獲販売して多額の費用を賄ったという。

写真9　阿尾上座衆神置宅での供物調進

写真10　供物丸膳一式

クエの調理は宮守が包丁を左手に持ち、腹に第一刀を入れる習わしである。その後は骨と皮だけを残し、肉と内臓はきれいに取り出され神饌用に塩漬けにされる。残された骨と皮はクエ神輿用に塩漬けにされ、その後は天日に干される。

**宵宮**　早朝より若衆が地下内に幟を立て、祭礼道具である屋台、山車の準備が行われる。

夕方になると神置宅で御毒味が行われる。「御毒味」とは神置で管理されている神饌を光徳寺住職と宮守が毒味するものである。まず住職と宮守が奥の間の上座に着き、下座に当主と枡取りが座る。枡取りは、まず甘酒、ついでカマス寿司、柿、栗、茹豆、柿をむく包丁とまな板を添えて住職と宮守の前に置く。住職と宮守はこれらを順に毒味し、その結果を告げ御毒味は終了となり、ささやかな酒宴が行われる。これらの行事はかつての神仏習合の名残りであると考えられ、真宗寺院が民俗的慣行に関与する珍しい事例である。

宵宮の晩には若衆たちが山車の周りで宵宮踊りを踊る。この踊りには決まった型や、定まった歌もなく、伊勢音頭等を主体に囃子たて、各々適当に酒をあおりながら歌い踊るものである。若衆には東・西組があり、義務教育終了後から三五歳までの男子は強制的に加入することになっている。若衆は祭礼行事を担っており、その発言力は強い。若衆を統括するのは若い衆頭と小頭で、東・西組それぞれに組織されている。宵宮の行事は山車を曳き、踊りながら神社参道の入り口から二の鳥居前まで曳き付け、獅子舞を奉納するものであるが、東組が先行するのが習わしである
その頃、神社では宮籠りと称して代表者が神社で番をし、一晩過ごすことになっている。

**本祭**　本祭の早朝、神置の当主が紋付羽織を着用し、役人と渡御参列の人々に祭りへの参加を依頼しにまわる。その頃、花男五人は麻の裃を着用し、区内全戸に「七度半の使い」にまわる。七度半の使いは区内全戸に祭りが始まることを告げてまわることで、その内容は「後ほど御祭礼の御神酒の御座《おざ》があるさかいに御座っておくれ」と戸を開けて口上してまわる。二度目以降は「只今」とだけ言い、最後の八回目には戸を開けずに言うので七度半なのである。現在では簡略化し、四、五回程度の使いになっているが、いまだに全戸にまわるのは地縁的結束が強い証拠である。

写真11　クエ神輿作成

写真12　上座衆と当屋衆による渡御行列

その頃、神置宅では特権的祭祀組織の上座衆によって神饌の調理が行われている〔写真9〕。この神饌には上座以外の者が触れることは許されず、当屋の人々は上座衆の指示に従い材料・調理道具や器などを上座衆の前に運ぶの

みである。調理の場は奥の間で行い、上座衆で分担して行われる。お供物の内容は丸善一二膳で中には、カマス寿司、柿、栗、クエの切り身、フカの切り身、カツオの切り身、ウツボの生干しの切り身、ナスに鰯を挟んだ物、タデ味噌、クエのゴウワタ（内臓）の味噌汁、生ヒジキにカヤの箸である（写真10）。その他は参米（洗米）三升三合三勺、シトギ餅一升三合、ドブ酒（甘酒）、御神酒一升、鯛四匹を懸けの魚二対にして酒樽に掛ける、冬瓜、里芋、茹豆、オオギの葉、やの竹、熊笹などである。それら神饌を丸善に均等に盛り付ける。

それと同時進行で区民総出でクエ神輿作りが行われている。天日によって獣皮の如く強靱になったクエの骨と皮の間に新藁を詰め込み、原型に復元していく。それを長さ四メートルの丸太に固定し、クエ神輿は完成となる。また一

写真 13　女装の枡取り

写真 14　クエ押し（向かって右側がクエを納めようとする当屋衆。白服がクエを引き返そうとする若衆）

方では樽神輿の準備も行われる。四斗樽を鯛の絵を書いた菰で包み、これもまた丸太に固定する（写真11）。

昼前より神置宅から白鬚神社を目指しての神饌の奉持、参拝の行列がある。行列の順序は楽人、区長、神官、宮守、当屋、花男、花女郎、桝取り、総代、区会議員、各種団体長、若い衆頭、クエ神輿、樽神輿、豆、柿である（写真12）。

楽人は烏帽子に直垂姿で、笙・篳篥・竜笛を囃しながら先頭を行く。区長は紋付袴で榊に幣を付けたものを持つ。神官は狩衣姿、宮守は同じく狩衣姿で、木に幣を付けたものを持つ。当屋は紋付袴で供物を持ち、神置当主は両口杓を持つ。花男は木綿の裃姿で供物膳を持つ。花女郎は巫女姿で甘酒（ドブ酒）の小樽を持つ。桝取りは女装し木杓子と桝（写真13）、総代は紋付袴を着用し供物、供物膳、区会議員と各種団体長（阿尾の巾着船団、漁業組合関係者）は総代と同じ。若衆頭は紋付袴で、クエ神輿・樽神輿は若衆が担ぎ、豆柿は決められた役人が持つことになっている。

これら行列は厳かに進み、神社拝殿を目指す。拝殿間際、二の鳥居前まで来ると「クエ押し」が行われる（写真14・15）。若衆はクエ神輿を納めまいとして押し戻し、海まで浸かりにいくが、当屋衆は早く納めようと激しい押

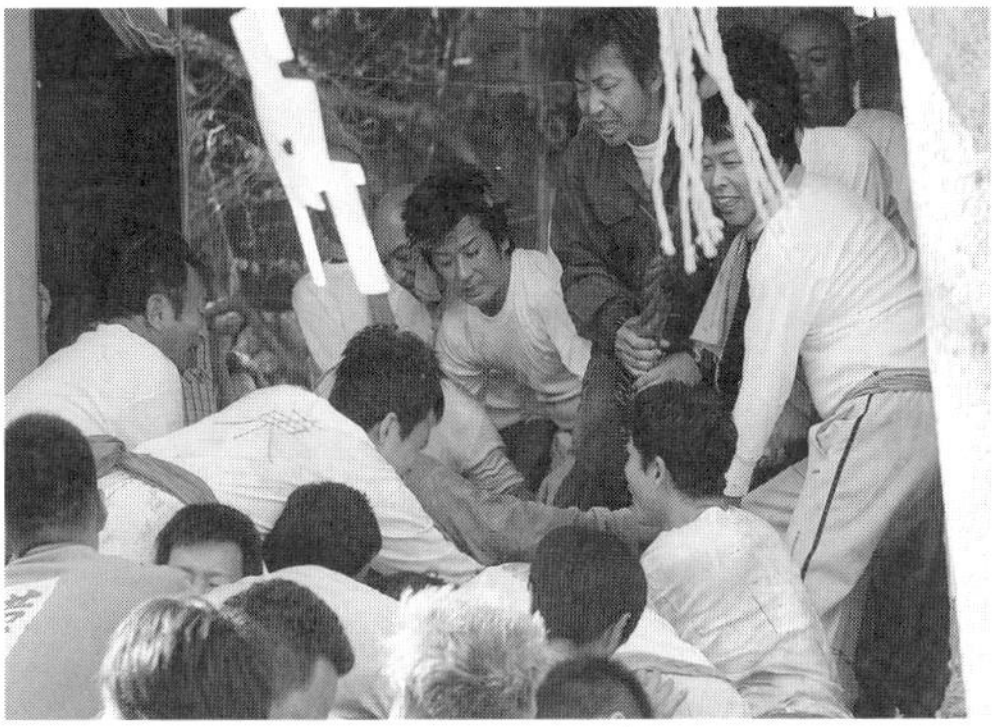

写真15　クエ押し風景

写真16　若衆頭の慰労

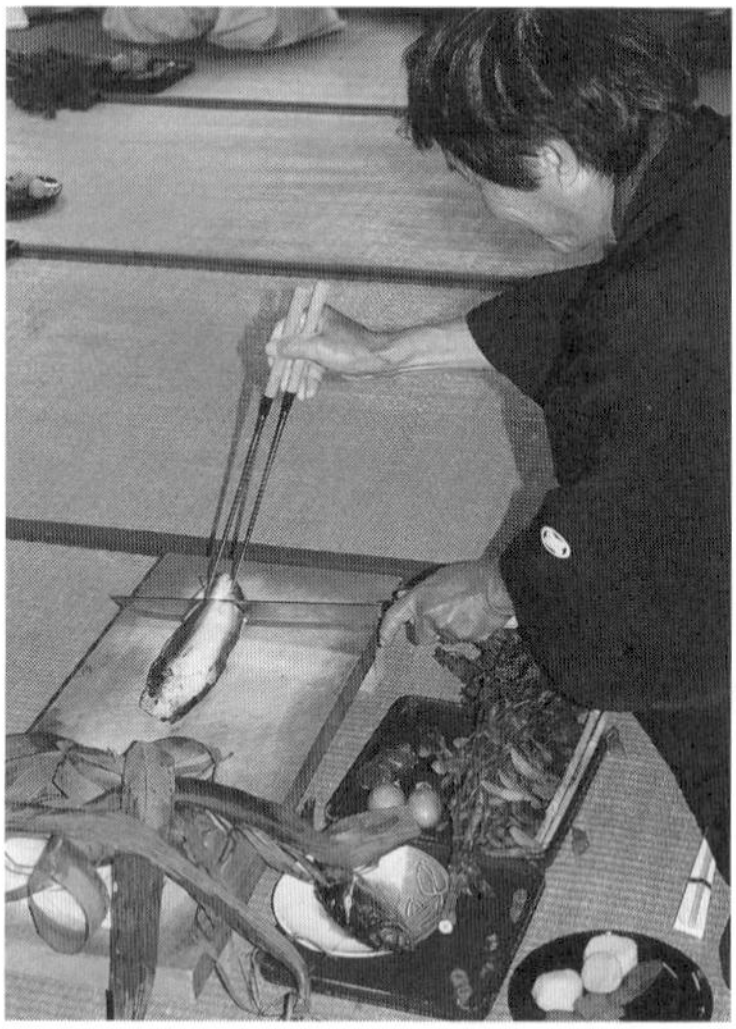
写真 17　長箸でカマス寿司を切る光景

写真 18　黒椀受けの神事

し問答が続き、挙句の果ては大乱闘となり壮絶な光景となる。当屋衆は、若衆が担ぐクエを押し上げようと若衆を殴り、若衆らはこれにひたすら耐えるのである。このような大乱闘の末、クエはばらばらになり、変わり果てた姿で神前に供えられる。

これはクエ神輿が一般的な神輿の代わりであり、渡御での神の依代と考えられる。クエ押しの壮絶な争いは神輿荒れに相当し、早く神を納めたい当屋衆とまだ神を神社に納めたくない若衆との争いなのである。このクエの奪い合いは神魚クエの奪い合いであり、海の神の力を引き寄せ、豊漁を積極的に招こうという意識であろう。巨大で非常に美味である幻の魚クエを供えるのは、クエを海の神として祀り、豊漁を願う漁民の最も古い信仰のあらわれであると考えられる。

この後、神社社務所では上座衆による「御座」の行事が行われる。この行事は上座衆と光徳寺住職によって若衆頭の労をねぎらい、さらに区民に神酒を振舞うのが目的となっており、当屋衆と花男がその接待をすることになっている。

行事の次第は上座衆・住職を中央に、区長・神官・宮守が上座に座し、下座には一般区民が座す。ついで花男により古式に従ったやり方で、各自に神酒を注いでまわり、酒宴が始められる。その後上座の命により、当屋が東・西それぞれの若衆頭を呼びに行き、紋付羽織を着用した若衆頭が上座を正面にして座す〔写真16〕。そして上座衆から慰労の言葉がかけられ、酒とカマス寿司が切って出される。このカマス寿司は上座衆が箸を右手に持ち、左手に持った包丁で切るのが習わしである〔写真17〕。この酒宴は若衆頭が酒を辞退するまで続けられ、辞退をもって黒椀受けの行事（とりの盃）となる〔写真18〕。黒椀受けは約二合入りの漆塗りの黒椀に花男がなみなみと酒を注ぎ、それを飲み干して次にまわしていく行事である。椀は上座・区長・神官・若衆頭の順でまわされ、一杯飲むごとに「あっぱれ、あっぱれ」と褒めそやし、更に二杯目を進めるのであるが、辞退すると次にまわされる。最後に住職が椀を受け、飲み干して椀を置くと御座の行事は終わる。

その後は東組・西組の順で、屋台・山車の御渡りを行い、恵比寿神社まで行って獅子舞の奉納を行う。この行事には神官・宮守は参加せず、若衆が主体となって行われる。

### 3　特権的祭祀組織の構造と成立過程

衣奈八幡神社及び阿尾白鬚神社の祭祀組織を見てきたのであるが、それぞれの特権的祭祀組織の構造は非常に似通った内容であることがわかる。衣奈八幡神社の御座衆は、その出自を八幡神を出迎えた二四人の末裔としており、また石清水八幡宮寺領衣奈園の献品としての和布、柱松を調進したと伝承されている。これらのことから御座衆は、荘園時代からの伝統を受け継いだ荘民の末裔ということになる。事実上、御座衆の構成員は、中世荘園時代の在家役及び名田作職所有者であることが史料の存在から指摘を行ったが、当然ながらその祭祀特権をその権限に求めることが可能な判断材料と考えられる。

またその結集原理は、荘園支配を在地支配者に依存した結果、在地領主の横領が推し進められ、荘園支配体制が在地に移る「惣荘化」によったことは「惣座中」という組織の存在から指摘を行った。荘園は在地の共同体の構成員であった「名主」によって運営されていくこととなり、彼らの結集が「惣座」という村落共同体を生み出し、自らの荘園支配構成員としての立場の誇示と権力の保持を目的として村落運営を図り、荘園支配者からの離脱となったのである。彼らの結集は村落運営のみならず、政祭一致であったことは当然であり、氏神祭祀への関与は政治的要因の一つでもあったはずである。

「御座衆」としての権限は、氏神祭祀においての伝統として下司宅での饗応を受け、氏神からの使者による七度半の使いをもって社参するという内容は、その権力が、特別であったということを裏付ける伝統である。現在においてその権力は氏神祭祀にのみ残存した形態を示しているのである。しかしながら下司上山家のように現在にまで、荘園時代の権力及び役職名がそのまま存在することは珍しく注目できる内容である。

また、衣奈園（荘）と同じく石清水八幡宮寺領鞆淵園にも惣村結合による宮座の存在が確認でき、鞆淵八幡宮に、下司・公文・作職所有者（名主）が結集し、政治的権力を掌握してきた[23]。彼らは八幡宮の神威を借りた神人の後裔とする指摘もあり、衣奈御座衆と似た存在であった。両者ともに下司職・名主の家格を常に掲げ、その権威と特権を維持してきたのである。

一方、阿尾白髭神社の「上座衆」は依然としてその出自来歴は不明となっているが、上座衆構成員の家格を見ると阿尾随一の有力漁民で構成されており、衣奈御座衆の来歴と共有する部分も多い。比していうならば上座衆の結集母体は、氏神への自然な宗教観からであり、衣奈御座衆は中世荘園制の支配権力の残存であることが挙げられよう。阿尾上座衆は、九戸の特権的組織によって構成され、氏神祭祀を掌握し、村落運営を共有してきたことは容易に想像できる。

しかしながら上座衆と御座衆の大きな違いは、惣村として結合した御座衆と村落共同体として一村で組織されている上座衆という村落構造の特質に表れる。両者ともにその結集原理は相違するが、共同体組織という大きな枠組の中では、結集原理は共有する部分が多いと考えられる。地域構造の違いこそあれ、両者ともに漁村であり、その生業母体は同じであって精神的構造の構築は共通し、同じ原理の下で展開されてきたのであろう。

衣奈御座衆の祭祀展開では、中世荘園時代の権力を掲げてきたが、現在では象徴的存在として存続し、その重要な役目は形骸化していると思われる。阿尾上座衆は、氏神祭祀という祭儀に重きを置き、多くの特殊神饌を調進し、それを指揮して氏神に献供するのを目的としている。それぞれにおける祭祀展開の相違は、政治的権威を象徴とするか、共同体代表として氏神に接する権利を象徴するかという点を指摘できるのではないかと考えられる。

しかしながら、歴史的存在が位置付けられる衣奈御座衆とは違う見方で阿尾上座衆を見てみると、阿尾という村落組織の頂点に氏神祭祀を掌握する上座衆が存在し、祭祀内容には村落組織として、当屋制を中心に全戸が参加する村座的祭祀展開が見受けられ、また女性祭祀者的立場である「枡取り」や寺院住職の関与、クエという大魚を奉納する古式な祭祀内容を示す特徴がある。漁村僻地における祭祀展開においては、その内容に特殊性が見られ、衣奈八幡神社御座衆も、かつてはこういった祭祀展開を行っていたことが想像されよう。

註

（1）「太政官牒」（平安遺文一〇八三号『石清水八幡宮文書』所収）、由良町誌編集委員会編『由良町誌　史（資）料編』一九八五年

（2）由良町誌編集委員会編『由良町誌　通史編　上巻』一九九五年

（3）前掲註（1）

（4）由良町誌編集委員会編『由良町誌　史（資）料編』一九八五年

（5）前掲註（4）

（6）鞆淵園鎮守社鞆淵八幡宮の遷宮初見が弘安二年（一二七九）であること（黒田弘子『中世惣村史の構造』一九八五）、隅田荘隅田八幡宮は長治二年（一一〇五年）に隅田氏が別当職に補任されていることなどから（奥田眞啓『中世武士団と信仰』一九八〇年）、一一～一二世紀にかけて石清水八幡宮領の荘園鎮守社整備が完成していったと考えられる。

（7）由良町誌編集委員会編『由良町誌　通史編　下巻』一九九一年

（8）前掲註（4）

（9）前掲註（4）

（10）前掲註（4）

（11）森　彦太郎編『紀州文献日高近世史料』臨川書店　一九七四年

（12）仁井田好古『紀伊続風土記』天保一〇年（一八三九年）

（13）日高町誌編集委員会編刊『日高町誌　下巻』一九七七年

（14）前掲註（13）
（15）比井崎村役場編纂『比井崎村誌』一九一七年
（16）前掲註（15）
（17）前掲註（4）
（18）和歌山県史編さん委員会編刊『和歌山県史　近世』一九九〇年
（19）裏　直記「紀州印南祭りの祭礼行事と神事」『まつり通信』五二六号　二〇〇六年
（20）前掲註（2）
（21）前掲註（4）
（22）前掲註（4）
（23）黒田弘子『中世惣村史の構造』吉川弘文館　一九八五年

【話者一覧】　二〇〇七年一〇月一一日調査／二〇〇九年一〇月四日調査／二〇一二年三月一三日調査
・大崎　勇氏　　・波戸征一氏　　・磯崎米一郎氏　　・杉山　繁氏　　・木村泰史氏

【協力者】

二〇〇九年一〇月四日の阿尾クエ祭りの写真撮影は、郷土写真愛好家石川隆氏の協力によって実施された。

# 第三章　祭礼行事と神事芸能

## はじめに

日高地方では秋になると各地で祭り囃子が聞こえ始め、幟の立ち並ぶ光景がよく見かけられる。この地では秋に祭りが集中し、休日ともなれば、何処かで祭りが行われている。和歌山県下においてもこれほど祭礼行事が盛んな地域は稀である。

このような地域の中でも一〇月第二日曜に行われる志賀という集落の祭りは、決して派手ではない。むしろ近隣の祭りから見れば地味な部類に入るかもしれない。しかし祭りで奉納されている芸能の豊かさには他に負けない多彩さを持っている。また神事として奉納されている「鬼獅子」は日高の祭りの特徴であり、祭りを彩る主役を担っている。鬼獅子とはオニ・ワニ両者が手に矛とササラを持ち、二人立ちの獅子と共演する神事芸能である。

本章では、日高郡内五ヵ所で奉納されている「鬼獅子」を取り上げ、志賀祭りの氏子組織によって行われている神事芸能「鬼獅子」と祭礼行事を明らかにし、検討していきたい。

## 一　志賀の歴史と志賀王子神社

### 1　志賀の地理と歴史

日高の北西端、日高平野と呼ばれる平地の端に西山という標高三〇〇メートルの山がある。志賀はその懐に広がる志賀谷に沿って点在する集落からなっている。家々は谷の裾に集まり、中央には志賀川が流れ、周辺の田畑を潤している。

志賀という地名が初めて歴史上に登場するのは、以下の『吉記』[1]承安四年(一一七四)の九月二六日の条からである。

廿六日庚戌　天顔快霽、凌晨起湯浅、於鹿背原昼養、未斜着高家宿、志賀正上座盛院送雑事、(後略)

承安四年九月に、藤原経房が熊野詣をした時の記事である。これには藤原経房が湯浅を過ぎ、鹿背峠を越えた高家《たいえ》荘にて宿した時、志賀正(志賀荘)の上座盛院からわずかな料を送られたことが記載されている。鹿背峠は広川町から日高町に越える峠のことで、高家荘は志賀荘の隣の荘である。このことから前述の史料が書かれた時には志賀荘が存在したことがわかるが、誰の支配下にあったのかは不明である。

また年代未詳正月一八日付の『足利義政御内書』[2]には、次のような「志賀庄」の記事がある。

今度熊野三山幷有馬和泉守已下蜂起之処、紀州広城事、依粉骨令落居之間、即敵退散由、註進到来、尤神妙、仍為抽賞、同国志賀庄半分充訖、此刻高野山之儀、廻一途計略者、弥可有褒美候也、

正月十八日　(花押)

湯河新庄司とのへ

これには湯河氏が広城(現有田郡広川町)を奪回し、熊野三山と有馬和泉守以下の蜂起を退散させたことに対して、将軍足利義政が湯河新庄司なる人物に「志賀荘」半分を宛てがっている。

『和歌山県史中世』[3]によれば、文正期(一四六六~六七)から応仁期(一四六七~六九)にかけて、畠山義就・政国が紀州支配を目論み、熊野三山に働きかけ、熊野三山は蜂起した。応仁元年には義就は紀州守護に復活し、政国を派遣して紀州を制圧した。応仁の乱直後、政国が上洛し、義就と合流して義就が西軍の軍事的中心となったのであるが、そ

の頃紀州守護は畠山政長に移り、将軍義政は東軍支持を表明、西軍は一変して反乱軍となり、西軍守護はその地位を失うことになった。その頃紀州では政長派が反撃し、広城を奪回した。

この戦で政長派に組みして活躍した湯河氏が、褒美として「志賀荘」の半分を宛てがわれたのである。以上の事から前述の史料が応仁期のものであることがわかる。一方、全く同文の内容のものが、日高川町愛川玉置家に存在し、それには足利義政が先述の広城の功徳を讃え、玉置氏に志賀荘半分を宛てがった旨が記されている④。中世末期の段階で、志賀荘は玉置氏と湯川氏の所領へと変遷し、玉置氏の本拠は、志賀玉置惣領家の存在する中志賀に置かれたと推測できる。

近世に入り、第一篇第一章でも述べたように、慶長六年（一六〇一）に実施された慶長検地における実績には、志賀村の内、下志賀・中志賀は独立した検地帳を製作していたが、慶長一八年成立の『紀州検地帳⑤』には「石高千七百三十六石四斗六升一合　志賀村」とあり、一七三六石四斗六升一合の大村として志賀村の名称が記載されている。ところが延宝六年（一六七八）編の『日高鑑⑥』には志賀荘中、柏・上志賀・久志・中志賀・下志賀の五ヵ村の名が挙がっている。その点については元禄一一年（一六九八）成立の『御絵図御用に付日高郡書上帳⑦』には、

枝郷出村之類

一志賀村　下志賀村、中志賀村、久志村、上志賀村、柏村

右志賀村、寛永十二亥年内わけ村に成申候、但本村枝村と申わけ無御座候、

とあり、寛永一二年（一六三五）に志賀村は五ヵ村に村切りされたのである。この五ヵ村が近代にまで続き、明治に入った時に再度合併して志賀村となり、現在は大字志賀となっている。志賀王子神社の氏子圏は、近世初期の段階で確立し、固定となった事実がわかる。事実上、志賀荘は中世末期の段階で、その荘園としての機能は失われ、在地土豪

の所領となり、惣村結合によって上中下（上志賀・中志賀・下志賀）に分裂していた形跡が伺える。近世初頭の村切りは行政上のものであって、実質の村落運営は、慶長検地の段階で独立していたと考えるのが妥当であろう。その後現在の氏子村に比定できる村々が確立されていくのである。

旧五ヵ村は志賀川に沿って点在し、上流から上志賀・久志・中志賀・下志賀と続き、柏は上志賀の背後の山を越えた所にある海岸に存在する。

## 2　志賀王子神社と氏子

志賀には氏神として志賀王子神社が下志賀に祀られており、主祭神は天照大神である。「オオミヤ」と呼ばれ、祭りはこの神社で行われる。

天保一〇年（一八三九）成立の『紀伊続風土記』[8]の下志賀村の項に、

王子権現社　本社一丈二尺　末社若宮三尺八寸　長床　御輿舎
村の巽山根にあり、志賀荘中五箇村の氏神なり、神主一人社人三人あり、

とある。この王子権現社が現在の志賀王子神社のことである。

近代まで、王子権現社には本地仏として阿弥陀如来像が安置されていたが、明治期の神仏分離令によって、中志賀の浄恩寺（浄土宗）に移動されている。王子権現社の社名も本地仏を併祀する故に付けられたのであろう。

神社の由来については、昭和九年（一九三四）刊行の『志賀村郷土史』[9]所収の「王子神社雑記」には以下のように記載されている。

志賀五箇村惣社下志賀村に御鎮座若一王子大権現は筑前国志賀大明神ニ而、底津少童神上津少童神中津少童神と

申して御一体渡らせ給う。神代の時志賀郡に天下り給う御神にて、住吉筑前より柏葉の船に乗而西之岸に御着相成候に付、其所より柏村と申し、夫より中志賀に暫く御休み、其所を今に上柏と申す。夫より下志賀村に御垂給ノ人御神勧請と申にては之無由。柏村にサソウ明神あり。文字には捜指明神と書く是は柏葉の船頭の神か。但し筑前国志賀大明神は右之所とも御一体の神なり右は弥志賀大明神に而渡らせ給うを、昔後白河院御社参砌押而神号を権現と改御ふしんとも願し様神号改替と相伝はる。（後略）

以上の史料は近世に書かれたものであろうが、その詳細は定かではない。しかしながら、神社の由緒を記した唯一の史料である。

志賀王子神社の祭神である志賀王子大権現は、筑前国から柏葉の船に乗って柏の浜に着き、それから中志賀でしばらく休んで下志賀に鎮座した。地元の伝承によれば中志賀には明治四〇年（一九〇七）まで上柏神社があり、その場所で神が休んだという。また柏にも沙捜神社があり、この神社の祭神が柏葉の船の棹さしの神であると伝えられている。また、祭神として三柱の少童神《わたつみ》が挙げられているが、現在の祭神は天照大神である。当社所蔵の棟札には「若女大権現」と多数記されていることから、近世にはすでに「天照大神」を主祭神とした王子系統の社であったことは明瞭である(10)。しかしながら三柱の少童神は遥か彼方の海上より、柏葉に乗ってやって来た。海の神として遙か彼方より現れ、そして海より内陸を目指し鎮座した経緯は謎であるが、海とのつながりを示す興味深い内容である。

また冒頭には志賀五ヵ村の惣社と記されている。これは村落結合による惣村であり、中世一村の名残である。近世に入り五ヵ村に分村したものの、中世一村の氏神を五ヵ村共通の氏神とし、分村した五ヵ村が共同で祭りを行うので惣社として祀られているのである。

志賀王子神社の氏子は先に挙げたように、志賀村旧五ヵ村の柏・上志賀・久志・中志賀・下志賀と、明治期に下志賀から独立した谷口という六集落からなっている。

ここからは各氏子の概要を『紀伊続風土記』によって見ていく。

柏村　家数七十四軒、人数二百八十三人、

上志賀村の乾十八町余にあり、南の方三尾荘方杭浦境まて一町余、海部郡由良湊の南岸に村して海に向ふ、此地は由良荘なれとも、志賀荘より開きし地なる故に志賀に属す、柏の義詳らかならす、按するに、江奈由良の地、応神天皇の御事跡多し、此地にて御膳なと供せしより、膳の名起これるにやあらん、後世の事なから名草郡御膳松の故事思ひ合すへし、

○沙欏明神社

本社　末社二社　長床

村中にあり、伝へいふ、下志賀村の王子権現を船にて勧請のとき棹さし来れる人を祭る、依りて土人棹さし明神ともいふ、沙欏はさしさをの義なりといふ、沙はさしの下略、欏は音をさをにかりたるならむ、按するに、此伝もし応神天皇の御船着岸のことなとを伝へ誤れるにや、猶考ふへし、（後略）

上志賀村　家数八十四軒、人数四百九人、

久志村の艮にあり、村居相接す、志賀谷のつまりにして村居所所に散在す、村の西山を隔てゝ二十町にあるを小杭新田といふ、由良湊の南岸にて柏村に隣れり、

○伏羲神農黄帝社

本社三社　末社妙見社　長床

村の北にあり、当村及久志村の氏神なり、勧請の時代詳ならす、按するに、続日本紀延暦十年、断伊勢云云、紀

伊等国百姓殺牛用祭漢神、とあるは是等の神なるへし、
往古漢神鎮座の地多くありけむに、或は廃し、或は神名を唱え誤りて、今に至りては其伝絶江たるならんを、当社たまたま其神名を残せるならむ、昔年矢田荘吉田村大野氏、当社に祈りて一男子を得たる時、三帝の画像を奉納す、数年の後村中川瀬氏三帝の像を刻み奉納せし記あり、
○正八幡宮　村の西南にあり（後略）
久志村　家数五十八軒、人数二百六十三人、
中志賀村の乾十町にあり、上志賀村と相接して殆界を分ち難し、久志は越の転語にして、村の西南比井浦へ越ゆる道ある故に名となるへし、僧徳本、当村にて出生す、徳本の事は若山無量光寺の条に出せり、
○金毘羅社　村の巽にあり、（後略）
中志賀村　家数百三軒　人数四百十六人、
下志賀村の西九町にありて、村居散在す。
○上柏宮
村の西山根にあり、祀神詳ならす、或はいふ、下志賀村王子権現勧請の時、柏村よりこゝに移す、因りて上り柏の名ありといふ、
○御大神社
村の南山手にあり、土人おゝんだいしといふ、文字或は御大臣と書く、近代また右大臣と称す、何れが是なるを知らす、長床あり、
○小祠四社

弁財天社村の南にあり、　　里神森村中にあり、
妙見社村の西にあり長床あり、　　松ノ下社村の坤にあり松下御前ともいふ、（後略）
下志賀村　家数七十五軒、人数三百三十三人、
小中村の西八町にあり、
○王子権現社
本社一丈二尺、　　末社若宮三尺八寸
長床、　　御輿舎、
村の巽山根にあり、志賀荘中五箇村の氏神なり、神主一人、社人三人あり、
○小祠三社
氏神社村の北山根にあり　　天神社村の乾山根にあり
大将軍森村の艮山際にあり、（後略）
谷口　谷口は下志賀村領内にあり、明治に入り下志賀より分村、

以上『紀伊続風土記』よりの抜粋であるが、これらから近世の氏子の概要が明らかになる〔表1〕。

柏は志賀谷より外れ、山を越えた沿岸部にあるが、これは志賀より開いた土地なので志賀に属すという。しかし柏には氏神として沙《さ》欆《そう》明神社が祀られている。これは志賀王子神社の勧請の時に船頭として棹を差していた人を祀ったものといわれている。また遠隔地にあるため、志賀王子神社を「オオミヤ」といい、沙欆明神社の上に立つ神社として慕っていたのである。かつては地下の祭りとして志賀祭り以外に祭りを行っており、その様相は沙欆明神社より船神輿が渡御し、それに少年が神として乗り、浜辺まで御渡りをしたという(11)。船神輿というのは神社勧請の際に棹差し

**表1　村の社祠と戸数・人口**(『紀伊続風土記』)

| 地区名 | 氏神 | 字氏神 | 小祠 | 戸数 | 人口 | 備考 |
|---|---|---|---|---|---|---|
| 柏 | 沙欆明神社(棹指明神) | なし | なし | 74戸 | 283人 | 志賀王子神社の祭神の着岸の地 |
| 上志賀 | 伏羲神農黄帝社 | 正八幡宮 | なし | 84戸 | 409人 | 志賀谷の奥 |
| 久志 | なし | 金毘羅社 | なし | 58戸 | 263人 | 伏羲神農黄帝社の氏子 |
| 中志賀 | なし | 妙見社<br>御大神社<br>弁財天社 | 松ノ下社<br>里神森秋葉社<br>上柏宮 | 103戸 | 416人 | 上柏宮は志賀王子神社の祭神の休息の地 |
| 下志賀 | 志賀王子神社(五ヵ村の氏神) | 氏神社 | 秋葉社<br>大将軍森天神社<br>龍王社 | 75戸 | 333人 | 村内に谷口あり後に分村 |

をした祭神に因んだものであり、またそれを裏付けるものである。

中志賀にも沙欆明神社と同じ由来を持つ神社がかつては存在した。それは上柏宮《あがりがしわ》といい、神社勧請の際に休憩した場所と伝えている。現在は志賀王子神社に合祀され、跡地を残すのみとなっているが、明治以前の志賀旧五ヵ村には、こういった小祠がたくさん祀られていたことが前述の史料でも明らかである。それぞれ村氏神・字氏神として祀られ、その頂点に志賀王子神社が存在したのである。しかし明治四〇年(一九〇七)に神社合祀令の煽りを受け、その殆どが志賀王子神社に合祀されたのである。

しかしながら上志賀に鎮座していた伏羲神農黄帝社は明治二七年に勃発した日清戦争の際、敵国の神を祀るのがいかがわしいとして、社名を妙見社としたが、前述の通り合祀令には逆らえず、志賀王子神社に合祀されてしまった。しかし上志賀の氏子の嘆願により、昭和二〇年(一九四五)に志賀王子神社より遷祀し、社名を小字名から取って石尾《こくお》社と改め、現在に至っている⑫。

## 二　祭礼行事と氏子組織

### 1　若衆と祭り

志賀祭りにおいて、祭りの執行を担うのは若衆である。志賀では「若中」や「若い衆」といわれており、六地区それぞれに構成されている。若衆の構成員は各地区に居住する一〇代後半から五〇代前半の男子である。厳密には義務教育終了後から四二歳までの男子であるが、現在は進学する者が増え、その加入時期が定まらないのが現状である。かつては新規加入にあたり、若衆に酒一升を寄付することで認められたが、現在は金一封で賄われる場合もある。志賀の若衆組織は年齢層が幅広く、その役割についても明確な区分は存在しないが、三〇歳までに若い衆頭、四二歳で年行事と大役を担っていく。同年代が多い場合は生まれた月の早い順に役に就き、遅い者は次の年に繰り越しとなる。若い衆頭は三〇代より以下の者の統率にあたり、年行事は地区の一年間の祭事の代表、若衆全体の統率を行う役職である。年行事が終われば若衆引退となり、祭りの最前線から退くことになる。

若衆の最大の任務は祭りの執行、特に祭礼行事で行われる芸能の奉納である。祭具である屋台は若衆が担ぎ、山車は子供が曳くことになっている。囃子は原則的には若衆担当であるが、近年若衆の減少により笛の吹き手に小中高の学生の姿が目立つようになっている。笛には楽譜などがなく、全て口伝で伝承されているため、伝承者養成のための策である。

また各地区それぞれ特殊な芸能をかつては盛んに奉納していたのだが、現在はその殆どが継承されていない。その詳細は次節で詳しく述べるが、ここでは六地区共通して奉納される獅子舞について見ていく。獅子舞の舞手は若衆の新規加入者に任されている。これは獅子舞の演者に任命されて初めて若衆入りを認められるといってよい。獅子舞は一種の通過儀礼なのである。その過酷な練習に耐え、初めて一人前として認められるのである。

これら若衆の練習の場となったのが宿である。現在は各地区それぞれに設けられた集会場で行われているが、昭和初期までは宿制度が残っていた。宿とは一定期間、祭りの「ナラシ」の場として提供した民家のことである。その選出法は様々であるが、中志賀を例にしてみると金銭的に余裕のある家が優先的に選ばれたという。その理由は宿での飲み食いの費用は全て宿持ちであったためである。祭りの練習中、若衆に出す酒や肴の類を全て負担していたので、金銭的余裕のある家でなければ賄い切れなかった。

一方、下志賀ではその難点を克服していたことが以下の史料で伺える。下志賀区有文書の中に明治三二年（一八九九）の「宿之組合順番明細帳」⒀というのがあり、それによると一組一〇軒ずつの組を五組作り、その組毎に宿を引き受けていたのである。これは宿の負担を一〇分割にし、家一軒に対しての負担を減らしたのである。ここでは一定の家を宿としていたのか、もしくは一定の期間を設けて宿を変更していたのかは定かではないが、相互扶助を目的とし、平等性を保つために行われていたようである。

また「宿之組合順番明細帳」には宿の取り決めとして、以下のようなことがなされていた。

明治三十二年度ヨリ
白米三斗
毎年若者中ヨリ宿礼トシテ支出ノ約束、
鬮番扣
明治三十二年度　　三ノ組当番

三十三年度　　一番組当番
三十四年度　　弐番組
三十五年度　　五番組
三十六年度　　四番組

醴米八升
鮓米一斗二升
錫カ外下物ハ組内持寄之筈、

これにより、宿の礼として若者中より白米が三斗贈られていたことがわかる。また宿の選出法としてクジが引かれ、数年先の当番を前もって決めていたのである。さらに、醴米八升と鮓米一斗二升は組内で用意していた。醴米とは甘酒を作る米のことで、鮓米は鮨のスシナのことである。祭りで用いる甘酒とナレ寿司の材料は組内で用意していたのであった。

祭りを行うにあたって特権的に祭祀を行う集団も存在するが、志賀祭りではそのようなものは存在せず、全て平等に祭祀にあたれるようになっている。しかしながら一地区として祭りに参加するために、若衆への加入は強制的であった。祭りへの参加は地区全体の負担なのである。それ故、祭りを行うにあたっての資金は各戸より出される「シュウギ」(祝儀)によって賄われていた。しかし、若衆に加入していながら、もしくは若衆に加入資格がありながら祭りに参加しない家もある。こういった場合は特別な制裁を与えられたという。それは祭りの当日に前述のような不参加の家に押しかけ、無理やり家の中に押し込むのである。このような事例は昭和初期まで行われていたという。地区の負担を平等にし、協調し合うことが目的なのである。

しかし特定の理由がある場合には、こういった制裁は免れた。それはヒガマエと呼ばれる忌み事である。忌を構えるということで、身内に不幸事が起こった場合、祭りへの参加は自粛することになっている。

またこういった若衆とは別に、周期的に結成される組織が存在する。それは「オニバン」という当番に当たった年だけに結成される鬼獅子という神事芸能を奉納する集団である。鬼獅子は当番制になっており、各年交代で隣の氏子地区にまわすため、六年に一回各地区にまわってくることとなる。「オニバン」に当たった地区は若衆とは別に、若衆年配者、若衆卒業者によって鬼獅子を奉納する組織を作る。詳しくは次項で述べるが、当屋制で神事である芸能を氏子地区全体で補っているのである。

## 2　祭りの準備と宵宮

志賀祭りの祭日は現在一〇月第二日曜であるが、かつては旧暦九月九日であった。これは明治一五年（一八八二）の「村社祭典規則」[14]に「第一条　祭典ハ年々九月九日必ス之ヲ執行ス」とあることから明らかである。九月九日は「重陽会」ともいわれ、収穫祭として広く用いられた祭日である。農村部で行われる祭りであるため、秋の収穫祭として行われているのである。

祭りの準備は祭りの一日前より行われる。宵宮前日を「幟立て」と称し、要所に幟を立てていく。現在は簡略化し、一、二本のみであるが、本来は地下の境に立てていたのである。これは地下の境界に幟を立て、神の降臨を促すものであるというが、ことに御坊市付近では幟の先に青竹の笹を付けている。これもまた地下の境に立てていくのであるが、このことから幟には「斎木」の機能があることが伺える。幟を立てた内側は清浄であり、神を迎えるための準備なのである。また宿幟というものもあり、現在は各集会場に立てられているが、かつて宿制度が残っていた時代には宿に立てられていたものである〔写真1〕。
幟には三反・五反と種類があり、それぞれ地区名や「御祭禮」と染め抜かれている。幟に用いる竹は長さ一〇メートルほどあり、切ってくるのではなく掘ってきたものを使用した。

宵宮の行事は昼過ぎから行われる。午後になると各集会場に若衆が正装して集まる。ここでいう正装とは祭り衣装のことで、村印の入った法被にオコシ・足袋姿である。オコシとは腰巻のことで、ネル素材のものである。

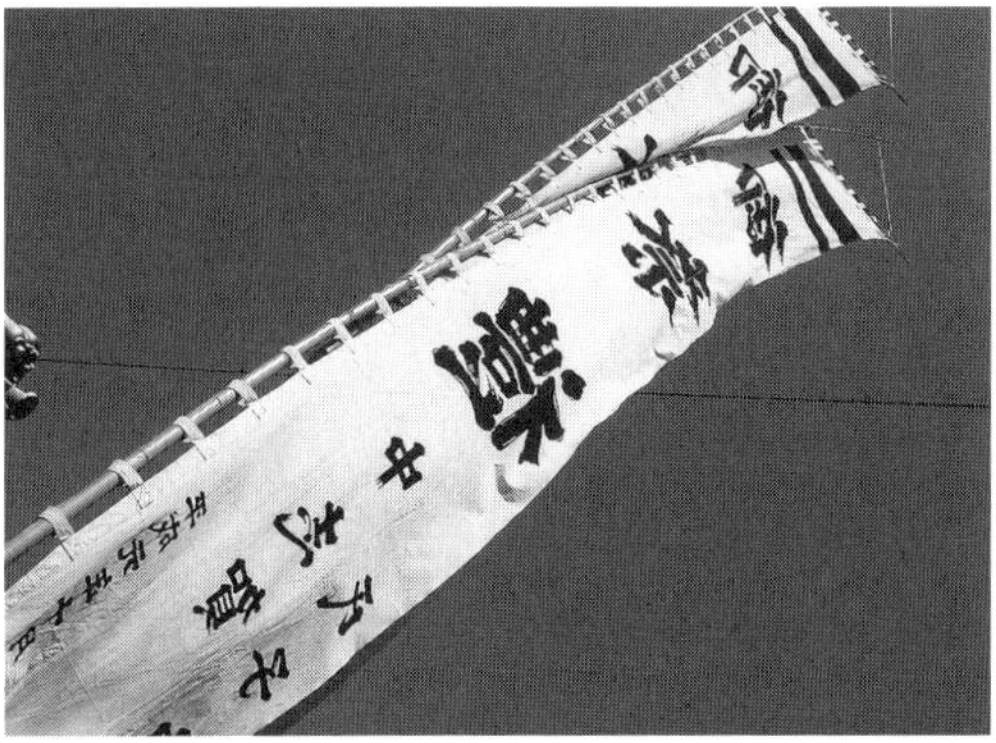

写真1　宿幟

集会場には、そういった若衆現役者と若衆卒業者のトッショリ（年寄）が集まり、上座には年行事、若い衆頭、宮総代、区長が座し、後は年齢順で下座に座す。区長・年行事からの挨拶の後、酒宴が行われる。この酒宴の席においての接待役は若衆内の若年者である。

酒宴が一段落すると会場前で獅子舞が舞われる。トッショリの前で舞うことはシュウギの御礼であり、今年の獅子舞の出来を披露するものである。その後、屋台・山車を出し、地下まわりを行う。その途中で年行事、若い衆頭の家に寄り、獅子舞を舞い、酒の接待を受け、夕暮れ時になると、志賀王子神社に宮参りに向う。その頃、神社では宮総代・神職が宵宮の神事を行っている。各地区の宵宮の行事は地下周り中心であり、志賀王子神社に宮参りに訪れるのは近隣の谷口・下志賀・中志賀だけである。その他の上志賀は、上志賀に鎮座している石尾社に参拝し、柏は沙欏明神社に参拝することになっている。これは二重氏子ならではの行事であり、地下の祭りとして宵宮には地下の氏神に参拝するのであろう。もって中志賀は地下に氏神がないため、志賀王子神社に参拝するのである。

これら若衆の行事と並行して、別の行事がオニバン地区で行われる。それはオニバンに当たった地区で結成された鬼獅子の奉納組織が行うミソギの儀式である。鬼獅子役とオニ・ワニ役は昼過ぎに柏の浜に行き、そこで鬼獅子を舞い、海水に触れる「シオアビ」を行う。これは神事に携わる者がケガレを落とすために行う「ミソギ行事」である。その際に海岸に流れ着いているホンダワラを拾い、オニ・ワニの持つ矛に取り付けることになっている。ホンダワラを矛に付けるということは、稲の豊穣を意味し、また矛に付けるということは、オニ・ワニの祓いを強化するものと考えられる。これらの行事はオニバンに当たっている地区の者でも見ることのできない行事であり、鬼獅子役と一部の付き添い人のみで秘密裡に行われる。これは鬼獅子役と若衆とは組織が別であり、行動を共にしないためである。

### 3　本祭とカサヤブチ

本祭早朝、各氏子は各々の会場に正装で集り、御神酒を頂戴する。本祭は午前八時までに宮入りをすることになっており、各々屋台・山車などの祭具と共に志賀王子神社に向う。屋台は若衆が担ぎ、山車は子供が曳くことになっている。囃子は原則的には若衆担当であるが、近年若衆の減少により笛の吹き手に小中高の学生の姿が目立つようになっている。万が一遅れる場合は、屋台や山車の囃子はなしで宮入しなければならない。それは社殿にて神事を行うのに際し、差し障りが生じるということで、あくまで神事は厳粛に行うべきであるという配慮である。宮入り後はオニバン地区が鬼獅子を奉納し、オニバンとは逆の順で獅子舞等の諸芸を奉納していく。ここで諸芸を奉納していくに際して、先ず諸芸を奉納する地区の年行事、若い衆頭が奉納順の次の地区にその旨を伝えなければならない。

明治一五年(一八八二)の「村社祭典規則」にも「一　諸芸ヲ行フトキハ先ツ其年行司ヨリ次ギニ順當スル村ノ年行

司ニ挨拶ヲナシ後行フベシ」とあり、挨拶をもって諸芸奉納の合図としていたのである。また諸芸を奉納中に他地区が太鼓・笛などの音を鳴らすのは厳禁とされている。以上のことは、祭りにおいても無礼講とはいかず、お互いを尊重しあい、争いを避けようとする意である。各地区の諸芸は全地区奉納する獅子舞の他に、下志賀の奴踊り等があり、祭具としては柏・久志・中志賀・谷口の屋台、上志賀・下志賀の太鼓台、中志賀・下志賀・谷口の山車等がある（写真2）。

また各地区の諸芸の間にはオニ・ワニが懐に飴などのお菓子を入れ、子供たちに分け与える。さらに新生児や幼年

写真 2-1　中志賀屋台

写真 2-2　中志賀獅子舞

写真 2-3　中志賀山車

写真 2-4　久志の獅子舞

写真 2-5　下志賀のチョスリと獅子舞

児の子供には、オニ・ワニから飴を貰うだけではなく、両者が持つササラで頭を叩いてもらう。ササラで頭を叩いてもらうと、頭の良い丈夫な子に育つといわれている。

さらにオニとワニは諸芸の最中、本殿前の二の鳥居脇に立ち、本殿を横切ろうとする者の排除にあたる。これは神の使いとして神の警護をしているのである。

昼過ぎくらいになると、神輿舁が神輿を担ぎ出し、宮総代などの役員が御道具を持ち、渡御となる。渡御の順次はオニバンの順である。神輿が行列の先頭を行き、神輿の前にはオニ・ワニが神輿の先導役として先に立つ。かつては「遠担ぎ」と言い、遠方まで神輿を担いで行ったのであるが、現在はそのようなことはなくなっている。御旅所は谷口の中に設けられ、目前に流れる志賀川を越えて御旅所に入る形となる。御旅所に着輦すれば先ず鬼獅子を奉納し、順じて神社境内とは逆の順で諸芸を奉納していく。夕方、暗くなり始めると、各地区名を書いた高張提灯を掲げ、明かりとして用いる。諸芸が全て終われば神輿は還御となり、柏・上志賀・久志・中志賀・下志賀・谷口と遠い順に御戻りとなり、祭りの行事は終了となる。その後は各々の集会場に集まり、年行事から若衆に慰労の言葉がかけられ、今年度年行事が次年度の年行事を指名し、引継ぎが行われる。したがって年行事の年季は祭り終了後から次年度の祭り終了後までとなる。

本祭の後日はカサヤブチといい、後片付けを意味するが、本来は御礼周りをしたという。シュウギをくれた家一軒一軒をまわり、獅子舞を舞ったものであるが、その際にも少なからずの祝儀を貰ったのである。現在においてこの風習は残されていないが、昭和中期までは行われていたのであった。近隣の御坊市などではカマバライと称して現在も行われている。

## 三　神事芸能と諸芸能

### 1　神事組織と鬼獅子

氏子地区毎に組織されている若衆については前節で述べたが、志賀祭りにはそれ以外に神事に携わる集団が存在する。それは神社側に組織された集団のことで、神事として奉納されている鬼獅子もそれらの集団によって行われる。鬼獅子は前述の通り、若衆の年長者、卒業者によって行われる芸能である。明治一五年(一八八二)の「村社祭典規則」には、

第四条　役員ヲ定ムル左ノ如シ

祠掌　神楽女　禰宜　鬼獅子　神輿舁丁

戸長　宮物代　使丁

但、神輿舁丁ハ年々村会議並議会ニ於テ之レヲ選挙シ、鬼及獅子ハ□□□□□□□各枝郷、年々順次交替ス、

写真３　志賀鬼獅子

とあり、神社の役員として以上のような役職を設けていたようである。祠掌は現在でいう神主に相当し、代々、中志賀の志賀家が勤めていたが、明治初年に家の断絶により、美浜町御崎神社の神主が志賀王子神社も兼務するようになり、現在に至っている[15]。

禰宜は大正一二年（一九二三）の『日高郡誌[16]』によると「社人三家玉井家假谷両家」と社人の家名が挙がっている。文政六年（一八二三）の「若一王子大権現御殿御屋根造営」の棟札[17]にも禰宜として假谷氏・玉井氏の名が記されている。このことから社人と禰宜が同一であることがわかる。この禰宜が祭りの中でどのような立場であったのかは不明であるが下級神職として祭りに奉仕していたのであろう。しかし両家共に社人としての伝承は残されていない。

神輿舁は各地区より四二歳以上の男子を二人ずつ選出することになっている。厄年の時に神輿舁を担当すれば厄落としになると言われ、厄年の時にこのような役職に就く例は全国各地に広く分布する。厄＝役と言われる所以である。

また前節でも述べたが、鬼獅子は外の諸芸能と違い、それにあたる者はシオアビをしてケガレを落とさなければならない。さらに、若衆とは別に宿を設け、若衆とは行動を共にしないのも他の諸芸能と一線を引いているのである。またオニバンに当たった地区は、その一年間は宮に仕える地区として他の地区とは違う特別な地位を得る。神輿の前側を舁くのはオニバンの地区の人々であり、神輿の行き先の実権を握るというのもその表れである。オニとワニも神輿の先導をし、かつてはオニバン地区まで神輿を担いでいったというのも、オニバンとしての特権である。

鬼獅子の概略は、オニ・ワニというハナタカ面・オニ面を被った両者が獅子の前に出て、獅子がオニ・ワニの持つ矛の匂いを嗅ぐ。オニとワニはササラを打ち鳴らし、獅子を誘う。獅子はオニとワニに歯噛みをし、オニ・ワニを追い払うのである。オニはハナタカの面、ワニはオニの面を被っており、頭には鳥兜を被り、手には矛とササラを持っている。鬼獅子とはこの両者と獅子の絡む舞なのである（写真3）。

鬼獅子の演目の中ではオニ・ワニは悪であり、聖獣である獅子が悪であるオニ・ワニを追い払うのであるが、演技が終了後は一変してオニ・ワニは聖なる神の使いに変貌する。これは先にも述べたものであるが、オニ・ワニは神輿渡御の際、神輿の先導をし、先払いの役割を果たしている。これはオニ・ワニが獅子に祓われたことによって悪から善に変化したことが伺える。

## 2　鬼獅子の性格と発展

ここからは日高郡内一一例の鬼獅子の事例の内、代表的な五ヵ所の鬼獅子の事例を挙げて鬼獅子の性格と発展を検討していく。

### ①日高郡印南町東山口の踊獅子（写真4）

印南町印南八幡神社では、「踊獅子」と称される鬼獅子が奉納されている。『紀伊続風土記』(18)によると印南八幡神社には「社僧、神宮寺有り」とある。

印南八幡神社の氏子は東山口・宇杉・本郷・光川の四地区であるが、この鬼獅子は宮元である東山口が特権として保持している神事の舞である。

写真4　印南八幡神社東山口の踊獅子

俗に「重箱獅子」と称され、重箱という名は獅子頭が重箱のように四角いからこう呼ばれているという。この舞は一〇月二日の祭日に、宮入り前と宮入り後、渡御の前と御旅所で、合計四回奉納されている。東山口では獅子に絡む両者を単にオニと称しているが、ハナタカの方をオン、オニ面の方をメンと言い習わしている。これはハナタカ面がオスで、オニ面がメスと両者は夫婦とされているのである。ここの鬼獅子も志賀と同様に両者のオニ・ワニは獅子によって祓われているが、これらのオニは志賀のように神輿について渡御をしない。

**②日高郡日高町小中《おなか》王子神社の鬼神楽**[19]

日高町小中王子神社では、「鬼神楽」と称する鬼獅子を一〇月一〇日の祭日に奉納する。小中王子神社は一村の氏神であるため、氏子は小中一地区である。小中では役付きの人々は祭りの前日に海に行って「シオカケ」と称してミソギを行う風習が残されており、また神事に関わる者は祭りの間、別火精進を行うことになっている。

宵宮、本祭り両日にはオニ・ワニと称する両者が早朝に氏子各戸を巡っていく風習も残されている。本祭りの渡御の際にはオニ・ワニ両者は神輿と共に御渡りを行い、御旅所にて鬼獅子を奉納することになっているが、残念ながら祭りの開催は人口減少に伴い、数年前から行われていない。

**③日高郡日高町内原王子神社の鬼獅子**[20]

日高町萩原に鎮座する内原王子神社は、古来、東光寺王子と呼ばれ、萩原・茨木・池田・高家の四地区を氏子とし、一〇月第三日曜を祭日としている。高家王子神社の祭りにおいても鬼獅子は神社の神事として氏子三地区の輪番制によって神社境内・御旅所で奉納されている。高家王子神社ではハナタカ面の方をタカ・オニ面の方をビシャと呼んでいるが、タカの方を猿田彦命、ビシャの方を宇豆米命と言い習わしている。ウズメとは天宇受売命のことであり、猿田彦命と夫婦神とされている。ここでもタカ・ビシャの両者は神輿と共に渡御を行う。

### ④日高郡旧川辺町土生八幡神社の踊獅子㉑〔写真5〕

旧川辺町土生八幡神社では、「踊獅子」と称する鬼獅子が一〇月第三日曜に奉納されている。『紀伊続風土記』によると土生八幡神社には、尊勝寺という別当寺があったが、炎上して衰退したという。

写真5　土生八幡神社踊獅子

土生八幡神社の踊獅子は、俗に頭が二つあることから「双頭獅子」と称される。土生・小熊・藤井・鐘巻・千津川・玄子・入野・若野の各氏子の輪番制によって奉納されている。双頭の由来は、もとは獅子二匹だったのが伝承の過程で一匹になってしまったという。また踊獅子役は宵宮の早朝に海岸に行き、「シオカケ」を行い、海岸に流れ着いた海藻を取ってくる。

踊獅子は神社境内と御旅所で奉納されるが、もとは宮元の土生のみが奉納していたのが、明治期の神社合祀に伴い、全氏子の輪番制で奉納するようになったという。神社の合祀によっていくつかの地区の祭りが土生八幡社の祭りに組み込まれ、宮付きのオニ・ワニの他に、藤井地区にもオニ・ワニがあり、藤井地区の両オニ・ワニは藤井地区の宮入りの際に、宮付きのオニ・ワニと「オニの出会い」という儀式を行う。また神輿渡御の際には両者は出立ちの儀式を行い、神輿について渡御を行う。

**⑤日高郡旧中津村長子八幡神社の当屋獅子**(22)〔写真6〕

『紀伊続風土記』によると、長子八幡神社には別当般若寺があると記載されている。

長子八幡神社は三十井川《みそい》・上田原・下田原・小釜本《こかもと》・田尻・三佐《みさ》・老星《おいぼし》・大又・坂野川・佐井・高津尾を氏子とし、一〇月体育の日を祭日としている。これら氏子地区中、高津尾・佐井・坂野川・田尻・三佐・小釜本は祭組と称して、神事に関わる組織を結成しており、これらの地区が当屋獅子を輪番制で奉納する。当屋に当たれば祭りの前日に当屋獅子役が海に行き、「シヨガケ」と称してミソギを行う。

**写真6　長子八幡神社当屋獅子**

長子八幡神社ではハナタカ面をオン鬼・オニ面をメン鬼と称しており、祭り当日に神社鬼室に居るメン鬼・オン鬼の順で「鬼の追い出し」が行われる。その後、渡御となるとオン鬼・メン鬼は神輿の前に立ち、行列の先導をし、御旅所と還御の際に馬場で当屋獅子が舞われる。

以上五ヵ所の鬼獅子の概要を挙げたのであるが、これで鬼獅子の特徴が明確となる。鬼獅子の名称は各地区様々であるが、一貫して神事とされている。また志賀王子神社の鬼獅子、長子八幡神社の当屋獅子、土生八幡神社の踊獅子、小中王子神社の鬼神楽の演者及び関係者は海に行き、ミソギを行い、その際、志賀と土生は海岸に流れ着いた海藻を拾い、オニ・ワニ両者の持つ矛に付けることになっている。ここでいう海藻とはホンダワラのことであり、海より遠く離れた地域であっても海水でミソギをし、その折にホンダワラを持参することはミソギをさらに強固に促進し、オニ・ワニの清浄を保とうとする行動の表れであり、またホンダワラは小さな実をたくさん付けていることから、稲の豊穣を意味する神饌と考えられる。

長子八幡神社のように、演技以外でオニとワニが明確に追い出される事例は他にはないが、すべての鬼獅子は演目中、オニ・ワニ両者は悪として獅子に祓われることは一致している。しかし高家王子神社ではオニの方を猿田彦命、ワニの方を天宇受売命としていることから、オニ・ワニが悪ではなく、先導の神ということになる。また小中王子神社ではオニ・ワニ両者が氏子各戸を巡っていたという。これはオニ・ワニ両者が神の使い、または神そのものという来訪神的性格を持っている。このことからオニ・ワニ両者が二面性を有するという矛盾が生ずる。両者は神でありながら、鬼獅子の演目の中では悪として獅子に祓われるのである。この舞は神の降臨の場を祓い、清める一種の目に見える演出なのである。そもそも先導の神としての機能を持ちながら、獅子と共に演じ、祓われる側となるのは些か納得がいかない。ということは鬼獅子の起源の段階から二面性を持つということになる。オニとワニはそもそも神の先導を担っていたのであるが、祓いの強調と共に、それを芸能で演じることになり、先導の神がそのまま芸能に取り入れられ、何時しか悪となり、獅子に祓われることによって聖へと転化するようになったのであろう。

さらに鬼獅子には、仏教の関与が関係するのではないかと考えられる。前述の五ヵ所の事例からも、印南八幡神社・高家王子神社・土生八幡神社・長子八幡神社には、別当・神宮寺があったことが明らかである。また志賀王子神社では本地仏が神体として祀られていたことも確認されている〔写真7〕。仏教ではオニは悪であり、祓われる対象なのである。しかし、仏教以前の民俗社会においてオニは神であり、人々に幸福を授ける聖なるものであった。それを裏付けるものとして、日高のオニ・ワニが挙げられるのではないか。仏教の普及によって神に仕える聖なるオニが、

写真７　志賀王子神社本地仏

しだいに悪と認識され、芸能化と共に祓われる対象となったが、本来の神の先導の機能は失われず、悪と聖を併せ持つという二面性が生じたのではなかろうか。長子八幡神社のオニの追い出しの事例は、修正会と深く関予した一例として注目すべきものである。

また別系統の目線から中央政権より地方に伝播した「王の舞」との関連性が注目されている。王の舞は、中央文化として畿内を中心に舞楽から派生したとされる芸能であり、古代中世にかけて荘園を母体に地方に伝播したとされる[23]。多くの王の舞は、若狭を中心にその分布圏を示し、その伝統が現在に受け継がれているが、その一種として和歌山県に伝承される鬼獅子が指摘できる内容である。その芸能主体となる演者も、獅子と鬼・鼻高面という三者によって演じられ、祓いの意義を強く持っているという共通点が存在する[24]。近年、日高郡に隣接する有田郡南部にも「三面獅子」と呼ばれる鬼獅子と共通する芸能の報告がなされており、和歌山県中部一帯に中世的芸能の伝播が確認されている〔写真8〕。しかしながら、その芸能に関する古文書などは一切残されておらず、現段階においては、その芸態や伝承によって推測する他ない。

また鬼獅子には「当屋獅子」の名称もあるように、基本として当屋制をもって輪番で行われる。しかし印南八幡神社のように東山口が宮元の特権として保持している例もあるが、これはもっとも古い形式を残していると考えられる。土生八幡神社では明治期の神社合祀まで宮元である土生が奉納していたという。長子八幡神社では祭組を組織している六集落のみが鬼獅子を奉納できるというのである。これは何らかの特権を持つ地区のみが奉納できるという神事だったのである。土生は明治期の神社合祀に伴い、各氏子集落に祀っていた村氏神を合祀してしまったため、二重氏子でなくなり、均一に一つの神社の氏子となって、全て平等ということで当屋制にし、輪番で行うようになったのである。

これらのことから現在、当屋制をもって輪番で奉仕している所も本来、宮元などの特権を持つ地域が独占して行っていたと考えられる。志賀においても中世一村であったのが、近世に五ヵ村に分村し、もと一村の氏神であった志賀王子神社を五ヵ村共通の惣氏神として祀り、一村の時代より奉納していた鬼獅子を旧五ヵ村それぞれの輪番制で奉仕するようになったと考えられる。これらは共通性と平等性の下で生まれた制度であり、神事という特別な行事において過去の繋がりを認識し合うのである。またそれにおいての上下関係は、古来より特権的に保持されていたのが、歴史的背景や平等性の名の下に解体され、当屋制をもって輪番でその特権を得る制度へと進化したのであった。

写真８　広川町広八幡神社の田楽と獅子

## 3　祭りの変遷と諸芸能

かつて志賀祭りで奉納された諸芸能は多彩さを誇り、各氏子地区が競い合って奉納していたものであるという。しかし様々な要因によってその殆どが現在、継承されていない。明治一五年（一八八二）の「村社祭典規則」には明治期の諸芸能の詳細が記されている。

諸芸則

一　諸芸ハ左ノ如ク之ヲ定ムト雖トモ、其中ニ就キ之レヲ出スハ、時キニヨル、

中志賀

一　幟弐本　一　馬二疋　一　奴　一　屋臺　一　ダンジリ

久志

一　幟弐本　一　馬一疋　一　屋臺　一　萬歳

上志賀

一　幟弐本　一　馬一疋　一　小躍

柏

一　幟弐本　一　馬一疋　一　唐船

下志賀

一　幟弐本　一　馬弐疋　一　奴　一　屋臺　一　三番叟

谷口

一　幟弐本　一　馬壱疋　一　屋臺　奴

これらは明治以前より奉納されていたであろう各地区別の諸芸一覧である。これを見ると前項で挙げた諸芸とは明らかに違いがある。現在、全地区が奉納する獅子舞の記載は見当たらないが、獅子舞は屋台に付いた芸能であり、屋台の中に御神体として乗せられていることから、屋台の記載のある地区には存在したことがわかる。ここで上志賀・久志と谷口は獅子舞の伝播経路が明らかとなっている。上志賀は昭和初期に人口の減少と戦争の煽りを受け、「小躍

り」の奉納ができなくなり、昭和中期に日高町原谷より獅子舞を習い受けたという。久志の獅子舞は由良町横浜より習い受け、谷口の獅子舞は中志賀よりの伝播であるというが、いつ頃の伝播かは定かではない。

獅子は神獣として広く日本各地に分布しているが、志賀及び日高一円の獅子は屋台に神体として乗せられている。屋台に獅子頭が乗せられていない状態のことを「能なし」と呼ぶが、屋台は獅子頭を乗せて運ぶための輿なのである。獅子はその性格から神として崇められ、獅子が舞うことによってその場を祓い清める機能がある。東北に分布する「権現様」と呼ばれる獅子舞もまた神として崇められている。獅子舞とは単なる余興芸能ではなく神事的要素を多分に含んでいるのである。

かつて全氏子から出されていた「馬」の役割についての伝承は残されていない。これは最も早くに衰退したものである。恐らくは飾り馬として神に奉納する形で渡御に加わっていたのであろう。

また中志賀・下志賀・谷口の「奴」は奴踊りのことであり、奴衣装を纏い、奴の所作を輪踊りで表したものである。御坊市新町組の天保七年(一八三六)の「新町組祭礼定書」(25)には、奴衆と記され、奴踊りを踊ることを強制している記載がある。同じ衣装を纏い、踊ることによって仲間意識を高め、集団の統率を図っていたのであろう。

久志の万歳は戦後まで行われていたようであるが、その詳細は不明である。しかし寛政九年(一七九七)と文化五年(一八〇八)の万歳台本(26)が残されていることから、江戸時代から続く諸芸であったことは間違いない。万歳は門付け芸として祝言を唱える芸能であり、特定の芸能者によって伝承されていたものである。特定の場所で伝承され、行われている事例は旧川辺町付近にあり、芸能者より習得したものと見て間違いなく、注目すべきものである。

上志賀の小躍りは「子踊り」と書き、字の如く禿の髪を被った少年六人が、朱色の着物を着て踊ったものであるという。囃子には三味線・笛・太鼓が入り、浄瑠璃風の地歌が伴った。地歌には「川崎」「笠踊」「松踊」「先正月」「花

**写真９　上志賀子踊り**（昭和20年頃）

踊」「ネリコミ」があったという。禿の少年以外に「ハナクバリ」と言われる少年が陣羽織姿で加わったというが、詳細は定かではない。禿の少年は紛れもなく、稚児であり、神そのものである。子踊りは神の舞であり、舞手も小童であることからも、神の子とする考えからである。由良町神谷の稚児踊りは上志賀の子踊りと酷似し、上志賀の子踊りは由良町神谷よりの伝播といわれている〔写真９〕。

下志賀の三番叟は存在の確認のみで、その他の伝承は残されていない。しかし、弘化四年（一八四七）の「式三番叟謡鼓本㉗」が残されていることから、江戸時代からの伝統であったことが伺える。三番叟は翁・千歳の舞であり、農耕の所作をすることから、農耕儀礼の一種と考えられるが、下志賀の三番叟が途絶えて久しく、その当時を偲ぶことはできない。

前述の中志賀の奴、久志の万歳、上志賀の小躍り、下志賀の三番叟、谷口の奴は、何れも明治期から昭和初期にかけて途絶えた諸芸である。その多くが戦争による人不足が多くの要因であり、戦後の祭り再開の時に復活できず、現在に至ってしまっているのである。

柏の唐船《とうぶね》とは船型の祭具であり、これを担ぎあげて練り歩くものであったが、そもそも柏は小村であり、人手不足と遠隔の氏子であったため、志賀王子神社までの参拝が困難になり、屋台に作り変えたとされる。唐船とは異国風の船、もしくは神の乗る船と考えられ、志賀王子神社の祭神が、柏に着岸した由緒に則ったものであると考えられる。由良町江奈八幡神社の唐船は、神功皇后着岸の伝説に因んだものであり、南部町鹿島神社の唐船は、田辺藩主安藤家の奥方の輿入れの時の船であるといわれている。何れも、当地の神、支配者の着岸伝説に即した由来であり、海より来るモノを神とした伝統を受け継ぎ、神の乗った船を奉舁する事例として注目すべきものであろう。

また先に挙げた史料には記載されていないが、中志賀・下志賀・谷口では四太鼓という祭具を所有していたという。四太鼓とは、その形状が布団太鼓と酷似し、屋根の布団が布天幕となっている点が相違する。乗子として少年が四人選ばれ、顔に隈取りの化粧を施し、陣羽織を着て太鼓を叩くのである(28)。大型の祭具であるため、大勢の人が必要であったはずである。下志賀区有の明治三一年(一八九八)の「祭典役員幷諸費明細帳(29)」には「一金六拾銭　四ッ太鼓片付人夫賃」とあることから、四太鼓の存在は確認できる。

さらに明治一五年(一八八二)の「村社祭典規則」を基に明治期の祭りの様相を明らかにする。

第十一条　発輦ハ午前十時トス

（中略）

第十二条　行列ヲ左ノ如ク定ム

第一　祭器　　第弐　禰宜

第三　祠掌　　第四　神輿

神楽女

第五　戸長及ヒ宮物代

第六　諸芸

（中略）

一、渡御ノ順次ハ中志賀ヲ以テ第一トシ、久志ヲ第二トシ、上志賀ヲ第三トシ、柏ヲ第四トシ、下志賀ヲ第五トシ、谷口ヲ第六トス、

一、渡御ノ列次ハ、各村々幟及役馬ヲ以テ分界トス、

一、御旅所ニ於テ諸芸ハ渡御ノ順トス、宮ニ於テハ還御ノ順トス、

一、還御ノ順ハ下志賀ヲ以第一トシ、谷口ヲ第二トシ、柏ヲ第三トシ、上志賀ヲ第四トシ、久志ヲ第五トシ、中志賀ヲ第六トス、

（中略）

右之通相定候事、

明治十五年旧九月　（以下連名押印）

これらは渡御や還御の行列の内容を記したものであるが、現在とは大幅に違う点が見受けられる。それは渡御の時間と行列の順序である。明治期には氏子が神社に宮入した後、直ぐに渡御となっていたのである。またその行列の順序は現在のようにオニバンの順ではなく、あらかじめ決められていたのである。また還御の際には、現在のように御旅所で解散ではなく、神輿と共に神社に戻り、そこで再度、諸芸奉納をしていたようである。

また行列には各地区それぞれ役馬を数頭ずつ出し、幟が立ち並び、その光景は壮大であったであろう。

これらの祭礼行事の変遷には如何なる要因があったのであろうか。それは大正期に起こった祭り争いが原因と考えられる。

大正の頃、渡御の最中に四太鼓がきっかけで壮絶な争いが起こった。それは下志賀・中志賀・谷口だけでは納まらず、氏子六地区全てにわたっての争いとなった。その後、数年間、祭りは中絶し、祭具の類を処分する地区まで現れるほどであった。凡そ一〇年間、祭りは行われず、昭和に入って復活したという。その時に四太鼓は処分し、四太鼓の処分をきっかけに、下志賀と谷口は美浜町西中組から山車の囃子を習い受け、四太鼓に変わって山車を出すようになったという。

写真10　中志賀幟挿し

また幟の諸芸はその技を競い合い、一人の男によって差し上げられた幟で様々な曲芸をしたというが、これもまた昭和中期に幟が原因の争いによって中断されていたが、近年復活されている〔写真10〕。

さらに昭和中期まで、渡御の行列は御旅所前を流れる志賀川を徒歩渡ったという。しかし護岸工事によってその風習も途絶えてしまっている。

これらの幾度かの争いの結果、現在の形となったのである。その争いの原因として、渡御などの行列の順序が挙げられよう。それぞれの村々は、もと一村であったとはいえ、各々に自村優越の精神はあったはずである。しかしお互いを尊重し合う意識も無論あったはずであるが、祭りの中においては自村優越の意識が先行し、壮絶な争いへと発展したのである。

平等性と共通性をもって奉納されている鬼獅子という神事芸能の存在の裏に

は、こういった争いを避ける意味も含まれているのである。独占という方式の下では、他村との繋がりを保つことが困難であり、如何に平等性を保とうかという人々の苦労の結果、現在のような形になったのである。

## おわりに

志賀祭りにおける氏子組織と神事芸能である鬼獅子、さらには各氏子組織が奉納する諸芸能について検討してきた。志賀という地は大きな谷に挟まれた所に立地しており、その谷筋に沿って家々が点在している。自然集落も少なく家々が広く散在しており、地縁的結束が弱いと思われがちであるが、祭りという信仰の中においてはその結束が強く、度々争いが起こるほどであった。

鬼獅子という神事芸能は、かつて志賀村一村の時代から受け継がれ、五ヵ村に分村した時には、その奉納形態を当屋制とした輪番で行うようになり、その平等性と、かつて一村であった時の結合を保とうとしたのである。志賀王子神社は惣社とあり、旧五ヵ村の氏神として祀られ、その氏神の祭りには、神事芸能である鬼獅子をオニバン地区が奉納したのであった。鬼獅子には歴史的背景を要因とした変遷があり、さらに、その芸能自体も先導としての神を取り入れ、進化した痕跡が見られるのである。オニ・ワニは神であり、氏子に幸福を授け、邪気を祓い、神を警護する要素が多分に見られた。しかし、仏教の普及と共に、その思想が定着し、神の使いであり、神そのものであるオニ・ワニが悪として捉えられ、聖獣である獅子に祓われることで聖へと転化するようになったのである。

しかしながら、その芸能自体はその他氏子が奉納する獅子舞とは一線を引き、神事としている所や多くの潔斎・禁忌が存在することなどから、中世的芸能であるという指摘も可能であると考えられる。八幡系統の荘園支配者からの伝播とする考えも可能ではあるが、奉納されている神社は八幡社以外にも多数存在することから、その伝播時期は定かではないが、一種の流行性から日高地方に広まったと考えるのが妥当であろう。

註

(1) 高橋秀樹編『新訂吉記』和泉書院　二〇〇二年
(2) 和歌山県史編さん委員会編刊『和歌山県史　中世史料二』一九八三年
(3) 和歌山県史編さん委員会編刊『和歌山県史　中世』一九九四年
(4) 森　彦太郎編『日高郡誌　下巻』名著出版　一九七四年
(5) 和歌山県史編さん委員会編刊『和歌山県史　近世史料一』一九七七年
(6) 森　彦太郎編『紀州文献日高近世史料』臨川書店　一九七四年
(7) 前掲註(4)
(8) 仁井田好古著『紀伊続風土記』天保一〇年(一八三九年)
(9) 志賀尋常高等小学校監修『志賀村郷土誌』一九三四年
(10) 日高町誌編集委員会編刊『日高町誌　下巻』一九七七年
(11) 前掲註(10)
(12) 前掲註(10)
(13) 明治三二年「宿之組合順番明細帳」(下志賀区有文書)
(14) 明治一五年「村社祭典規則」(下志賀区有文書)

（15）前掲註（10）
（16）前掲註（4）
（17）前掲註（10）
（18）前掲註（8）
（19）前掲註（10）
（20）前掲註（10）
（21）御坊市史編纂委員会編刊『御坊市史　第二巻　通史編Ⅱ』一九八一年
（22）中津村史編纂委員会編刊『中津村史　通史編』一九九六年
（23）橋本裕之『王の舞の民俗学的研究』ひつじ書房　一九九七年
（24）湯浅広川民俗文化財記録作成実行委員会編『有田南部地域の獅子・田楽芸能』（平成二一年度「地域伝統文化伝承事業」に基づく記録映像）
（25）小山　豊『紀州の祭りと民俗』国書刊行会　一九九二年
（26）文化五年「江戸万歳」寛政九年「聖護院万歳」（久志区有文書）
（27）弘化四年「式三番叟謡鼓本」（下志賀区有文書）
（28）前掲註（25）
（29）明治三一年「祭典役員幷諸費明細帳」（下志賀区有文書）

【話者一覧】二〇〇三年～二〇〇九年調査

・裏　清保氏
・上田　任氏
・假谷尭熙氏
・野尻　隆氏
・上田　主氏
・岡本　啓氏
・坂口　弘氏

# 第三篇　葬送儀礼と他界観

# 第一章　日高地方における葬送と墓制

# はじめに

紀州日高とは、和歌山県中部一帯を占める日高郡域を指し、その広大な面積の西側は太平洋に面し、東側は紀伊山地を抱く地域である。その広大さ故に、文化交流ルートは海岸線に沿って発達した海路及び、紀伊山地から流れ出た各河川流域とに大別できる。沿岸部では、山地から突き出た山並みが海岸まで達し、沿岸部であっても山深い様相を呈しているが、海路によって開かれた交流が行われてきた。

山間部では、希少な平地を求めて河川流域に村を形成し、その上下流沿いに統一文化が形成されるようになった。それは宗教施設である氏神の氏子圏にも示され、河川に沿って広大な氏子圏を形成する神社も日高川流域では確認されている。

そういった地域の中で形成された精神文化は、顕著に人の生死に関する葬送墓制や死後の世界を意味する他界観に凝縮されて現代に継承されている。しかしながら文化的交流の盛んな沿岸部から、徐々にその文化的継承は薄れ、山間部においても過去の伝統として忘れ去られようとしているのが現状である。葬送においても火葬・土葬の違いがあり、その内容は多岐にわたるものであった。現在は、すべて火葬となり、葬式に関しても葬祭場での形式的なものへと変遷し、葬送儀礼の文化は一掃された。

本章では、紀州日高地方で行われてきた過去の葬送墓制と他界観を復元し、その底流にある精神世界を明らかにするものである。

## 一　火葬地帯における葬送儀礼

日高郡日高町中志賀では、早期に火葬が普及し、土葬の習俗が確認できない非土葬地帯である。立地的には沿岸部に属するが、前面に日ノ御崎から連なる西山が立ちはだかり、志賀川が中央に流れる大きな谷上に位置している。志賀谷には近世五ヵ村の村が存在し、中志賀はその内の一村であった。天保一〇年（一八三九）の『紀伊続風土記』(1)には、中志賀村の家数一〇三戸あり、志賀谷全体の仏教施設として寺院が七ヵ寺（内、浄土宗二ヵ寺、真宗五ヵ寺）、仏堂は観音・薬師・大日をそれぞれ奉仕する三堂があった。中志賀村内で見ると浄土宗寺院浄恩寺、大日堂、薬師堂などであり、その他、七社の社祠が祀られていた。

中志賀ではさらに小字単位で組に分かれており、それは久保勢《くぼで》・三河谷・茶屋・颪・赤坂・大江谷であった。それぞれ隣組としての機能もあり、地縁的・血縁的由縁で団結している。

また、先にあげた仏教的宗教施設として浄恩寺（浄土宗北光山南秀院）があり、隣村である下志賀と共に八〇戸ほどが檀家に属しているが、北隣にある真宗寺院の門徒に帰依している家も存在する。

墓地は、浄恩寺境内裏山斜面に階段状に形成されており、中志賀集落唯一の墓地であるが、古墓的な小規模な個墓も散逸的に集落内に存在している。

一般的に「サンマイ」というと、墓地という意味で通じるが、当地ではサンマイというと、火葬場という意味で捉えられている。かつて火葬の際には、野焼きで死体を焼き、骨を取って供養していた。そのサンマイが中志賀集落内だけで四ヵ所あった。それは上ノ谷のサンマイ、マゴシロのサンマイ、大江谷のサンマイ、丸山のサンマイである。

上ノ谷のサンマイは久保勢組と下志賀の前出組の共用、マゴシロのサンマイは赤坂組・茶屋組・三河谷組、大江谷のサンマイは大江谷組、丸山のサンマイは颪組と下志賀の天満組が共用していたという。

葬送儀礼は、定期的に行われる習俗ではなく、死という非日常的な時にのみ行われた不定期な儀礼である。死者を悔やみ、成仏を図るための儀礼であった。

中志賀では、死の予兆としてよくいわれたのは、死者が生ずる家の棟に火が飛ぶといった。火とは火の玉であり、「ノビ」ともいわれ、それが飛んだ数日の間に必ず、死者が出たという。

死者が生じた時は、まず隣組に知らせ、「テタイド」(手伝人)を募った。そのテタイドの中から死の知らせを伝達する「ヒキャク」という役を選び、喪家の親類縁者に知らせにまわったが、一人で行くものではなく、必ず二人でまわったという。その知らせを受けた家では、ヒキャクに少量でも食事を取らせるという配慮がなされた。これは精進オトシの意味があったのであろう。

写真1　枕経と神棚に白紙で封をした光景

一方、浄恩寺にも知らせがまわり、住職による枕経があげられる。死者の身体には、ゴジョウが掛けられ、寺から持参した守り刀を胸元に添えられるが、自家の包丁や鎌・カミソリで代用する場合もあった〔写真1〕。喪家ではテタイドによって座敷の神棚が白紙で封をされ、神棚に死穢が移らないように配慮がされた。

枕経が終わる頃に、一合の米で炊かれた一膳飯が用意され、箸一本を立て、それに十字になるように横に一本の箸が添えられて、死者の枕元に供えられた（写真2）。枕飯が炊かれるまでに死者の魂が那智山の鐘を撞きに行くといわれており、早く炊くものではないといわれた[2]。これは那智山という霊場への信仰によるものであり、山岳信仰・海上信仰・補陀落渡海信仰の習合した特異的な信仰が生み出した習俗であると考えられる。一般的には、善光寺に参るといわれているのと同じであり、那智もまた、死者が参る死霊霊場及びあの世の入り口という一面が垣間見えるのである。

通夜の日は、「ヨトギ」ともいわれ、参列者が絶えないが、隣組では葬式の準備に取り掛かる。男衆のテタイドは座棺のガンバコや葬具の製作に勤しんだが、戦後からは御坊市にあった葬具屋でガンバコその他一式を購入するようになっていた。女衆のテタイドは、膳などの料理に取り掛かり、喪家ではなく、隣の家で行うのが習わしであった。また導師としての僧侶の控える家も選定し、「オッサンの宿」と呼ばれていた。

写真2　一膳枕飯

翌日は、葬式であり、サンマイに納められていたガン台に載せて、サンマイまでの野辺送りが続いた。出棺の際に門口で茶碗を割り、縁からガンバコを出したが、葬式の日取りが友引の場合は、ガンバコ内にワラ人形を入れ、二本の笹竹の先端を結んで作った仮門にもワラ人形を吊して、そこを潜る形の措置が取られた。これは人形を身代わりにするものであり、仮門によって、死者が喪家に帰れないようにする装置であった[3]。この時点で死者に対する生還を期待する意識は薄く、恐れの対象になっていることがわかる。

また当地では、タマ呼びの習俗は「オメク」と呼ばれていたが、もし息を吹き返した死者に対しては、火葬に用いる薪で撲殺するという伝承が残されている。これは死

写真３　上ノ谷サンマイ

写真４　サンマイ―膳茶碗

者に対する恐怖心からと、魂の抜けた身体を狙う悪霊がとり憑くからという解釈がなされている。現在まで、葬送儀礼におけるタマ呼びなどの習俗は、死者に対する愛慕の念から行われてきたという解釈がなされていたが(4)、死という一種の異常事態に対する人々の素直な感情の表れが、こういった習俗を生み出したのではなかろうか。土葬などの場合は、死者の身体は土に還るまで存在し、土中であってもその体が存在するという観念から愛おしさは存続するが、火葬の場合は早急にその身体は失われ、形がなくなるので、そのような愛おしさの念は早くになくなって、基層にあった恐怖の観念が表面に吐露された習俗ではなかろうか。

野辺送りの行列は、お先達を先頭に、花輪、花籠、家型灯籠、導師、蛇頭幟、ガンバコ、嫁が持った盛り飯、小麦団子を串刺しにしワラットに刺した供物の順で続き、参列者はそれに従った。喪主は麻の白裃に額には三角頭巾をし、女性は白装束、ガンバコ持ちは、白衣の着物を纏い、頭には三角頭巾を付けて濃い縁者が後ろ持ちを担当したという。

行列は葬式道という道順に沿って進み、サンマイを目指した。

一方、サンマイではテタイドによって「一反ワラ」が用意され、葬列が到着するのを待つ。サンマイに到着すると導師によって「トリオキ」と呼ばれる法要が執り行われる。サンマイにはサンマイ太郎と呼ばれた迎え仏である阿弥陀如来の石仏と六地蔵が安置され、石垣を積んだガン台、石の供物台などが設置されている〔写真3〕。ガンバコを石垣のガン台に安置し、供物台に盛り飯や串刺しの小麦団子を供えると、旦那寺の導師を中央に脇寺の僧侶が居並び、トリオキ法要が行われる。この参列する僧侶の人数によって三ヵ寺、五ヵ寺と呼ばれ、貧富の差によって僧侶の数が変動した。

**写真5　タカツオ山遠景**（この背後に続く山稜に骨捨て場があった）

トリオキが終了すると、ガンバコを石垣で囲われた火葬場に移動し、松の生木でガンバコを囲い、その間にワラを詰めて隙間がないようにワラを積み上げる。点火するのは喪主の役目であり、喪家の家族は、サンマイ入り口に敷かれたムシロの上に座して、参列者に礼をし、シアゲのマッチなどを配ったという。供物などは火葬の際に一緒に焼かれたが、盛り飯の茶碗は供物台の下に安置し、現在でも数百年にわたって奉納された数多くの茶碗が確認できる〔写真4〕。

この後は、テタイドによって火の番がなされ、翌日まで火を立てずに蒸し焼きにする形で火の管理を一晩行った。一方、喪家では参列者に膳を出して振る舞い、隣家も借りての大騒動であったという。

翌日は、骨上げであり、テタイドによって焼かれた遺骨を喪家の家族

写真６　笠の餅

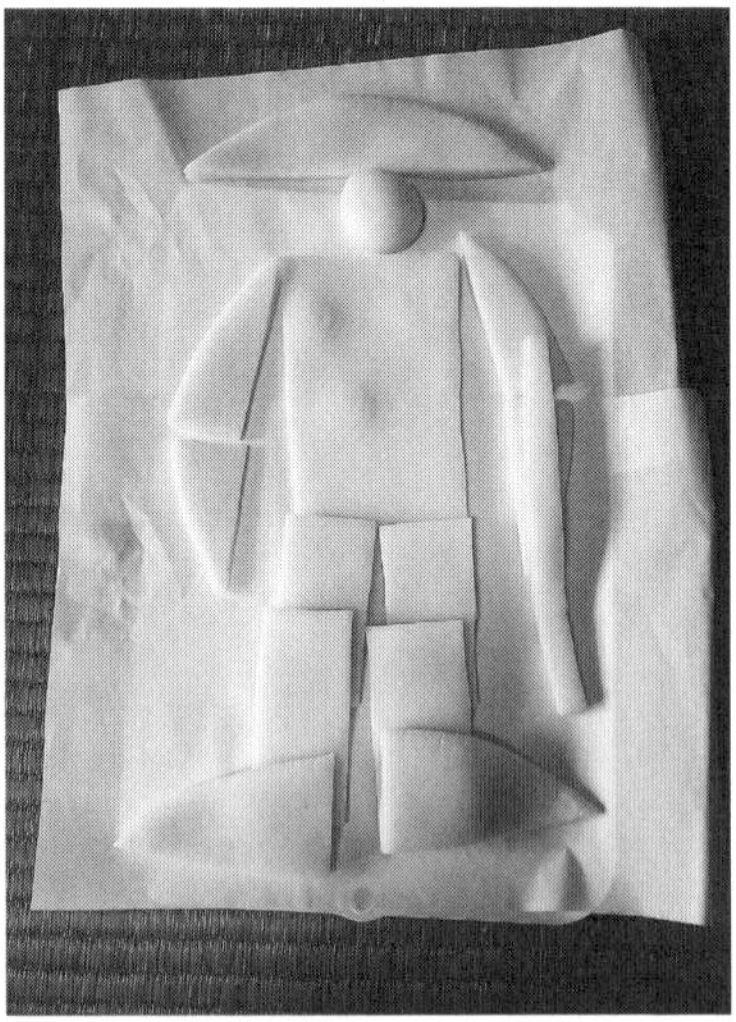

写真７　笠の餅を人型に切る

が拾い、竹の節の中央を切り、一皮残して作った竹筒やワラットに入れて持ち帰った。墓に入れるのは、少量の遺骨のみであり、その他の余ったものは、総本山である知恩院や日高地方の浄土宗寺院の中本山である紫雲山安養院九品寺に納骨する家もあり、様々であった。

一方、当地での特異な習俗としては御骨捨てがある。収集する遺骨は少量であり、多くの遺骨は余るので、それをカマスや小さな俵に詰め、青竹のオコで担って山上に捨てに行くのである。それは喪主が行う習わしであり、その姿は物悲しく、自らの家族を捨てに行く姥捨て山を連想させるものであったという。御骨を捨てる場所は、集落西側にある高坪山であり、当地ではタカツオの発音で呼ばれている（写真５）。

山上に続く山道の先には木々がなくなった更地上の場所があり、そこに上ノ谷サンマイで焼かれた御骨が歴代捨てられてきたので、辺りは骨で真っ白になり、草木も生えない土地になっていたという。最後に上ノ谷サンマイを使用したのは昭和四五年（一九七〇）であり、現在は町営火葬場での火葬となって、御骨捨ての習俗も途絶えて久しい。かつて行われてきたこの習俗は、遺棄葬の名残りとも考えられ、風葬の時代を彷彿させる事例である。その他のサンマイでも同様に余った御骨は山に捨て、その後はそちらに参ることもなく、石塔墓にのみ先祖供養を行った。これらは火葬両墓制ともいえる内容であり、今後の調査に期待がされる。

四十九日後は、シアゲと言って忌明けを意味し、自宅にて法要を行い、笠の餅を供えた〔写真6〕。笠の餅はお盆状に薄く伸ばした円形の餅の下に四九個の小餅を敷き、その内の小餅一個を頭にし、薄く伸ばした餅を人型に切って親族で分けて食した〔写真7〕。笠の餅は各々の体の悪い所を食べると、それを治してくれるといわれ、死者が身代りになってくれるという伝承があるからである。この四十九日までの間、死者の魂は自家の棟に留まっているといわれ、四十九日の法要をもって死者の魂があの世に旅立っていくのであった。かつて連れ添いを亡くした老婆が毎日屋根を眺めて拝んでいたのを度々目にすることがあったが、この伝承は現在でも信じられているのである。

## 二　火葬地帯における寺院と墓制

### 浄恩寺墓地

中志賀地区の寺院は先にも記した浄土宗浄恩寺であるが、この寺院は初め下志賀の平野という所に建立されていた真言宗寺院であったことは寺伝でも知られている。当時は真言宗寺院の古刹としての規模を有したが、天正一三年（一五八五）の豊臣秀吉による紀州征伐によって灰塵に帰し、慶長一七年（一六一二）に在地領主湯川氏の家臣平井氏の弟慧雲大徳とその師清通大徳によって再興され、中志賀に遷り、現在に至っている。(5)

当寺の過去帳は文禄四年（一五九五）の銘記から始まっており、その時代には再興され、旦那寺としての機能が回復していたと思われる。その後に建物などの再築と、浄土宗への改宗が行われ、正式に復興したのが、慶長一七年ということであろう。

その後は紀州藩からの恩恵が篤く、吉宗公を筆頭に六代・八代藩主の参詣があり、八ヵ寺の末寺を有し、志賀門中の中本山として名高いものであった⑥。

下志賀から中志賀に浄恩寺が遷ったことにより、下志賀・中志賀両村が檀家に属すことになり、墓の成立も浄恩寺背後の薬師山に形成されていくようになる。浄恩寺墓地にある墓石の内、時代が判読できる最古のものは寛文年間（一六六一～七三）であり、中には一石五輪塔、板碑型名号碑残欠なども確認できるが、多くの墓石は近世中期のものである。

写真８　浄恩寺墓地

浄恩寺墓地の状況として、その多くが浄恩寺背後の薬師山山腹から下に向かって墓地が形成されていったことが判明する（写真８）。最上部に位置する墓地区画を有するのは、中志賀・下志賀の草分け的旧家の墓石が目立ち、境内平地部は、近年開かれた新しい墓地となる。本来は、山肌に沿って墓石が並ぶ光景であったのが、参拝の利便上、下段部に降ろされたものも少なくないという。しかしながら、近年まとめられた無縁墓石の中には、一石五輪塔や六字名号板碑などの中世的石造物の存在が確認でき、浄恩寺境内墓地の成立は浄恩寺再興以前にまで遡れると考えられよう。

同寺には、浄恩寺を現在地に遷し再興した理由として、その場所に寺院がすでに存在し、それを包括した形で浄恩寺を再興したという伝承が残されている。中志賀には中世から近世にかけて数ヵ寺の真言宗寺院的存在の伝承が残されていたが、その存在の究明となる史料的裏づけは確認できない。

ここで考えられるのが、浄恩寺背後に存在する薬師山に建立されていた薬師堂の存在で、中世中志賀の仏教的施設の集約基地であった可能性を指摘したい。中志賀には宗教施設として、薬師堂と大日堂が存在したことは先にも触れたが、大日堂は字早津川付近にあり、中世に存在したという真言宗凰生寺が退転した後に存続した真言宗寺院の残存施設と考えられる(7)。

薬師堂は、前身となる寺院の伝承は存在しないが、明治初年に退転し、その本尊は現在、浄恩寺に保管されており、室町期の薬師如来像とされている。浄恩寺が建立される以前の祖先崇拝の拠点は、これら仏堂であったことを示唆するものであり、当然イエ意識の高まりと共に、その場所に個家別に祖先祭祀を行う墓石を建立していった形跡が充分考えられる事例である。浄恩寺墓地の山肌に沿った段丘状の墓地の上部を村内旧家が独占している事例は、それを裏付けるものであり、参拝に不便な急傾斜を選んだ理由として「我が家が眺められる景勝地」という伝承があり、高地に建塔することによって子孫の繁栄を先祖が眺められるという山上他界観とも通ずる思想があったことは、無視できない。

一方、浄恩寺墓地の成立と共に独自の個家別墓地を形成するイットウも存在した。彼らは、旦那寺である浄恩寺より遠隔地に位置した檀家であることは確かであるが、中志賀内でも個家別に墓地を形成している場合も存在した。

ここで村内古墓の一つである三河谷墓地の詳細を見ていきたい。

写真9　三河谷古墓群

### 三河谷古墓群

三河谷川左岸部の山裾に一六基ほどの墓石が立ち並ぶ光景がある（写真9）。それらは三河谷集落の墓石群であり、中世土豪を誇った玉置イットウの末裔の墓地とされているが、その祭祀者である子孫は絶家となり、祭り手のいなくなった墓地である。墓石の内、ほとんどが位牌型の近世後期の墓石が目立つが、その一画に一際目を惹く板碑型を中心とした墓石群が存在する。その一画は、墓石の整備状況からイッケ単位の墓石群であることは明白であり、その数は九基に及び、左端から古く、以下右に建塔され、次いで向かい合った状態で右に新しく建塔していった状況が読み取れる。

①板碑型碑　墓石は砂岩質であり、墓石の摩耗が激しく判読不可能となっている。

②位牌型碑　年代不詳、「先祖代々墓」。

③船型光背型碑　詳細は以下の通りである。

万治四巳年
（梵字）　玉光全白信士
敬主
（梵字）南無阿弥陀仏
敬白
（梵字）　吟林宗西信士

二月中旬

高さ九〇センチ、横幅三五センチの大型の墓石で、梵字は判読が難しいが、右はサク（勢至菩薩）、中央はキリーク（阿弥陀如来）、左はアン（普賢菩薩）であると考えられる。この墓石が建立されたのは万治四年（一六六一）であるが、夫婦墓ではなく二人の男性の戒名が記されている。浄恩寺過去帳をひも解くと、万治四年に該当する戒名は存在せず、寛文六年（一六六六）六月二九日に「吟林宗悦信士」とあり、「脇田茂平兄」と注記されている。また延宝八年（一六八〇）八月六日に「玉念善白士」「俗名嘉右衛門」とあり、彼らは兄弟もしくは何らかの関係で逆修供養としての石塔建立を行ったと推測できる。戒名に若干の違いが生じているが、字の間違いなどと考えられる。

④位牌型碑　「延宝八年申（一六八〇）十一月五日」「林廓栄俊信士霊位」。

同じく浄恩寺過去帳には、延宝八年一一月五日に「林廓栄俊信士」の名があり、「早ッ川甚八父」と注記されている。

⑤舟型光背浮彫地蔵碑　「元禄十一戊寅（一六九八）六月朔日」「華萱夏月雲晴信女」。

浄恩寺過去帳には、同年同日に「夏月明雲女、三河徳右衛門妻」とあり、三河谷の徳右衛門の妻であることがわかった。徳右衛門に関しての詳細は不明である。

⑥自然石型碑　「延享三寅天（一七四六）十日」「戒林祖光信士」、「享保廿卯天（一七三五）九月廿六日」「智屋妙意女」。

浄恩寺過去帳によると「戒林祖光信士」には「早ッ川甚八」、「智屋妙意女」には「早ッ川甚八妻」の注記が付されていた。④の石塔に記された「甚八」本人の夫婦墓で、早津川甚八家の墓石群であることがわかる。

⑦方柱型碑　「享保四年（一七一九）八月十三日」「覚往秋天信士」。

浄恩寺過去帳には、享保一二年に「早ッ川甚八子」とある。

⑧方柱型碑　「露□童子、教夢童子」。

浄恩寺過去帳には、「教夢童子」に関しては、享保二年(一七一七)九月一一日に「早川甚八子」とある。「露□童子」に関しては不明である。

⑨位牌型碑　「元禄十年(一六九七)九月十日」「露幻童子」。

浄恩寺過去帳には、「甚八子」と記されている。

以上、九基の墓石の詳細を見てきたのであるが、①③の墓石については謎が深い。当地における最古に近い墓標であることは確かである。浄恩寺墓の最古のものは、寛文七年(一六六七)二月一七日の銘記を持つ下志賀稲葉家の墓石であるが、墓地の立地上、区画の狭さから古い墓石は破棄される傾向にあったようで、それ以前のものは現存していない。ところでこの稲葉家は、下志賀稲葉谷に本拠を持つ士族の末裔で、浄恩寺過去帳の最古の銘記を持つ「文禄四年五月廿六日　覚□院□徹誓円居士　稲葉先祖」を始祖とする古い家系である。文禄四年(一五九五)より過去帳が現存するのは非常に珍しいことであり、稲葉家先祖は浄恩寺壇越の一人と考えられる。

①の墓石は、関係上③より先行して建立されたと考えられ、③の墓石に記された二人の逆修戒名との血縁的関係は、④に引き継がれているのかという疑問が生じるが、現在三河谷墓地を利用していた三河谷集落の住人はすべて浄恩寺墓に移転をしており、現在三河谷墓地に残されている墓石は祭り手のいなくなった無縁墓ということになっている。

三河谷墓地最古の墓石は、宝篋印塔残欠であり、頭部のみを残した形状となっているが、三河谷玉置イットウの先祖のものであると伝承されている。年号詳細を欠くが、その形状から中世のものであることは確かであろう。

④以降、度々登場する「早ッ川」は、中志賀の字名「早津川」であり、当地ではハイツクの名で通っている小字名である。当時の呼称にはそういった小字名を付して人名を区別していた。また三河谷から早津川は谷を挟んだ向かい

側に位置しており、三河谷墓地に墓石を建立する経緯については不明であるが、イッケ単位での墓地となると、本家に近い場所に墓地を設けたと考えるのが妥当であろう。③以降の石塔に関しては、「早ッ川甚八」関係の墓石で、⑤の「三河徳右衛門妻」に関しては、年代的に④の「早ッ川甚八父」の「妻」と考えられる。

これらのことから整理をすると「早ッ川甚八家」の墓石と「三河徳右衛門家」の墓石が集められていることになるが、「早ッ川甚八」は、「三河徳右衛門家」からの分家と考えることもできるが、推測の域を出ない。しかしながら彼らは血縁関係にあり、同じ墓地を利用しているのであるから、イッケ筋と考えるのが妥当であろう。

②に関しては、後年にそれらすべての菩提を弔うために建立された「先祖代々」の墓石と考えられる。この「先祖代々」の墓石は、近世後期から急速に増加し、個人名を刻印した墓石の姿は、ほぼ皆無になっていく。

写真10　三河谷古墓2群

**三河谷古墓2群**

また、それらとは別の系統に入る墓石群が隣接地に建立されており、それらは一〇基確認できる。以下に判読可能な墓石の詳細を記す（写真10）。

①位牌型碑　中央に梵字（キリーク）「宝永五子年（一七〇八）二月十九日」「西宝頓入信士」「念誉妙生信女」「生誉浄往信士」。

「念誉妙生信女」に関しては、浄恩寺過去帳の宝永元年「念誉妙正禅尼、三川太平母」とある。その他二人に関しては不明であるが、親子三人の合祀石塔であることは間違いない。

②位牌型碑　中央に梵字（キリーク）、享保七子年（一七二二）二月晦日」「達応一通信士」、「延享四年（一七四七）七月十二日」「示空童子」、「延享五年五月十一日」「本空立還信士」。

同寺過去帳に、「達応一通信士」は「三川甚助事」とあり、「示空童子」は「三川太右衛門子」、「本空立還信士」は「三川太右衛門事」とある。この三人も血縁関係にあることは明白であろう。

③位牌型碑　中央に「一連」、「享保三年」「知楽理□信女」、「享保十巳年（一七二五）二月廿一日」「義光浄玄信士」。

「義光浄玄信士」に関しては、同寺過去帳に「三河九郎三郎事」とあり、両名は夫婦であり、夫婦墓として建立されたものである。

④位牌型碑　中央に「倶舎」、「明和三年（一七六六）五月十八日」「清誉浄円信士」「善誉□貞信女」「俗名三河伊左衛門」。

「清誉浄円信士」に関しては、同寺過去帳に「茂吉父」とある。「善誉□貞信女」の詳細は不明であるが、夫婦墓と考えられる。

⑤位牌型碑　中央に梵字（キリーク）、「文化五年（一八〇八）」「門誉浄入信士」「□連妙生信女」。

「門誉浄入信士」に関しては、同寺過去帳に文化二年二月二日「三河嘉太夫父」とある。「□連妙往信女」に関しては不明であるが、おそらく「嘉太夫父」の妻と考えられる。

⑥舟型光背浮彫地蔵碑　年記なし、「間忍□□」。

⑦方柱型碑　中央に梵字（キリーク）、「明治十九年（一八八六）四月十二日」「正誉大通禅定門」「讃誉明□禅定尼」「俗名九良兵衛、妻きう」。

以上、三河谷墓地の墓石一〇基の内、七基の詳細であるが、これを整理してみると①の墓石を最古として、以下番号順に建塔された経緯が伺える。先述した早津川甚八家墓地との因果関係は定かではないが、三河徳右衛門家の墓石との関係を見ると、三河谷玉置イットウの同族墓地と考えることが可能である。しかしながら多くの墓石は、縁者によって浄恩寺墓地へと移された状況下から、これ以上の分析は不可能であるが、独立した本百姓筋の祖先祭祀の拠点であったことは間違いない。

写真11　下志賀芝ノ段墓地

**下志賀芝ノ段墓地**

また、下志賀字芝ノ段にある古墓は、四基確認でき、それらは特異な形式を示している（写真11）。

①位牌型碑　中央に「釈」、年号なし、「了玄・妙念・妙照」。
②位牌型碑　「享保二十年卯（一七三五）八月八日」「法名釈律左妙白」。
③自然石舟形光背型碑　年号なし、「南無阿弥陀仏」。
④位牌型碑　「宝暦十三年（一七六三）七月十四日」「法名釈栄空」。

これらの墓石には「釈号」が用いられていることから、明らかに浄土真宗門徒の墓石である。この墓地を管理するのは下志賀の某家であるが、この家の旦那寺は浄土宗浄恩寺である。こういった事実はどうやって生まれたのであろうか。詳細は後述するとして、こういった実態を生み出した経過を葬法を基に解き明かしてみたい。

さて、当地では火葬が早期から行われていたことは冒頭でも触れたが、ではいつ頃から行われてきたのか。それは、上ノ谷サンマイに安置されているサンマイ太郎こと迎え仏である阿弥陀如来座像の台座に「宝暦十二年壬午（一七六二）三月」と記されていることから、その時代にサンマイが機能していたことがわかる。それ以前については火葬なのか土葬であったのかを示す史資料は残されていない。当地の古墓を見ても土葬の様相を示すものではなく、供養塔の意味合いが深い墓石が多く、相当古い時代から火葬であった可能性は高い。

いかにして火葬の普及が早まったのか。それは当地に多い真宗寺院の影響があると考えられる。近隣御坊市にはその市名の由来ともなった西本願寺の日高別院があり、通称「御坊」と称されたことから、地名になったとされる。真宗の布教は中世中期に本願寺八世蓮如上人が広く世間に教理を説き、また各武将が真宗に帰依し、領地に真宗寺院を建立したことに始まるとされ、日高別院もまた、時の領主湯川氏によって建立されたものである[8]。

日高地方における真宗の普及は中世であるとされ、その初見は、日高地方の真宗寺院の古刹高家西円寺旧蔵の興国四年（一三四三）に作成された「一向専修念仏名帳[9]」に当時の初期真宗門徒の名が列記されている。それは当時の真宗の布教によって信者になった人々の名が記されたもので、当地における真宗の浸透時期が早かったことを物語るものである。当時、県内各所において真言宗寺院の存在が強かったが、戦国末期における豊臣秀吉による焼き討ちによって悉く灰燼に帰し、多くの寺院が浄土宗へと改宗を余儀なくされた[10]。その中で、真宗門徒の抵抗及び信仰は根強く、また中世末から近世初期にかけて沿岸部を中心に真宗寺院が多く成立し、現在に至っている[11]。志賀谷においても真宗寺院は五ヵ寺に及び、真宗の普及率が高いことが伺える。寺院としての成立時期はそう古くはないが、門徒として真宗に帰依していた信者は多かったと思われる。中志賀では、イットウ別に真宗門徒が多く存在する。

真宗の信仰は近年でも根強く、浄土宗の檀家であっても真宗に凝る「門徒凝り」が多く、御坊市日高別院には、本山である西本願寺高僧が輪番で念仏説法を説きに来る習わしが古くから行われており、近隣では「リンバンさん」として人気が高く、その熱狂ぶりが伺える。そういった真宗の信仰により、当地は早くに火葬文化が入り込み、浄土宗であっても火葬を取り入れた傾向が伺えるのである。二重檀家ともいえる宗派の混在から、個人的に真宗に帰依した故人の墓地として、真宗戒名を付した墓石が個家別に林立し、浄恩寺過去帳及び境内墓地に釋号を用いた戒名や墓石が確認できるのもそういった事実からである。

明治維新後、新政府は国家神道の普及のため、神仏分離令と共に、火葬禁止令を明治六年（一八七三）に発布し、当地でも火葬が廃止に伴い、土葬への移行が余儀なくされた。その当時の史料として、下志賀区有文書に、明治七年に記された下志賀村の枝郷谷口が本村に埋葬場所の提供を願い出た文書が残されている[12]。それには、「火葬御禁正ニ付、公有地平野山之内、字鬼ヶ淵山地所ノ内借受」とあり、下志賀村の公有地である平野山字鬼ヶ淵に埋葬したいという内容であり、その代償として「同所下タ用水溝水及田地等々、第一崩山又ハ砂埋等ニ相成候節ハ、私共向歩ヨリ取除ヶ申可候」と、埋葬地近辺の用水などに土が崩れたり、砂が溜まれば取り除くという条件を設けている。この内容から火葬が一般的であったため、埋葬地の選択には苦労したことが伺える。その後、この政策は数年で解除され、火葬が復活し、谷口の墓地として平野山鬼ヶ淵は現在も存続している。

一方、漁村火葬地帯では、どのような変遷が伺えるのか。日高郡日高町比井は、天然の優良な港湾に恵まれ、近世以降、主要な港として栄えた地域であるが、行政上一つの湾内に比井浦と唐子浦の二村が存在した特殊な地域であった。

比井には、浄土真宗西本願寺派義天山長覚寺、唐子には浄土真宗西本願寺派謝法山一行寺、浄土宗鎮西派東光山天

然寺がある。『紀伊続風土記[13]』には、家数は比井浦一六〇軒、唐子浦四二軒と記されている。

当地の葬法もまた火葬であり、日高町営火葬場も当地に設営されている。比井地区の歴史を記した近世中期頃に成立した『古今年代記[14]』には、興味深い記述がある。

一、正行寺と云ハ、若一宮ノ後正行寺山の事也、往昔高野山の末寺真言宗正行寺と云寺有、比井ハ皆此旦家也此御本尊ハ若一宮御前立也、其後退転也、依而後谷清泰寺門徒ニ相成候、此頃比井ハ四拾弐軒家数有、御検地帳ニ有之、皆壇徒ニ而有之候所、退転ノ後今ノ長覚寺ノ先祖讃州ゟ来り、向ノ磯崎今ノ二郎太郎家ヲ建有之、屋敷ニ小寺を建、前ナル岩ノ穴ニ而、人ヲ焼申候由、然所ニ天和二壬戌年、今の長覚寺屋敷江五間四方ノ堂ヲ建替申候、

以上、『古今年代記』からの抜粋であるが、当地にはかつて正行寺という真言宗寺院が存在したが、中世末に退転したことが記されている。この正行寺は、当地の氏神である若一王子神社の神宮寺であったことが伺え、比井の旦那寺となっていたこともわかる。しかしながら、中世末期に退転し、長覚寺の先祖なる人物が讃岐から来て、向かいの磯崎に小寺を建て、岩穴で人を焼くという記述は注目したい。

長覚寺自体は、比井に存在した元真言宗寺院であり、大正六年（一九一七）刊行の『比井崎村誌[15]』には、真宗に帰依したのは明応元年（一四九二）であるという記述がある。また明応元年以前は、「青苔寺」と称していたと記されていることから、『古今年代記』にある「清泰寺」は長覚寺の前身であり、真宗に改宗後、長覚寺へと寺号を改めたことがわかる。

讃岐から来た人物は、遊行の僧であるかと考えられるが、その記述がないことから、俗聖または、火葬の技術を持っていることから、三昧聖とも考えられる。

また明応元年の改宗の記述は、この年代に本願寺第八世蓮如上人の活動的な布教があったことを考えると[16]、再興の

理由を偉大なる人物に宛てがったという可能性は高い。衰退していた真言宗寺院を遊行の宗教者が再興し、真宗へと改宗したという解釈で、間違いなかろう。それには在地の有力信者が壇越となり、自家に堂を構え、そこで布教活動を行って、村の旦那寺へと移行を示したのである。当地では門徒としての団結が強くそれを示した『古今年代記』には以下のようにある。

　尤比井ハ元ゟ一寺一社ノ所ニして一向宗ノ外他宗ハ無之所也、元禄年中ゟ他所ゟ入込候者浄土宗次第繁多ニ相成候、尤他村他所ゟ入来候人ハ男女共一向宗ニ可成不成者ハ入込セ不申筈、

これによれば当時、比井には真宗寺院しかなく、元禄年間（一六八八〜一七〇四）には移住者によって浄土宗が盛んに信仰されるようになったと記され、本来は移住者であっても真宗門徒に帰依しない人物は、村に入らせないという村掟まで成立していたことがわかるのである。

しかしながら中世末期までは、真言宗寺院に属していたことから、当地の真宗門徒の団結力が誇示されたのは、中世末期から近世初期ということになろう。

さらにこの当時は、死者の遺体を海岸にある洞穴で火葬していたという記述であるが、現在の町営火葬場がまさにその場所なのである。実に四〇〇年近くにわたってサンマイとしての機能を果たしているのであるが、さらに『古今年代記』には興味深い記述がある。

　向山道場林へ墓拵へ候事ハ、正徳年中比ゟ始ル、夫迄ハ墓と云事無之、死骨ハ三まいの上の谷へ堀埋（ママ）、磯石を此印ニ致置、盆ニハ墓参リ燈籠釣候事も無之候、

とあり、向山道場林を墓地としだしたのは、正徳年中（一七一一〜一六）であるとしており、それまでは墓がなく、死者の骨は三味の上の谷に埋めて、磯石を墓石としていたという。火葬場としてのサンマイは先にあげた海岸にある洞

穴である。火葬時に出た遺灰などは、その洞穴内に納め、遺骨を墓に埋葬したのであった。その後は墓参りもなく、盆行事も行われず、先祖供養の営みは皆無な地域であったのである。いわゆる無墓制とも思われる事例であるが、それ以前が真宗地帯としての最盛期であったことを考えると、先に記した浄土宗の介入によって墓の成立へと繋がったと考えられる。

以上、日高町の内陸部と沿岸部の葬送墓制の特徴を記したのであるが、この二つの事例でもわかるように、当地においては、真宗の影響が見出され、墓制においても火葬が一般的であるのが特徴である。そしてその火葬自体が近世初期にまで遡り得る内容であり、それぞれにおいて共通的な展開を示したのである。

志賀においては、火葬にした骨を分骨し、墓に埋葬するもの以外は、喪主がタカツオ山に設けられた捨て場に捨てに行き、その後はそこに参らないという。一方、比井では、近世初期までは、墓自体存在せず、海岸にある洞穴で火葬にし、遺骨は山上に埋め、以後墓参りもすることなく、先祖供養も存在しなかったのである。志賀も恐らく墓の存在は近世初期に成立したものであると考えられ、それ以前はタカツオ山に火葬骨を放置した形跡が伺えるのである。それには山上他界の思想が含まれると考えられ、また浄恩寺境内にある板碑型名号碑残欠や、室町期の仏像を安置した薬師堂や大日堂が、供養の対象であったことを偲ばせる。それ以前は遺棄葬であった可能性を示唆する形跡もあり、蘇りの者に対する撲殺の事例からも、原始形態が残されているものと考えられる。

しかしながら、火葬などの葬法は真宗の影響を強く受けていると考えられ、当地の習俗と真宗の影響が習合した形式であると考えられる。ここでは墓制の系譜として次の通りの指摘が可能である。山→仏堂→墓石という三回にわたる墓制の変遷が確認でき、こういった墓制の変遷には大きく宗教観が介入したことによる変化であると考えるのが妥当であろう。

## 三　土葬地帯における葬送儀礼

**印南町山口**　日高郡印南町字山口は、沿岸部から少し山間に入った大きな谷中にあり、農業を主たる生業とした農村部である。当地は土葬を近年まで行ってきた土葬地帯であり、埋葬地と供養地を分けた両墓制地帯としても知られる。

写真12　印南町東山口ミハカ（奥に方柱卒塔婆と生花が見える）

山口集落は、東西山口集落に分かれており、近世初期の段階から東山口村・西山口村と行政地区が分かれていた。『紀伊続風土記』[17]には、家数は西山口村四〇軒、東山口村五七軒とあり、小村として存在したことがわかる。仏教施設としては、西山口に最勝寺（浄土宗鎮西派中村印定寺末）と、東山口に仙光寺（浄土宗西山派宇杉村東光寺末）の二ヵ寺が存在する。

東西山口地区は、それぞれに旦那寺を持ち、葬式などの手伝いは一五戸ずつで組織された隣組で賄われていた。サンマイは当地では埋葬地を意味し、俗に「ミハカ」「ステバカ」などと称した（写真12）。東山口では集落の東端の山中にあり、二段の形状をなして、六地蔵があった。石塔墓は仙光寺内にあり、たんに「ハカバ」と称して、先祖供養の場として参拝していた。

当地で死者が生じると、まず組内のテッタイが二人で死の知らせの伝達役を担った。死者の枕元には枕飯として山盛りの一膳飯を炊き、ハシ一本を立て、水・塩・味噌と共に供えた。通夜は自宅で行い、線香を絶えさせないようにしていた。

葬式は旦那寺の僧侶が導師となって、法要を行い、縁からの出棺で、茶碗を割り、野辺送りとなった。その間に組内のテッタイの人が山行きと称して、墓穴を掘りに行き、喪家の縁者が弁当と酒一升を土産に見舞いに行くのが習わしであり、出された酒は残さず飲み干さなければならなかった。

葬列には、花かご、シハタ、鉦、白玉ダンゴの串刺し一対を持参して、ミハカに向かった。花かごに竹竿の先に竹編みの籠を付け、編み残しを上からヒゲコ状に垂らし、色紙を切って散らしての行列であった。ガンバコには善の綱を結び、参列者がそれを持って歩いた。

葬列がミハカに入ると、六地蔵前にあるガン台にガンバコを安置し、参列者がガンバコの周囲を左回りに三周し、埋葬となった。埋葬の時には以前に埋葬されていた遺骨を除けておき、埋め戻す時にその遺骨も一緒に埋葬された。概ね、近親者と一緒の場所に埋葬されることが多く、埋葬地が一ヵ所だけであったため、場所の問題が懸念されていたという。

埋葬後は、標として枕石を置き、その傍らに木柱の卒塔婆を立てた。その後はそれが朽ちるまで盆正月に参るが、基本的には供養の対象とはならず、気になる者が参拝していたという。現在は火葬となり、ミハカは打ち捨てられた状態であり、最後に使用したのは昭和後期ごろであった。

**印南町樮川**　日高郡印南町樮川は、切目川支流樮川流域の最上流部に位置し、詳しい状況は、第二編第二章で述べたので省略する。当地は、土葬と火葬の混在地であるが、本来は土葬であったという伝承から土葬地帯と位置づけた。

　葬式に関与する寺院は浄土宗西山光明寺派浄土寺であるが、かつては真言宗であったといわれている。サンマイは新田と下出に二ヵ所あり、ナルトといわれている。新田は土葬単墓制、下出のサンマイは火葬場である。

　死の予兆として、カラス鳴きが顕著であり、「四羽カラス」及びカラス鳴きが悪いと死者が生じるといわれている。このカラスの鳴き声は身内には聞こえないとされており、火の玉も出るともいわれている。

　死者が生じると、まず隣組の者がヒキャクとして近親者に知らせにまわる。これには必ず二人連れであるとされており、知らせを受けた家では軽くでもいいので何かヒキャクに食べさせて帰らせるという伝統であった。

　喪家では、死者をオクの北枕西向きに寝かせて、枕飯を用意する。枕飯は山盛り一膳で、一本ハシを立てて、死者の枕元に供えた。そして寺のホウジョウさんに枕経をあげてもらい、隣組の人たちによって葬式の準備が行われた。葬式の準備にはビシャコや持ち物・盛り物など多数あり、総出の作業であった。

　亡くなった当夜には、喪家の近親者の中の女性が湯灌を行うことになっており、タライに水を張り、それに湯を足して温度調節を行った。自分の身体の悪い部分を洗うと、死者がその悪いものを持って行ってくれるといわれていたという。この作業はロウソクの灯りで行うとされている。湯灌が終わると一反サラシで作った左前の着物、経帷子を着せ、手甲脚絆、足袋を左右逆に履かせ、結び目などはクソ結びで結んで解けないようにした。

　通夜までの間に座棺に納めたが、この棺桶は村内の大工が作り、紙細工などはその夫人が作ることになっているという。

　葬式当日の出棺は、縁から出ることになっており、嫁入りと同じであった。出棺と同時に茶碗を割り、割った茶碗を屋根へ投げたという。野辺送りの行列は以下の通りである。

一、先達　鉦叩きを担当し、垣内の長老が担当。
二、ハタ　四本ハタ、タツガシラ等、血の薄い人が担当。
三、生花
四、盛り物　これら三種は参列者が適宜持った。
五、紙花一対
六、ダンゴ　一串四個のダンゴ四本一対、女性が担当。
七、水・香炉鉢　参列者が適宜担当。
八、枕飯　若嫁が担当。
九、位牌・杖　跡取りが担当。
一〇、棺　持方といい、孫・甥が六方棺台に載せて運ぶ。
一一、天蓋・灯籠　姉ムコ天蓋といわれ、灯籠は甥が担当。

以上、簡略であるが野辺送りの次第である。サンマイに到着後は右回りに三周まわり、三本足の棺台に載せて、ホウジョウさんが拝んだ。土葬の場合はそのまま埋葬となったが、火葬の場合は、松の木・ワラ・ムシロ五枚が用意され、喪主が点火することになっていたという。火を入れてから一晩は蒸し焼きにすることになっており、松木の台に棺を据え、ワラで覆い、濡れムシロをかけて焼いていった。火の番をオンボという。翌日は「骨拾い」であり、木箱に骨を納め、竹・木のハシを使って行った。

七日毎の法要は親戚だけで済ませ、四十九日目には仕上げとして盛大に行った。この日まで死者の魂は軒下にいるという伝承があり、「スネのサラ餅」という一升餅を一臼から取って、四九個の小餅、その上に大きなノシ餅を被せて仏前に供えた。この餅は参列者に配って食べてもらうことになっている。

墓場には骨だけを埋めて、標石を置き、墓石は七回忌終了後に建立する習わしであったという。

以上、印南町山口、同町樮川の葬送儀礼を見てきたのであるが、火葬地帯といたって変わりない展開であった。しかしながら葬列に参列する葬具の中にある花籠はよく見られるものであり、籠としてのタマの入れ物と、蛇の目にあるとされる魔除けの機能があると考えられる。埋葬地をミハカと呼び、ステバカともいう呼称は、その墓の本質を示すものであり、埋葬後はそちらには参らず、石塔墓が存在する旦那寺に参ることからも読み取れる。両墓制地帯は沿岸部を除く、内陸部、特に日高川筋と南部川筋に多くあり、ことさら日高川筋はステバカを河川沿いに設置し、数年に一度の洪水の際に流されてしまう所に埋葬することで知られていた。[18]そのほとんどが浄土宗に属しており、近年では火葬に移行したが、従来では、土葬にし、その墓地には詣らないという傾向を示していたという。

なお、樮川では土葬と火葬の混在が確認でき、その内容は火葬土葬ともに似通っているが、樮川の死者の魂は四十九日目まで軒下に留まることや、スネのサラモチなどには古俗な伝統が息づいている内容であることがわかる。

## 四　土葬地帯における寺院と墓制

印南町山口・樮川では、双方とも浄土宗寺院が旦那寺となっていることは先に記した通りである。[19]

山口の仙光寺は、元和四年(一六一八)に善峯によって開かれた西山浄土宗寺院であったという。[20]しかしながら境内墓には一石五輪塔や観音堂に安置されている聖観音像が室町期作であるという事実から、当寺建立以前の地域住民の宗教拠点地として、観音堂が存在したことが想像できる。町史[21]には仙光寺前身は、真言宗寺院であるという指摘を行っているが、その伝承もなく、恐らくは真言系の観音堂が前身であり、それを利用して近世に浄土宗寺院として発展したと考えられる。

椺川の浄土寺は、不老山万福寺が前身であるとされ、中世末に退転、龍空文瑞が中興したとされている[22]。しかしながらその改宗時期などは不明であり、その他寺伝なども不詳となっている。境内に建立されている薬師堂は万福寺跡から明治二一年（一八八八）に移築したものであり[23]、当寺成立には真言宗寺院の衰退によって浄土宗寺院が浸透していったと考えるのが妥当であろう。

日高郡南部町字晩稲《おしね》では、近年まで両墓制の風習を残していた土地として知られている。当地は、旧南部川村の南東部に位置する緩やかな丘陵下に散在する大字であり、中世は、南部平野一帯、現在のみなべ町域を包括する南部荘の一部であった。南部荘は、後三条天皇皇孫女伏見宮子内親王から鳥羽院皇女五辻宮頌子内親王及び高野山蓮花乗院領へと移行したことが知られ、荘名の初見は『中右記[24]』天仁二年（一一〇九）一〇月二一日の条に「南陪荘」とある。伏見宮子内親王から五辻宮頌子内親王領へと移行した時期は不明であるが、高野山領への伝領やその後の記録は豊富に存在し、高野山領南部荘という認識の方が強い傾向にあり、様々な研究成果が存在する[25]。晩稲の南部荘に関する史料としては、応永二年（一三九五）四月二日付けの「南部庄山田村年貢銭送文[26]」があり、高野山蓮華乗院年貢銭一五貫目を送った旨が記されている。

晩稲は中世を通して近世に至るまで、山田村の字名として存在した。近世中期、宝暦一〇年（一七六〇）の「南部組大差出帳[27]」によれば、田畑六八町五反余り、家数四二軒、人数四二一人が記されている。現在の晩稲の戸数は二七〇戸を超え、さらに上ノ尾・下ノ尾・黒津・常楽・大谷の五集落に分かれ、村落組織を形成している。

またそれぞれに講組織が形成され、現在も盛んなものは観音講（念仏講）である。観音講は各字に組織されており、地下内で死人が出ると、通夜の席に列席し、西国三十三箇所及び善光寺和讃を唱和する習わしである。宗教施設として、西山浄土宗松壽院月向山光明寺、真言宗常楽寺、薬師堂、大師堂等があるが、光明寺の寺伝によれば、開基は定かではないが、中世末期までは真言宗であったとされている。その古跡は現在地より北東にある月光峠に残されているという。時代は下り、寛文六年（一六六六）の「南部組南部川組寺々書ヶ控[28]」によれば、寛文六年より七八年前の天正一六年（一五八八）に見諦という僧が住職として存在し、その後は筋村にある超世寺の末寺となって浄土宗へと改宗されたようである。『紀伊続風土記[29]』によれば「本堂五間四間半、僧房、地蔵堂」と記され、天正一三年の豊臣秀吉の紀州征伐によって、改宗に追い込まれた可能性が高い。日高地方に存在する浄土宗寺院のほとんどは、中世末期における紀州征伐によって改宗されたものであり、真言宗寺院の前身を持つものが多いのが特徴である。

写真13　みなべ町晩稲ステバカ

　浄土宗以前の葬法については記述がなく、ステバカとしての埋葬地が中世の名残りを偲ばせている（写真13）。当地では埋葬地をステバカと称し、字上ノ尾・下ノ尾・常楽・大谷の四ヵ所があり、それぞれ丘陵地を利用した山間に設定されている。ステバカには墓石などの墓標は設けられず、花筒と土盛りのみである。ステバカは相当古くから使用されているようで、それを示すように巨大な樹木が辺りを覆い、薄暗い様相である。しかしながら、それとは対極的に、墓の手入れは行き届いており、生花が絶えないようである。現

写真14　みなべ町晩稲ザントバ

在はすでに土葬を行っていないが、火葬骨をステバカに埋葬する習慣があり、両墓制の習俗は残されているといえよう。

一方、霊魂を祀る詣り墓はザントバと称し、卵塔墓の訛りであろうと考えられるが、光明寺境内横手にある丘陵地に設けられている〔写真14〕。墓が二つ存在する両墓制であるが、当地ではステバカを極めて手厚く扱う傾向が伺え、ステバカと称する名称から受ける印象とはかなり異なっている。本来、ステバカに死者を葬り、祀っていたのが、後に光明寺境内に石塔墓を設け、両墓制へと移行を示したという傾向が感じられる。

これらの両墓制の要因となっているのが、浄土宗光明寺の影響と考えられる。浄土宗の信仰は、中世末の戦国動乱期より始まり、真言宗寺院の壊滅的打撃により、また念仏宗とも言われる所以である念仏の唱和によって極楽往生が望めるシンプルな教理が、庶民から絶大なる支持を得たのであろう。

浄土宗の盛大なる繁栄により、真言宗寺院に取って代わって日高地方では浄土宗寺院が建立され、かつて行われてきた葬法にも浄土宗が介入してくるようになった。恐らく詣り墓の成立には、浄土系寺院との関係が深く、その宗派によって葬法が火葬か土葬かに分かれたのであろう。浄土宗であっても真宗の勢力が強かった日高町志賀地区では、真宗の最も勢力が強かった中世末から近世初期の段階で、火葬の文化が取り入れられ、現在に至っていると考えられる。

註

（1）仁井田好古『紀伊続風土記』天保一〇年（一八三九年）
（2）野田三郎『日本の民俗・和歌山』（日本の民俗30）第一法規出版　一九七四年
（3）赤田光男『祖霊信仰と他界観』人文書院　一九八六年
（4）前掲註（3）
（5）日高町誌編集委員会編刊『日高町誌　下巻』一九七七年
（6）前掲註（5）
（7）前掲註（5）
（8）前掲註（1）
（9）由良町誌編集委員会編『由良町誌　史（資）料編』一九八五年
（10）和歌山県史編さん委員会編刊『和歌山県史　中世』一九九四年
（11）日高沿岸部を見てもほぼ真宗寺院のみであり、ことの他、沿岸部における真宗浸透が強かったことを物語っている。
（12）日高郡日高町下志賀区有文書
（13）前掲註（1）
（14）和歌山県史編さん委員会編刊『和歌山県史　近世史料五』一九八四年
（15）比井崎村役場編纂『比井崎村誌』一九一七年
（16）堅田修編『真宗史料集成　第二巻　蓮如とその教団』同朋舎メディアプラン　二〇〇九年

(17)　前掲註(1)
(18)　前掲註(2)
(19)　印南町史編さん委員会編『印南町史　通史編　下巻』一九九〇年
(20)　前掲註(19)
(21)　前掲註(19)
(22)　前掲註(19)
(23)　前掲註(19)
(24)　『中右記　三』(増補史料大成)臨川書店　一九七五年
(25)　海津一朗・坂本亮太氏などの詳しい報告があり、鎌倉期からの南部荘の動向やその遺構などに言及されている。
(26)　南部町史編さん委員会編『南部町史　史料編』一九九一年
(27)　前掲註(26)
(28)　前掲註(26)
(29)　前掲註(1)

【話者一覧】
二〇〇九年八月一三日・一七日調査／二〇一一年八月二一日調査／二〇一二年三月一五日調査
・志賀清子氏　・玉置近次郎氏　・藤田佐太郎氏　・津村富雄氏　・津村サダ代氏　・裏　清保氏
・裏　淑子氏　・山中　登氏　・山中君子氏　・岡本　啓氏　・沖野昌彰氏　・柳本千代楠氏

・中原糸枝氏
・崎山　滾氏
・西山重弘氏
・崎山順子氏
・西山政代氏
・森下サチ子氏
・沖野祥子氏
・田中節恵氏

# 第二章　盆行事と他界観

## 一　沿岸部の盆行事

先に記した日高町志賀地区では、八月一三日からお盆が始まるとされ、それまでに墓掃除などをし、先祖を迎える準備をしておくという。一三日の夕刻、家で提灯を灯し、屋敷地を出て少し歩いた所まで先祖を出迎えに行き、提灯はそのまま門口に吊るされ、その提灯の火を仏壇に移して仏迎えとした。これを迎え火といったが、この提灯は二一日まで吊るされ、先祖が帰路を迷わないように、さみしくないようにという思いで提灯の明かりだけは照らし続けられる。仏壇では、先祖それぞれの位牌を出して、その前にズイキやハスの葉に盛られたナス・キュウリ・ウリなどの夏野菜にアモという白餅を供え、オガラのハシを添えた。浄恩寺境内にある墓には、シキミを供え、仏壇と同じ供物をあげた。

一四日の朝は、仏壇に小豆餅のゼンザイを供え、夜はナマスなどのオカズを添えた膳を出して先祖をもてなし、墓にはシキミを取替えに行くのを習わしとした。この頃に浄恩寺の住職が棚経に訪れるが、日にちは定まっていなかったという。

一五日の朝は、ヒキ豆腐・アゲ・シイタケなどの決まった具のオツユ（味噌汁）とご飯を仏壇に供え、昼は野菜のキモン、夕食はソーメン一杯を出した。この日の夕刻に浄恩寺では、墓施餓鬼の法要を行うのが慣行であり、住職を先頭に寺総代がそれに従い、念仏を唱えながら、生米・キュウリ・ナスを刻んで塩をまぶしたナマスを墓中にばら撒くのであるが、不思議と一晩の内にキレイになくなっているという〔写真1〕。かつて、この日の夜に寺の境内で盆踊りが執り行われ、盛大に踊り明かしたという。

一六日の早朝、夜が明けきる前に仏送りが行われるのが当地の特徴であり、各々、仏壇に供えていたズイキの葉の盛り物と、小豆のニンニコ（オニギリ）二つを柿の葉で包み、志賀川に流しに行く。大体は橋の上で行うが、鉦を叩きながら拝み、その後はその場を振り返らずに立ち去るのが決まりであった。未練がましく振り返ると、先祖がこの世に未練を抱き、あの世に帰れないからといわれる。ズイキの葉に供えられたキュウリは船になり、オガラのハシは櫓となって、先祖が川を下って行くという伝承が残されている。そのため、当地ではオガラのハシは三本添えて流すといい、一本が櫓になって、残りの二本は帰りの弁当のハシになるといわれている。川の先につながるあの世に死者を送り出す思想は、その先に広がる海を他界として捉えられているからであり、長く続く、川の先自体を他界として捉えていたからである。

写真１　志賀浄恩寺墓施餓鬼

同町唐子では、盆の行事は八月七日の七日盆に、浄土宗天然寺の檀家が集まって墓掃除を行うことに始まった。

一三日には、夕方、ホオヅキ提灯を持って墓参りを行い、墓に献灯した火をホオヅキ提灯にタバって、自家の仏壇のロウソクに移して仏迎えとしたという。この時には「水棚さん」という朱の盆にズイキの葉を敷き、キュウリ・ナスなどの野菜の供物を載せた供物を仏壇前に供え、茶碗に入れた水をシキミの葉ですくって水棚さんを供養した。

一四日は、朝昼晩の食事をゼンマイ・豆腐・アゲなどの精進料理を工夫して作り、先祖をもてなしたが、特別にオハギ・白餅・ゼンザイを作って先祖に供えるのを伝統とした。夕方には、墓参りに行く習わしである。

一五日も同様に、先祖に食事を出し、夕方に墓参りを行った。夜になってから先祖の弁当として、アゲ寿司、巻き寿司、小豆飯のオニギリを作り、一尺五寸くらいの小型船を作り、盆の供物一切を載せて家の前の浜から先祖を送った。この際に自宅から鉦を鳴らし、念仏を唱えながら家を出て、玄関を出るとすぐに、座敷をホウキで掃き出した。浜では、ナスに線香を立てて一巡念仏を唱和した後に、船を流したという。船を流した後は振り返らずに帰るとされている。

日高郡印南町印南では、八月七日からお盆の準備に入り、七日盆といって花や簡単な供え物を旦那寺である浄土宗印定寺にある墓に供えに行った。

一二日は、墓掃除をし、一三日には、初盆の家では、盆棚作りが行われる。高さ一六〇センチ、幅五〇センチの高床式に竹組みの素材であり、材料はオナゴ竹という女竹を用いた。この棚を作るのは親戚数名であり、決して一人で作るものではないと言われている。盆棚の前面は開いており、切妻造りの館を檜葉で覆い、竹ハシゴが掛けられ、中には位牌が安置されている。そこに供物を供え、軒下の犬バシリに設置した。夕刻からは庭先で赤松のタイマツを焚いて迎え火とした。また一方、子供たちがホオズキ提灯を灯し、鉦を鳴らしながら浜まで仏迎えに行き、道中では「ホオズキ提灯とぉぼして、暗けりゃお籠でむかいましょ」と歌いながら、迎えたという。そして仏壇と盆棚にはナス・キュウリ・スイカといった夏野菜と餅・オハギを供え、門口には提灯を二〇日前後まで灯し、先祖をもてなした。

一四日は、本来棚経が行われるが、印定寺の檀家が多い理由で、盆の最中には棚経は行われていないという。

一五日の深夜、日付が変わる頃に先祖送りを行うのが習わしとされ、提灯を灯しながら、鉦を打ち鳴らし、浜へ向かう。波打ち際で鉦と共に念仏を唱和し、そのまま提灯を燃やして仏送りとした。その時に先祖の弁当と称して、小豆オニギリと夏野菜の盛り物をズイキの葉で包んで流し、初盆の家では、盆棚も一緒に流すか燃やした。

一方、日高郡みなべ町岩代地区は印南町の南隣にあり、沿岸部に位置した小村である。当地でも、仏迎えは子供の役目であり、夕刻に提灯を灯しながら、西の方に行き、数回に分けて先祖の霊を迎えた。また、お盆の特徴として初盆の小船が知られている。みなべ町以南の沿岸部では、初盆に小船を作り、海へ流す習俗があり、岩代でも同じ文化が見出せるのである。提灯を一〇八個付け、一五日の夜に提灯に火を灯して沖まで漕ぎ出し、海の彼方に先祖の魂を送った。

## 二　内陸部の盆行事

日高郡印南町宇東山口地区の盆行事は、八月七日の七日盆から始まる。この日から盆入りで準備を行う日であった。一二日は、墓掃除に行き、寺の詣り墓を掃除し、ビシャコ・ホオズキ・花などを供えた。一四日は、寺に提灯を持って参り、墓で提灯の火が消えるまで拝む決まりになっていた。同じ日に寺では施餓鬼を行い、寺の歴代住職の供養、永代供養、英霊供養、虫供養、初盆供養を兼ねて行い、それぞれの縁者が集まって先祖の供養を行った。

一方、初盆宅では、親戚一同が集まるため、ご馳走を作って迎え、家のイヌバシリに水棚を設けた。オナゴ竹の四本柱に高床式の小屋で、三壁面はヒバ、屋根は四隅から出た竹の笹枝四本を中央部で結び、それにヒバを葺いたものである。これは一二日に親戚と作ることになっており、前面には四本子のハシゴを設けている。前面足元には花筒を挿し、小屋内部には、ズイキの葉に餅・キュウリ・ソウメン・水などの供物を供え、新仏を祀るのであった。親戚の盆参りはこの水棚に拝み、親戚から頂いた提灯を軒先に飾り付け、大いに賑わったという。

通常の盆の場合は、木の箱の上にズイキの葉に供物を盛って、門口へ供え、ガキ仏に手向けるという。

仏送りは、一六日の早朝に行うのが通例であったが、現在は一五日の夜中に送ることが多いようである。鉦を叩きながら、提灯を持って川へ向い、初盆宅は水棚・提灯を持って行き、それらを川辺で焼いて川に流した。

日高郡みなべ町晩稲の盆行事として有名なものは六斎念仏である。本来は月に六日ある六斎日に戒律を守るものであったのが、中世に浄土念仏系の展開によって念仏踊り化し、現在に至るものである。京都地方に残されるものとは、様式を異にし、初期の形態を残す素朴なものである。

六斎念仏は、晩稲で行われる宗教行事の一つとして、昭和初期の段階までは、字下ノ尾の集落で行われた講行事であった。その内容は、下ノ尾の青年が若衆に加入すると同時に六斎念仏講にも加入するというものであり、現在は晩稲全体で担っているが、かつては、下ノ尾の若衆によって支えられていたのである。創始は定かではなく、旅の六十六部より習得したといわれている。また下ノ尾にある薬師堂で行うのが本来の姿であると言い、戦前まで使用し、戦中の金属供出を免れた古い鉦が一つだけ残されている。

当地では八月の盆行事の一環として行われている。それは七月二五日から八月盆までの一ヵ月に及ぶ練習の末に、八月一三日・一四日・一五日・一六日・一七日と、二三日の六日間にわたって披露される。現在の構成員は男性のみであり、一〇人ほどである。

六斎念仏が披露される場所は、ステバカと称される上ノ尾・下ノ尾・常楽・大谷の埋葬場所とザントバと称される石塔墓である。また光明寺本堂をはじめ、一六日に下ノ尾の薬師堂、一七日に常楽の庚申さんと観音堂、二〇日に黒津の大師堂でも行われる。また、毎月一六日にお勤めが行われたといわれ、春秋二季の彼岸会にも念仏を唱えたという伝承が残されている。

そして、その服装も羽織り姿に手には鉦を持ち、リーダー的存在の先導によってその曲を披露していった。光明寺本堂での法要は座った形で行われたが、野外になると立ち念仏の形式で行い、その風貌は古式を伝えたものであるが、現在は、茣蓙を敷き、野外でも座った形をとっている。

その曲調は和讃調であるが、声明的特長もあり、鉦六個を打ちながらの唱和を基調とし、曲も、「四方拝（いざら）」「六字訓」「七つ子」「賽の河原」「山ごもり」「身売り」の六曲を伝えるが、現在は彼岸会に唱えられていた「身売り」のみ伝承されていない。

まず、当地の盆行事の最初に行われるのは六斎念仏の稽古である。かつては、田辺市の闘鶏神社の例大祭である田辺祭りが終わる頃、七月二五日くらいから下ノ尾の薬師堂で稽古を始めていたが、昭和初期から下ノ尾の若衆から晩稲全体へと担い手が移ると同時に、光明寺本堂で行われるようになった。現在は盆前の三日間のみの練習となっている。

そして八月一日には、墓掃除を行い、寺の掃除も行われる。

七日は、盆の始まりとされ、初盆を迎える家では、施餓鬼を行い、寺や自宅で法要が営まれる。寺には専用の餓鬼棚が設けられ、四方に青竹を巡らし、棚には卒塔婆や位牌が祀られ、水をかけて供養を行う。

そして一二日には初盆宅でカリヤが建てられる。カリヤは、別名「水棚」ともいい、高さは一五〇センチほどで、四本のオナゴ竹を柱に高床式の館を設け、壁や周囲の囲いはヒバで葺かれ、ハシゴを立てかけている。館はオサヤといい、中には戒名を記した白木の位牌を安置し、新仏を祀るのである。設置場所は軒下のイヌバシリ付近であり、縁

写真２　みなべ町晩稲迎え火

写真３　みなべ町晩稲の盆供物

側の外側に建てる慣わしである。これらは組内で作り、供物として御膳が供えられる。中身はヒラに高野豆腐、シイタケ・ニンジンの青物を基調とし、御飯、汁物、タカツキにはキュウリ・果物が盛られる。そして朝昼晩の三回、茶を入れ替え、死者のもてなしを欠かせない。そして平素より祀られるのはムエンサンといわれる餓鬼仏を、カリヤと同じく軒下に台を置き、その上にズイキやハスの葉を敷き、ナス・カキ・イモ・アワ・インゲン・ホオズキなどを供えて祭る。同様のものは印南町宮ノ前地区にもあり、当地でも「水棚」と称し、一三日に娘の婿さんなど、他家の親戚と二人で作るものとされており、高床式で壁三面はヒバで覆われている。屋根の部分にはバッチョ笠などを掛け、日除けとして用いているのが特徴である。

一三日は仏迎えであり、ステバカとザントバの両方に墓参りに訪れ、カリヤには足洗い酒を供え、新仏の足を洗い清めるという。この日の夕刻より、家々の門口で迎え火が焚かれる。本来は竹の先に付けた肥松に点火して高く掲げるが、最近は路面で焼かれることが多くなった〔写真2〕。この日には、迎え餅という白餅を供え、死者を迎えるという。

　翌一四日は、初盆宅に旦那寺である光明寺から棚経にまわってくる。この日は仏壇に柿の葉に盛った供え物をし、初盆宅では軒先に、親戚近隣者から送られた提灯を飾りつける。贈られる提灯は相当数に及び、南紀を代表する盆の習俗である。カリヤ及び仏壇の供え物は朝昼晩に替えられる〔写真3〕。盆の最中は、近隣者及び親戚が弔問に訪れ、カリヤに足洗い酒の酒を榊に振りかけて供養を施していく〔写真4〕。この日の早朝より六斎念仏の講衆がステバカである埋葬場所四ヵ所を回向し、六地蔵前で六斎念仏を唱和する〔写真5〕。順番は上ノ尾・大谷・常楽・下ノ尾であり、曲はいずれも「四方拝」を唱え、最後に下ノ尾の初盆宅で「六字訓」を唱和する。また、かつては晩稲周辺の寺々をもまわったといわれている。

写真4　カリヤの参拝

写真5　六斎念仏の風景

　その日の晩からは光明寺境内で盆踊りが行われる。これは地元青年団の主催であり、櫓を組んで太鼓・笛の囃子に「苅萱道心」や

写真6　仏送りの供物

写真7　仏送りの行列

「白井権八」などの音頭を取ったという。また田辺市中芳養から習得したという伝承もあり、中芳養発祥の盆踊り「おるりと吉さ」などの音頭もあったのではないかと考えられる。かつては仮装踊りも盛んで、死者になり代わり踊る古い習俗があった可能性が伺える。

十五日は仏送りであり、初盆宅では夕方から親戚が集まり、仏送りの準備に勤しむ。仏送りには送り団子と称する米粉の湯通し団子と死者の弁当を準備する。弁当はササゲ豆の赤飯をオニギリにしたものである（写真6）。本来は深夜遅くに仏送りをしたが、近年は深夜に及ぶことはない。仏送りは、当主が先頭で鉦を鳴らしながら進み、無地のホオズキ提灯を掲げながら、初盆宅では竹に通して担われた提灯を掲げて川原まで進むものであり、その光景は幻想的である〔写真7〕。川原では提灯を焼き、住職による読経が行われ、死者があの世へと旅立つのである。

翌一六日は薬師の縁日であり、下ノ尾の薬師堂で六斎念仏の法要が行われる。また一七日には観音の縁日ということで観音堂で同じく法要を行い、二〇日には大師堂でも六斎念仏の法要を行う習わしである。

二三日は地蔵盆であり、光明寺境内にある地蔵堂で六斎念仏の賽の河原を唱和する。そして本堂でも行い、その後、晩稲の女性が参加するバイカ講が「西国三十三ヵ所和讃」を唱和する。翌二四日は、光明寺境内に設置された土俵で子供相撲が催され、かつては近隣から多くの見物客や参加者が挙った有名な行事であったという。

一方、南部町付近において他に六斎念仏の伝承は確認できず、当地で行われるものは和歌山県内で最も南部に伝承されるものである。なお、高野山麓及び紀ノ川筋には、歴史的史資料から、かつて六斎念仏が行われていた形跡を確認できるが、南紀においては皆無に等しい。これは念仏講中が残す金石文などの講碑や講帳などが残されていないからであるが、紀伊半島南部における念仏芸能的な信仰はかなり薄かったことを示唆するものである。また、昭和四四年（一九六九）に調査した田中敬忠氏による六斎念仏の報告によれば、かつては、みなべ町埴田の薬師寺にも六斎念仏講が組織されていたという伝承を記されており、当寺の宗派も西山浄土宗であることから西山浄土宗との関係が注目される。天正一三年（一五八五）に豊臣秀吉の焼き討ちによって多くの寺院が焼失し、改宗が余儀なくされたが、恐らく、中世後期の西山浄土宗への改宗時期に当地に伝播した可能性が高い。もっとも当地で残されたことは現地の人々の長年の努力と信仰の高さを物語るものである。

## おわりに

これまで、和歌山県日高地方に伝承されてきた葬送儀礼と墓制、他界観を述べてきた。葬送という人の生死に関わる儀礼は、顕著にその地域の特徴が見出される事例が多い。死という一種の異常事態に対し、残された遺族、またはその共同体がいかに対処してきたかが注目されるが、それには、一種の極秘的な内容も多分に含まれる。死者という生から死に遷り替わる状態にあるものを、清から穢の対象へと儀礼の変化と共に、短時間の間に行うのは、死に対する恐怖心の表れである。死者のタマ呼びは儀礼的なものであり、日高地方では「オメク」と呼んでいたが、語源は「喚く」であり、その名の通り泣き喚いた姿からで、悲嘆の表れと考えられる。もしくは古代に行われてきた「泣き女」の変化した姿とも捉えられる。そのオメク姿も近代医療の発達し出した昭和初期に姿を消し、その姿を見た者は皆無に等しくなった。

一方、火葬といった葬法も全国的に見れば、普遍的な事例であるが、日高地方の一部では遺骨の散骨が一般的に行われてきていた。火葬の普及は古代にまで遡るものであるが、民間に浸透するのはそう古くなかったのが現状である。火葬の普及は仏教と共に伝来し、初めは一部の限られた貴族の葬法であった(1)。その理由として、死体の焼却には大量の薪と高度な技術が求められたからであり、経済的負担があったからである。一方、中世以降専業者としての三昧聖の動向と共に火葬が普及しだし、全国へと徐々に浸透していき、多くの先行研究がそれを示している(2)。それには浄土真宗の推進もあったという背景も存在する。

当地で行われて来た習俗は、在地の古俗的習俗に真宗教理の浸透によって生み出されたものであるが、その底流にあるものは、人が持つ精神的思考を反映している。人の死というものは、悲しいものであるが、生なるものが死へと転化するという想像を超える事態を恐怖と感じ、それに対する処方は現実的であり、生きた者の魂がない肉体は、穢れの対象として、早急に遺棄するといったものである。死したるものがその間で蘇生したものかは、定かではないが、その肉体にある魂はすでに生前の聖なるものではなく、邪なるオニであるという思想に言及できるのではないか。それ故に死者の蘇生を顕著に嫌い、撲殺するという伝承が伝えられたと考えられる。

仏教の民間への浸透は早期に始まるが、葬式仏教化によって確実なるものへと導かれたのはいうまでもない。仏教の葬送への関与が、葬送儀礼の多岐にわたる儀礼展開を生み出し、それに関与することによって民衆に受け入られていったのである。(3)当地に非常に多く存在した真言宗寺院は、祈禱寺院であり、現在でも葬式に関与している寺院は皆無に等しい。その真言宗寺院が中世末の動乱期に淘汰され、浄土系寺院が多く成立したことによって葬送儀礼は大きく変化したことは、先に述べた。

日高町比井地区では近世初頭まで墓の存在はなく、遺体を火葬にし、遺骨を山中に埋め、その後は墓参りなどの供養は一切行わないという事例は、比井地区の寺院の変遷から読み取ることができる。まず最初に存在した真言宗正行寺から、真言宗清泰寺、そして浄土真宗長覚寺へと移行を示し、江戸中期に浄土宗の影響によって墓の成立へと導かれたと推測できる。それには遊行の宗教者が関与し、それは比井集落の歴史を記した『古今年代記』にも記され、土地の有力者に頼り、氏寺的宗教施設を構え、布教活動を行ったことは明確と言えよう。氏寺的な存在から、檀那寺へと移行を示すのは、全国的に見られる事例からも明らかである。

墓を作らず、先祖供養もしないという原始宗教的な思想の下、浄土宗の普及によって先祖崇拝の基板を築き、現在に至っているのである。

一方、土葬の葬法を選択した地域では、両墓制といわれる埋め墓と詣り墓の二種類を建立するというシステムを取る所が目立つ。両墓制は、近畿地方を中心に見られる葬法であり、その特殊な葬法から他分野からも注目されているが、概ね穢れた死体の処理と清らかなる魂を祀るという双方の理念を両立する上で形成されたと考えられている(4)。印南町山口地区やみなべ町晩稲地区も両墓制を採用し、継承してきた地域であるが、双方では捨て墓と称される埋葬地に埋葬後も供養のために詣るという事実が存在する。本来は埋葬地には穢観念のために詣るということはしないのが、両墓制の特徴であったが、みなべ町晩稲地区では顕著に手篤く供養をし、生花が絶えないという事実を呈している。

それで考え得る事実は、両墓制という事例は多岐にわたるものであり、少なくとも日高地方における両墓制は埋葬墓から霊魂を祀る祭祀墓へと移行を示し、またそれには寺院側からの関与が強かったと考えられる。しかしながら別の視点から見ると、死者への恐怖の念が時代が移り変わると共に変化し、恐怖感・穢感が拭い去られて現在に至っているとも考えられる。土葬地帯の多くが内陸部にあり、浄土宗地帯に限られ、また埋葬地としての候補地が豊富に存在する地域に限られたものである。梗川の村内で火葬と土葬に分かれている地域では、人口密度の少ない奥部が土葬を継続し、人口集中地である中心地では、早期に火葬に移行したという伝承からも埋葬地の問題が顕著に現れている。

さらに多くの寺院が中世末から近世にかけて真言宗から浄土宗へと改宗を経た事実から、本来は土葬単墓制から浄土系の布教により詣り墓の建塔によって両墓制へと移行を示したと考えることが妥当であろう。結局のところ、両墓制の起源には、その地域の風土と宗教観、土地事情などの複雑な事情が関与して成立したという結論に達する。

また先祖を祀る盆行事に関しても、顕著にその特徴を示す。日高町志賀地区の事例では、一般的な特徴を示しているが、提灯の明かりを二一日まで灯すというのは、一六日の早朝に旅立った先祖が帰路を迷わないようにという配慮の念からであり、同様のものは印南町印南でも伝えられている。死者の帰路を照らすものであるとされ、本来は二三日の地蔵盆まで照らしたものであったのが、若干の簡略化によって二一日までという中途半端な経緯を辿ったと考えられる。一方、先祖の霊を思う念がありながら、送った後には振り返らないという伝承は志賀・唐子で確認でき、唐子では座敷をホウキで掃き出すという葬送儀礼と同じ傾向を示すのである。先祖は愛おしいものであるが、時には恐怖の対象として祓う傾向を示すものであり、年間を通じて生者が住まう屋敷に留まられるのを嫌うことを示唆する事例である。

また初盆には、「カリヤ」や「オサヤ」「ミズダナ」と呼ばれた仮設の祭祀小屋を作成し、それは家族が作るものではないという伝承を残す。そしてイヌバシリにそれを安置し、初仏を祭祀するのである。それ以外のフル仏は仏壇で祀り、区別のつかない精霊はガキ仏として、カドに仮設に作った供物台に祀る措置が取られている。三ヵ所に分かれた祭祀場所には、それぞれの意味があるのであろう。家屋の中に祀られるのは、清まった祖霊神である。位牌の存在とそれ以前の清らかな祖霊たちは、仏壇で祭祀される。地域によってはそれが床であったり、ザシキの仮設の祭壇であったりするが、それは地域の差であり、家屋内で祀られるというところに注目したい。一方、初仏は軒下のイヌバシリに祀られるのが一般的であり、全国的に見ても同様な事例である⑤。

なぜ身近な霊を軒下で祀るのかというところには多くの論議が交わされているが、結論としては、死後間も無い荒魂的存在であるため、畏怖の念が働き、それを清める措置として仮小屋に特別祀られたという考えを指摘したい。多くの祖霊がそうであったように、様々な段階を経て清く鎮まった存在となり、祖霊へと移行を示すのである。それ以外の得体の知れない霊的存在をガキ仏として、最も家屋から遠いカドで祀るのは、生者に影響を与えないための措置である。畏れの対象でもあり、哀愁の対象でもある「ホトケ」を祭祀するのは葛藤という複雑な心境によって行われたのである。

祖先祭祀の構造に火葬地帯と土葬地帯の両者の比較をもって迫ったが、それぞれの違いや合致する点を概観すると、その特徴的習俗が古俗を残すものであることが判明した。無墓制や遺棄葬・両墓制といった葬法は、様々な歴史的・宗教的要因によって生み出された民俗的事象であり、その発生要因は村落共同体と深く関わったものである。

註

（1）赤田光男『祖霊信仰と他界観』人文書院　一九八六年

（2）細川涼一『三昧聖の研究』碩文社　二〇〇一年

（3）赤田光男『祭儀習俗の研究』弘文堂　一九八〇年

（4）前掲註（3）

（5）森　隆男『住居空間の祭祀と儀礼』岩田書院　一九九六年

【話者一覧】

二〇〇九年五月一九日・八月一三日・一七日調査／二〇一一年八月二一日調査／二〇一二年三月一五日調査

・志賀清子氏　・玉置近次郎氏　・藤田佐太郎氏　・津村富雄氏　・津村サダ代　・裏　清保氏

・裏　淑子氏　・山中　登氏　・山中君子氏　・村上かるえ氏　・岡本　啓氏　・崎山　潑氏

・崎山順子氏

# 結語　生業文化に見る祭祀習俗

以上、三篇にわたって農山漁村における生業文化とそれにまつわる祭祀習俗を考証してきた。以下各篇ごとに要約し、総括していく。

第一篇は、農山漁村ごとの村落構造、社会組織、生業技術とそれに関与する祭祀習俗を概観した。農村における村落構造は、農地という生産母体を主体に生産活動に重点を置いた土地制度が大きく関与し、近世初期の検地においてそれが確実なるものへと固定された。実質的な農村構成は、近世の検地に依るところが強く、村落共同体の構成員は、検地によって「百姓」としての身分に固定されたのである。しかしながらその身分構成には、中世名主層及び土豪的存在も含められ、彼らの反発は一揆という、農民闘争として表された。

そういった農村母体で伝承された稲作技術に関する事例は、水利慣行、稲作技術、農耕儀礼に見られる田の神信仰を育むことになり、特に水に関する雨乞儀礼には重点が置かれ、村落闘争としての水論にまで発展が見られた。水の確保は稲作に必要不可欠な問題であり、稲作農耕民の歴史は、水利の確保による苦悩の歴史とも言える問題であった。

そういった稲作には豊穣を祈願する田の神信仰が顕著であり、南紀地方ではその田の神が「亥の神」という亥の子行事に集約され、田の神の去来性は、亥の神にも確認でき、春秋二回にわたって亥の神が家と田畑を往復する事例が確認できた。亥の神は秋亥の子に家に帰り、そして穀物を守護する穀霊としての性格を強く帯びていることも指摘した。

一方、農村で展開された年中行事を幕末期に記された「依岡宇兵衛日記」の分析によって解析し、近世後期における農村の概要に触れた。幕末動乱期における農村の動向は、新体制に移行する新時代の幕開けであり、農村における農民の立場が、大きく変化しようとする時期であった。上層農民は商業に着手し、家計安定を図り、家の永続を願った内容を示している（第一章）。

山村社会では、その村落構造は広大な村域によって細分化され、地縁的結束が非常に強く垣間見える。それはカイト組織を母体とし、村落組織としての機能を小共同体として担ってきているからであり、そういったカイト集落には屋号が顕著で、屋号自体が、その屋敷地に付された地名であること、その地名が慶長検地帳でも確認でき、屋号としての存在が近世初期まで遡れることを指摘した。

村落構造は、社会的立場（武家）からの出自に因む構成を表層に出し、中世武家の出自に因む傾向が強い。そういった武家出自に因む伝承は、山村という僻地的立地と閉鎖的空間において自らの正当性を誇示する在地的土豪に多く見られたものである。

村落共同体としての表層的組織論を展開した上で、精神的象徴としての社祠、仏堂が豊富に存在するのも山村の特徴といえよう。村落における寺院の建立は、土豪の勢力によって早期に行われる場合も存在するが、村人にとってそれは遠い存在であり、共同体によって管理される仏堂は、中世の段階で増加の傾向を示す。寒川などは顕著にそれを示し、各小集落共同体で仏堂を管理し、春秋彼岸や盆には先祖供養が営まれた。近世を迎え、寺請檀家制度が整った段階においてもその機能は失われず、先祖の菩提を弔う場として、現在も継承されている。

こういった村落状況の中で行われてきた山村生活は農業経営では賄えず、多くは山林利用の林業経営であった。その林業経営自体の流れは、山主と問屋の関係から問屋率いる山林労務者の集団が大きく関与していた。コビキやキリキといった専門職からヒヨウと呼ばれた日雇い労働者は、近隣山村の貴重な現金収入源となっていた。そして狩猟活動にはシシヤマという犬を用いた古俗的伝統と、紀州犬などのルーツがオオカミに求められる伝承が豊富に存在することも指摘した。オオカミ信仰は、山村では普遍的に見られたもので、オオカミを神とみなす根強い信仰が基層に存在したのであった。

また年中行事における正月の歳神送りは、カザリをタカミに供え、恵方の木に括って送るという事例は、ドンド焼き以前の基層文化であると考えられ、注目する内容であろう（第二章）。

漁村社会は、その閉鎖的外見とは裏腹に外に開けた外向的側面を含み、漁民文化を構築していることに触れたが、漁村社会の構築には多くの自然環境・立地条件などが漁村社会の構造に要因していることを示した。漁村という定義における漁撈活動に従事する集落は、その生業活動に農民性を帯びるのか、純漁民であるかという論点が存在する。一方、漁撈に従事しながらも社会的政策によって農民に転化するという事例も垣間見え、一概に農民から漁民へという流れは指摘できない。漁村集落における荘園制の事例としては、当初、農作物（米）の上納は不可能なほど零細な農地しか存在せず、その治田としての納税は免除されるほどであった。衣奈園と呼ばれた当時は、園という名称から農作物より別の搾取を目的として立荘されたものであり、その土地による依存はほぼなかったと考えられる。荘民としての身分を与えられた人々は、自らの生計を成り立たせるために背後の農地を開墾し、そして衣奈園の荘号が廃され、衣奈荘として確立していったのであるが、在地領主の横領が進み、また漁村の中にも惣村化が発展し、荘園の解体に繋がった経緯も伺えた。

そういった傾向の中、荘園の中の荘民としての漁民も力を蓄え、その結果、大規模な網漁の発展に繋がり、地主と小作、網元と網子という関係が築き上げられたのであった。網子が決められた網元以外の世話になることは認められず、また分家に関してもその慣行を守る習慣は極めて従属関係が強いことを示している。本家・分家関係で縛られた漁民における生産活動は結束力が強く、その団結によって大型漁撈活動をなし得たのである。

漁撈活動における生産性は、その活発な活動力に求められ、紀州漁民といわれた漁民気質を生み出したのはいうまでもない。そういった大胆な網漁などの大型漁撈活動とは裏腹に紀州漁民の側面は、一本釣りという繊細な技術にも集約されている。魚を一匹ずつ捕獲する釣り漁における活動は、その技術と優れた漁場判断能力にかかっており、紀伊半島という黒潮渦巻く海域は、豊富な漁場に恵まれていたという立地的条件もその発展要因として考慮できる。漁撈技術の発展と共に文化的側面も豊富であることは指摘する必要があろう。

漁民信仰の基層には自然神崇拝があり、それは岬という景観的形状に見出された。従来漁民信仰に山岳信仰が存在し、漁民の山の神崇拝が取り上げられてきたが、それ以外に自然景観の一部である岬信仰が認められる事例が多い。漁民にとって岬をかわすことが一番の危険が伴い、それは気象的条件や海象的条件の変化が生じるからであり、また自らの位置を示す指標としての存在も強かった。漁民は船上から岬を拝し、そういった信仰からカミの存在が確立されていったのである。その一例として日高郡美浜町の御崎神社は、その神体を日ノ御崎とし、顕著に岬崇拝が示された事例である。

そういったアニミズム的崇拝は、自然事象だけではなく生き物にも向けられ、クジラやサメをエビスと見る習俗や、特にカメを崇拝する信仰が根強い。そういったウミガメは時として流木にすがっている場合があった。その流木にカメの神威が移り、漁撈活動に有意義に働くという漁民気質が存在した。「カメの浮き木」信仰は太平洋沿岸部に分布し、その分布地を見るとカツオ漁が盛んな地域が顕著である。この信仰はカツオを求めた漁民に共通する信仰であることは明白であり、サメ・クジラといった大型捕食者の周りをカツオが回遊する性質や、プランクトン発生原因となる流木の周りにカツオが捕食する小魚が豊富に湧き、そこにさらにカツオが群がるという性質とも関連する事例であろう。流木には大漁の兆しがあり、縁起のよいカメがその流木にすがるという二重の縁起を担いだ漁民特有の信仰形態である（第三章）。

第二篇では、氏神祭祀とそれを支える祭祀組織を取上げ、農山漁村における祭祀組織の形態を示した。氏神祭祀については、山村地帯における郷村的な広大な氏子圏を形成している氏神が多く、その祭祀組織も広範囲に分布する形態を示しているが、その氏子圏形成における伝承と氏神成立における伝説を整理して氏神成立における側面を示した。

山村地帯には、濃密に宮座的遺制が存在し、その特徴として挙げられる継承権を特定の屋敷地及びそれに付属した固定資産を所持するものが継承するところに着目し、その継承権を中世荘園制における「在家役」に繋がるものであるという指摘を行った。また山村地帯は農地に関する関心が高く、貴重な農地を「名」として認識し、集落を「ミョウ」と表現することから、一定の農地とその付属集落を含む概念としての「名」体制が近年まで存在したことを示唆するものである。こういった役屋敷所有の身分を固定し、その固定資産を継承し、存続する力を持つものに氏神祭祀に対して、特定の権限を有するというシステムである（第一章）。

沿岸部一帯では、顕著に氏神祭祀における特権的「座」の概念が存在し、それを衣奈八幡神社では、山村地帯と同じ、中世名主層に由縁するという指摘を行った。それには特定の賦役を負担した有力層であったことは明白であり、中世文書を多く所蔵している座筋の存在や、土地売買に在家役負担などが明記され、「惣座中」という名称からも明確であろう。衣奈八幡神社は、中世衣奈園の鎮守社であり、その荘域は広大な沿岸地帯を包括し、中世後期には農村と同じく、惣荘化が進み、惣村結合によって荘園制の解体に至った経過が想像できる。こういった特権層が氏神祭祀に関与したことは間違いなく、その政治的権力は、近代を迎える以前に喪失し、氏神祭祀権のみ残存したと考えられる。

一方、荘園制の存在しなかった阿尾白髭神社の祭祀組織は、有力漁民層で結成され、彼らは氏神成立に大きく関与した家柄であることが伝承される。こういった場合、その祭祀権は氏神祭祀を担える財力と家柄に求められ、彼らの結集によって氏神を維持し、その祭祀執行を担ったと考えられる。いわば信仰対象の維持と執行は、その信仰者の経済力に掛かっており、阿尾のような小集落漁村では、特定の財力を維持してきた有力漁民が全てを掌握してきたことを物語るものである（第二章）。

山村漁村地帯では、その閉鎖的立地により、封建的体制が維持され、古俗を残す形となったが、農村ではその開けた構造から、祭礼化が進み、封建的特権祭祀の展開は、早期に消滅したと考えられる。こういった農村祭礼は、多くの諸芸能を奉納する形となり、その根底にはムラ氏子としての精神的側面が非常に強く表されている。日高地方で多く継承された獅子舞に関しても、その競争的対抗意識の存在が指摘でき、他村に負けることを恥じる風潮があった。そのような諸芸能を担ったのが地下の若衆であり、彼らの存在は、旧体制を解体し、新体制を取り入れる「ムラの風」的存在といえよう。

しかしながら全ての旧的存在を排除するのではなく、その象徴たる神事芸能の継承は、若衆とは別の次元で展開し継承され、その執行権を有することはムラの誇りともなる存在である。その執行権を巡って多くは頭屋制を村単位で行い、執行権の平等と安定した奉納形態を生み出したのが「鬼獅子」といわれた神事の舞である。従来より行われてきたであろう古式な獅子舞は、若衆の奉納する獅子舞と区別し、その執行を村の優位的権利として主張できる存在に成らしめたのである（第三章）。

第三篇は、日高地方で展開された葬送儀礼と他界観を検証し、その分析には寺院史、宗教観、そして伝承母体となる村の立地環境に着目した。沿岸部と内陸部では受容された葬送儀礼やあの世の定義が異なることは周知の通りであるが、葬墓制における観点から実証的資料や伝承を主体にその究明に取り組んだ。火葬と土葬の受容は、檀那寺である寺院の関与が顕著であり、浄土系寺院の中でも真宗寺院の存在は、日高地方に特異的習俗を生み出すきっかけとなっていることを指摘した。浄土宗地帯においても火葬は早期に行われ、火葬骨を墓所に葬る他、遺骨を遺棄する慣習があり、また真宗地帯の火葬骨は山中に埋葬し、墓の建塔は近世中期にかけて成立したという無墓制ともいえる習俗が近世に存在したことを検証した。一方、内陸部の火葬地帯における墓石の創始は、中世末から近世初期にかけてであることを、墓石調査で明らかにし、その墓地の設定には近世以前、寺院が先祖供養に関与していなかった時代の信仰拠点地であった仏堂に求め、その墓地を母体として浄土系寺院が地域社会に浸透していった形跡を指摘した。

土葬地帯においては「両墓制」が存在し、その墓制成立には寺院の関与と土地問題、そして先祖供養の母体が存在したかという究明が必要である。みなべ町晩稲では、埋め墓を丁重に扱う傾向が強いことや、盆に行われる先祖供養の六斎念仏が、その埋め墓でも行われることに触れ、当初は土葬単墓制であったのが、近世初頭に成立した浄土系寺院の監修によって寺墓（ラントウ）が成立し、二重の先祖供養を余儀なくされたのである。こういった場合、火葬に移行しなかったのは、その埋め墓候補地が比較的広大な村域であったことなどから、容易に設定できたという村の土地事情も存在し、印南町樮川では、村の最奥部集落では戸数事情から土葬が存続し、村中央部は火葬へと移行するというように、同じ宗派でありながら、葬送内容に違いを生じたのである（第一章）。

こういった背景を持ち、特色ある葬送儀礼を展開した地域における他界観は、内陸部では山や川に求められ、沿岸部では海の彼方に求められるという典型的事例を示しつつも、その先祖祭祀が集中する盆行事には顕著に先祖を迅速に送る事例や排除すると捉えられる事例も存在し、祖霊を畏怖する傾向が展開された。それは初盆のカリヤなどにも該当し、初仏を屋内に入れず、軒先で祭祀するという清まっていない祖霊を畏怖するという基層精神が存在したことを示唆するものであった(第二章)。

以上のことから農山漁村の特徴としては、農村は安定性や定着性により、文化的安定も示される。個家単位での習俗は、比較的変化は見られず、伝統を重んじる呈がある。例えば、村落共同体の構成員として「村の成員」となり得た農民は、その身分を崩すことなく、永続させることを目的とし、またその身分を欲して精力的に独立を果たそうとする経緯が、近世初期の段階で確認でき、改心的上昇思考が強く垣間見られるのである。しかしながら、封建的家格制度は、近畿中央部における例とは比して、早期に解体を示しており、農村部における宮座遺制などの存在は皆無である。それは近世初期の農民闘争によって壊滅的敗北に帰した土豪的有力者が一掃され、その権力が一定数の地士身分に集約されたからであろう。近畿中央部とは違う近世的展開を示し、従来の氏神祭祀は、ムラ氏子制にとって替り新たな展開を見せたのである。

山村は、その僻地的立地により閉鎖的景観を示すものの、その流通経路は山脈を通して広がりを見せ、文化交流は広範囲に及ぶ側面を見せている。その広域な村落形成には、封建的タテ構造を主軸とした村落構成員が存在し、内部は本家・分家を重んじたイエ制度が残されており、その村落構造は、村(行政単位)、ムラ(地縁的共同体)、カイト(小地域共同体)、屋敷地、という四層構造で成り立っていることがわかる。結集原理としての共同体の構成は、村から下がる毎に濃密となり、屋敷地まで来るとそれは個人の象徴ともなるものである。本来、南紀地方における村落構造としてこのような展開を示した指摘が可能であったであろうが、時代の流れの中で旧体制が崩壊していった経過を示すと考えられる。しかしながら、立地条件の中で広域に広がった村落共同体の結束としては、集村の呈を示すことが不可能な山村において、地縁的組織としてカイト集落が発達し、ムラを形成して、村の成立へ繋がったプロセスも指摘できよう。

漁村社会においては集村的村落景観と発達した航海技術によって技術面や文化面は先進的な発展を見せたと考えられる。南紀地方は、陸路よりも海路が早期に開拓され、その沿岸部においては流動性が激しく、他国文化に容易に触れることが可能であった。それは紀州漁民の技術によって飛躍的に進展した漁撈技術と航海術によって廻船業の発展とともにその結果が残されている。瓦屋根の需要は漁村に集中し、経済的にも農村より漁村が上回っていたとしても過言ではなかろう。しかしながらその生産活動としての漁撈組織には従属した網子制度が存在し、その封建的タテ構造は、家格制によって成立した中世的遺制であることは確かである。農山村における封建的制度は、そのイエの独立を容認する傾向にあったが、漁村においては絶対的権限における網元への従属制度が近代まで見られた。また山村における零細農業経営は、その家格によって山地集積数を増し、山地利用の様々なる生産活動を生み出し、零細農民は、それに依存して生活を送る傾向は、日本全国でも確認できる。林業経営における多くの技術者はこういった人々が担い、支えてきたのである。

農山村においては生産的基盤である土地への依存が顕著であり、ことに山村における土地執着には、屋敷に特定の資産を固定し、それを存続させ得る人物に政祭を取り仕切る権利が与えられていたことを指摘したが、漁村においてはその土地への依存は一部であり、分家を多く輩出し、本家に従属させる傾向が強かった。生産力の増加としてイットウ筋を多く輩出し、その結果同族的な漁撈組織の形成に至ったのである。

技術面においては、農村の緩やかな時間的流れの中で行われた農耕と比して漁村は、その行動的活動性が対極的な印象を示す。しかしながら複合的生産活動として半農半漁スタイルを伴う場合には、どちらに重きを置いてそれに従事するかというところに注目されるが、漁村としての定義において、農業に主体を置き、かつその生産力が均等ではない場合において、農村とするか漁村にするかという論議は非常に難解である。沿岸部に立地し、その前面に開けた海に依存せずに、背後の土地を開墾し、農耕を営むという事例は多く、それらには行政的指導によって農耕に転じていったという一つの仮説を指摘した。

山村では、技術側面が多岐にわたり、複合的生産活動が顕著である。それは土地を利用した生産活動が、限られた山主に掌握され、かつその技術面を活かせる場としてのヒヨウが多く存在したことは先にも触れた。林業経営における現場作業は現地周辺の技術者が担い、そういった山民によって、製炭業などが副業として発展したのである。山村において一種の専業的職業が少ないのは、安定した生産活動が行えない事実によるものである。

一方、農山漁村における生産活動の違いから見る信仰形態には、非常に興味深いものが多い。農村における安定した生業活動において重心を土地に置き、緩やかな時間の流れの中で稲作農耕を行う農民を主体に見ると、それぞれ同一的な歳時習俗を伝承しつつも、その古態を示すのは、山村が多く見受けられる。農村における正月儀礼の中で、歳神的信仰は、亥の子などや異種の信仰と習合し、複雑な形態に展開しているが、山村においては正月カザリを歳神の依り代とし、カザリオトシの一月一一日にはタカミに祀り、木に括って送るという伝承は、トンド焼き以前の習俗と考えられるものである。

漁村においては、正月行事にフナダマを祀る信仰が強く、正月に訪れる神をフナダマを中心に捉えている傾向にある。一月二日に乗り初めとして行われるフナダマ祭祀は、顕著にフナダマの再生を表す行為であり、年の改まる日に供物を供え、由良町戸津井で見られた一二個の餅を二日の早朝、夜明けと共に船から港に撒く行事は、フナダマの象徴を人々に分け与えるフナダマの更新という概念が伺える。漁村においてカミは待つものではなく、積極的に迎え、更新するという思想が垣間見えるのである。

農村という概念において、カミの存在は絶対的立場であることに対し、漁村においては利益を生まないカミを、破棄して新しく更新するというフナダマ信仰が大きく違う点として指摘できる。山村では、立地的条件において異種の信仰を受け入れるまでの時間的間隔が農漁村とは差が生じて、古態を残すという指摘が可能である。

農村の不変的信仰母体は、共通の信仰として全国的に見られるものが多いが、その細部において田の神・亥の子信仰は南紀地方の特徴といえるものである。田の神の去来性は、柳田以来、山から田への往復が指摘されてきたが、南紀地方ではその田の神に替わって亥の神が家から田へと去来する伝承が多く見受けられた。亥の神の存在自体が農耕に関わるという伝承は、西日本に多く分布しており、秋の刈上げを祝う内容としての亥の子餅の存在が挙げられるが、亥の神の去来性についての実態を伝承している地域は、近畿地方を中心に兵庫、南紀地方で確認されている。

これは亥の神自体が、作神としての性格を帯び、田の神同様に家を基点として田畑に出向き、守護するというものであった。そういった地域には秋亥の子に対して春亥の子という春秋二回にわたる亥の神を祭祀する日が設定されており、その春亥の子の早朝に亥の神を田畑に送り出すために、ニワにゾウリや財布、餅などを供えるという点には、亥の神が作神として擬人化され、田畑や外に出るという仕度を踏まえたゾウリや財布を持たせ、田仕事に赴く早朝に行う点は興味深い。擬人化されている田の神信仰は、奥能登に伝承されるアエノコトが有名であるが、それと共通する点が垣間見られる。そして秋亥の子には、田畑から帰ってくる亥の神を夕方に迎え、ウスやタカミ、新穀入りの俵の上に一升枡に入れたアンコロ餅を供え、作神としての亥の神を慰労する訳であるが、この祭祀場所にも戸棚や米蔵・ニワなどの屋内に限定されているところが、亥の神が作神としての機能だけでなく、穀霊として籠る意識があることを物語っている。

氏神信仰においては、本来の信仰形態から時間の経過と共に祭神が改められる傾向があることを指摘し、自然景観をカミとするアニミズム思想、貴人、特定の人格を有する御霊信仰、特定の始祖をカミとみなす祖霊信仰の三種から成立するが、それぞれを受容した経緯は、その村の事情によるものが多い。沿岸部においては海の彼方から来る海上神をカミとし、山村では山上降臨を示すもの、河川沿岸部では、水源地からのカミを祀ることが知られているが、積極的にカミの移動を示す伝承が多く、カミの移動した経由地に聖地が設けられ、氏神へと昇華する経過が示される。氏神における祖霊的信仰には、その氏神を祀る地が始祖の墓であるという伝承は多く、南紀地方でも古墳上に建設された氏神は多く存在する。塚から氏神に昇華した事例であり、先祖が開墾し、子孫のために残した土地を継承するという農耕民に多い伝承と考えられる。南紀一の山村といわれた寒川では、寒川を開墾した開発者の氏神が行政的指導によって氏神へと昇華した典型的な事例を残しているが、氏神には村の開発に関わる立場の人たちが関与することはよく知られるものである。

村の生活面は、オモテに表された文化であることに対して、対極的なウラの世界、死後の他界を表す文化は、まさに人々の精神世界を如実に表すものである。葬送儀礼と墓制、それぞれを育んだ他界観の存在は、既成宗教が介入する以前の原始宗教に端を発する場合が多く、基層に存在し続けた日本人としての宗教観である。両墓制という複雑な葬法が展開されたのは、近畿地方を中心とした中央集権地帯であり、そういった地域は先進的な宗教観が介入し、浄土系寺院の建立によって開花されたと考えられる。民間における中世から近世にかけての葬法はいたって簡素であり、単墓制当時は墓標の存在は限られた人々によるものが多かった。しかしながら、イエの確立と共に先祖を崇拝する祖先祭祀が浄土系仏教の推進と共に高まり、遺体を葬る墓地とは別に寺院へ関心を向ける策として詣り墓を建立していく傾向があったことは諸先学によって明らかとなっている。しかしながらその葬法には土葬と火葬の両者が存在し、いずれかの選択にはその風土と地域の土地事情や介入を受け入れた寺院の宗派によるものが多いことを指摘したが、その複雑な体系は宗教観・風土観・地域差などの各要素によって複雑に形成されたものである。

日本文化の形成に至る要素を農山漁村に及ぶ生業文化の違いによって求めてきたが、農民と山民・漁民という三者の接点は、一つの主軸となる精神的主幹を、それぞれの生活要素を信仰的観点をもって肉付けされた形式にある。

農民は、その主たる稲作農耕とそれに付属する信仰的観点を日本文化の基層部分より蓄積した悠久なる土台によって支えられている。時間的ゆとりを持ちつつ、巡り来る季節の定期的な時期に行われる年中行事や農耕儀礼によってその不変的傾向が伺える。山民は、複合的生業活動が活発であり、農耕以外に林業に関わる山仕事に多く従事し、僻地的立地により、新興的観点の文化が介入しにくいという傾向にあり、既存文化として古俗を残すことが挙げられる。漁民においては、僻地的立地にありながらも海路による開けた外交手段を早期に開拓し、広く世間に交流を持つ。既存宗教関与以前の土俗的信仰が根底にあり、自ら進んでカミを迎え入れるという積極的思考が強い。こういった漁撈活動に則した信仰形態によって漁民気質が生みだされたのは農山村とは全く違った思考によるものであり、生産性の違いによる価値観の差異によって見出されたものである。

以上の結果から日本人としての精神構造を明らかにしてきた。日本という島国における人々の生活は農山漁村という大きな生活環境の違いが挙げられ、それぞれ独自な発展を見せてきたのであるが、その根底にある基層構造には、一つの集団をもって生活を営むという主軸が存在し、それはイエなどにおける血族集団の団結から時代の変化に伴って地縁へと移行を示したように、何らかの接点を残しつつ現在に至っている。それぞれの環境下における適応と発展によって差異が生じたのは、必要に応じて変化を伴ったからである。

しかしながら日本人という観点から生活構造に違いが生じているものの、精神的共通項として同じ習俗を共有し、その変化は地域差や変遷過程の違いと位置付けられる。例えば、四月三日のシガサンニチの習俗は、農山村において山登りを行い、漁村においては浜降りを行い、日がな一日過ごす習俗がある。これについても四月の始めにおいて、山の神を田畑に降ろす行事や、浜に降りて禊を行う日という認識がなされているが、同日に環境の違う地域で似たような行事が展開するということは、同じ習俗を共有し、同じ観点をもってカミに対するという意識が存在したからである。

多様に展開された信仰体系やそれを取り巻く祭祀習俗において、カミに対する姿勢は同じであり、それぞれが必要として信仰したカミの需要に応じて、祭祀形態が決定されたのである。日本人は繰り返される季節の中で自然と対峙し、その環境下に適応する柔軟さを持ち、また様々な神々を信仰したのは、複雑で人智を超えた存在である自然に象徴された原始的信仰母体であるカミに畏怖し、発展を願うという素朴さをもっていたからである。

# 初出一覧

第一篇　農山漁村の民俗文化
第一章　農村社会の構造と生活環境
第一節　村落社会と家の構造（新稿）
第二節　稲作技術と農耕儀礼
「南紀地方における農耕儀礼と田の神祭祀」（『日本文化史研究』第四一号　二〇一〇年　一部加筆修正）
第三節　農村の歳時習俗（新稿）
第二章　山村社会の構造と生活環境
第一節　村落構造と民家構造（新稿）
第二節　農耕と山林労務における技術と伝承（新稿）
第三節　山村の歳時習俗（新稿）
第三章　漁村社会の構造と生活環境
第一節　村落組織と民家構造（新稿）
第二節　漁撈伝承と漁民信仰
「紀州比井崎の漁撈習俗と信仰」（『帝塚山大学大学院・人文科学研究科紀要』十周年記念号　二〇〇八年）
「漁撈習俗と漁民信仰―和歌山県日高郡印南町、名田町の事例を中心として―」（『和歌山地方史研究』第五

六号　二〇〇九年）

第三節　漁村の歳時習俗（新稿）

**第二篇　氏神信仰と祭祀習俗**

第一章　氏神・聖地伝承と祭祀

第一節　氏神の成立伝承

「神々の足跡と神事—紀州日高の氏神成立伝承の考証—」（『日本文化史研究』第三九号　二〇〇八年）

第二節　山間郷村における氏神祭祀と役屋敷

「紀州奥日高における屋敷付属の祭祀特権と氏神祭祀—とくに本屋敷・役屋敷・弓屋敷をめぐる祭祀特権—」（『日本文化史研究』第四〇号　二〇〇九年）

第二章　沿岸部における氏神祭祀と特権的祭祀の展開

一　村落社会と氏神信仰（新稿）

二　氏神祭祀の展開と特徴

「阿尾のクエ祭り（上）（下）—和歌山県日高郡日高町白髭神社—」（『まつり通信』第五二二号・第五二三号　二〇〇六年）

第三章　祭礼行事と神事芸能

「紀州日高の神事芸能と祭り」（『帝塚山大学大学院・人文科学研究科紀要』第九号　二〇〇七年）

**第三篇　葬送儀礼と他界観**

第一章　日高地方における葬送と墓制
一　火葬地帯における葬送儀礼（新稿）
二　火葬地帯における寺院と墓制（新稿）
三　土葬地帯における葬送儀礼　※
四　土葬地帯における寺院と墓制　※
第二章　盆行事と他界観
一　沿岸部の盆行事（新稿）
二　内陸部の盆行事　※

※和歌山県ふるさと文化再興事業「紀伊山地の霊場と参詣道関連地域伝統文化伝承事業実行委員会専門指導員」の一環として調査

# あとがき

人々の暮らしは、村落共同体においてどのように展開を示したのか。村落形成においてどのような生業を選択し、そしてどのような神仏を信仰したのか。そして歴史的変遷を踏まえて村落における祭祀習俗・他界観などの精神世界はどのように構築されてきたのか。

以上の疑問点より、和歌山県日高地方を中心に、従来より行われてきた民俗慣行を歴史民俗学的視点に立って農山漁村別に精査し、まとめることが本書の目的であった。

和歌山県の日高地方に生まれ、そして自然豊かな地域社会の中で育った経験から、いつしか胸の内で民俗学を志すようになった。そのきっかけとなったのは、祖父母から与えられた民俗的知識が豊富であったからであろうと思う。物心つく頃より祖父清保からは、郷土の伝説やかつての生活スタイル及び、民俗慣行などの昔語りを聞き、また献身的なる仏教徒であった祖母淑子からは、地域社会の信仰形態に触れる機会を与えてもらえたことは、民俗学を志す上で、非常に整った環境であったことを思い返すとともに、今でも深く感謝している。

大手前大学を卒業後、平成一七年に帝塚山大学大学院に入学を契機に、指導教授である赤田光男先生より民俗学の基礎から懇切丁寧に指導して頂き、そして歴史民俗学・宗教民俗学の方法論を学ぶことができた。基礎的知識をまったく持たなかった私にとって大学院生活で民俗学を学ぶことができたことは、すべてが新しく明るい充実した毎日であったことを今でも鮮明に記憶している。授業の一貫として赤田光男先生及び先輩である高田照世先生と奈良近郷を歩き、時には近畿地方全般にわたっての調査旅行に同行できた事は、自らの画期的な刺激となり、私自身の方法論の基礎的内容となっていることは、いうまでもない事実であり、この場をお借りして心から御礼申し上げている。

本書は博士学位論文「生業技術と祭祀習俗の研究」の内容である。この論文は既発表の論文と新稿とで構成されているが、本書出版にあたって大きく改稿・補訂を加えている。博士論文作成及び審査にあたり、指導教授である帝塚山大学赤田光男先生及び源城政好先生、渡辺康代先生、近畿大学名誉教授野本寛一先生には、懇切なる指導をいただいた。そして大変ご迷惑をお掛けしたことを改めてお詫び申し上げるとともに、重ねて深謝申し上げたい。

また調査協力者として多くの地域でお世話になった話者の方々、とりわけ日高町志賀清子氏、山中登氏、日高川町福島榮助氏、印南町坂口浩氏、村上かるえ氏、沖野昌彰氏には多年にわたった調査のご協力に感謝の気持ちをお伝えしたい。

最後に『農山漁村の生業環境と祭祀習俗・他界観―紀州日高地方の民俗世界―』という書名にて刊行をお引き受けいただいた岩田書院の岩田博氏に心より感謝申し上げたい。

本書は農山漁村という大きな調査テーマを掲げているのにも関わらず、内容の未熟な点は十分に自覚をしている。今後一層の努力を惜しまず、邁進していきたい所存である。

平成二八年七月

裏　直記

**著者紹介**

裏　直記（うら　なおき）

1982年　和歌山県日高郡日高町生まれ
2005年　大手前大学人文科学部卒業
2013年　帝塚山大学大学院　人文科学研究科博士後期課程修了
2014年　大手前大学総合文化学部　非常勤講師
現在　帝塚山大学文学部非常勤講師　博士(学術)

論文「紀伊半島南部の漁民信仰―海神と魚撈神の諸相―」(『帝塚山大学大学院人文科学研究科紀要』16：赤田光男教授退職記念号)
「南紀地方における農耕儀礼と田の神祭祀」(『日本文化史研究』41)
「紀州奥日高における屋敷付属の祭祀特権と氏神祭祀―特に本屋敷・役屋敷・弓屋敷をめぐる祭祀特権―」(『日本文化史研究』40)

**農山漁村《のうさんぎょそん》の生業《せいぎょう》環境《かんきょう》と祭祀《さいし》習俗《しゅうぞく》・他界観《たかいかん》**
―紀州日高地方の民俗世界―

---

2016年(平成28年)7月　第1刷　300部発行　　定価[本体12800円＋税]

著　者　裏　直記

---

発行所　有限会社岩田書院　代表：岩田　博　　http://www.iwata-shoin.co.jp
〒157-0062　東京都世田谷区南烏山4-25-6-103　電話03-3326-3757　FAX03-3326-6788

組版・印刷・製本：三陽社

---

ISBN978-4-86602-967-2 C3039　¥12800E

コピーOK

## 岩田書院 刊行案内（民俗学関係10）

| | | | 本体価 | 刊行月年 |
|---|---|---|---|---|
| 851 | 常光　　徹 | 河童とはなにか＜歴博フォーラム＞ | 2800 | 2014.03 |
| 855 | 群馬歴史民俗 | 歴史･民俗からみた環境と暮らし＜ﾌﾞｯｸﾚｯﾄH18＞ | 1600 | 2014.03 |
| 859 | 松尾　恒一 | 東アジアの宗教文化 | 4800 | 2014.04 |
| 864 | 長谷部・佐藤 | 般若院英泉の思想と行動 | 14800 | 2014.05 |
| 868 | 田村　貞雄 | 秋葉信仰の新研究 | 9900 | 2014.05 |
| 870 | 田中　久夫 | 生死の民俗と怨霊＜田中論集４＞ | 11800 | 2014.06 |
| 871 | 高見　寛孝 | 巫女･シャーマンと神道文化 | 3000 | 2014.06 |
| 878 | 宗教史懇話会 | 日本宗教史研究の軌跡と展望 | 2400 | 2014.08 |
| 879 | 首藤　善樹 | 修験道聖護院史辞典 | 5900 | 2014.08 |
| 881 | 由谷・佐藤 | サブカルチャー聖地巡礼 | 2800 | 2014.09 |
| 882 | 西海　賢二 | 城下町の民俗的世界 | 18000 | 2014.09 |
| 883 | 笹原亮二他 | ハレのかたち＜ブックレットH20＞ | 1500 | 2014.09 |
| 885 | 田中　久夫 | 陰陽師と俗信＜田中論集５＞ | 13800 | 2014.09 |
| 889 | 福田アジオ | 民俗学のこれまでとこれから | 1850 | 2014.10 |
| 892 | 保坂　達雄 | 神話の生成と折口学の射程 | 14800 | 2014.11 |
| 898 | 倉石　忠彦 | 民俗地図方法論 | 11800 | 2015.02 |
| 902 | 田口　祐子 | 現代の産育儀礼と厄年観 | 6900 | 2015.03 |
| 904 | 東北大思想史 | カミと人と死者 | 8400 | 2015.03 |
| 905 | 菊地　和博 | 民俗行事と庶民信仰＜山形民俗文化２＞ | 4900 | 2015.03 |
| 906 | 小池　淳一 | 現代社会と民俗文化＜歴博フォーラム＞ | 2400 | 2015.03 |
| 907 | 重信・小池 | 民俗表象の現在＜歴博フォーラム＞ | 2600 | 2015.03 |
| 908 | 真野　純子 | 近江三上の祭祀と社会 | 9000 | 2015.04 |
| 910 | 松本三喜夫 | 歴史と文学から信心をよむ | 3600 | 2015.04 |
| 917 | 矢島　妙子 | 「よさこい系」祭りの都市民俗学 | 8400 | 2015.05 |
| 919 | 西海　賢二 | 山村の生活史と民具 | 4000 | 2015.06 |
| 926 | 有安　美加 | アワシマ信仰 | 3600 | 2015.08 |
| 930 | 野本　寛一 | 牛馬民俗誌＜著作集４＞ | 14800 | 2015.09 |
| 933 | 山崎　一司 | 「花祭り」の意味するもの | 6800 | 2015.09 |
| 934 | 長谷川ほか | 修験道史入門 | 2800 | 2015.09 |
| 936 | 橋本　裕之 | 儀礼と芸能の民俗誌 | 8400 | 2015.10 |
| 938 | 首藤　善樹 | 修験道聖護院史要覧 | 11800 | 2015.10 |
| 945 | 板谷　　徹 | 近世琉球の王府芸能と唐・大和 | 9900 | 2016.01 |
| 948 | 菅原　壽清 | シャーマニズムとはなにか | 11800 | 2016.02 |
| 951 | 佐々木美智子 | 「産む性」と現代社会 | 9500 | 2016.02 |
| 959 | 福原･西岡他 | 一式造り物の民俗行事 | 6000 | 2016.04 |
| 966 | 日野西眞定 | 高野山信仰史の研究＜宗教民俗８＞ | 9900 | 2016.06 |
| 967 | 佐藤　久光 | 四国遍路の社会学 | 6800 | 2016.06 |
| 968 | 浜口　　尚 | 先住民生存捕鯨の文化人類学的研究 | 3000 | 2016.07 |